潜心课程 卓越育人
北京林业大学教育教学改革优秀论文选编

2020

黄国华 / 主编

中国林业出版社
China Forestry Publishing House

图书在版编目(CIP)数据

潜心课程 卓越育人：北京林业大学教育教学研究优秀论文选编：2020 / 黄国华主编.
—北京：中国林业出版社，2021.5
ISBN 978-7-5219-1156-5

Ⅰ.①潜⋯　Ⅱ.①黄⋯　Ⅲ.①北京林业大学-教学研究-文集　Ⅳ.①G642.0-53

中国版本图书馆 CIP 数据核字（2021）第 087490 号

策划编辑：杜　娟　　　　责任编辑：杜　娟　李　鹏
电　话：(010)83143553

出版发行	中国林业出版社（100009　北京市西城区德内大街刘海胡同 7 号）
经　　销	新华书店
印　　刷	北京中科印刷有限公司
版　　次	2020 年 12 月第 1 版
印　　次	2020 年 12 月第 1 次印刷
开　　本	787mm×1092mm　1/16
印　　张	24
字　　数	630 千字
定　　价	80.00 元

未经许可，不得以任何方式复制或抄袭本书之部分或全部内容。

版权所有　侵权必究

编委会

主　　任：骆有庆
副 主 任：黄国华
编　　委：（按姓氏笔画排序）
　　　　　王　瑾　　王毅力　　尹大伟　　冯　强　　母　军
　　　　　刘　松　　刘晓东　　刘笑非　　孙　楠　　杜艳秋
　　　　　李　惊　　李春平　　杨智辉　　汪　沛　　张守红
　　　　　张秀芹　　张柏林　　陈来荣　　郑　曦　　宗世祥
　　　　　胡明形　　姜志明　　董世魁　　程　翔

编写组

主　　编：黄国华
编　　者：杜艳秋　　李蒙慧　　高　瑜　　谭文斌　　向　燕
　　　　　徐桂娟　　李研豪　　张　颖　　邓志敏　　赵红梅
　　　　　马晓亮　　田　慧　　郅茜文　　金　蓉　　张　正
　　　　　崔　璨　　宋昭颐　　郝　真　　丁安邦　　马　琳
执行编辑：杜艳秋

前　言

2020年是新中国历史上极不平凡的一年，对于教育系统而言，也是极具里程碑意义的一年。这一年，教育系统深入学习贯彻习近平新时代中国特色社会主义思想，全面贯彻党的教育方针，更加坚定了为党育人、为国育才的初心使命，更加坚定了教育强国、教育报国的自觉和担当；这一年，教育系统抗击疫情取得重大成果，全系统尽锐出战，有序开展"停课不停学"，为抗击疫情做出重要贡献；这一年，教育脱贫攻坚发起了最后总攻；这一年，《高等学校课程思政建设指导纲要》印发，高校课程思政建设向全面推进，国家级五大"金课"首次一并亮相。

2020年，北京林业大学积极响应国家和教育部要求，进一步落实《深化本科教育教学改革总体方案》和《北京林业大学关于实施本科课程思政的十项规定》，推进课程建设，起草研制《北京林业大学贯彻落实〈高等学校课程思政建设指导纲要〉实施方案》，充分聚焦规划设计，构建专业课程思政教学体系；专注创新教学改革，打造立体化思政育人课程体系；着力提升教育教学能力，组建优质课程思政教师队伍体系；强化标杆引领效应，塑造课程思政示范体系；注重建设规范性与有效性，加快构建课程思政工作评价体系，持续把握好教师、课程、课堂三个关键载体。

一年来，各教学单位和教师坚持以思想政治教育为引领，积极投身课程建设，充分挖掘各类课程思想政治资源，及时将抗疫精神、扶贫事迹引入课堂，2门线上课程，3门虚拟仿真实验课程，7门线下课程共计12门课程获批国家级一流课程，新增304项课程思政教研教改专项课题，课程思政立项总数达425项，我校课程思政由点及面、由面向体推进。

一年来，广大教师潜心课程、卓越育人的同时，依托教育教学研究项目，持续加强相关研究，反复探索如何发挥好每门课程的育人作用，全面提高人才培养质量，凝练成饱含教学智慧和育人感悟的研究论文。在我校2020年教育教学研究论文评选中，优秀论文脱颖而出，成为本次论文集的主要来源，展示了我校教师在课程建设上的优异成绩。

走过2020，我们收获感动；经历系列变革，我们懂得感激；面向2021，我们一起期待：愿我们的老师更加积极地投入本科教学，更加踊跃地参与教育教学研究，让我们携手迈上北林本科教育教学新台阶！

黄国华

2020年12月

目 录

前 言

一流课程

3 "专业综合实习"一流课程建设的探索与实践
　　　　　／ 刘红光　戴璐　罗斌　李黎
9 "水文学"课程设计模式的探索与实践
　　　　　／ 马岚　张建军　张守红
14 "机电控制技术"项目式教学法的案例设计
　　　　　／ 路敦民　高道祥　程朋乐　李琼砚　田野
19 "制图基础"课程教学改革探索与实践
　　　　　／ 刘丹丹　李素英　赵鸣
25 工程认证中"电工电子综合设计"考核方法改革
　　　　　／ 徐向波　张俊梅　闫磊　王远
30 大数据分析人才社会需求分析
　　——基于招聘网站文本挖掘的对比研究
　　　　　／ 李艳　温继文　刘东来
40 本科生导师制实施现状、问题与对策研究
　　——以北京林业大学农林经济管理专业为例
　　　　　／ 王卫东　姜雪梅　李强　温亚利
48 红色家书融入"中国近现代史纲要"教学研究
　　　　　／ 牟文鹏
53 抗疫素材融入"思想道德修养与法律基础"课教学的反思及改进
　　　　　／ 陈晨
59 园林植物与观赏园艺专业本科生"五项十能"人才培养模式的探索
　　　　　／ 洪艳　戴思兰
68 林业工程问题导向的"机械设计"课程设计
　　——新工科及工程教育认证背景下一流课程建设
　　　　　／ 罗海风　袁湘月　谭月胜
74 林业院校"家具造型设计"课程教学的理论创新与实践探索
　　　　　／ 朱婕　张帆　常乐　柯清
81 林业院校与美国大学的化学课程体系及教学内容的比较与思考
　　　　　／ 李强　王佳琦　徐善东　樊永明

90　国家级园林实验教学示范中心协同育人模式探索与实践
　　　　　　　　　　　　　/ 杨晓东　郑　曦　严亚瓴　张诗阳　周春光　高　瑜

97　依托科研基地培养提升学生创新能力
　　——以国家花卉工程技术研究中心小汤山基地为例
　　　　　　　　　　　　　/ 袁存权　王　佳　程堂仁　张启翔

102　建设一流实践类课程的探索与实践
　　——以"木结构材料与工程"专业综合实习为例
　　　　　　　　　　　　　/ 戴　璐　刘红光

108　面向"基因组时代"的"进化生物学"课程的改革与探索
　　——以北京林业大学为例
　　　　　　　　　　　　　/ 潘慧娟　徐基良

113　面向一流本科专业建设的"室内装饰工程"课程信息化教学改革与实践
　　　　　　　　　　　　　/ 刘　毅　郭洪武

121　面向工程教育认证的机械专业一流课程建设
　　——以"机电传动控制"为例
　　　　　　　　　　　　　/ 管　成　张厚江　刘晋浩　路敦民　程朋乐

127　思想政治理论课教学实效性评价
　　——基于大学生视角的调查
　　　　　　　　　　　　　/ 高兴武　李金旭

135　科研反哺教学在"统计模拟实习"课程中的应用
　　　　　　　　　　　　　/ 安　欣

140　总体规划编制转型期的教学探索
　　——以北京市古北口镇国土空间规划为例
　　　　　　　　　　　　　/ 董晶晶　李　翅

146　高校大课教学中的问题及应对策略
　　——以"食品工程原理"中的热传导部分为例
　　　　　　　　　　　　　/ 贾国梁　孙爱东　张柏林　赵宏飞　马　超

153　高等林业院校"土力学"教学改革与探索
　　——以北京林业大学课程为例
　　　　　　　　　　　　　/ 及金楠　谢宝元　胡雨村

159　教具辅助式实践教学模式研究与实践
　　——以"水文地质学"为例
　　　　　　　　　　　　　/ 梁　帅

164　探索创新实践能力培养路径，打造林业院校电力专业一流课程
　　　　　　　　　　　　　/ 于　明

171　基于 BOPPPS 教学法的"高等代数"课程建设
　　——以行列式的引入为例
　　　　　　　　　　　　　/ 赵明慧　罗柳红　王　晶

177　基于 MOOC 的线上线下混合式教学在大学数学课程中的实践
　　——以北京林业大学"空间解析几何"课程为例
　　　　　　　　　　　　　/ 黄雅静　李红军

184　基于SPOC的"大学排球"课混合式教学设计研究
　　　　　　　　　　　　　　/ 满昌慧

191　基于场地认知能力培养的风景园林设计教学探析
　　　——以北京林业大学"校园中心绿地设计"课程为例
　　　　　　　　　　　　　　/ 崔庆伟　郑曦　于长明　许晓明

197　基于知识体系建构与教学方法创新的课程建设探讨
　　　——以"当代中国公共政策分析"课程为例
　　　　　　　　　　　　　　/ 陈佳

203　提升"森林疗养"课程教学效果的策略探究
　　　　　　　　　　　　　　/ 程小琴　姜超　韩海荣

209　暑期国际课程的教学探索与实践
　　　——以"风景园林与当代城市化"课程为例
　　　　　　　　　　　　　　/ 张晋石

216　智能制造背景下的"木制品生产工艺学"实践教学改革
　　　　　　　　　　　　　　/ 何正斌　赵小矛　伊松林　张帆　高俊

221　新文科建设背景下英语专业人才培养方案的重构
　　　　　　　　　　　　　　/ 南宫梅芳　史宝辉　姚晓东

课程思政

231　"有机化学实验"课程线上教学中思政元素渗透模式的探索及实践
　　　　　　　　　　　　　　/ 杨悠笛

238　"课程思政""新文科"及《中国教育现代化2035》视野下的高等教育改革
　　　　　　　　　　　　　　/ 武立红

245　"课程思政"在大学英语教学中的实践探析
　　　——以"中国古代社会与文化"课程为例
　　　　　　　　　　　　　　/ 陶嘉玮

249　"社会心理学"公共选修课课程思政建设
　　　　　　　　　　　　　　/ 吴建平　陈丽鸿　田浩　金灿灿

253　"果品营养保健与品评"课程思政的探索与实践
　　　　　　　　　　　　　　/ 侯智霞　孙永江

258　电类专业课程思政教育的融入探索
　　　——以"电路"课程为例
　　　　　　　　　　　　　　/ 文剑

263　外语教学课程思政：融入中国传统文化的公共英语课程建设研究
　　　　　　　　　　　　　　/ 朱红梅　李芝　卢晓敏

267　后疫情时代马克思主义政治经济学的育人功能及其实践路径
　　　　　　　　　　　　　　/ 杨哲

273　产品设计专业"专业设计考察"课程改革实践
　　　　　　　　　　　　　　/ 陈净莲　石洁

279 时·空维度的思考与融入
　　——"园林植物景观规划"课程教学模式探索
　　　　　　　　　/ 胡　楠　王培严　董　丽

284 经济管理类本科生毕业去向选择及影响因素研究
　　　　　　　　　/ 张　洋　杜　燕　朱禹萌　吴成亮

292 面向工程教育认证的"数据挖掘"思政教育研究与探索
　　　　　　　　　/ 王新阳　陈志泊　韩　慧　崔晓晖

299 思政教育与"食品免疫学"结合教学新思考
　　　　　　　　　/ 许美玉

303 疫情新常态下本科生创新实验室的安全管理工作探讨
　　　　　　　　　/ 张浩林　韩莹莹　袁峥嵘　高福利　翁　强

308 各类课程间如何实现"立德树人"同频共振？
　　——基于"课程思政"改革的实证分析
　　　　　　　　　/ 张名扬　王恒愉

316 高校安保队伍建设的研究与实践
　　　　　　　　　/ 杨　程

320 高校教学实验室安全准入制度建设探索
　　　　　　　　　/ 齐　磊　尹大伟

325 课程思政视角下大学生创新训练项目指导模式新探讨
　　　　　　　　　/ 张　静　纪宝明　平晓燕

329 课程思政视域下"人体工程学"课程的改革实践研究
　　　　　　　　　/ 宋莎莎　柯　清　张　帆　常　乐

335 课程思政视域下的大学英语通识必修课建设与实践
　　——以"大学英语：农林英语"为例
　　　　　　　　　/ 欧　梅　李　芝

340 思政课专题研讨式教学实践研究
　　——以"马克思主义基本原理概论"课程为例
　　　　　　　　　/ 兰俏枝　杨志华

348 基于"课程思政"的教学模式改革与实践
　　——以"湿地保护与管理课程"为例
　　　　　　　　　/ 张明祥　张振明

353 基于扎根理论课程思政教学改革效果评价
　　——以"旅游调查方法"课程思政改革为例
　　　　　　　　　/ 王忠君　石　玲

363 基于知网文献的高校"课程思政"研究主题分析
　　　　　　　　　/ 尤薇佳　王歆妍

369 基于读写结合的"大学英语"课程思政教学实践
　　　　　　　　　/ 由　华　凌舒亚　朱丽轩　王　玮

一流课程

"专业综合实习"一流课程建设的探索与实践

刘红光 戴璐 罗斌 李黎

(北京林业大学材料科学与技术学院,北京 100083)

摘要:一流课程建设是一流本科建设的基础。基于对一流课程"两性一度"标准的理解,对照木材科学与工程专业的人才培养目标与"专业综合实习"课程的教学目标,确定了"专业综合实习"一流课程建设思路,从教学内容、教学方法及考核方式等方面按照"两性一度"标准进行了探索与实践。本课程建设取得的一些经验可为未来其他课程开展一流课程建设提供一定的参考与借鉴。

关键词:专业综合实习;木结构材料与工程;一流课程;两性一度

一、引 言

课程是高校教学的基本单元,课程质量决定人才培养质量。2018 年 8 月,为加快振兴本科教育,构建高水平人才培养体系,中华人民共和国教育部印发了《教育部关于狠抓新时代全国高等学校本科教育工作会议精神落实的通知》,提出"各高校要全面梳理各门课程的教学内容,淘汰'水课'、打造'金课',合理提升学业挑战度、增加课程难度、拓宽课程深度,切实提高课程教学质量"[1]。2019 年 10 月,教育部正式发布《教育部关于一流本科课程建设的实施意见》,对一流本科课程("金课")的建设内容和要求做了更明确的阐述[2]。同时,作为附件,发布了《"双万计划"国家级一流本科课程推荐认定办法》,提出建设五类"金课"并明确了"两性一度"标准。"金课""一流课程"等话题成为当下高等教育的热点,打造"金课"、建设"一流课程"成为了各高校本科教学的重点工作。

北京林业大学木材科学与工程专业已入选国家级一流本科专业建设规划,木材科学与工程专业木结构材料与工程方向是我校于 2016 年新设立的专业方向,其专业人才的培养质量也应顺应新时代的要求不断提高。"专业综合实习"课程是该专业方向的核心课程之一,其原有的教学内容、教学方法和考核方式等不能够很好地满足"两性一度"的高标准高要求,需要在教学内容、教学方法和考核方式等方面以"两性一度"为标准开展理论研究和实践探索,并结合专业特色,提出一流课程建设的方法。

作者简介:刘红光,北京市海淀区清华东路 35 号北京林业大学材料科学与技术学院,副教授,bjfuliuhg@bjfu.edu.cn;

戴 璐,北京市海淀区清华东路 35 号北京林业大学材料科学与技术学院,讲师,dailu0129@163.com;

罗 斌,北京市海淀区清华东路 35 号北京林业大学材料科学与技术学院,讲师,luobincl@bjfu.edu.cn;

李 黎,北京市海淀区清华东路 35 号北京林业大学材料科学与技术学院,教授,lili630425@sina.com。

资助项目:北京林业大学教育教学改革项目"木结构专业综合实习课程教学改革探索"(BJFU2020JY053);

北京林业大学教育教学改革项目"以研促教科教融合的创新人才培养模式的探索与实践"(BJFU2020JYZD017);

北京林业大学教育教学改革项目"参与式教学法在木结构材料与工程专业综合实习中的应用研究"(BJFU2020JY051)。

二、一流课程标准的理解与建设思路

(一)对"两性一度"标准的理解

本科教育质量是大学质量提升、内涵发展的根基所在,而课程建设是保证教育质量的关键。吴岩司长将"金课"归结为"两性一度",即高阶性、创新性和挑战度[3]。

1. 对高阶性的理解

布鲁姆将学习层次分为记忆、理解、应用、分析、评价、创新 6 个层次,所谓"高阶性"是指达到后 3 个层次,这是对"高阶性"最基础的理解[4]。在这些层级中,分析、评价和创造被称为高阶思维,这些层次的认知水平在学习中得到发展,就是培养学生的高阶思维能力;学生调用这些层次的认知开展有意义的建构学习就是高阶学习,这种学习通常是主动的、有意图的、建构的、真实的和合作的[5]。课程的高阶性就是要促进学生的高阶学习,培养学生的高阶思维认知能力。

2. 对创新性的理解

从广义上来讲,在合乎教育价值理性的前提下,对学校教学过程中流程或要素的原创性或引入性革新,都属于创新[6]。因此,一流课程的创新性也应该体现两个方面的内涵:一是问题导向,一流课程的创新必须明确要解决的问题;二是瞄准要素,围绕构成课程的各要素开展创新,并取得可验证的实效。课程是对教育的目标、教学内容和教学活动方式的规划、设计、实施过程和结果的总和,课程创新就是要针对课程的目标、内容、方法、路径、评价进行结构性的革新和创造,并获得显著成效。

3. 对挑战度的理解

高挑战度的课程在思维层次、知识体系、学习动机、学习投入、知识迁移和元认知等方面与低挑战度的课程具有明显差异,主要具有以下特征:一是高挑战度的课程强调更有效的反思和更高的认知目标层次;二是高挑战度的课程强调更强的学习动机和更多的学习投入;三是高挑战度的课程强调真实情境和基于问题/项目的学习[7]。总结起来,即强调知识学习的深度理解、学习内容的有机整合、学习过程的建构反思及学习成果的迁移应用。

(二)"专业综合实习"一流课程建设思路

1. 木材科学与工程专业的人才培养目标

木材科学与工程专业的人才培养目标是:面向国家和行业需求,培养系统掌握木质材料基础知识、木材科学基础理论、木材加工先进技术和木材工业管理,受到较强科学研究和工程应用训练,具有善于思考、敢于创新、勇于实践和甘于奉献的精神,能在学术创新和产业发展中发挥引领性作用的"拔尖创新型学术领军人才""复合应用型行业领军人才"和"全球视野型国际领军人才"。

2. "专业综合实习"课程教学目标

"专业综合实习"课程为木材科学与工程专业木结构材料与工程方向的专业必修课。课程既有理论授课部分(10 学时),同时也有动手实践部分(22 学时),体现了理论与实践相结合的特点。理论授课学时较少,仅对木结构施工工程中涉及的一些重点知识点进行介绍。动手实践部分则是带领学生们亲自动手搭建一栋轻型木结构房屋,从而了解和掌握轻型木结构房屋的主要结构,以及基础、楼盖、墙体、屋盖、外围护结构以及屋面防护结构等主体部分的施工流程与施工要点等。根据专业人才培养目标,相应地确定"专业综合实习"课程的教学目标为:对木结构施工工程知识形成系统的理论框架,能够运用理论知识指导实际木结构施工工程;能够发现木结构施工中出现的问题,对问题能够进行综合分析;提出解决问题的方案并对方案进行评价，形成批判精神、创新意识和应用能力。

3. "专业综合实习"课程一流课程建设思路

基于以上分析，确定"专业综合实习"课程的一流课程建设的思路为：坚持一流导向，与学校和专业的人才培养目标相契合，全面落实课程教学目标，实现先进理念指导下的教学内容、教学方法和考核方式的综合改革，具体包括3个方面：①以"高阶性"为标准，全面分析"专业综合实习"课程的教学内容，即知识点与教学目标的对应关系，"高阶性"教学内容与培养学生解决复杂问题的综合能力和高级思维之间的关系，分析对接不同工作岗位的课程内容的差异化设置；②以"创新性"为标准，全面分析课程内容采用的教学方法，注重线上线下混合教学、角色扮演、情景模拟等多种教学方法的探索；③以"挑战度"为标准，全面分析"专业综合实习"课程特点，强化过程式考核以及考核标准的精细化，优化"专业综合实习"的课程考核方式。

三、一流课程建设具体实践

（一）变革教学内容，体现课程高阶性

1. 教学资源丰富化

一流课程建设需要一流的课程资源。首先在教材建设方面，组织多名教师为本课程量身编著了《轻型木结构建筑工程与实践》一书，该教材获得了国家林业和草原局普通高等教育"十三五"规划教材立项。在编著过程中，先后参考了《木结构设计标准》（GB 50005—2017）、《木结构设计手册》及加拿大木业协会的《现代木结构建筑施工指南》等资料，同时，还从最新出版的国内外木结构技术资料和期刊中，补充了很多学科前沿知识和具体实例，具有较好的广度和深度，并尽量体现知识体系的系统性和先进性。实践操作部分则通过实际施工案例详细讲解了基础与楼盖、墙体、屋盖、外围护结构、屋面防护结构、室内装修等的施工操作，并将项目组织和管理、施工质量验收原则和方法等贯穿其中。

另外，为了进一步丰富和拓展教学资源，教师还将每一节课的重点、难点录制成微课视频提供给学生，学生可以反复观看加深理解。同时，教材还为学生提供了丰富的参考资料，包括涉及课程知识点的参考书、期刊杂志，以及相关知识点的国内外慕课、企业网站、微信公众号等，使教学资源得到了极大的丰富。

2. 教学内容体系化

教学内容和知识体系的构建是课程建设的核心，在创新人才培养方面发挥着重要作用。"专业综合实习"课程的教学内容以理论学习和实际操作为双主线，要求学生掌握现代木结构施工工程中的基本原理、基本方法和基本技能。基于此，将课程教学内容划分为基础与楼盖、墙体、屋盖、外围护结构以及屋面防护结构等若干主要知识点，以知识点为引导，提纲挈领，着重能力培养，系统构建课程教学内容。在实际施工操作部分，将知识点与施工基本方法和基本技能有效融合，使课程教学内容体系化，进行系统教学。在每天施工操作之前，将当天的施工流程对学生进行逐一讲解，并穿插与施工相关的基本方法、基本技能及基本理论知识。在教学内容上不仅注重对基本方法与技能的讲解，而且还体现出理论对实践的指导作用。同时充分考虑当今社会对高素质专业创新人才的需要，在施工过程中，积极引导学生通过实践对理论知识进行反思和检验，达到提升职业能力素养的目的。

3. 教学团队多元化

美国著名课程论专家Schwab认为课程由4个要素组成：学生、教师、教材、环境[8]。可见教师对课程建设具有重要作用。只有高水平的教师队伍，才能提高课程建设质量，才能确保一流课程建设规划的贯彻与实施。"专业综合实习"课程既有理论学习部分，又有实

际操作部分，因此在组建指导教师团队时，充分考虑了每位指导老师的专业知识背景，其中一位老师来自木结构工程专业，一位老师来自木材加工工艺专业，还有一位老师为高级实验师，兼顾了理论授课与实际操作的需求。同时针对指导教师团队在实际操作经验方面较为缺乏的问题，组织团队教师参加专业化培训。团队教师集体参加了由加拿大木业协会组织举办的轻型木结构建筑施工培训课程，大大提高了团队教师的实际操作经验。同时与加拿大木业协会、苏州昆仑绿建木结构有限公司、大连双华木结构有限公司等行业内知名企业和协会签订合作协议，在课程的实际操作阶段，聘请具有丰富实际施工经验的相关专家作为外聘指导教师，亲临现场为学生们传授实际施工经验并作出示范，指导学生实际施工操作。这样有效弥补了团队指导教师在实际操作方面欠缺经验的短板。教学团队多元化可以全方位多角度地为学生提供指导，有力地保障了课程建设规划的实施。

（二）改进教学方法，强化课程创新性

1. 积极探索线上线下混合式教学模式

对课程教学内容和教学环节进行精心设计和认真准备，并灵活运用多种教学方式，是保障课程教学效果的重要基础。"专业综合实习"课程的理论教学部分只有10学时，因此在对理论教学内容进行认真梳理的基础上，制订了"课前导学—课堂讨论—思维引导—课后辅导"的线上线下混合式教学模式。在授课前，教师充分熟悉和深刻理解教学内容，围绕主要知识点设定相关思考题，指定相关慕课、微课视频等相关参考资料，由学生在课外先线上学习课程内容，同时可基于网络教学平台（雨课堂等）掌握预习效果的反馈情况；课上，老师对所学内容进行总结回顾，并组织学生通过讨论、提问和答疑互动等形式进行针对性的讲解和学习，并就相关专业问题引导学生积极思考；对于个别疑难问题，课上没有时间进行解答的，可以课后单独辅导解答。

2. 探索情景模拟与角色扮演教学法在实践教学中的应用

动手实践部分是本课程的重点，其最大的目的是使学生通过动手实践，了解和掌握轻型木结构建筑的施工流程、施工方法与基本技能等，同时在实践过程中将已学习过的知识融会贯通、深入理解，并将其灵活运用，去发现问题和解决问题。为了使实践活动得到更好的效果，我们采用了情景模拟法与角色扮演法，即在实习过程中模拟工程实际情况，将同学们分配为甲方、乙方等，同时为每位同学设置了不同的工作岗位，如项目经理、总工程师、项目监理、技术员等，并明确各自的岗位职责与任务，这样让学生产生很强的角色代入感，在实践的过程中能够更加地投入其中（图1）。另外，在实习的不同阶段对同学的岗位进行轮换，这样使每位同学在实践中都可以体验到不同的工作岗位。在轻型木结构房屋搭建完成之后，还特地举办了一个竣工典礼，并邀请学院领导及相关老师参加，营造出浓浓的仪式感（图2）。通过这样的一种情景模拟与角色扮演，使每位同学在实践过程中都得到了全方位的锻炼，并培养了学生们的团队协作精神，提升了专业技能。

图1　施工现场

图2　竣工典礼

(三)优化考核方式，增强课程挑战度

"专业综合实习"课程既包含理论学习部分，同时又有动手实践部分，另外学生在实践的过程中始终处于活动的状态，教师很难对每个学生的动态都清楚掌握，因此以往只凭实习报告的考核方式是不全面的。针对以上特点，对理论学习部分采取了课前预习、课堂表现和测试相结合的过程式考核方式；对于实践部分，采取小组内评、组间互评、教师评价与实习报告相结合的多维度考核方式，让评价体系更为公正合理，最终制定出了针对本课程的全方位成绩考核方式，见表1。

表1 全方位成绩考核方式

理论教学(30%)			实践部分(70%)			
课前预习	课堂表现	测试	小组内评	组间互评	教师评价	实习报告
10%	10%	10%	20%	20%	20%	10%

全方位成绩考核方式要求学生们不但要掌握和理解理论知识，还要能够运用理论知识去指导实践进行施工操作，对施工中出现的问题进行分析并提出解决方法，另外在实践过程中还要能够对组内、组间的其他同学的表现进行评价。经过调整优化后的全方位成绩考核方式，对学生的认知层次目标提出了更高的要求，情景模拟法与角色扮演法的应用能使学生产生更强烈的学习动机和更多的学习投入。全方位成绩考核方式提高了课程的难度，增强了课程的挑战度。

四、结 语

"专业综合实习"课程在按照一流课程建设思路进行教学改革之后，学生对课程的满意度评价达到了96.94%。同时，以本课程为素材的教学参赛作品获得了北京林业大学第十五届教学基本功比赛一等奖和最佳教学演示奖，说明针对本课程的一流课程建设教学改革实践已初步获得了老师和同学们的认可。一流课程建设教学改革实践对于优化"专业综合实习"课程教学内容、丰富教学方法、增强教学质量、提升毕业学生与未来工作岗位需求契合度、促进学生创新能力培养、构建新时代人才培养模式等具有重要意义，同时也为未来其他课程开展一流课程建设提供了一定的参考与借鉴作用。

参考文献

[1] 中华人民共和国教育部. (2018-08-2). 教育部关于狠抓新时代全国高等学校本科教育工作会议精神落实的通知[EB/OL]. http：// www.moe.gov.cn/srcsite/A08/s7056/201809/t20180903_ 347079.html, accessed 3/10/2020.

[2] 中华人民共和国教育部. (2019-10-30). 关于一流本科课程建设的实施意见[EB/OL]. http：// www.moe.gov.cn/srcsite/A08/s7056/201910/t20191031_ 406269.html, 2019b.

[3] 吴岩. 建设中国"金课"[J]. 中国大学教学, 2018(12)：4-9.

[4] 叶冬连, 杨继林, 胡国庆. 布鲁姆认知目标分类学的信息化教学应用与发展趋势[J]. 数字教育, 2019(2)：15-21.

[5] 钟志贤. 信息化教学模式[M]. 北京：北京师范大学出版社, 2006.

[6] 刘晓琳, 黄荣怀. 基础教育信息化教学创新：内涵、要素与测量[J]. 现代教育技术, 2020(1)：85-91.

[7] 周鑫燚, 唐瓷, 冯鸿. 金课"两性一度"特征的学理分析与实现策略[J]. 成都师范学院学报, 2020, 36(6)：13-20.

[8] Schwab J. Science, Curriculum and Liberal Education：Selected Essays [C]. Chicago：University of Chicago, 1978.

Exploration and practice of first-class curriculum construction of *Major Comprehensive Practice*

Liu Hongguang Dai Lu Luo Bin Li Li

(College of Materials Science and Technology, Beijing Forestry University, Beijing 100083)

Abstract First-class curriculum construction is the basis of first-class undergraduate construction. The first-class curriculum construction ideas of *Major Comprehensive Practice* are determined based on the understanding of standards of higher order, innovation and challenging, and compared with talent training objectives of the major of wood science and engineering and teaching objectives of *Major Comprehensive Practice*. It has been explored and practiced at teaching contents, teaching methods and assessment methods based on the standards of higher order, innovation and challenging. Some experiences gained in curriculum construction will provide reference for other first-class curriculum construction.

Keywords *Major Comprehensive Practice*, timber materials and engineering, first-class curriculum, higher order, innovation and challenging

"水文学"课程设计模式的探索与实践

马 岚 张建军 张守红

（北京林业大学水土保持学院，北京 100083）

摘要："水文学"课程设计教学环节是培养高素质水土保持与荒漠化防治人才的重要实践部分。原有的课程设计模式难以达到培养学生理论联系实际和解决实际工程问题能力的目的，影响了课程设计的教学效果。我们针对水土保持与荒漠化防治专业的"水文学"课程设计的教学内容和形式进行了改革与实践，提出了以"培养学生创新精神和实践能力"为核心的课程教学改革理念与思路，建立了与学科专业相适应的具有创新潜力的自主开放型的实践教学模式。以改革效果反馈看，新的"水文学"课程设计模式，提升了学生团队合作、独立思考、灵活创新的综合能力，符合国家培养高素质水保人才的需求。

关键词：水文学；课程设计；实践教学；水土保持与荒漠化防治

近年，随着北京林业大学林学学科上榜"一流学科"名单，其二级学科水土保持与荒漠化防治（以下简称"水保"）的发展面临许多新的机遇与挑战，于是我们对水保专业人才培养模式进行了一系列改革，修改并制订了以教育培养一流本科人才为目标的培养方案。该方案除了要求学生掌握扎实的水保有关基础理论及专门知识以外，还要熟悉与本领域有关的专业知识。根据培养目标，为了给学生进一步系统地学习专业知识奠定坚实的理论基础，故将原有的必修课"水文与水资源学"和选修课"工程水文计算"整合，开设了"水文学"这门必修专业基础课程。与此同时，相应地将原有课程中的"水文与水资源学"实习和"工程水文计算"课程设计整合，开设了"水文学"课程设计这一具有总结性、综合性和实践性的教学环节，旨在使学生不但能够更系统和牢固地掌握"水文学"基础知识，而且提高他们对知识的综合应用能力及创新能力，同时让他们对"水文学"在今后专业学习工作中的应用过程有初步的体验，明确未来的发展方向。面对新开设的一门实践课程，如何将先前开设的两门实践课的内容进行有机结合，使其达到更好的效果，成为该课程教学亟待解决的问题。

另外，值得一提的是，由于"水文学"教学团队在该课程及原有相关课程多年来的教学过程中不断进行教学方法和模式的革新，积累了丰富的教学方法和经验，该课程被评为"北京高校优质本科课程"。面对这一殊荣带来的机遇与挑战，将该课程的总体质量进一步提升，使其更加"优质"乃至"一流"，成为课程教学团队新的奋斗目标。然而，相对于体系已经较为完善的"水文学"理论课程，其实践课程因内容和形式的灵活性，具有更大的提升空间。因此，更高质量的课程设计模式的探索与实践，成为该课程新阶段建设的重要内容。

由于水保专业主要目标之一是培养从事水土保持工程的高级技术与管理人才，因此，"水文学"课程设计教学须针对水土保持工程的要求，将基本理论和方法应用于工程实践中[1]。该课程教学团队在共同探讨"水文学"课程设计教学改良的过程中做了一些探索和实

作者简介：马 岚，北京市海淀区清华东路35号北京林业大学水土保持学院，副教授，mlpcz@sina.com；
　　　　　张建军，北京市海淀区清华东路35号北京林业大学水土保持学院，教授，zhangjianjun@bjfu.edu.cn；
　　　　　张守红，北京市海淀区清华东路35号北京林业大学水土保持学院，教授，zhangs@bjfu.edu.cn。
资助项目：北京林业大学教育教学研究项目"水文学课程设计模式的探索与实践"（BJFU2019JY031）。

践，在高效完成课程设计教学任务的同时，提高了学生学习的兴趣和积极性，获得了较好的教学效果，基本达到了理论知识转化为专业技能的目的。

一、传统课程设计教学中存在的问题

以往的"工程水文计算"课程设计，首先内容较为单一，仅局限于水文计算中的设计洪水计算，对于"水文学"其他内容如水文资料获取、处理等并未涉及，不利于学生将所学知识全面理解、融会贯通。

同时在形式上，往往采取固定的教材、类似的模拟设计题目，尽管指导教师通过选取不同计算时期、不同水文计算参数等方式尽可能达到每生一题的基本要求，但同一单元操作的题目类型基本相同，而且都是理想化、设计条件明确、计算参数齐全的简单过程的模拟设计。设计过程有现成的模式，学生所做的工作主要是套用公式。这种课程设计除了让学生对涉及的设计过程建立初步的认识以外，难以达到培养学生理论联系实际和解决实际工程问题能力的目的。同时使得课程设计这个本应十分生动的实践过程变得枯燥，导致学生对课程设计缺乏兴趣。

另外，成绩考核主要以设计报告为评定依据，在实践中发现学生抄袭现象严重，影响了课程设计的教学效果，也不利于发挥学生学习的主动性、思考的独立性。

以上问题严重影响了课程设计的效果，导致过程枯燥、学生缺乏兴趣、教学质量下降。因此，对原有的课程设计实践教学进行改革，建立与学科专业相适应的具有创新潜力的自主开放型实践教学模式，成为当务之急。

二、课程设计新模式的提出

为了改变传统课程设计的状况，本研究立足水保专业实际，以该专业"水文学"课程设计的特点和目前存在的主要问题为背景，同时关注到水土保持工程技术的发展以及本科教育培养高级应用型人才的目标需要，提出了以"培养学生创新精神和实践能力"为核心的课程教学改革理念与思路，建立了与学科专业相适应的具有创新潜力的自主开放型的实践教学模式[2]。

（一）实习和设计环节有机结合，进行有效的教学安排

将原有的"水文与水资源学"实习内容纳入课程设计，且设计的时间节点尽量安排在实习环节之后，通过实习环节中对野外实际情况和水文资料获取的感性认识，使学生对"水文学"课程设计的目的和方法更加明确，同时提高学习兴趣；而且在实习之前将课程设计的任务布置下去，使学生在实习的过程中有针对性地进行观察、学习和收集资料，从而提高实习和设计的效率[3]。

（二）将工程实践引入课程设计，激发学生的自主创新能力

选择与工程实际和科研需要相结合的设计题目，并将设计题目的背景、特点、主要思路等问题向学生交代清楚，使学生明确设计题目的意义和难度。学生自主选择设计内容，通过搜集和查阅大量的研究资料，合理确定设计方案。在此基础上，采取学生自主安排课程设计时间的方式，让学生在真实的题目中完成课程设计的学习任务，并鼓励其在传统的计算方法基础上有所创新，从而使学生有更强的成就感，在提高学习兴趣的同时，培养其创新能力。

（三）建立开放的教学评价体系，保证客观的成绩评定

关注学生的学习过程以及情感、态度、行为的变化，建立有较强代表性的评价指标体系，采取多个环节综合考核，将各个环节考核比重合理分配后进行成绩评定，公平公正地给予学生达到学习目的程度的评价，使其总体上能够反映学生对设计思想的把握、专业知

识运用的技能、创新能力和总体效果，使学生在设计过程中能有明确的参照标准，从而有效地促进学生发展。

新的课程设计模式通过产学研紧密结合，实现理论和实践、学校和社会、学生和教师以及书本和课堂之间的有机融合，全方位、多层面地调动了学生的学习积极性和主动性，培养了学生的知识运用能力与实际动手能力，达到了实践教学目的，能够较好地实现教学内容与学科发展之间的相互衔接。新模式的实施方案如图1所示。

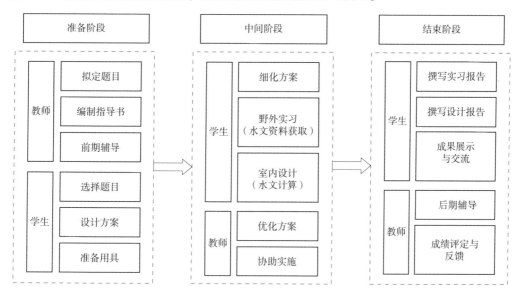

图1 课程设计实施方案

三、实施要点

为了保证上述"水文学"课程设计模式的顺利实施，应着重处理以下几点内容。

（一）课程设计题目选取

课程设计时间有限（包括实习在内共5天），因此对题目的选取必须适当。对教师来说，选取原则是：水文计算不应过分复杂，整个设计系统所包含的基本计算在3~4个为佳。目前，水文计算普遍涉及的内容，主要包括流域产流汇流计算、设计年径流计算、由流量资料推求设计洪水和由暴雨资料推求设计洪水的计算。其中，由暴雨资料推求设计洪水的计算相对较复杂，且实质上是其他计算内容的综合，因此尽量避免将其作为课程设计题目，或对其做适当简化处理，以防止工作量过大。而其他3项计算内容，从体量和实际应用价值来看，均可以分别作为课程设计题目。

（二）实习方案设计和用具准备

实习部分一方面由教师指定重点内容，一方面根据课程设计题目选定实习内容，学生以小组为单位，自主讨论设计实习方案，自制小型实习用具，在教师指导下进行实验和数据初步处理。实习中涉及的内容主要包括：降雨观测、入渗观测、蒸散发观测、坡面径流泥沙观测、小流域径流泥沙观测、水文站布设及常规观测、水文数据处理等方面。以此培养学生水文观测动手操作能力，水文数据搜集、处理和分析能力。整个实习过程体现"自主开放型"的思想，实现从"老师让学生怎么做"向"学生想怎么做"的转变，培养学生解决实际问题的能力，在理论知识学习的基础上，大大提升学生对"水文学"的系统认识和对所学知识的应用能力。

（三）课程考核和成绩评定

采用"过程性考核"机制，对学生的综合能力进行客观评价[4-5]。课程考核分课堂参与和报告撰写两部分，占比分别为50%。其中，课堂参与部分主要考核学生参与课堂学习和课堂讨论、成果展示和成果交流等方面的情况。报告撰写主要考核学生对整个课程设计过程的掌握和对细节处理的情况。

采用教师评分和学生互评分相结合的方法进行成绩评定。成果展示和成果交流由学生推选代表按照教师制定的评分规则进行评分，其余由教师自主评分。这种让学生参与教学、参与考评的方法，既充分地体现学生主体性原则和启发性原则，同时也调动了学生的积极性和学习热情。

四、实施效果

经过两轮的教学实践，上述"水文学"课程设计模式顺利实施，从实施效果来看，这种自主开放式的课程设计模式，得到了多方的好评。

北京林业大学教学督导组成员评价本课程教学效果说："'水文学'是一门贴近生活和生产实践的应用性科学。该课程教学团队通过自主开放型的实践教学模式，调动学生积极性，引导学生提出问题、分析问题、解决问题，训练学生自主学习能力，培养学生的创新思维，提升学生对所学知识的应用能力，同时系统培养学生基本理论、基本知识、基本技能，为学生后续课程的学习奠定坚实基础。"

北京市青年教师教学基本功比赛一等奖获得者评价本课程说："'水文学'教学团队能够不断革新教学方式和手段；采用自主开放型的实践教学模式，非常有效地培养学生知识运用能力、系统思维能力和实践创新能力，深受学生喜爱，学生教学评价居学院前列。"

参与课程的学生评价本课程说："'水文学'课程设计真的让我们学习到了很多专业知识，感觉以后都会用到实践中，非常受益！"最新的教学评价来自对梁希18-5班的教学，学生教评分数为100，学校排名第1。

综上所述，水文学课程设计模式的探索与实践总的来说是成功的，新的模式提升了学生团队合作、独立思考、灵活创新的综合能力，符合国家培养高素质水保人才的需求。但不可否认，还存在需要改进和完善的方面，例如：由于水文资料获取的多元性和复杂性，目前的实习部分和设计部分之间尚未能做到无缝衔接，即实习阶段获取的数据并不能完全满足设计阶段的需求，而更多的只是方法的实践，这样势必会使学生的体验感大打折扣。这一问题的解决，一方面需要指导教师做好更充分的前期准备，在选题和内容设计上下更大的功夫；另一方面需要给学生创造更有利的实习条件，当然这是通过多方共同努力才能实现的。

参考文献

[1] 王健，吴发启. 水土保持与荒漠化防治专业"水文学"课程教学改革的探索与实践[J]. 中国林业教育，2012，30(3)：35-37.

[2] 武光，马方伟，孙虹雁，等. 建立自主开放式化工原理课程设计教学模式的探索与实践[J]. 实验室科学，2014，17(5)：105-107，110.

[3] 刘增文，王进鑫，吴发启. "森林水文学"课程实践教学改革与体系设计[J]. 中国林业教育，2012，30(3)：44-46.

[4] 许骥坤. 新农科背景下绿色食品生产开发与利用课程设计探讨[J]. 现代农业科技，2020(18)：247-252.

[5] 曹福来，郭瑞瑞. 基于OBE理念的"汽车构造"课程设计及评价研究[J]. 汽车实用技术，2020，45(16)：188-190.

Exploration andpractice of *Hydrology* course exercise mode

Ma Lan Zhang Jianjun Zhang Shouhong

(School of Soil and Water Conservation, Beijing Forestry University, Beijing 100083)

Abstract The teaching of "Hydrology" course exercise is an important practical part of cultivating high-quality talents for soil and water conservation and desertification control, The original course exercise mode is difficult to achieve the goal of cultivating students' ability to combine theory with practice and solve practical engineering problems, which affects the teaching effect of course exercise. The teaching content and form of "Hydrology" course exercise for soil and water conservation and desertification control are reformed and practiced. The idea of course teaching reform with "cultivating students' innovative spirit and practical ability" as the core are put forward, and the independent and open mode of practice teaching which adapts to the discipline and specialty is established. According to the feedback of the reform effect, the new "Hydrology" course exercise mode improves the students' comprehensive ability of teamwork, independent thinking, flexible innovation, and meets the national demand of cultivating high-quality soil and water conservation and desertification control talents.

Keywords *Hydrology*, course exercise, practice teaching, soil and water conservation and desertification control

"机电控制技术"项目式教学法的案例设计

路敦民　高道祥　程朋乐　李琼砚　田　野

(北京林业大学工学院，北京　100083)

摘要："机电控制技术"课程是一门实践性很强的专业技术课程，课程非常侧重典型性和实用性。在本课程的教学过程中，采用传统教学方法，在教学内容的系统性、完整性以及与实际项目的紧密性方面存在不足。为了更好地实现课程目标的要求，考虑将项目式教学法引入该课程的教学过程中。项目案例是项目式教学法实施过程中的关键环节。本文依据项目案例要满足的要求，根据课程目标和教学内容，从工程实践中提炼出了适用于本课程的项目案例。

关键词：项目式教学法；项目案例；机电控制技术；低压电器；可编程控制器

一、引　言

项目式教学法是以建构主义为基础，以学生为主体，以教师为辅助，以项目为驱动的一种新型教学模式[1]。该教学模式可以提升学生的理论应用能力和实践动手能力。采用该教学法，可以打破课堂教学的局限性，实现理论知识与实践操作的深度结合，真正实现以学生为中心开展教学活动[2]。项目式教学法主要具备以下几方面的特点：①有利于提高教学的针对性。通过选择或设计合适的项目案例，将教学大纲所要求的教学内容融入工程项目中，以完成该工程项目为目标，学生能够深入理解理论知识以及理论知识的实际应用。②有利于对学生启发性思维的开发[3]。由于提出的项目内容具有很强的系统性，能引导学生利用课堂上学到的理论知识去解决工程项目完成过程中遇到的问题，有利于培养学生的启发性思维能力，也能引导学生针对项目开展过程中的难点积极思考、综合分析，获取最佳的解决方案。③有利于对学生学习质量进行形成式评价[3]。项目式教学可以充分地培养学生的思维能力、操作能力与解决问题的能力，教师可以根据学生完成项目过程中的表现进行形成式评价，这样的评价体系更加客观有效，能更准确地评价学生的学习质量。

机电控制技术课程是一门实践性很强的专业技术课程。课程目标是根据现代制造业发展及社会对人才的需求，培养学生在机电控制方面掌握先进的控制技术和方法，课程非常侧重典型性和实用性。在机电控制技术课程教学过程中，采用传统教学方法，虽然能够获得一定的成效，例如学生也能掌握每个理论知识点等，总体上来讲也能实现课程目标的要求。但是在教学内容的系统性、完整性以及与实际项目的紧密性方面存在不足。为了更好地实现课程目标的要求，考虑将项目式教学法引入到该课程的教学过程中。项目式教学法

作者简介：路敦民，北京市海淀区清华东路35号北京林业大学工学院，副教授，dunminlu@163.com；
　　　　　高道祥，北京市海淀区清华东路35号北京林业大学工学院，副教授，dausson@163.com；
　　　　　程朋乐，北京市海淀区清华东路35号北京林业大学工学院，副教授，chengpengle@bjfu.edu.cn；
　　　　　李琼砚，北京市海淀区清华东路35号北京林业大学工学院，副教授，liqiongyan@bjfu.edu.cn；
　　　　　田　野，北京市海淀区清华东路35号北京林业大学工学院，副教授，tytoemail@sina.com。

资助项目：北京林业大学教育教学改革项目"项目式教学法在'机电控制技术'课程中的探索与实践"（BJFU2020JY046）；
　　　　　北京林业大学教育教学改革项目"机械制造工艺课程培养学生工程实践能力方法研究"（BJFU2020JY043）。

成败的关键是能否设计一项合适的工程项目案例,案例设计的好坏将直接影响教学效果的优劣。本文主要对项目案例的设计进行介绍。

二、项目式教学法对项目案例的要求

(一)项目案例要满足课程目标的要求

课程的教学大纲规定了课程要达到的课程目标,因此项目案例要满足课程目标的要求,能将各课程目标融入项目案例的实施过程中。在完成项目案例的过程中,能充分发挥学生的主观能动性,将理论知识应用于工程实践,培养学生分析问题和解决问题的能力。

(二)项目案例要和教学内容紧密结合

课程的教学内容是课程目标实现的载体,项目案例的选取要以教学内容为依据,尽量地覆盖教学内容,尤其是重点和典型的内容。项目案例在与理论知识紧密结合的同时,也要具备一定的张力和灵活性,适应实际工程情况,不要刻板地套用教学内容。

(三)项目案例尽可能来自于工程实践

来自工程实践的案例要具备高度的真实性,这种在学生将来的工作中有极大可能面对的项目能够促使学生主动学习,以便为胜任未来岗位打下基础。项目案例可以来源于各种纵向、横向研究课题或者相关竞赛项目。为了适应课程目标以及能力培养的要求,项目案例需要做相应的调整和修改[4]。

(四)项目案例要具备系统性和完整性

项目是为了完成特定目标而展开的多项任务和资源的集合,是一系列活动的有机结合。为了保证学生通过完成项目案例,能够系统性地掌握该课程的理论知识及其应用,项目案例要满足系统性和完整性的要求。

(五)项目案例的难度和工作量要合适

通过完成项目案例,可以培养学生提出问题、分析问题和解决问题的能力。然而,过于简单的案例由于比较容易解决,学生的综合能力无法得到充分锻炼,而且由于缺乏挑战性,学生容易厌倦;过于复杂的案例往往要经历较长时间才能完成或者无法完成,学生较难有成就感,这对于学生的信心、毅力都是巨大的挑战,会极大挫伤学生的积极性。因此,所设计的项目案例应该让学生能够运用已有的理论知识和实践技能成功解决大部分问题,并且通过自主钻研、讨论和实践,在付出一定的努力后能够较好地解决其他剩余问题[4]。

(六)项目案例应能不断完善

项目案例的设计并非一劳永逸,而是要尽可能不断完善。一方面,项目案例本身也是一件产品,要经受实际教学的检验。要根据实际的教学效果,对学生能力培养的作用等方面进行分析总结,不断改进项目教学案例。另一方面,要随着行业内技术发展的形势,与时俱进,了解行业内的新技术、新产品、新应用,以及对从业者新的能力要求,等等,并通过改进项目案例融入这些新的因素[4]。

三、项目案例设计

(一)本课程的课程目标

本课程的总体课程目标是培养学生具备完成低压电器控制和可编程控制器(PLC)控制所需的硬件和软件设计能力。具体课程目标为:

课程目标1:了解各种不同控制器的特点和适用场合,具备为机电设备选择合适的控制器的能力。

课程目标2：掌握常用低压电器元件的工作原理、作用、符号及选用方法，具备选择和使用各种低压电器元件的能力。

课程目标3：掌握常用控制线路的基本回路，熟悉低压电器控制线路的设计步骤及设计规律，具备分析和设计简单电气控制线路的能力，具备使用 ACE 软件完成相应电气线路图的绘制设计能力。

课程目标4：了解可编程控制器的特点及应用、结构及工作原理，了解 S7-200 PLC 的基本功能、扩展模块，掌握 S7-200 PLC 的系统构成、CPU 模块构成、供电和接线方式，具备可编程控制器的选型、硬件系统的设计能力。

课程目标5：熟悉可编程控制器编程软件和指令系统，具备可编程控制器梯形图程序的分析、设计及调试能力。

(二)本课程的教学内容

根据课程目标确定本课程的教学内容。本课程的教学内容如图1所示，包括3部分内容：①控制器介绍及选择；②低压电器；③可编程控制器。在控制器的介绍及选择部分(图2)，主要介绍单片机、DSP、ARM、计算机、可编程控制器等控制器的特点和应用场合，学生应具备根据实际的控制需求选择合适的控制器的能力。在低压电器的硬件选型部分(图3)，主要介绍电源、断路器、接触器、继电器等低压电器元件的性能、参数和使用等；在控制线路设计部分，主要介绍控制线路的基础知识、常用基本回路、鼠笼式异步电动机控制线路、ACE 软件的使用等。其中像鼠笼式异步电动机控制线路，现在基本上由可编程控制器等来实现，此处介绍这部分内容，目的是让学生熟悉和掌握低压电器元件的应用，也和可编程控制器实现的控制做个对照。图4是可编程控制器的教学内容，包括硬件和软件两大部分。

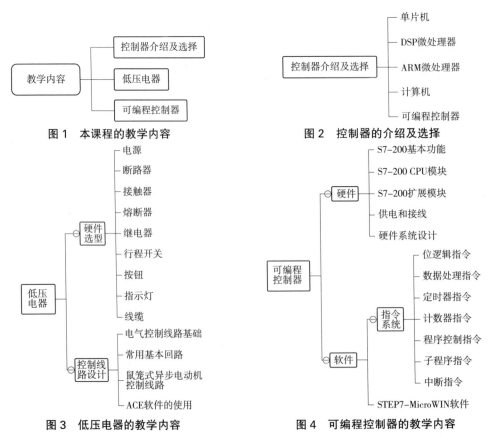

图1　本课程的教学内容　　　　图2　控制器的介绍及选择

图3　低压电器的教学内容　　　图4　可编程控制器的教学内容

(三)项目案例依托的工程实践项目

根据课程目标和教学内容,从工程项目中选择较适合的项目。项目名称是流体流量控制装置设计与研制。项目背景是机器人喷涂系统的流量控制,通过伺服电机驱动齿轮泵,从而控制喷涂的流量。项目要求如下:

(1)控制装置控制方案设计;
(2)电气及控制元器件选型;
(3)电气系统线路设计、施工;
(4)PLC、触摸屏程序的开发与调试;
(5)控制箱的设计与加工过程监理;
(6)控制箱内电气元器件的安装、布线;
(7)配合甲方,完成流量控制实验;
(8)保修期内的维护与保障。

为了适应本课程的要求,将(1)~(4)的要求作为项目案例的设计内容,且将要求(4)中的触摸屏内容删去(触摸屏的内容超出本课程教学范围)。

(四)具体的项目案例

项目案例给出的设计要求如下:

拟利用 PLC 实现控制某一交流伺服电机的控制系统。伺服电机的额定功率为学号最后一位的 1 倍(单位为 kW,如果学号最后一位为 0 则按照 10 来计算,如果选择不到功率刚好相等的,则可以选择功率稍大一些的)。试完成如下设计工作(见表 1 中的设计要求部分)。项目案例的具体设计内容及其和本课程对应教学内容对照见表 1。

表 1 项目案例设计要求和教学内容对照表

序号	设计要求	对应教学内容
1	根据控制要求,选择合适的 PLC	控制器的选择、S7-200 的基本功能、CPU 模块和扩展模块
2	选择合适的交流伺服电机,并配以交流伺服驱动器(注意:伺服驱动器和 PLC 的接口)	电气控制线路基础、S7-200 的供电和接线
3	选择合适的断路器(总断路器和伺服驱动器用断路器)、接触器(用于给伺服驱动器供电)、熔断器、直流电源、启动和停止按钮、状态指示灯、控制柜门检测开关、线缆元件的类型	低压电器元件选型
4	PLC 作为控制器的强电系统线路设计	电气控制线路基础、常用基本回路、S7-200 的供电和接线、硬件系统设计、ACE 软件的使用
5	PLC 程序编制和调试	PLC 指令系统和 STEP7-MicroWIN 软件

四、结 语

本文举出了用于机电控制技术课程的项目案例,对照项目式教学法对项目案例的要求进行完善。该项目案例来源于工程实际,根据课程目标和教学内容,对该项目的设计要求及设计内容进行了调整和修改,满足了难度和工作量适中的要求,也满足了系统性和完整性方面的要求。在后续教学实践中,拟采用项目式教学法,利用项目案例作为载体进行课程的教学,具体效果有待观察和评价。

参考文献

［1］习超，汪志成. 项目驱动式教学法在"嵌入式系统设计"课程中的应用［J］. 科技视界，2019(31)：27-28.
［2］钱伟，钟玉鸣，刘晖，等. 项目式教学法在"环境工程 CAD"课程中的探索与实践［J］. 中国多媒体与网络教学学报，2020(1)：175-176.
［3］刘正杰，董玉梅，林春. 项目式教学法在"细胞工程"实践教学中的应用［J］. 教育教学论坛，2020(24)：156-159.
［4］张文，王中任. 项目式教学法案例设计［J］. 考试周刊，2013(64)：159.

Project case design of *Electrical and Mechanical Control Technology* based on project-based teaching method

Lu Dunmin Gao Daoxiang Cheng Pengle Li Qiongyan Tian Ye

(School of Technology, Beijing Forestry University, Beijing 100083)

Abstract "Electrical and Mechanical Control Technology" course is a highly practical professional and technical course. The course is very focused on typical and practical. In the course of teaching this course, the traditional teaching method is used, which is insufficient in the systematic, completeness and closeness of teaching content and actual projects. In order to better realize the requirements of the curriculum objectives, consider introducing the project-type teaching method into the teaching process of the curriculum. Project case is a key link in the implementation of project-type teaching method. Based on the requirements to be met by the project case, and according to the course objectives and teaching contents, the project case applicable to this course is extracted from the engineering practice project.

Keywords project-based teaching method, project case, *Electrical and Mechanical Control Technology*, low-voltage electrical appliances, programmable controller

"制图基础"课程教学改革探索与实践

刘丹丹　李素英　赵　鸣

（北京林业大学园林学院，北京　100083）

摘要："制图基础"课程是北京林业大学园林学院5个本科专业重要的专业基础课。其课程建设经过多年的教学实践积累已经逐步完善了教材、理论教学与课程实训、多媒体课件、网络资源和微课的建设。面对基础课课时不断被压缩的挑战，教学团队重新构建了课程教学内容体系，根据学科内各专业特点构建了以基础模块、训练模块和专业模块为主框架，不同微单元组合的教学内容。通过应用BOPPPS教学模式并融合雨课堂以及研究型教学方式，不断探索新的教学方法和思路，同时注重课程内容的横向延展和纵向延伸，提升教学内容的广度与深度。

关键词：风景园林；园林制图；教学改革；BOPPPS教学模式；研究型教学

"制图基础"课是北京林业大学园林学院风景园林、园林、城乡规划、园艺、旅游管理5个专业重要的专业基础课，开设在本科第一学年第一学期，是一门必修课程。"制图基础"课在课程建设的研究和探索过程中，通过多年累积的教学经验，逐步形成了基于模块单元的系统化的课程教学体系，在教学内容、教学方法和教学手段方面不断充实、完善和更新，建立了以不同专业特点为基础的多元课程内容教学模式，并积极努力探索该课程与相关基础课程之间教学内容的延展和与后续专业课程之间教学内容的延伸。

一、"制图基础"课程概况

（一）课程建设现状

"制图基础"课于2007年北京林业大学本科专业教学计划调整时设立，将原"画法几何"和"阴影透视"两门课程的内容与"专业制图"内容整合，形成了一门适应风景园林学科发展、实用性更强的新课程。课程主要研究形体空间表达的图示法、图解法和绘图法，实现二维平面上的三维表达，促进学生空间概念的发展，为以后风景园林规划设计的图纸表达打下扎实的基础。"制图基础"课程教学团队经过多年的教学探索、研究和实践，逐步调整和更新了教学内容，完成了"十二五"规划、"十三五"规划两个版次的教材和习题集的编写、修订工作，教材将课程内容进行了系统的组织和安排，解决了之前使用教材多、内容契合度不高的问题，并更好地突出了风景园林专业特色。同时，在教学团队的共同努力下，顺利完成了校级精品课程建设，建立了课程模型库、试题库及网络教学资源等。近两年在课程持续的建设中，吸收新的教育教学方法，完成了课程中专业制图模块的微课建设及透视投影模块的习题解答视频制作，并完成了7项教学改革项目。

作者简介：刘丹丹，北京市海淀区清华东路35号北京林业大学园林学院，讲师，krystal@bjfu.edu.cn；
　　　　　李素英，北京市海淀区清华东路35号北京林业大学园林学院，教授，1642389422@qq.com；
　　　　　赵　鸣，北京市海淀区清华东路35号北京林业大学园林学院，教授，zm0940@126.com。
资助项目：北京林业大学2020年教育教学研究项目"风景园林制图数字资源建设及教学研究"（BJFU2020JY016）；
　　　　　北京林业大学课程思政教研教改专项课题（2020KCSZ027）；
　　　　　北京林业大学2015年研究生课程建设项目"'中国古典园林建筑设计'研究生核心课程建设"（HXKC15049）。

（二）课程遇到的困境

随着风景园林学科理论与技术的不断发展、教育培养目标的不断调整、教育教学理念和方式的不断更新，学科的教学培养方案也随之不断地调整和更新，本科课程设置趋向多元化，专业课比重逐渐增加，专业课下沉，专业基础课课时被大量压缩。针对风景园林专业，"制图基础"系列课程经历了从 120 学时到 64 学时再到现在的 48 学时的递减过程，而专业领域对于从业人员必须具备规范的绘图基本功的要求并没有改变，这就给课程教学带来了巨大的压力和挑战。如何能在规定的时间内开展更有效的教学活动，实现教学目标，取得良好的教学效果，成为此课程在教学中最严峻的挑战，也督促教学团队在课程教学内容设置、教学方法和教学实践方面不断地改革探索与创新，力争更有效地组织课上、课下的教学与实践来实现教学培养目标。在多年教学积累的基础上，教学团队根据"制图基础"课程教学特点和风景园林学科内各专业特点，对教学内容进行了重新组织和构建，努力实现与专业契合度高、更有效的教学实践。

二、"制图基础"课程教学改革实践

（一）基于各专业特点的课程教学体系构建

"制图基础"课程在保证教学内容整体性的前提下，设置了三大主模块（画法几何、透视投影和专业制图）和若干微单元模块。根据学科内各专业的培养目标，结合专业特点，提出"夯实基础、强化能力、突出专业"的教学理念，将"制图基础"课程中的专业需求、教学目标、教学内容等进行整体构建，搭建起课程构架的基础模块、训练模块和专业模块。各模块由主模块下细分的单元模块组合而成，形成渐进式的学习过程，使理论教学、实践训练与小型项目研究紧密结合（图 1），有效降低了课时压缩对于课程教学的影响，同时构建起了"以学生为中心"的教学方式。在教学内容的构建中，由于课时的不同、专业发展方向的差异，在满足总体教学目标的前提下，对不同专业的授课内容进行了差异化的调整，针对风景园林、园林和城乡规划专业增加了研究性的课程内容，加大综合实训的比重，达到

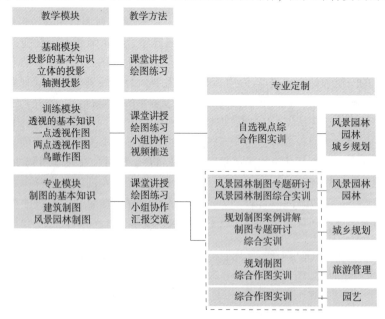

图 1 "制图基础"课程教学模块体系构建

学生能将课程各模块内容有机融合并对专业有更多链接的目的。

(二)教学方式的调整与更新

在课程教学内容体系的构建和教学过程的探索中,课程教学团队依据学科特点、教学反馈对教学内容进行优化,将理论教学和实训教学的关系进行重新设定,提高实训教学的总比例。根据教学总体要求,课程总体设计中采取适度理论、强化实践的原则,压缩了理论教学模块,构成课程的基础模块、实训模块、专业模块均以实训为主导,充分融合课堂训练、课后作业、课题实训环节,并加强网络数字资源的建设与更新,拓展课程教学内容,提高学生的自主学习性。在教学的不断探索中,也实现了将多种教学方式融合,以更为适合的方式将知识传递给学生。

1. BOPPPS教学模式结合雨课堂智慧工具

BOPPPS教学模式源于加拿大,包括6项基本要素:导言(bridge-in)、学习目标(learning objective)、前测(pre-test)、参与式学习(participatory learning)、后测(post-assessment)和总结(summary)[1]。其中,参与式学习为整个教学过程的主体,强调以学生为中心,更突出目标导向和效果评估,注重能力养成。BOPPPS模式是一种有效的教学模式,明确学习目标使学习者能更有效地了解学习的目的和重点,教师则通过前测和后测了解学生的阶段性学习情况,随时调整教学进程,从而更好地达到预期的教与学的效果,并使学生真正成为学习的主宰者。

"制图基础"课程于2017年开始应用雨课堂教学,在新一轮的教学设计中应用了BOPPPS模式与雨课堂结合,对教学内容进行了细致的梳理,并运用其他教学方式与之互为融合、补充;通过同伴教学、师生互动、小组研讨、小组评图、课堂汇报、问答、投票、弹幕、投稿、现场演示等参与式教学设计,极大地增加了学生课堂参与度与活跃度。针对每一堂课,每一个环节,进行了相应的教学设计。以一点鸟瞰图的绘制为例,教学环节进行了如下设计。

(1)导言:引入熟悉的场景激发学生学习兴趣

展示颐和园建筑群鸟瞰图并提出问题:这些图中视点在什么位置?以这样的视点绘图有什么样的特点?通过熟悉的场景图片,快速吸引学生的注意力,开启雨课堂弹幕,让所有学生都参与回答,并请学生口头描述。

(2)学习目标:带着明确的目标学习,促发学习动力

学会利用网格法绘制一点透视鸟瞰图:①快速准确绘制出一点透视方格网;②熟练运用一点透视鸟瞰图立高的方法作图。明确展示学习目标,使学生带着确定的目标学习。

(3)前测:考查学生对绘图方格网的认知

给出一组带有绘图方格网的景观环境透视图,引导学生通过观察、分析,总结方格网在绘图中的用途,使学生明确方格网在鸟瞰图绘图中的重要性,学会绘制方格网并利用方格网绘制鸟瞰图。

(4)参与式学习:多形式的设计,引导学生主动学习

简单描述网格法的概念。以实际案例展示网格法作图流程,使学生快速了解作图方法,小组讨论并请同学做口头描述。PPT动画演示以上分析的作图分解步骤,并通过问题引导讲解关键步骤,触发小组讨论。雨课堂弹幕可以随时发送问题,根据课堂情况,可多次回放作图步骤进行提示性讲解,帮助强化记忆。边学边练,给出训练题目,学生在规定时间内完成课堂练习,随堂辅导,随时指出作图问题,解答疑问。

(5)后测:雨课堂投稿和点评

绘制好的透视图手机拍照通过雨课堂投稿,筛选出绘制较好和问题较多的图纸,投影

到教室幕布进行讲评,指出优点和问题,以帮助学生改进绘图质量,基于雨课堂的课堂反馈,及时了解学习情况。

(6)总结:知识内容的简要梳理,布置作业

总结网格法绘制一点鸟瞰图的绘图关键词,布置作业及课后延伸。

"制图基础"课在利用雨课堂的教学实践中,制作了新的雨课堂教学课件,推送课前预习、课后复习和习题详解的内容;发布自主设计制作的微课、专业动态、延伸阅读内容等拓展课堂教学;通过课后与学生的互动以及数据反馈了解学生的学习情况[2]。雨课堂给传统教学设计带来了许多改变,尤其在"课堂评图""作业解答"等环节,为课程带来了非常实用、高效的解决方案。BOPPPS教学模式与雨课堂的结合教学实践,使授课的内容不断地优化更新,实现了教学主体的改变、教学资源的共享与教学内容的拓展延伸,使学生从基础课开始就可以追踪专业动态,增强对专业学习的兴趣,建立专业敏感度。

2. 研究型教学实践实现课堂翻转

研究型教学模式,是将学生置于教学过程中心,并把教师的研究性教学与学生的研究性学习结合在一起的一种教学模式[3]。对于风景园林、园林及城乡规划专业,课程进入到专业制图内容,根据教学目标,教学团队会设定一系列的小型研究任务,以帮助学生熟悉科学研究的过程与步骤,同时也能更进一步地接触专业知识。学生将获得一份详细的研究任务大纲,包括研究任务的设定、学习方式、选题和研究方法、组织流程、成果形式及成果汇报、综合评价等。通过教师讲解、课堂研讨、项目研究、项目汇报和总结等主要环节,将科研与教学融合,使学生实现知识的自我构建,同时也实现课堂的翻转(图2)。在这一实践中,学生多以团队的形式完成研究任务,在团队中充分发挥自身所长,激发潜能、相互学习、沟通协作、解决问题,在打牢专业基础知识的同时,学会知识的运用,获得直接经验和成就感,发现自我的优势与不足,了解学科的发展方向,提升专业自信。

图2 "翻转课堂"教学模式的实践

(三)课程考评体系的改革探索

"制图基础"课程考核的方式,在较长的一段时间内一直采用"平时成绩+期末考试"的形式。学时的缩减和教学内容的更新让该课程取消了期末考试。新的考评体系采取了过程评价和结果评价结合的方式,注重学习过程的考核,并引入了小组评分机制,一些小组任务完成的绘图或研究报告等,首先在各小组之间进行互评打分,之后再由教师进行评分,实现分层次的考评。课程评分是对学生整个学习过程和学习能力的综合评价,其中学习过程评分占35%、专题研究占25%、综合作图占40%。这种考评体系激发了学生的积极性,学生参与度明显提高。

三、课程的延伸与拓展

学科基础课程内容的拓展还体现在与其他相关基础课程的沟通和对专业课程内容的延

伸，以此形成综合化的教学，以一门课程教学内容为载体将多课程相关知识与技能综合起来进行教学综合实训，避免出现课程之间缺乏联系或重复教学的情况。这不仅是课程内容的综合，也体现出了课程结构的综合；不仅是学生知识结构的综合，也是学生思维结构和价值观念的综合[4]。"制图基础"课程在实训环节将"空间构成""园林综合 studio""园林综合 workshop""园林设计基础""表现技法""钢笔画"等课程相关内容带入，同时也将课程内容融入"园林综合 studio""园林综合 workshop""园林设计基础""表现技法"等课程的实训中，提高了学生的综合作图表现能力，实现了课程的横向延展。课程也将专业知识编写进教材，更体现专业特色；通过线上的推送，实现专业内容的课外延伸阅读；也通过小课题的研究，尝试纵向的延伸拓展。另外，专业制图内容通过微课的形式与研究生"中国古典园林建筑设计"课程沟通，解决了研究生设计课程作业中存在的流于图形却不规范的问题，拓展了教学的深度和广度(图3)。

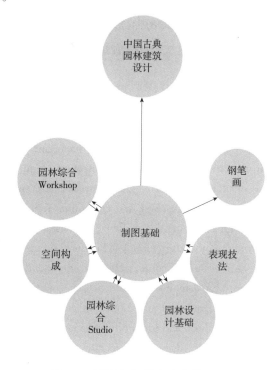

图3 "制图基础"课程内容的延展

四、结　语

"制图基础"课程通过教学团队多年的教学积累，不断完善课程建设，结合教学实践探索课程学习的深度；通过完善课程教学体系，挖掘课程自身的特色；基于学科内各专业的特点，开展课程设计和教学，面对课时缩减的压力和挑战不断寻求自我更新；以课程实训为突破，遵循 BOPPPS 教学模式并充分利用雨课堂教学工具开展混合式教学，结合研究型教学拓展课堂知识，提升教学广度和深度。在对课程的调查中，90%的同学对于课程的意义和用途表示非常清楚，超过95%的同学希望学好这门课程，100%的同学认为课程对于动手能力和后续课程有帮助。因此，课程教学中注重与其他课程的交叉与融合，强调综合训练，有利于学生建立系统的知识结构[5]。课程在横向延展和纵向延伸探索中，取得了一定的成果，在未来的教学中还需要进一步地研究和实践，以期获得更好的综合化教学效果。

参考文献

[1] Pattison P, Day R. Instruction skills workshop(ISW) handbook for participants[M]. Vancouver: The Instruction Skills Workshop International Advisory Committee, 2006.

[2] 刘丹丹."风景园林制图"课程混合式教学模式探索与思考[C]. 黄国华. 探索·构建·创新:北京林业大学教育教学改革优秀论文选编(2017). 北京:中国林业出版社, 2017:261-266.

[3] 叶国荣, 陈达强, 吴碧艳. 高校本科生教育中研究型教学模式探讨[J]. 中国高教研究, 2009(3):90-91.

[4] 徐锦生. 项目学习:探索综合化教学模式[M]. 杭州:浙江大学出版社, 2012.

[5] 陈泓, 科里·加洛, 彼得·萨默林. 创新实践教学践行社会服务使命:密西西比州立大学景观设计系"设计与建造"系列课程解析[J]. 装饰, 2018(8):120-123.

Research and practice of teaching reform in the course of *Landscape Architecture Drawing*

Liu Dandan   Li Suying   Zhao Ming

(School of Landscape Architecture, Beijing Forestry University, Beijing 100083)

Abstract   "Landscape Architecture Drawing" course is an important professional basic course for five undergraduate majors in the School of Landscape Architecture, Beijing Forestry University. After years of teaching practice accumulation, its curriculum construction has gradually improved the construction of teaching materials, theoretical teaching and curriculum training, multimedia courseware, network resources and micro-lectures. Facing the challenge of constantly compressing the basic class hours, the teaching team restructured the curriculum teaching content system, and based on the characteristics of the disciplines, built a basic module, training module, and professional module as the main frame, and different micro-unit combinations of teaching content. Through the application of BOPPPS teaching mode and the integration of mixed teaching and research-based teaching methods, continue to explore new teaching methods and ideas, while paying attention to the horizontal and vertical extension of the course content, to enhance the breadth and depth of teaching content.

Keywords   landscape architecture, landscape drawing, teaching reform, BOPPPS model, research-based teaching

工程认证中"电工电子综合设计"考核方法改革

徐向波　张俊梅　闫　磊　王　远

（北京林业大学工学院，北京市海淀区清华东路35号　100083）

摘要：课程考核是综合设计教学过程中的重要环节。针对以往考核目标单一、重结果而轻过程等问题，课程考核方法改革以工程教育认证各项要求为标准，结合"电工电子综合设计"课程特点，突出工程应用背景，强调以学生为主体的思想，设计了"电工电子综合设计"的考核改革措施，主要包括丰富考核指标、结果与过程并重、培养严谨与积极的态度等。改革旨在优化考核指标体系，提高学生的自主能力、创新能力和解决复杂工程能力；提高学生对考核成绩的认可度。

关键词：工程教育认证；电工电子综合设计；教学改革；课程考核

一、引　言

为保证高等教育的工程质量、互相认可工程教育水平与职业资格能力，以英国、美国为主的国家实行了工程教育专业认证。工程教育认证是专业认证机构的教育专家和相关企业专家对高等教育机构开展的专门性认证[1]。2006年，我国成立了中国工程教育专业认证协会；2013年，我国加入《华盛顿协议》[2]。工程教育专业认证更重视以学生为主体，培养学生的创新意识和团队合作精神，以及综合运用多学科知识解决复杂工程问题的能力[3]。开展工程教育专业认证对推动我国高等工程教育改革并提高教育质量发挥了重要作用。

"电工电子综合设计"是机械工程类专业的综合实践类必修课程，是学生完成"电工电子技术A"及相关课程后，应用模拟电子电路和数字电子电路的相关知识，进行的电子电路的设计与分析。本课程使学生的理论分析与动手设计能力得到较系统的训练，巩固所学知识，提高实验技能，熟练掌握万用表、电源、示波器等常用工具的使用方法，用理论指导电路设计与分析，用实验现象和结果检验理论原理，进一步培养分析和解决实际问题的能力[4]。

"电工电子综合设计"和工程教育专业认证的目标一致，都是为了提高学生的实践能力、综合素质、创新意识和团队合作精神，两者联系密切、相辅相成、共同促进[5]。国内外对"电工电子综合设计"类课程的教学改革进行了大量研究，但是与工程教育专业认证的结合程度不高。本文将在工程教育专业认证的背景下，针对"电工电子综合设计"的考核方法进行改革和探索，以期引导学生更积极、更全面、更科学地参与到本门课程中，提高课程教学质量和学生学习质量。

二、课程内容、目标及毕业指标点

本课程采用任务驱动法，以设计一个电子秒表数字集成电路为任务，请学生们思考电

作者简介：徐向波，北京市海淀区清华东路35号北京林业大学工学院，副教授，xuxiangbo@bjfu.edu.cn；
　　　　　张俊梅，北京市海淀区清华东路35号北京林业大学工学院，教授，joyzhangjm@163.com；
　　　　　闫　磊，北京市海淀区清华东路35号北京林业大学工学院，教授，mark_yanlei@qq.com；
　　　　　王　远，北京市海淀区清华东路35号北京林业大学工学院，副教授，wangyuan@bjfu.edu.cn。
资助项目：北京林业大学教改项目"工程认证背景下电工电子综合设计教学改革"（BJFU2020JY049）。

子秒表有哪几部分功能、如何实现[6]。从任务的系统上来讲，数字电子秒表包括微动开关及抖动抑制电路、三状态控制电路、微分及复位电路、0.1s多谐振荡器、计数器、译码器及显示电路等几部分，包括了"电工电子技术"的主要重点内容，且各子任务串联成一个体系，让学生在分析问题、完成任务的过程中，对理论知识有更深的认识和掌握。

任务构成与对应章节、知识点的关系如图1所示。

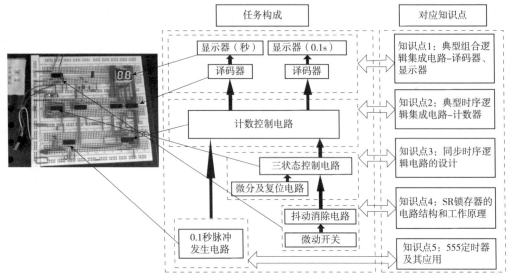

图1　任务构成及对应知识点

通过该课程的学习，培养学生初步具有电工电子的工程技术能力，尽力改变验证理论性质的验证型实验模式，让他们能合理使用常用的电子仪器进行电路的调整和测试，巩固和加深所学的数字电子电路和模拟电子电路的相关理论知识。并通过设计性及综合性实验，培养学生的综合能力和创造性思维，培养学生严谨的科学态度和作风。本课程具有4个课程目标，对应4个毕业要求指标点，它们之间的支撑关系如图2所示。

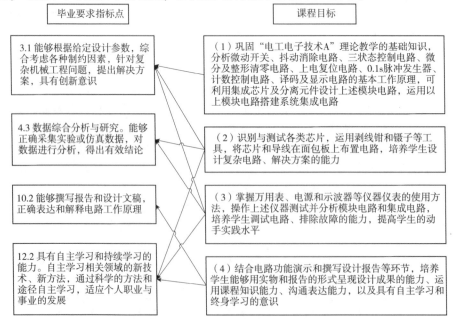

图2　课程目标与毕业要求指标点的支撑关系

从毕业要求指标点来看，通过本门课程的学习，培养学生的创新意识、实践能力、自主学习能力、表达撰写能力及解决复杂功能问题的能力，这与"电工电子综合设计"的课程目标是密切结合的。为达到毕业要求的指标点，就需要教师在教学设计过程中，充分融合教学目标和毕业要求指标点来设计教学内容。

客观地讲，课程考核是课程实施的最后一个环节，也是最重要的环节之一。课程考核的指标、比例系数与方法，对于调节学生参与电工电子综合设计的积极性、培养学生符合工程教育专业认证所提的要求均具有重要的作用。建立一套科学的、全面的课程评价与考核方法，能够全面支撑工程教育专业认证中的培养目标和毕业要求，既可培养学生实践能力、掌握多学科交叉知识解决复杂问题能力、创新能力和表达撰写能力，又可提高学生对成绩的认可度。不仅考核结果，而且考核学生的设计过程，增强学生在课堂上的能动性、学习的趣味性、知识掌握的灵活性。

三、课程考核的现状分析

"电工电子综合设计"是理论性和实践性综合的专业基础课程，但是受传统教学和考核方法的影响，教学效果不尽如人意，主要表现在以下3个方面：

（一）考核内容和方法与工程认证的对应关系不够具体和准确

未进行工程教育认证时，每年的考核内容基本一致且较为片面，考核方法也较为单一，大多以验证性的实验为主。学生在规定的时间里，机械式地学习一套原理，使用一套元件，得到一种设计结果，达到及格的目的。这样就忽略了对学生的创新意识、自主学习能力、掌握交叉学科知识解决复杂工程问题等能力的培养。

（二）考核更注重结果，轻视调试过程

考核重视实验结果，忽视设计过程，以实验结果作为主要评分依据，导致学生参与实验过程的积极性不高，较为功利，不愿主动思考，调试结果不对就到处问，急于得到验证型结果，而忽视了对自身在调试过程中解决复杂问题能力的培养；甚至部分同学出勤情况不理想，厌学和迟到现象较多，部分学生将综合设计课当作参观课来对待，缺乏动力，上课注意力不集中，不按要求和规定操作，对仪器设备有一定的破坏力。

（三）考核结果有一定运气成分，认可度较低

在课程执行和考核中，发现电路设计和调试过程中存在一定的运气成分。完成电路设计后，如果上电后功能均正常，较早实现功能，就可以拿到较高的代表调试速度的分值；而如果由于接触不良、芯片损坏等因素引起功能不正常，往往需要花费很长时间调试，进而影响了速度分值；此外，受实验室场地限制，每次仅允许一个班进行电路设计与调试，先进行设计和考核的班级往往经验不足，考核成绩不如后进行的班级高。

四、课程考核的改革措施

在学院及教研室的统一领导下，根据机械专业工程教育认证对学生综合素质培养目标的要求，调整优化电工电子综合设计的考核方式，增加考核内容，让学生主动参与到考核中来，使考核内容更全面、科学，提高学生对考核成绩的认可度。主要的改革措施如下：

（一）结合工程认证，丰富考核指标

根据工程教育专业认证对本门课的毕业指标点要求，充分结合课程目标，考查学生的自主学习能力和掌握多学科知识(开关及消抖电路、三态控制电路、复位电路、脉冲产生电路、计数器、译码器和显示器)解决复杂工程问题的能力。根据工程认证中培养目标和毕业要求中指标及所占比例，设立多个指标：学习态度(出勤、按时完成原理图设计与电路搭建

情况等)、自主学习(寻求指导、是否有创新点等)、电路设计(实验结果、调试速度、布线合理与美观等)、闭卷考试、设计报告。争取全面评价学生的成绩，每个评价指标设置不同的权值，科学评价，如图3所示。

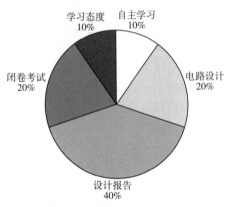

图3　考核指标及比例系数

(二)考核结果与过程，兼顾速度与质量

考核指标既要包括电路设计速度、设计质量、功能实现，又要考查学生在整个设计过程中的态度，包括出勤情况、独立设计电路与调试分析、设计报告中调试过程与心得体会等因素，对学生的整个设计有一个比较全面的评价；为提高学生的积极性，设计一定比例的分值，考核电路实现的速度；同时，为了培养学生设计、调试电路的认真态度，对电路设计质量及美观程度也设定一定比例的分值，评价电路模块化程度、走线是否合理、芯片布局等指标；在调动学生积极性的同时，培养学生严谨的科研态度。

(三)分班考核，内容更为全面，减少运气影响

为防止部分同学把综合设计课当成连线课，增加闭卷考试环节，以考查学生理论掌握情况；4个班需要分班进行设计，为兼顾理论考核的公平性，每个班完成电路调试后立刻考试；考试内容必须难度相似、知识范围相同、题目不同，丰富考核内容及考核指标，既兼顾班级分时实验带来的差异性，又体现考核的公平性；为体现学生分析问题、解决复杂故障的能力，提高了设计报告中设计过程与心得体会的分值，对于调试过程比较长的学生，往往心得体会书写得比较详细和认真，可以较好反映电路调试的经验和教训。

五、课程考核的改革效果

(一)课程目标达成度好，满足工程认证需求

按照工程教育专业认证的要求，对学生考核成绩进行分析、计算后，得到本课程的4个课程目标的达成度分别为0.79、0.80、0.83、0.79，均在0.8左右，很好地达到了毕业指标点的要求；课程实施过程中，突出以学生为主体的思想，提高了学生的自主学习能力，能综合利用多学科交叉知识，操作实验室各种仪器设备，解决复杂工程问题；整个课程实施和考核满足工程认证中严格的质量和数值要求。

(二)达到多元化考核和培养人才的目的

设定了更多、更全面、更科学的考核指标，以期更全面地评价学生在电工电子综合设计课程中的表现，既重视实验结果，又评价实验过程，提高学生对电工电子设计的兴趣和参与度，培养学生综合素质；考核中兼顾调试速度与电路设计质量，并分班闭卷考试，保证考试的公平性，减少运气对考核结果的影响，这一系列措施均提高了学生对本门课程考核结果的认可度。

(三)听取学生意见，不断完善考核方法

在课程实施过程中，积极与学生交流，认真听取学生意见，让学生参与到制订考核指标与评价方法中来，既可以调动学生积极性，又能保证考核的公平性，此过程也能考查学生的课堂表现，是重视过程的体现；在考核结果出来时，让学生发表对考核结果的满意度和改进方法，多角度地考虑问题，争取持续不断完善课程的评价体系。

六、结 语

工程教育专业认证体现了现代教育理念,本文所提出的课程考核改革方法激发了学生的学习兴趣和主观能动性,培养了学生的创新意识和自主学习意识,学生掌握交叉学科知识解决复杂工程问题的能力得以提高,收到了良好的效果,可推广至工科相关的综合设计类课程。当然,工程教育专业认证是一个长期的、持续改进的过程,在这个过程中,"电工电子综合设计"课程将按照新要求、新标准,不断完善和发展,以期更科学、更合理、更全面地评价学生的综合素质。

参考文献

[1] 卜飞飞,黄文新,王世山. 面向工程教育专业认证的非电类专业电工电子课程教学改革[J]. 中国现代教育装备,2016,233:56-58.
[2] 周凌波,王芮. 从《华盛顿协议》谈工程教育专业建设[J]. 高等工程教育研究,2014(4):6-14.
[3] 彭莉峻,韩行. 工程教育专业认证下电工电子技术综合性实验项目改革[J]. 实验室研究与探索,2018,37(7):178-181,290.
[4] 许森,王金铭,尉理哲. "电子系统综合设计"课程改革与探索[J]. 浙江树人大学学报,2019,19(2):42-45.
[5] 陈安,曾思明,刘银萍. 基于工程教育的电工电子实践课程体系的构建与实践[J]. 中国现代教育装备,2019,325:68-70,82.
[6] 徐向波,陈劭,张俊梅. 任务驱动教学在"电工电子综合设计"的应用探讨[C]//北京林业大学教学改革研究文集,中国林业出版社,2015:502-506.

Reform of Examination Method for *Comprehensive Experiment of Electronic and Electronics* Based on Engineering Education Certification

Xu Xiangbo Zhang Junmei Yan Lei Wang Yuan

(School of Technology, Beijing Forestry University, Beijing 100083)

Abstract Examination is an important link in the teaching process of the comprehensive design courses. In view of lack of assessment index and process emphasis, the requirements of engineering education certification are taken as the standards according to the characteristics of the *Comprehensive Experiment of Electronic and Electronics*. The background of engineering application is highlighted, and the idea of taking students as the main body is paid attention to. Some examination reform measures are designed, such as enriching assessment indicators, paying equal attention to results and process, and cultivating rigorous and comprehensive attitude. The assessment index system can be well improved. Students' independent, innovation and solving complex engineering abilities can be developed.Finally, the recognition of examination results can be raised.

Keywords engineering education certification, *Comprehensive Experiment of Electronic and Electronics*, teaching reform, course examination

大数据分析人才社会需求分析

——基于招聘网站文本挖掘的对比研究

李 艳　温继文　刘东来

（北京林业大学经济管理学院，北京　100083）

摘要：本文以招聘网站领英发布的以大数据分析人才为招聘对象的数据分析师和商业分析师两类岗位招聘信息为分析单位，对比分析了二者在岗位职责和岗位要求上的异同，进而明确了以大数据分析人才为培养目标的两大专业——数据科学与大数据技术和大数据管理与应用在培养目标、社会定位和技能要求方面的异同，为我校今后进行这两类专业的办学指明了方向。

关键词：大数据分析；社会需求；招聘信息；数据分析师；商业分析师；岗位职责；岗位要求

一、问题的提出

基于全球最大的职业社交平台领英（Linkedin）[1]上约50万的中国互联网行业人才大数据分析，《2016年中国互联网最热职位人才报告》指出，中国互联网业数据分析人才最稀缺[2]。之后，多所大学推出了大数据方向人才培养方案，计算机、统计学、信息与计算、数学等专业，相继推出了大数据相关的本科层次的人才培养方案，我校信息学院也于2019年获批数据科学与大数据技术专业。而在2018年，授予管理学学士学位的"大数据管理与应用"本科专业也已经在哈尔滨工业大学、西安交通大学、东北财经大学、南京财经大学、贵州财经大学共计5所高校开始招生[3]。2019年，又有25家大学获得此专业的招生资格，仅北京就有北京科技大学、中国传媒大学、中央财经大学、北京信息科技大学、北京工商大学和北京石油化工学院6所大学获批[4]。同为大数据专业，为何会出现两种不同的专业名称，二者在社会需求、人才培养上有何不同？为此，时隔4年，本文再次基于领英招聘网站进行数据分析，对大数据人才的社会需求，特别是对应于数据科学与大数据技术专业的数据分析师，以及对应于大数据管理与应用的商业分析师两类人才的岗位职责和岗位要求进行分析，以期为后续申办大数据管理与应用专业、制订人才培养方案奠定基础。

二、研究方法

（一）数据采集和预处理

招聘数据采集是分析的基础，本研究以领英网站为数据源，利用Python爬取职位信息，对收集的信息做预处理，包括文本去重、目的信息提取、文本分词、去停用词等，对经过处理和提取的数据进行分析。

作者简介：李　艳，北京市海淀区清华东路35号北京林业大学经济管理学院，教授，liyan88@bjfu.edu.cn；
　　　　　温继文，北京市海淀区清华东路35号北京林业大学经济管理学院，副教授，wjwlinda@163.com；
　　　　　刘东来，北京市海淀区清华东路35号北京林业大学经济管理学院，本科生，liudonglai0904@163.com。
资助项目：北京林业大学教育教学研究重点项目"打破学科专业壁垒，探索大数据管理与应用人才培养新模式"（BJFU2019JYZD005）。

1. 数据采集

本文对领英上发布的招聘信息进行爬取。领英是一家国际化综合性的社交招聘平台，其招聘信息可以通过职位页的检索功能获取。招聘信息主要由岗位和用人单位的基本信息、岗位要求、岗位描述三部分组成。本研究主要对这三部分做数据采集。

本研究共采集数据 5674 条，其中数据分析师相关数据 2781 条，商业分析师相关职位 2893 条。初始数据字段包括 id 值、职位名称、职位发布方、所处地区、行业、职务类别和职责描述。对职位描述字段进行文本抽离后的数据样例见表 1。

表 1 数据分析师与商业分析师招聘数据样例

id	职位	发布方	所处地区	职责	要求	详情	行业	职务类别
1840716113	高级数据分析师-小爱同学	小米科技	北京	岗位职责：负责小爱同学重点垂域的云端策略，定义语音	本科以上学历，4年以上工作经验	岗位职责：1. 负责小爱同学重点垂域的云端策……	互联网	信息技术
1865965242	资深数据分析师	百度	北京	工作职责：负责移动生态事业群收入管控工作，支撑管理层决定	5年以上工作经验，其中以年以上	工作职责：负责移动生态事业群收入管控工作	互联网	分析师

2. 数据清洗

首先针对采集到的职位 id 值进行清洗，由于是连续 3 天采集的职位信息，包含大量重复信息，对重复的 id 值保留一个。之后对无效数据进行清理，包括有空值的数据、职位名称不相关数据等。经过清洗，保留了 3950 条有效数据，其中数据分析师相关数据 1919 条，商业分析师相关职位 2031 条。之后采用 Python 的 Jieba 库对每一条数据进行分词处理和去停用词，作为社会对大数据分析人才需求的文本，进行深入分析。

三、基于招聘信息的大数据分析人才社会需求对比分析

在词频统计和 LDA 主题模型建模的基础上，本文对数据分析师和商业分析师这两类大数据分析人才的岗位职责和岗位要求进行了对比分析。

（一）基于词频和 LDA 主题模型的岗位职责分析

1. 基于词频的岗位职责词云图分析

岗位职责描述了招聘岗位的工作职责（负责什么具体工作），有助于帮助求职者了解岗位。通过对数据中的岗位职责字段的统计，选取每一条数据的职位要求字段作为统计文本，选取词频前 200 的关键词进行了词云图展示。

数据分析师的岗位职责如图 1 所示，商业分析师的岗位职责如图 2 所示。不难看出，二者的词云图有很多共同点，比如有很多有关具体工作场景的词语——"业务""运营"等，还有一些描述工作职能的词语——"优化""管理""统计"，以及一些工作中的名词——"分析报告""平台""产品"等。在这些关键词中，"业务""运营""产品"优化等关键词排名更加靠前。在二者差别方面，商业分析师的词云图中出现了"商业""战略""规划"等体现商业分析师战略规划、分析的职责。

词云图的展示,只能让人对商业分析师和数据分析师的工作职能有一个大体了解,相对简单粗糙,主要突出了两大工作岗位的共性职责,在二者差别方面也有所体现,但并不明显,接下来通过 LDA 主题模型深入挖掘数据分析相关岗位的职责和两大岗位的差别。

图 1　数据分析师职责词云图

图 2　商业分析师职责词云图

2. 基于 LDA 主题模型的岗位职责分析

(1) LDA 主题模型简介

LDA 主题模型是一种无监督的贝叶斯模型,将文档看作词组成的集合,词之间没有顺序和先后关系,输入文档集合并规定主题个数后通过无监督的学习迭代出最合适的分类结果。其核心思想为文档→主题→词三层的贝叶斯模型,公式为 P(词 | 文档)= P(词 | 主题) P(主题 | 文档),表达式为 P(w | d)= P(w | t)×P(t | d),对每一篇文档中的每一个词计算最佳的 Pj(wi | ds)值,分析其潜在的主题[5]。

(2) LDA 主题模型参数设定

在使用 LDA 模型分析时,利用 Pandas 对职责字段进行读取,Jieba 库进行分词,之后利用 TfidfVectorizer 计算 TF-IDF 值,参数设置见表 2。

表 2　LDA 模型参数表

	参数	参数值
TfidfVetorizer	max_features	2000
	max_df	0.9
	min_df	0.1
LatentDirichletAllocaation	n_topics	3
	max_ite	100
	learning_method	online

TfidfVectorizer 中 max_features 表示选取前 2000 个关键词作为关键词集进行选取,max_df 和 min_df 表示选取单词在文档中出现的概率的上限和下限,可以有效去除未察觉到的停用词和干扰词;LatentDirichletAllocation 中的 n_topics 表示预设的主题数。

(3) 数据分析师岗位职责 LDA 结果分析

当 n_topics = 3 时,LDA 模型从文档中提取出了 3 个主题,如图 3 所示。3 个主题分别在不同的领域,主题 1 占比最大,包含了"业务""运营""产品"等体现业务运营职能的词语,主题 2 包含"项目""客户""研究""需求""调研"等项目调研相关词语,主题 3 包含"设计""模型""开发""平台""数据挖掘"等数据建设的相关词语,主题提取结果较好。

LDA是无监督学习模式,结果中的主题并不包含主题标签,对每一个主题输出20个关键词后,对每一个主题进行概括。最终LDA主题模型分析结果见表3。

表3　数据分析师岗位职责LDA主题关键词结果

主题	前20个关键词	主题概括
主题1	业务 运营 产品 策略 支持 优化 提供 监控 决策 建议 指标 团队 经营 制定 推动 提升 管理 提出 日常 建立	业务运营-监测管理
主题2	项目 客户 研究 协助 报告 需求 整理 描述 撰写 信息 市场 收集 调研 沟通 系统 产品 技术 管理 参与 维护	项目调研与需求分析
主题3	用户 设计 模型 开发 内容 平台 业务 数据挖掘 建模 建设 参与 需求 挖掘 工具 构建 优化 包括 维护 统计 实施	数据建设

主题1反映了数据分析师通过开展业务运营层面的数据分析着眼于产品运营、日常监测、优化策略、提供建议、制定监控指标等日常工作内容;主题2反映了定期统计、收集、整理、跟踪相关数据、用户需求挖掘的工作内容,最终可能需要以撰写报告的形式来呈现调研结果;主题3着眼于技术导向的业务工作内容,数据分析师需要利用数据挖掘、建模等技术手段来开展数据分析、数据平台建设,最终目的是开发、优化、评估产品等。

(4)商业分析师岗位职责LDA结果分析

经过比较,主题数为3的主题提取效果较好,最终LDA主题模型分析结果见表4。

表4　商业分析师岗位职责LDA主题关键词结果

主题	前20个关键词	主题概括
主题1	业务 产品 策略 运营 研究 需求 推动 优化 落地 用户 报告 市场 团队 商业 提供 建议 支持 提升 输出 客户	业务运营-市场研究
主题2	管理 部门 经营 计划 业务 项目 指标 协助 预算 组织 风险 制定 日常 建立 活动 确保 信息 维护 提供 合作	项目概括与风险管理
主题3	参与 设计 战略 指导 开发 项目 客户 平台 商业 需求 市场 撰写 技术 独立 优化 方案 包括 用户 内容 产品	决策支持

主题1反映了商业分析师通过开展业务运营层面的商业数据分析着眼于产品运营、市场研究、推动优化方案落地等日常工作内容;主题2反映了对部门的项目进行经营计划,对项目风险进行评估,维护和确保业务稳定的工作职责;主题3反映了决策支持的工作内容,商业分析师需要参与项目的设计,通过对客户和市场的调研进行战略指导,可能需要通过撰写优化方案来对产品优化提供决策支持。

(5)数据分析师和商业分析师岗位职责对比分析

从两大岗位职责的LDA主题关键词分析结果来看,二者的在职责上有着类似分类的关键词主题,3个主题可以横向对比,体现出二者职能的差别之处。首先,二者的岗位职责都与业务运营有很大的联系,都需要开展业务运营方面的数据分析,只不过数据分析师偏向于对日常数据的分析及监控,针对异常情况协调资源进行跟踪和深入分析,商业分析师则偏向于研究市场的变化而对产品优化提出建议。其次,在部门的项目中,数据分析师需要定期统计、收集、整理、跟踪相关数据,挖掘用户的需求,为各业务部门提供数据支撑;而商业分析师则是站在更宏观的角度去考虑项目的计划和战略问题,就具体业务专题,构建商业分析框架,进行全维度的商业分析,考虑风险,确保项目稳定开展。最后的主题中,数据分析师有着利用数据挖掘、建模等技术手段开展数据建设的职责,而商业分析师则通过对客户和市场的调研进行战略指导，体现了前者更偏向于利用技术手段进行数据分析和统计，后者需要对战略规划、行业研究有一定的了解，可以及时为公司提出切实可行的战略改善方案。

（二）基于词频和LDA主题模型的岗位要求分析

在本文岗位要求的分析中，先通过词云图对岗位要求有一个基本的了解，之后通过词频统计技能及工具要求进行分析，最后通过LDA主题模型深入主题挖掘。

1. 基于词云图的岗位要求分析

任职要求体现了企业对人才的技能、学历、能力等方面的要求，体现着企业对人才的需求状况和趋势，有助于求职者了解和发现市场需求。通过对数据中的任职要求字段的统计，选取了词频前200的关键词进行了词云图展示，结果如图3、图4所示。

图3 数据分析师职责词云图　　**图4 商业分析师职责词云图**

从两大岗位的词云图中我们可以看到二者共性的需求，比如有很多与能力相关的词语，如"沟通""逻辑""学习""管理"等，还有一些描述技能要求的词语，如"SQL""Python"等。

两图中"本科"这样的关键词也十分靠前，可以推测出对于这两个岗位大多数企业要求本科以上的学历。经过统计，二者对于最低学历的要求基本相似，都有近70%的企业做出了学历要求，其中要求"本科及以上"的占87%，要求"大专及以上"的占5%，要求"硕士及以上"的占7%，要求"博士"的占1%。可见数据分析相关岗位对文化背景有着不低的要求。而未给出学历要求的岗位，有97%都要求应聘者有相关工作经验。

图中也可以看出一些不同之处：在能力方面，数据分析师中的"数学""逻辑"等词频率更靠前，而商业分析师中还体现出了"经济""金融"这些词汇。同时数据分析工具中，数据分析师中的"Python""SQL"占据了更大的面积，可以看出数据分析师更加注重技术方面。后文将对两者的技能要求做深入的词频统计分析。

2. 基于词频统计的技能要求分析

为了更好地了解两大岗位在知识技能和工具方面的需求，本文对该字段进行分词和去停用词后，利用Python的Collections库进行了词频统计进行分析，输出频率排在前300位的词语，对知识技能类词语和工具类词语分别进行统计分析。

对数据分析师和商业分析师的岗位要求进行词频统计后，知识技能类词语统计结果如图5、图6所示，工具类词语统计结果如图5、图6所示。

（1）岗位知识技能类词语词频分析

从两图中我们发现，两大岗位的招聘要求中对知识技能有不少相同的地方，首先均有近95%的岗位要求统计相关的知识技能，包括统计学、数理统计、统计分析等词语，可见统计知识是进行数据分析一项重要并且基础的知识要求；其次有相同要求的是数学，二者分别有55%和45%的岗位强调了对数学的要求，应聘者需要掌握高等数学、线性代数等数

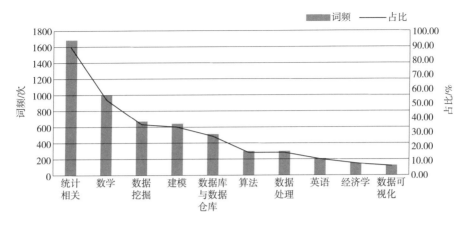

图 5 数据分析师知识技能要求类词语统计图

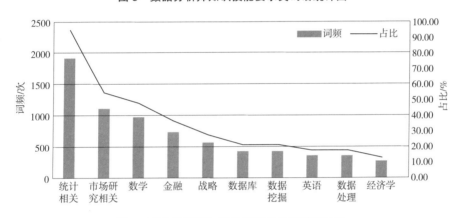

图 6 商业分析师知识技能要求类词语统计图

学知识，同时结合数据分析师之后的建模可以看出，数据分析师在掌握基础数学知识的同时，也需要对数学建模等知识有一定的了解；之后两图均出现了数据挖掘、数据库、数据处理、数据可视化等词语，这些应该是分析师在数据获取、数据存储、数据分析处理、结果呈现这一系列过程中所要运用到的知识，但一些偏向技术类的知识如数据挖掘在数据分析师中占比更高，可能数据分析师的技术工作比重更大一些。其余均提到的知识技能类词语还有经济学、英语，商业分析中英语出现的频率更高，可见商业分析师在工作中运用英语的场景较多。

两图中的知识要求存在一些差别，数据分析师对于算法有一定的要求，需要数据分析师在计算机技术上有更深入的了解和运用。商业分析师需要掌握金融、市场、战略咨询等知识，需要有更高的眼界从战略角度发现问题，对于行业和市场有一定的研究能力。

（2）岗位工具类词语词频分析

图 7、图 8 为两大岗位工具要求类词语，岗位要求中"SQL""Python""R 语言""Excel""PPT"这几种工具出现的频率很高且远高于其他工具，代表着这是分析师在工作中最常用的几种工具，其中 SQL 占比最高。SQL 是具有数据操纵和数据定义等多种功能的数据库语言，数据分析师利用 SQL 语言来存储、管理、提取数据，占比较小的一些词语中也包含了市面上主流的数据库软件如"Oracle""Mysql"等；"Python"是一款功能十分强大的计算机程序设计语言，可以提供数据处理和分析的功能；"R 语言"是用于统计分析、绘图的语言和操作环境，在统计计算和统计制图方面都十分强大，处于后面的"SAS""SPSS"同样是专门

的统计分析软件，这些工具在分析师的工作中主要提供统计分析、制图的作用。"Excel"是微软的电子表格软件，是十分流行和便利的数据处理软件。"PPT""Tableau"都与结果呈现有关，前者主要用于演示成果，后者是强大的数据可视化软件，可以将数据分析结果运用图表完美地嫁接在一起。

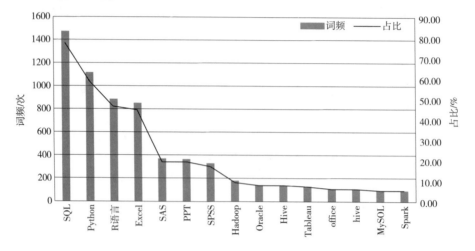

图7　数据分析师工具要求类词语统计图

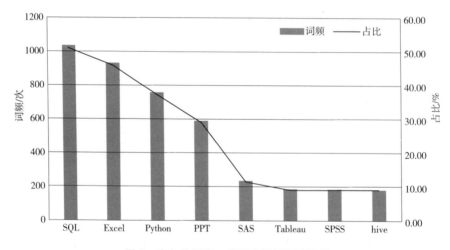

图8　商业分析师工具要求类词语统计图

3. 基于 LDA 主题模型的岗位要求分析

（1）数据分析师岗位要求 LDA 结果分析

经过比较，取主题数为3时的主题提取效果最好，数据分析师岗位要求 LDA 主题关键词结果见表5所示。经过分析，国内数据分析师由于不同岗位之间差别较大，如有的岗位偏算法岗，虽然岗位名称是数据分析师，实则工作内容更偏算法，因此本文将前两个主题按照岗位性质进行概括，描述的是不同类型的数据分析师的技能要求，主题3则是不同岗位统一强调的个人素质。

主题1中，具有代表性的词语有"Python""数学""SQL""Hadoop""算法""机器学习""开发"等，反映的是数据分析师中算法相关的岗位，该类型岗位对计算机技术的要求很高，重视应用 Python、SQL、机器学习、Hadoop、R 语言等统计分析工具等，做一些开发类的项目。主题2具有代表性的词语有"运营""分析""产品""SQL""Python"，反映的是数据分析师中对于业务分析能力要求很高的岗位，该类型岗位需要掌握 SQL、Python 等软件工具或编程语言，需要对互联网环境下产品运营和用户需求有一定的了解；主题 3 中具有代表性的词语有沟通、团队、责任心等。几乎所有类型的数据分析岗位都看重员工的责任意识、团队精神和学习能力，对个人品质提出了一定的要求，工作多涉及 Excel、PPT 等 office 办公软件的使用。

表 5 数据分析师岗位要求 LDA 主题关键词结果

主题	前 20 个关键词	主题概括
主题 1	Python SQL 数学 数据挖掘 计算机 统计 统计学 R 语言 开发 数据库 建模 SAS 统计分析 SPSS 工具 机器学习 算法 BI Hive Hadoop	算法开发相关
主题 2	运营 业务 商业 产品 需求 互联网 敏感 用户 工具 沟通 思维 逻辑 敏感度 采集 理解 SQL 独立 项目 Python 建模	业务运营相关
主题 3	管理 沟通 团队 研究 软件 责任心 合作 本科 精神 协调 实习 办公 市场 学习 压力 咨询 优秀 企业 表达能力 office	能力要求

（2）商业分析师岗位要求 LDA 结果分析

取主题数为 3 时的主题提取结果，商业分析师岗位要求 LDA 主题关键词结果见表 6。主题 1 中，具有代表性的词语有"Python""SQL""统计学""办公"等，反映的是对商业分析师统计分析技能的要求，该方面注重统计学、数学、逻辑思维，重视应用 Python、SQL、Excel 等统计分析工具进行数据收集和统计分析的工作。主题 2 具有代表性的词语有"管理""咨询""市场""战略"等，反映了商业分析师需要有管理咨询、战略规划、市场研究的能力或经验，可以从战略层面对企业提出建议；主题 3 中具有代表性的词语有"独立""抗压""沟通""表达"等，企业希望商业分析师能够善于沟通，可以独自进行项目管理分析，承受一定的压力，并且能够清晰地表达自己的观点和分析成果。

表 6 商业分析师岗位要求 LDA 主题关键词结果

主题	前 20 个关键词	主题概括
主题 1	业务 报告 工具 SQL Excel 数学 软件 统计学 Python 统计 商业 逻辑思维 PPT 办公 计算机 互联网 技能 本科 数据收集	统计分析相关
主题 2	管理 沟通 咨询 团队 项目 研究 市场 业务 本科 协调 企业 战略 金融 运营 背景 互联网 财务管理 优秀 需求 流程	战略管理相关
主题 3	产品 商业 市场 独立 抗压 逻辑 设计 项目管理 平台 解决 文意 优秀 互联网 驱动 运营 沟通 系统 主动 承受 执行力 表达	能力要求

4. 数据分析师和商业分析师岗位要求对比分析

经过前文从词云图到 LDA 主题分析，可以看出企业对于数据分析师和商业分析师的岗位要求有不少相同点和不同点，见表 7。两者对于统计分析的相关知识能力都有要求，如统计学、数学等，也均要求掌握数据库、Python、Excel、PPT 等工具。由于两大岗位分别需要与业务部门和决策层直接沟通，所以对表达和沟通能力都较为看重。在不同点上，数据分析师分为算法岗和业务岗，整体对于数据处理和统计分析的要求较高，算法岗还需要掌握机器学习、Hadoop、R 语言等知识，并且数据分析师的业务落地性比较强，需要对产品有一定的敏感度；商业分析师方面，需要有管理咨询、战略规划、市场研究的能力或经验，同时需要优秀的独立分析能力和战略洞察能力，能够构建商业分析框架，进行全维度的商业分析。

表 7 数据分析师和商业分析师岗位要求对比

	数据分析师	商业分析师
相同点	1. 均有对统计分析相关知识和能力的要求 2. 均有对于 Python、SQL 等分析工具的要求 3. 均看重沟通、表达、逻辑分析等能力	
不同点	1. 分为算法岗位和业务岗位 2. 整体对数据处理和统计分析要求较高 3. 对产品需求有一定的敏感度，善于落地业务	1. 需要有管理咨询、战略规划、市场研究的能力或经验 2. 需要优秀的独立分析能力和战略洞察能力

四、结　语

本文以招聘网站领英发布的数据分析师和商业分析师两类大数据分析人才的招聘岗位职责和岗位要求为分析单位，对比分析了二者在岗位职责和岗位要求上的异同：相同点是，二者都与业务运营有很大的联系，都需要掌握一定的分析工具，都看重表达和沟通能力；不同的是，数据分析师需要更高的数据处理和分析技术，偏向于对日常数据分析、监控、追踪，需要定期收集分析数据提供数据支持，进行数据建设，有较强的业务落地能力，而商业分析师需要有管理咨询、战略规划、市场研究的能力或经验，在产品和项目的发展中收集信息和和数据，观察和发现市场的变化，站在整个行业中从战略的角度及时地为管理者提出建议和决策支持，需要独立地为项目构建商业分析框架，进行全维度的商业分析。

此研究结论表明，从人才培养角度而言，以商业分析师为培养目标的大数据管理与应用专业和以数据分析师为培养目标的数据科学与大数据技术专业在培养目标、社会定位和技能要求方面并不相同。在经济管理学院设置大数据管理与应用专业、培养商业分析师具有可行性。

参考文献

[1] 领英网[EB/OL]. http：//www. linkedin. com 2020-08-02/2020-08-12.

[2] 中国互联网业数据分析人才最稀缺[EB/OL]. http： // finance. qq. com/a/20160214/008795. htm 2020-10-02.

[3] 田青. 大数据管理与应用专业建设的探索与实践[C]//第七届高等学校信息管理与信息系统人才培养高峰论坛，宁波：2018：17-18.

[4] 徐晓敏. 大数据管理与应用新专业建设探索与实践：以北京信息科技大学为例[J]. 教育教学论坛，2020（31）：229-231.

Social Requirement Analysis of Big Data Analysts: Comparative Study Based on Text Mining of LinkedIn Data

Li Yan　　Wen Jiwen　　Liu Donglai

(School of Economics and Management, Beijing Forestry University, Beijing　100083)

Abstract　This paper takes the recruitment information, which was published by a recruitment website, Linkedin, of data analysts and business analysts, which both are required to process big data analysis talents, as the analyzed units, in order to compare and analyze the similarities and differences in terms of job responsibilities and requirements of those two positions. This paper then identifies the similarities and differences between the two disciplines, namely, science and technology of data and big data management, which are encouraged to become talents of big data analysis, in the aspects of cultivating goals, social orientation and technological requirements, which provides a guidance for the construction of those two majors in our school.

Keywords big data analysis, social demand, recruitment information, data analyst, business analyst, job responsibilities, job requirements

本科生导师制实施现状、问题与对策研究

——以北京林业大学农林经济管理专业为例

王卫东　姜雪梅　李　强　温亚利

(北京林业大学经济管理学院，北京　100083)

摘要： 本科生导师制的实施是提升本科生教育教学质量以及促进学生成长的重要举措。本研究基于2020年收集的针对北京林业大学农林经济管理专业本科生的微观调查数据，深入了解农林经济管理专业本科生导师制各环节(介绍环节、导师选择环节、培养环节以及评价环节)的实施现状及存在问题，发现农林经济管理专业本科生对导师制实施的整体满意度较高。然而在具体实践层面，本科生导师制仍旧存在如下问题：第一，本科生导师制实施的规范性及公平公正性仍旧有待提升；第二，本科生导师制的实施应该及时把握学生的需求，并不断调整本科生导师制的培养方案；第三，部分学生与导师未建立起良好的沟通反馈机制。鉴于此，本研究提出如下建议：第一，进一步多渠道了解师生诉求，完善本科生导师制的相关规定，进一步提升本科生导师制实施的规范性与公正性；第二，进一步丰富师生交流的途径与方式；第三，做好本科生导师的聘任、评价以及激励工作。

关键词： 农林经济管理；本科生；导师

一、引　言

随着高校扩招的推进，我国高等教育的规模不断扩大。全国教育事业发展统计公报数据显示，2019年我国普通本专科招生规模达到914.9万。大学生的培养质量关乎我国未来劳动力的素质，从而会进一步对我国经济社会高质量发展产生影响。本科生导师制无疑是提高学生综合能力的重要手段。本科生导师制起源于14世纪英国的牛津大学，之后逐渐发展完善，并被欧美、日本等国家和地区的高校采用，促进了本科生培养质量的提高以及学校综合实力的提升[1]。我国本科生导师制起步相对较晚，直到20世纪30年代，浙江大学才率先实施本科生导师制。近年来，越来越多的国内高校开始实施本科生导师制，以期通过该制度的完善提升本科生的培养质量。

2007年底，北京林业大学制订《北京林业大学梁希实验班导师制实施办法(试行)》方案，于2008年正式实施。该方案的出台为后续农林经济管理专业的学生实施导师制提供了良好的制度保障。在此基础上，北京林业大学多个专业的梁希实验班开始推行本科生导师制。其中，农林经济管理专业是北京林业大学本科生导师制推行的重点学科之一。农林经济管理专业本科生导师制的实施显著提升了本科生的培养质量。大量的本科毕业生被保送至北京大学、中国人民大学、中国科学院大学、北京师范大学、中国社会科学院等著名高

作者简介：王卫东，北京市海淀区清华东路35号北京林业大学经济管理学院，讲师，wangwd2019@bjfu.edu.cn；
　　　　　姜雪梅，北京市海淀区清华东路35号北京林业大学经济管理学院，副教授，jiangxm@bjfu.edu.cn；
　　　　　李　强，北京市海淀区清华东路35号北京林业大学经济管理学院，副教授，qiangli_em@sina.com；
　　　　　温亚利，北京市海淀区清华东路35号北京林业大学经济管理学院，教授，wenyali2003@163.com。
资助项目：北京林业大学教育教学研究项目"农林经济管理专业本科生导师制实施现状、效果评价与机制完善研究"(BJFU2020JY032)。

校与科研院所。同时，也有不少农林经济管理专业本科毕业生去往国外著名高校深造[2-3]。除此之外，大量的优秀本科毕业生前往业界与政界工作，在我国的现代化事业中发挥着重要的作用。

伴随着时代的进步，社会对本科生素质的要求也越来越高。这也对本科生导师制的实施提出了更高的要求。有不少研究对本科生导师制存在的形式主义、导师资源匮乏、制度定位不清晰以及缺乏制度保障等问题进行了探讨[4-5]。余志刚综合借鉴了上海海洋大学等4所高校的经验，提出我国农林经济管理学科应该从更新人才培养理念、细化人才培养目标两方面进一步完善导师制[6]。有研究对北京林业大学农林经济管理专业梁希实验班07-1班的学生进行了访问调查，发现在导师制实施的过程中，同学们普遍选择第三或第四学期作为选择导师的节点，并认为每一位导师每届最多指导2名学生为佳。同时，他们认为导师与学生的配对要合理且具有弹性，应建立量化考核与激励机制，激励学生积极主动参与，充分发挥导师的作用[7]。上述研究为本研究的分析提供了有益的借鉴。然而，在新形势下，有必要采用最新的调查数据，从学生视角反映北京林业大学农林经济管理专业本科生导师制实施的现状与存在的问题，并提出有针对性的建议，以实现农林经济管理专业本科生培养质量的进一步提升。

二、调查样本说明

本研究的调查数据来自于2020年6月针对2016年以及2017年入学的农林经济管理专业本科生开展的线上调查。之所以仅选取这两年入学的本科生，主要是基于这两个年级的学生已经分别在导师的培养下完成了3年和2年的学习，他们对本科生导师制有更加切身的了解。

2016年及2017年入学的农林经济管理专业本科生共计4个班120人。此次调查共有94位同学填写了问卷，均为有效问卷。其中，男生30人，女生64人；2016年入学的本科生39人，2017年入学的本科生55人；70%的班级排名前5的学生、85%的班级排名6~10名的学生、87.5%的班级排名11~20的学生，以及70%的21名及以后的学生填写了问卷。收集的数据具有较好的代表性，能够反映农林经济管理专业本科生导师制的实施情况。

三、学生视角下的导师制实行的现状与问题

（一）导师制介绍环节

农林经济管理专业本科生选择导师环节是大二开学后不久开展的。具体流程为：首先，系主任收集本系有资格指导本科生的教师以及增补其他专业有意愿且符合要求的教师信息，形成导师库；其次，系主任每年对导师个人基本信息进行更新后（如导师邮箱、对学生的要求、培养模式等），将导师信息库发送至学生，并告知学生每个老师能够指导本科生的名额（一般情况下每名导师所带本科生不超过2名）；再次，学生自主联系导师，导师与学生进行双向自愿结合；最后，二者确定实质的导师与学生关系。

导师制的介绍环节简单易行。但是，在对学生开展调查的过程中发现，不了解导师制具体规定的学生占到总样本的20%，认为需要对导师制的具体规定进行详细说明的同学占到88%。据了解，除了学校教务处在2007年底制定的《北京林业大学梁希实验班导师制实施办法（试行）》方案外，农林经济管理学科之后已再无更新版本的关于导师制的规定出台。因此，做好导师制介绍环节的工作，对于增加学生对该制度的了解，增进学生对专业的认同感具有重要的意义。

(二)选择导师环节

导师选择是导师制实行过程中非常重要的一环。当前导师的选择工作是在本科生二年级上学期时正式开展的。而学生实际选择导师的时间则普遍早于这一时间点。根据表 1 可知,学生会平均提前接近两个月联系导师。需要注意的是,2017 年入学的农林经济管理专业学生比 2016 年入学的学生提前联系导师的时间早 0.7 个月。这也说明,同学们对于提前选择导师有越来越强烈的诉求。表 1 结果也表明,男生和女生都会提前 2.1 个月联系导师。排名越靠前的学生联系导师的时间越早。

表 1　学生实际联系导师的时间

分类	分组	提前联系导师的平均月数/月
所有样本	全样本	2.1
学生的性别	男	2.1
	女	2.1
学生入学的年份	2016 年	1.7
	2017 年	2.4
学生在班级内的成绩排名	1~5 名	2.6
	6~10 名	2.4
	11~20 名	1.9
	21 名及以后	2.0

注:通常情况下,学生正式选择导师前,会有关于导师选择的具体事项的通知环节(即将有招生资格的导师名录、各导师招生名额、导师的研究方向以及联系方式等发布给学生)。不少学生会在此时间点之前,提前与自己心仪的导师联系。

这里需要重视的一点是,学业表现最好的学生积极主动地寻找到那些指导学生声誉最好的老师,而每位导师能够指导学生的名额有限。这势必会带来同学们在导师选择过程中的恶性竞争以及不满情绪的滋生。笔者调查的数据也支持了这一结论。根据表 2 所列,接近 30%的学生对导师选择流程不满意。其中,女生、2017 年入学的以及排名前 5 的学生不满意程度更高。基于同学们反馈的信息,深究其原因发现,同学们对导师选择流程了解不清晰、对导师情况了解不够,以及存在一定的"恶性竞争"是导致学生对该环节满意度不高的 3 个主导因素。这也说明,导师制实施进程的不断推进,越来越应该注重程序公平、公正性的诸多细节的设计。比如,出台最新的导师制文件、有专门的导师制的介绍环节、增加师生交流会环节等。

表 2　农林经济管理专业学生对选择导师流程的满意度

分类	分组	学生对选择导师的流程是否满意	
		是/%	否/%
所有样本	所有样本	69.2	30.8
学生的性别	男	73.3	26.7
	女	67.2	32.8
学生的入学年份	2016 年	82.1	18.0
	2017 年	60.0	40.0

(续)

分类	分组	学生对选择导师的流程是否满意	
		是/%	否/%
学生在班级内的成绩排名	1~5 名	64.3	35.7
	6~10 名	76.5	23.5
	11~20 名	65.7	34.3
	21 名及以后	71.4	28.6

笔者进一步对同学们希望导师选择的时间点进行分析(表3),发现有43.7%的同学希望将导师选择放在大学一年级开展。其中,女生、学业表现更好的学生希望在大一选导师的比例更高。这也表明,选择导师的节点提前到大一是相当一部分同学的诉求。当然,假设将导师选择提前到大学一年级刚入学,需要更加注重导师选择流程的设计。导师选择流程提前毫无疑问会带来多方面的影响。一方面,可以引导学生更好地融入到大学生活、得到全方位的指导。另一方面,这无疑加重了指导老师的负担。因此如何权衡二者之间的关系、如何做好激励仍旧是有待解决的问题。

表3 希望选择导师的时间点的比例分布 单位:%

学生希望选择导师的时点	所有样本	学生性别		学生入学年份		排名			
		男	女	2016 年	2017 年	1~5 名	6~10 名	11~20 名	20 名以后
大一上学期	18.1	26.7	14.1	18.0	18.2	21.4	5.9	14.3	28.6
大一下学期	25.5	10.0	32.8	25.6	25.5	35.7	52.9	28.6	0.0
大二上学期	36.2	40.0	34.4	43.6	30.9	35.7	35.3	37.1	35.7
大二下学期	8.5	10.0	7.8	2.6	12.7	7.1	5.9	8.6	10.7
大三上学期	8.5	13.3	6.3	7.7	9.1	0.0	0.0	5.7	21.4
未填写(缺失值)	3.2	0.0	4.7	2.6	3.6	0.0	0.0	5.7	3.6

(三)培养环节

导师制的实施重在提升学生的创新能力,培养过程中对学生科研能力的训练是导师制实施过程中的核心环节。目前,经济管理学院其他专业实行的导师制的主要功能是指导本科生毕业论文写作。而笔者发现,农林经济管理专业导师制框架下,导师提供的指导更加多元化,但是也存在供需不匹配的现象。具体而言,指导学生论文撰写是学生最期望获得的指导,同时也是导师实际提供的主要指导方式。然而,在其他的指导方式维度,学生需要的指导与导师实际提供的指导存在明显的不匹配现象。学生对于参与课题组的科研活动以及获得大学生创新创业训练项目的指导有较高的需求,而导师能够提供这方面指导的比例要明显低于有此方面需求的学生的比例。组会是了解学生状况、提升本科生科研素养及批判性思维的有效平台。接近六成的学生期望导师能够开展组会报告活动。然而,仅有33%的导师提供了组会报告的平台(表4)。进一步分析,笔者基于调查数据发现,16%的同学表示自己在学业与科研上的需求没有得到有效的满足。

总体而言,在满足学生学业与科研需求的方面仍旧有较大的改进空间。然而,需要说明的是,导师制也应该有自身的清晰定位。笔者认为,本科生导师制更多是配合学校教学、班主任、辅导员等制度提升学生创新能力的重要一环,而非"万能药"。因此,本科生导师制的定位需要进一步明确,并需要在师生间形成广泛共识。

表4 学生期望与导师实际提供的指导方式分布　　　　　　　　单位:%

指导方式	期望获得的指导	导师实际提供的指导
指导论文撰写	89.4	86.2
参与课题组的科研活动	78.7	42.6
指导大学生创新创业训练项目	67.0	46.8
开展组会报告活动	60.6	33.0
提供就业指导	59.6	42.6
关心日常生活	44.7	56.4

进一步分析学生与导师交流的频次分布状况(表5),发现学生与导师交流频次达到1个月至少1次的比例为57.5%。其中,男生与导师交流的频次要高于女生。班级排名较为靠前的学生及学习状况不佳的学生与导师交流的频次都较高。而成绩处于中等偏下的学生与导师交流相对较少。同时,笔者也发现家庭经济状况差的学生与导师交流的频次要明显高于家庭情况好及家庭经济状况中等的学生。这也反映了导师在学生培养过程中采取了因材施教的方式。

表5 学生与导师交流的频次分布状况　　　　　　　　　　　　　　单位:%

分组依据	分组	每周至少1次	1~2周1次	3~4周1次	1个月到半年1次	半年以上1次
总体	全样本	9.6	18.1	29.8	39.4	3.2
性别	男	16.7	23.3	40.0	16.7	3.3
	女	6.3	15.6	25.0	50.0	3.1
班级成绩排名	1~5名	28.6	7.1	35.7	28.6	0.0
	6~10名	11.8	35.3	23.5	29.4	0.0
	11~20名	0.0	8.6	28.6	57.1	5.7
	21名及以后	10.7	25.0	32.1	28.6	3.6
家庭经济条件	好	4.8	14.3	33.3	42.9	4.8
	中	9.0	19.4	28.4	40.3	3.0
	差	33.3	16.7	33.3	16.7	0.0

(四)学生对导师制的评价

本文进一步采用导师在学生自身成长过程中发挥的作用以及学生对导师制的满意度两个指标来对导师制进行评价,以期获得对导师制实施效果的真实刻画。

笔者发现,整体而言,同学们对于导师制的认可度较高,然而仍旧有较大的提升空间。其中,超过六成的学生认为导师制在个人成长过程中发挥了积极的作用。具体而言,学生认为导师在学生个人成长过程中发挥很大作用及较大作用的占到了20.2%及41.5%。然而也需要认识到,有接近四成的学生认为导师在自身成长过程中发挥作用一般甚至没有帮助。学生对导师制实施的整体满意度较高。其中,50%的学生对导师制的实行非常满意，36%的学生对导师制的实行比较满意，而对导师制的实行满意度一般的学生也接近14%。

四、进一步完善农林经济管理专业本科生导师制的建议

（一）规范导师制实施程序

前文分析中，笔者发现在导师制具体落地的过程中，同学们产生诸多问题，例如：对于导师制的相关规定了解不清晰、导师选择过程不了解、部分学生对导师选择环节出现不满情绪等。这也充分说明了需要增加详细的导师制说明环节，以减少信息不对称的情况。同时，为了避免导师与学生匹配性差的问题，可以在相应的规定中明确，学生在满足相应条件的情况下有更换导师的机会。这样，一方面可以实现学生与导师更好地匹配；另一方面可以规避因为师生关系不佳带来的个体心理健康恶化的问题，促进学生的健康成长。

农林经济管理专业本科生导师制本是提升学生核心竞争力的重要一环。因此，更应该建立更加透明的实施程序，打造农林经济管理专业学生培养这一品牌项目，提升学科的竞争力。可以采取的具体措施如下：第一，可以在原有的梁希班导师制规定的基础上按照当前情况对原文件进行进一步修订；第二，在学生入学时将相应的文件作为必须发给学生的材料，并有正式的导师制度说明环节以及导师介绍环节；第三，可以考虑将导师制提前，采取更加科学的导师与学生的选择方式。

（二）多途径增进学生与导师间的了解

在选择导师前，学生与老师的互动主要体现在课堂教学上。而学生与老师进行课堂互动的过程中，并不会了解到太多关于老师如何进行学生培养的信息。另外，部分老师并没有专门讲授针对自己所在系学生的课程，学生与这部分教师的交流互动较为缺乏，需要多途径增进学生与导师间的交流，增进学生对导师培养方式以及研究方向的了解。具体而言，可以在新生入学时，开展全系教师与学生的座谈会，让学生与老师增进了解。进一步的，可以在导师选择前设置专门的环节，让导师对自己的研究方向、培养模式等进行系统说明。除此之外，班级管理中纳入教师与学生互动环节是非常必要的手段。

（三）推行定期与不定期的组会制度

采用组会制度是同学们非常期望的一种指导形式。组会制可以为同学们提供一个表达自我、汇报自身学业、科研以及生活等状况的平台。这一平台能够让导师及时了解到同学们的诉求，定期为同学们答疑解惑，也可以让高年级与低年级同学间形成良好的互动，发挥良好的"传帮带"的作用。线上教育的深入推进也使组会制的推行阻力大大降低。然而当前有定期组会的导师比例较低，出现这种问题的原因：一方面是导师教学与科研压力大，没有足够的时间开展组会活动；另一方面是同学们尽管期望有组会活动，但是实际参与的积极性并不是很高。因此，如何做好有效的激励设计，提高导师搭建有效的学生培养平台的积极性以及学生参与的积极性是关键。

（四）做好导师聘任、评价以及激励工作

扩大学生可以选择导师的范围，无疑是更好地实现导师与学生匹配的重要方式。在农林经济管理以外的专业寻找适合的导师是扩充导师库的重要选项。而在扩充导师库的过程中，做好导师遴选的把关至关重要。当前导师的遴选工作一般由有意向指导本科生的老师提前提出申请，由系主任进行审核。若审核通过，该教师就拥有指导农林经济管理专业本科生的资格。该套流程每年都会进行，负责人也会基于之前年度学生对导师的评价对申请人是否能够担任导师进行综合考量，这在很大程度上保证了导师群体的质量。当前情况下，仍旧需要做好农林经济管理专业导师制的宣传工作，动员更多优秀的从事农林经济管理方

向研究的教师加入到指导学生的行列中来。除了扩充导师库外,做好对聘任导师的培训工作也是提升导师指导能力的重要方式。学院及学科应该开展相应的活动,提供相应的平台促进导师经验交流以及开展实质的培训工作。

  保证导师制的良好运行状态,不可或缺的是对导师评价体系的建立。构建导师评价指标体系,按照之前学年收集的学生对于导师指导的反馈与评价,对于不断调整与优化导师制,做好适度的监督工作具有重要的作用。将指导学生与教师的绩效考核、职称评审等科学地挂钩是保持导师制可持续运行的一个重要手段。而如何做到科学地设计需要学校以及学院提供更多的制度、经费等方面的支持。

参考文献

［1］闫瑞祥. 我国本科生导师制存在的问题及其改革［J］. 教育发展研究,2013,33(21):73-76.
［2］贺超,刘靖雯. 农林经济管理专业本科毕业生就业问题及对策研究:以北京林业大学为例［J］. 中国林业教育,2018,36(5):31-37.
［3］鲁莎莎,杨晶晶,贺超. 促进农林经济管理专业本科毕业生就业的若干思考:以北京林业大学为例［J］. 中国林业教育,2019,37(1):32-37.
［4］朱永刚,田明华,柯水发,等. 农林经管类专业本科生导师制现状调查与分析［J］. 中国林业教育,2012,30(1):8-11.
［5］谢生荣,陈冬冬,吴仁伦,等. 基于本科生全程导师制的人才培养新思路研究［J］. 教育教学论坛,2019(8):223-224.
［6］余志刚,金岳,黄凤,等. 本科生导师制的国内外经验与启示:以农林经济管理专业为例［J］. 安徽农业科学,2020,48(6):280-282.
［7］田明华,田琪,陈建成. 经济管理类专业实行本科生导师制的调查与研究:以北京林业大学"梁希实验班"为例［J］. 中国林业教育,2013,31(6):1-8.

The Situation, Problems and Countermeasures of the Implementation of Tutorial System for Undergraduates: Evidence from Agricultural and Forestry Economic Management in Beijing Forestry University

Wang weidong Jiang Xuemei LiQiang Wen Yali

(School of Economics & Manage ment, Beijing Forestory University, Beijing 100083)

Abstract The implementation of the undergraduate tutorial system is an important measure to improve the quality of undergraduate education and promote the growth of students. This research is based on the micro-survey data collected in 2020 for the undergraduates majoring in Agricultural and Forestry Economic Management of Beijing Forestry University, and has an in-depth understanding of this system. We find the undergraduates have a higher overall satisfaction with the implementation of the tutorial system. However, there are still the following problems in practice: First, the standardization, fairness and impartiality of the undergraduate tutorial system still need to be improved. Second, the implementation of the undergraduate tutor system should promptly grasp the needs of students, and constantly adjust the training program of the undergraduate tutor system. Third, some students and tutors have not established a good communication and feedback mechanism. In view of this, we put forward the following recommendations: First, the university needs to further understand the demands of teachers and students through multiple channels, improve the relevant regulations of the undergraduate tutor system, and further enhance the standardization and fairness of the implementation of the undergraduate tutor system. Second, further enrich the ways and means of teacher-student communication. Third, do a good job in hiring, evaluating and motivating undergraduate tutors.

Keywords Agricultural and Forestry Economic Management, undergraduates, tutors

红色家书融入"中国近现代史纲要"教学研究

牟文鹏

（北京林业大学马克思主义学院，北京　100083）

摘要：红色家书具有十分重要的育人功能。红色家书蕴含的丰厚史料、生动的故事、崇高的精神是"中国近现代史纲要"课程宝贵的教学资源，将其融入课程教学，有利于增强教学的吸引力、说服力、感染力。将红色家书融入课程时，要坚持选材适当原则、教师主导原则和学生主体原则。红色家书融入课程的路径，可以选择与课程目标相融合、与教材体系相融合、与教学方法相融合、与社会实践相融合。

关键词：红色家书；中国近现代史纲要；教学研究

党的十八大以来，习近平总书记多次强调："要把红色资源利用好、把红色传统发扬好、把红色基因传承好。"红色家书是"中共党员和追求进步的人士在中国革命、建设、改革时期写给家人亲友的信件"，反映了共产党人为中国人民谋幸福、为中华民族谋复兴的初心和使命，是红色资源、红色传统、红色基因的重要组成部分。一封封红色家书，不仅蕴含了深厚的家国情怀，也往往是一堂生动的思政课，具有十分重要育人功能，将其融入"中国近现代史纲要"（以下简称"纲要"）课程教学中，既有助于提高"纲要"课教学效果，又有助于增强大学生对中国特色社会主义的政治认同，坚定"四个自信"。鉴于此，本文将从"纲要"课教学改革创新的视角，来探讨红色家书的教学价值，红色家书融入"纲要"课的重要性，以及融入课程的原则和路径。

一、红色家书是"纲要"课宝贵的教学资源

（一）红色家书为"纲要"课提供了丰厚的史料

习近平总书记指出："历史是最好的教科书。对我们共产党人来说，中国革命历史是最好的营养剂。多重温这些伟大历史，心中就会增加很多正能量。"一封家书，就是一段历史。红色家书的叙事"使普通人的经历、行为和记忆有了进入历史记录的机会，并因此成为历史的一部分"。红色家书的作者往往都是重大历史事件的见证者和亲历者，他们从"小人物"的切身感受出发，记载了不同年代的社会情况、市井民情，呈现了历史变动的具体细节，反映了时代变革对个人、家庭命运轨迹的影响和改变，也折射了中国共产党领导中国人民争取民族独立和人民解放、实现国家富强和人民幸福的波澜壮阔的历史。将红色家书作为珍贵的历史文献，融入"纲要"课教学，能够为大学生深入而全面认识中国近现代史，深刻理解历史和人民为什么选择了马克思主义、选择了中国共产党、选择了社会主义道路、选择了改革开放，提供丰富的史料和全新的视角。

（二）红色家书为"纲要"课提供了生动的故事

2019年，习近平总书记在学校思想政治理论课座谈会上，特别强调了教师要学会讲故

作者简介：牟文鹏，北京市海淀区清华东路35号北京林业大学马克思主义学院，讲师，15810077166@163.com。
资助项目：北京林业大学教育教学改革项目"红色家书文化资源融入'纲要'课教学研究"（BJFU2020JY095）。

事、讲好故事,"要讲好中华民族的故事、中国共产党的故事、中华人民共和国的故事、中国特色社会主义的故事、改革开放的故事,特别是要讲好新时代的故事"。每一封家书,背后都是一段感人的故事,如辛亥革命林觉民的《与妻书》,国民党白色恐怖下钟志申的《我的血不会白流——给哥哥的遗书》、刘伯坚的《生是为中国,死是为中国——狱中给兄嫂的信》、抗战时期刻在灯柜上的遗书、"刘老庄连"烈士家书等。这些红色家书,有的写于走向战场之前,有的写于硝烟弥漫的战斗间隙,有的写于慷慨就义之际,有的写于白色恐怖的日子,多是历尽艰险才送达家人手中。这些真实感人带有历史温度的红色故事,为"纲要"课提供了生动的教学素材。

(三)红色家书为"纲要"课提供了精神养料

红色家书是革命先辈留给我们后人的一份宝贵精神遗产,承载着时代厚重的历史和文化信息。红色家书中不仅记载了近代中国国家积贫积弱、社会动荡、人民受苦的悲惨景象,更反映了革命先辈为了改变国家命运所付出的牺牲和努力。从革命年代保家卫国、血战沙场的家国情怀;到建设年代无怨无悔、激情满怀地投入到中华人民共和国建设中的呕心沥血;再到改革年代,在平凡岗位中鞠躬尽瘁、勤奋建设的精神品质。一封封家书所展现的宝贵精神,为"纲要"课滋润学生的思想提供了富足的精神养料。

二、红色家书融入"纲要"课教学的重要意义

2017 年《关于加强和改进新形势下高校思想政治工作的意见》明确提出:"深入实施高校思想政治理论课建设体系创新计划","增强教学的吸引力、说服力、感染力"。红色家书融入"纲要"课教学,其丰富的史料性、真挚感人的内容、可敬的精神理想,能够极大改善和提升"纲要"课教学效果,其主要作用体现在以下几个方面。

(一)提升"纲要"课教学的吸引力

"道不可坐论,德不能空谈。""纲要"课揭示的是中国近现代历史发展的一般规律和整体概貌,一些表述较为抽象化和概念化,这与学生的个人经历和日常生活有一定距离,故而产生一种疏离感。这种疏离感,通常会使学生感到无聊乏味,最终导致"课程吸引不够,实效性欠佳"。教育心理学相关研究表明:学生对于身边熟悉的事物更容易产生亲近感。红色家书是写给亲朋挚爱的家道常言,叙说的是亲情牵挂。比如,左权在家书中写道:"想来太北长得更高了,懂得很多事了。她在保育院情形如何?你是否能经常去看她?""分离二十一个月了,何日相聚?念、念、念、念!"这些话语表达了对妻女的思念之情,让学生们切实感受到伟大的英雄历史人物,并不是"符号化的钢铁战士",而是和普通人一样,有情有泪、有血有肉。因此,将红色家书转化为教学素材,可以通过感同身受的情感体验,有效地贴近生活、贴近实际、贴近学生,进而增加课程的吸引力。

(二)提高"纲要"课教学的说服力

2018 年教育部印发《新时代高校思想政治理论课教学工作基本要求》,明确将"纲要"课程调至 3 学分,安排 48 学时。但是相较于 30 多万字教材内容和跨度 180 余年的历史跨度而言,课时仍显紧张。要讲好"纲要"课,首先要有"宏大叙事"的视野,从中国近代历史发展的主题主线高度,引导学生正确认识国情,把握中国革命、建设、改革的历史进程及其内在规律。另一方面,宏观的历史规律和政治逻辑需要通过微观的、细节的、特定的历史事件来阐述和论证,"倘若没有历史细节的浸润,宏大历史叙事将成为无源之水"。具体教学中,既要有理论的宏观把控,也要有案例的具体支撑。因此,充分发挥红色家书资源,将其融入"纲要"课教学,通过宏观与微观结合,可以有效增强课程的说服力。

(三)增强"纲要"课教学的感染力

习近平总书记在学校思想政治理论课教师座谈会上强调,要给学生心灵埋下真善美的种子,引导学生扣好人生第一粒扣子。这就要求"纲要"课教学,必须有真情实意的感染力,才能在青年学生的"拔节孕穗期",把科学的理论从书本上搬到学生的脑海里,把真善美的种子埋在学生心里,帮他们把人生第一粒扣子扣好。"纲要"课教学具有历史学科的特点,既重学术与考证,也重思辨与细节。180余年历程的中国近现代史跌宕起伏、波澜壮阔,发生在其间的故事更是充满了感染力。而红色家书所叙写的那些真实的历史事件就是这些故事的一部分,"充满了感人心魄的力量,那种'壮怀激烈、舍生取义、扭转乾坤、凤凰涅槃'的历史中所充满的令人荡气回肠的美",是增强教学感染力的有力手段。

三、红色家书融入"纲要"课教学的原则

"纲要"课教学利用红色家书资源既要符合现代的教育理念,又要符合思政课的育人规律,因此具体如何融入,必须遵循一定的指导原则。

(一)选材适当原则

红色家书融入课程教学的目的,是让学生便于理解教学内容,使教学更加生动立体,提升教学效果,更好地实现教学目的。因此,在红色家书的选材上,要坚持适当性原则。近些年,随着对红色家书的挖掘和抢救工作的深入,红色家书的数量蔚然可观、内容浩博。在红色家书资源在选取上,不能简单粗暴地采取拿来主义的办法,不加考量地用于教学之中,而是要谨慎选择,严于取舍,选举材料要有典型性、震撼性、感染性。此外,适当性原则还要体现在使用时机要恰当,使选取的材料能够有力地服务于教学。另外要注意的是,利用红色家书资源并非多多益善,相反,如果不加选择地过度使用,会有喧宾夺主之嫌,为了融入而融入,便是本末倒置了。

(二)教师主导原则

习近平总书记曾多次强调:"办好思想政治理论课关键在教师,关键在发挥教师的积极性、主动性、创造性。"教师是"纲要"课教学活动的组织者,也是整理、研究红色家书资源的实施者。从目前红色家书的教学利用看,情况不尽如人意。相关成果虽然较多,但大多数著作还只是停留在梳理、编录的层面,缺乏深入的研究,如中央文献出版社的《老一代革命家家书选》、中国人民大学出版社的《图说红色家书》、党建读物出版社的《红色家书》、中华书局出版的《重读抗战家书》等等。在研究者使用频率较高的中国知网(CNKI)中,以"红色家书"为关键词进行检索,相关文章只有90余篇,且大部分文章是个人感悟性质,而红色家书的教育教学研究的相关文章则只有2篇。因此,"纲要"课教师要发挥主导作用,在开展教学活动之前,对红色家书进行充分整理、认真研究,挖掘其在思想政治教育、革命精神教育、理想信念教育、"四史"教育中的价值,对如何在教学中融入相关内容要有准确把握,做到选用精当、融入恰当。

(三)学生主体原则

巴班斯基指出:"教师工作要千方百计地致力于加强学生独立的学习活动,使他们成为教学的积极主体,并使他们提高自我控制的技巧。"现代大学生标榜个性、自我意识、主体意识强烈,期待展示的舞台,渴求被认同和尊重。同时,信息技术的飞速发展,人类获取知识的通道变得平等而开放,教师不再拥有"知识霸权"的地位,教学不再是教师的"独角戏"。发挥教师主导作用的同时,还必须注重发挥学生的主体作用,真正做到"以学生为中心",变为学生学习的指导者、引领者、陪伴者,实现教师主导与学生主体相统一。红色家书服务于"纲要"课教学过程中,一是较以往要调动学生的积极性,让其融入其中,参与红

色家书的收集、分类、挖掘和研究工作，积极引导学生为开展教学研究献言献策，向他们提供展示的机会和平台。二是把红色家书的内容与学生的自身兴趣特点结合起来。比如，大学生正处于对爱情的向往期，教师可以通过林觉民的《与妻书》、陈毅安致妻子的《无字书》等作品，让学生认识到革命中也有浪漫爱情，以及他们舍小家为大家、"革命理想重于天"的伟大情怀。

四、红色家书融入"纲要"课教学的路径

（一）与课程目标相融合

"纲要"课的课程目标在通过近现代以来的"中国故事"，以培育"中国精神"，特别是要通过讲好中国共产党领导人民奋斗的故事，使学生了解国史和国情，深刻领会历史和人民做出的"四个选择"，从而培养当代大学生的核心政治素养——对伟大祖国、中华民族、中华文化、中国共产党、中国特色社会主义的认同。在实际教学中，"纲要"课教学需要通过具体的案例来展现历史发展的方向和规律，这是该课程的重要特点，也是其独特魅力所在。鉴于红色家书蕴含的崇高精神，有必要将这种精神价值融入对中国近现代史的叙述中，透过微观看宏观，引导学生从关注生命的个体状态来理解个人命运与国家命运的关系，使之与教学目标相结合。通过红色家书的品鉴，使学生穿越时空隧道，与先烈们展开心灵对话，深深感受到红色家书背后浓厚炽烈的初心使命，感受到强大的精神力量，让学生精神上受到洗礼、心灵得到净化，进而补充精神之钙，筑牢信仰之基，把稳思想之舵。

（二）与教材体系相融合

从教材体系看，"纲要"课是围绕一个"核心主轴"展开的。这个"核心主轴"就是中国近代社会的"两个主要矛盾"，也是在解决这两大矛盾基础上产生的"两大历史任务"展开的。但是，学生在中学阶段已经学过历史，对中国近现代史整体发展脉络和"核心主轴"有了一定程度的掌握，有些学生认为"'纲要'课既然是思想政治理论课，无非是讲述近代中国的耻辱、人民的抗争、国共之争等，属于老生常谈，是从小学到中学无数爱国主义教育中的一环，没什么新意"。不难看出，学生并非不喜欢历史，而是不喜欢老生常谈的历史。所以将红色家书融入教材体系，不仅使抽象的概念理论转化为生动的案例，同时也有效解决了教学内容老生常谈的问题。将红色家书融入教材体系具体有两个方面：一是在"细"上下功夫，节选家书片段来充实教材观点；二是在"新"上下功夫，选取学生似熟非熟兼具有吸引力的家书故事，使教材变得鲜活。比如，运用何叔衡、赵云霄等人的家书，来展现白色恐怖下共产党人的坚定信念；用吉鸿昌、赵一曼等人的家书，来彰显中华民族伟大的抗战精神。

（三）与教学方法相融合

将红色家书融入"纲要"课教学中，要依据"纲要"课的教学特点，采取多维的教学方式和手段，从而更好地引导学生。一是"互动启发式"教学。针对"纲要"课教学遇到的实际问题，教师应该组织学生进行讨论，鼓励他们提出问题，并通过与教师的互动解决问题，从而在无形中提高学生的思维能力。比如，历史虚无主义以戏说、娱乐化的方式歪曲历史事件，对革命领袖、英雄人物等先辈们进行抹黑和污名化，通过对红色家书的解读，引领学生树立正确的历史观，消解其错误影响。二是"情感式"教学。关于思政课教学，习近平总书记曾结合自己经历讲过这样一个小故事，他说："我的政治课老师在讲述焦裕禄的事迹时数度哽咽，一度讲不下去了，捂着眼睛抽泣，特别是讲到焦裕禄肝癌最严重时把藤椅给顶破了，我听了很受震撼。"所以，在运用红色家书过程中，要发挥其情感价值，以情动人，使学生在情感共鸣中产生关切态度，激发他们的爱国之情。除此之外，像"以论带史"教学

法、案例教学法、讨论辩论式教学法等，都可依据自身特点，把红色家书资源融入其中。

（四）与社会实践相融合

"纲要"教学不仅是授业、解惑的知识传播过程，更是传道的思想政治育人过程。在这一过程中，社会实践是"纲要"课教学必不可少的重要环节，也是助力升华课堂学习效果、达到立德树人目的的有效途径。红色家书融入"纲要"课的实践教学形式丰富多样：一是以诵读、演讲、读书会的形式，品读红色家书，分享红色故事，体会家书精神；二是以研究的方式，探访各地图书馆、档案馆等资料库，搜集、抢救和整理红色家书；三是通过情景话剧、视频短剧等艺术形式，以红色家书为底稿，自编、自导、自演、自创短视频，加深对革命精神、理想信念的认识，从中汲取成长的力量。

参考文献

[1]中国人民大学家书文化研究中心编.红色家书背后的故事[M].北京：人民出版社，2011：1.
[2]宋成剑.思想政治理论课教学趣味论[M].天津：南开大学出版社，2013：11.
[3]习近平.思政课是落实立德树人根本任务的关键课程[J].求是，2020(7).
[4]易振龙.宏微之辨："中国近现代史纲要"课教学的着力点[J].思想理论教育导刊，2019(2).
[5]陈玲，张红岩.关于增强"中国近现代史纲要"课程教学效果的思考[J].牡丹江大学学报，2012(1).

Redletters incorporated into *Outline of Modern and Contemporary Chinese History* teaching and research

Mu Wenpeng

(School of Marxism, Beijing Forestry University, Beijing 100083)

Abstract Red letters have a very important educational function. The rich historical materials, vivid stories and lofty spirit contained in the red letters are valuable teaching resources for the course of "Outline of Chinese Modern and Modern History". Integrating them into the course teaching is conducive to enhancing the attraction, persuasiveness and appeal of teaching. In the application of red letters, we should adhere to the principle of proper material selection, teacher-led principle and student-subject principle. The path of integrating the red letter into the course can be the integration with the course target, the textbook system, the teaching method and the social practice.

Keywords Red letters, *Outline of Chinese Modern and Modern History*, teaching and research

抗疫素材融入"思想道德修养与法律基础"课教学的反思及改进

陈 晨

（北京林业大学马克思主义学院，北京 100083）

摘要：2020年的疫情防控斗争为高校思政课提供了鲜活的教学资源。打通抗疫素材与理论知识之间的关系，是在疫情防控常态化背景下改进和加强思政课教学的内在需要。当前"思想道德修养与法律基础"课教学中对抗疫素材的应用丰富，但需要进一步明确教学目标指向，并进一步与教学内容形成严密的内在衔接。通过教学反思，可以从"个体社会化"出发建构教学目标体系，基于理论与实践的辩证关系整合教学内容体系，为抗疫素材和课程教学的深度融合提供一条路径。

关键词：疫情防控；"思想道德修养与法律基础"课；教学目标；教学内容；教学设计

2020年的全国新冠肺炎疫情防控斗争，为高校思想政治理论课（以下简称"思政课"，本文以"思想道德修养与法律基础"课为分析对象）提供了生动、鲜活的教学资源。在"停课不停学，停课不停教"的特殊时期，高校教师发挥积极性、主动性、创造性开展线上教学，及时把全国疫情防控的指示部署、重大举措、感人事迹、生动故事，以及各地区抗疫的成功案例、全国抗疫的成效等抗疫素材融入思政课教学，帮助学生正确面对疫情，理解并坚定社会主义"四个自信"。在疫情防控常态化的背景下，抗疫素材在思政课教学中的应用价值仍需要强化，应当总结相关经验，进一步将抗疫素材有效融入思政课教学，提高思政课教学与现实社会发展的有效对接，以提升思政课教学质量和育人效果。

一、对当前"基础"课教学应用抗疫素材的反思

"思想道德修养与法律基础"课（以下简称"基础"课）主要从思想道德修养与法治教育的角度，借助疫情防控的丰富素材向学生诠释正确的世界观、人生观、价值观。分析近半年来的相关教学应用经验与实践，可以说形成了许多宝贵的可借鉴、可推广经验和做法，但也有一些方面值得认真反思。

第一，在抗疫素材中挖掘了丰富的教育主题，但需要进一步清晰对接课程教学目标。目前，"基础"课教师对疫情防控资料的使用，主要集中于理想信念、爱国主义、道德情操、法治观念等教育主题上[1]。例如：通过展示抗疫斗争中人民群众的同舟共济、守望相助，诠释中国人民的坚定信仰和信念；通过展现湖北人民在隔离期间承担作为社会成员的责任，显示社会主义核心价值观的强大力量；通过疫情防控中各行各业团结一心、共克时艰的生动例子，讲述新时代的爱国主义精神和家国情怀；通过医护人员舍生忘死、党员干部冲锋在前的先进事迹，解释社会主义道德的核心与原则；通过解读疫情防控中的法治精神和法

作者简介：陈 晨，北京市海淀区清华东路35号北京林业大学马克思主义学院，讲师，cc19marxism@bjfu.edu.cn。
资助项目：北京林业大学教育教学改革项目"'依法战疫'系统融入'思想道德修养与法律基础'教学建构的研究"（BJFU2020JY098）；
　　　　　教育部中国特色社会主义理论体系研究专项项目"全面依法治国视域下大学生法治素养培育研究"（20JD710002）。

律政策，说明法治意识的内涵以及法律法规的作用。此外，还有在人生哲学、生命价值、科学精神、责任意识、公民团结、生态文明、心理健康等主题上的发挥。简而言之，当前教学的基本思路是立足于"基础"课教材内容，将疫情防控的新素材作为补充、说明，注入到人生观、价值观、法治观等教育主题中去。如果将这些教育主题比作教学中的"责任田"，则战疫素材就是供给每块责任田的新鲜"养料"。

从知识的角度来说，这种教学思路的确有利于提高教学的时效性，实现各个教育主题、教学专题与鲜活社会实践的对接。但从价值的角度来看，这一思路缺少对众多教育主题和"基础"课教育目的之间关系的说明。须知，从抗疫素材中挖掘教育主题，只是明确了抗疫素材中所蕴含的教育域，但这些教育域如何服务于课程的教育目的？这一问题并不是不言自明的。进而，从实践的角度来说，这一教学思路中挖掘的教育主题要实现什么样的教学目标？如果缺少对相应教学目标的明确设计，片面关注抗疫素材里能挖掘多少教育主题，就有可能造成教学走向目标不明甚至没有目的的误区。

第二，在抗疫素材中充分调动情感因素，但有待进一步转化为有利于培养学生理性认知的内容。目前在抗疫素材的使用上，主要采取了情感教育、典型教育、激励教育等方法。例如，情感教育强调通过真挚的情感、善意的言行激发教育对象的感情共鸣，常用于以战疫感人事迹激发学生的家国情怀、爱国热情。典型教育是通过具有代表性的人或事物进行示范，引导教育对象学习、效仿，这种方法常用于推广各行业的抗疫先进代表。激励教育主要通过精神激励调动教育对象的积极性，促进某些思想、行为的发扬，常见于肯定"90后""00后"在战疫中所展现的青春力量。这些方法具有形象、具体、生动的共性特点，在调节、调动教育对象的身心状态和感染、激发教育对象的情感状态上具有明显的优势，有利于营造积极的思想政治教育情境，即所谓"通情"才能"达理"[2]。而且，由于绝大多数学生都处于抗疫的场景之中，具有参与抗疫的直观经验和主体感受，因此调动学生的情感因素也是一种务实的选择。

情感类的教学方法自有其力量，也有着自己的局限，即缺乏理论的透彻性、效果的持久性。有的学生为抗疫中的家国情怀而感动，却说不清如何塑造自己的爱国行动；有的学生对年初的疫情防控高度认同，但在疫情防控常态化的当下，却不能和相关政策精神"共振"；还有的学生虽然承认中国抗疫的巨大成就，但一碰到负面舆论、错误思潮就有所动摇。这些问题说明，"基础"课教学不能停留于激发学生情感、活化生活经历的层面，还要深入到激活理论思考、固化理性认知的层面。这就要求仔细分析抗疫素材和"基础"课内容之间的关系，以彻底的理论和严密的逻辑对抗疫素材进行加工。但受限于这项教学刚刚展开，如何实现抗疫素材和"基础"课内容的融合，还有待于理论探讨和实践探索。

综上，要把全国疫情防控的丰富素材转化为有效的"基础"课教学资源，实现抗疫素材和"基础"课教学的深度融合，需要教师在进行教学之前，对教学目标、教学内容与抗疫素材的关系进行整体设计，以增强教学目标的指向性，提高教学内容的理论性。

二、抗疫素材与"基础"课教学目标的对接

教学目标是教学的出发点和归宿，明确抗疫素材和"基础"课教学目标的对接口，才能使前者在教学过程中获得合适的位置。从整门"基础"课来看，把大学生培养成为"自觉担当民族复兴大任的时代新人"[3]，是整体性的教学目标。

（一）"基础"课教学目标内含了个体社会化的本质要求

"基础"课中包含着不同层级的教学目标。在"成为时代新人"的整体教学目标中，还可

以区分马克思主义的世界观、人生观、价值观、道德观和法治观等主题教学目标。主题目标还可以进一步细分为更具体的课时目标。由于上位目标决定下位目标，因此应当从课程整体目标入手，分析它和抗疫素材之间的联系。

"基础"课教材在绪论中已经明确，本课程的整体性教学目标是培育"自觉担当民族复兴大任的时代新人"。从学生的角度来说，"成为时代新人"这一教学目标表现为一种预期的学习结果，是一种社会身份的认同与获得。从本质上来说，大学生对"时代新人"这一社会身份的认同与获得是一种个体社会化的过程。正如马克思所说："人的本质并不是单个人所固有的抽象物。在其现实性上，它是一切社会关系的总和"[4]。从这个意义上说，个体社会化就是个体认识社会关系的规范并以此塑造个体社会关系的过程及结果。由此来看，大学生要成为时代新人，本质上是要形成有利于担当民族复兴大任的各种社会关系；大学生成长为时代新人的现实过程，就是大学生逐步认识时代要求下各类社会关系的特征，并以此自觉塑造自己的社会关系的过程；大学生通过"基础"课树立正确的世界观、人生观、价值观、道德观和法治观，也就是通过课程学习处理好个体与自身、与他人、与集体、与国家的种种关系，并遵循道德和法律规范调节各种具体的关系。

（二）抗疫素材为个体社会化提供了鲜活资料，具有集中而显著的教育效果

疫情防控斗争是一种认识与实践的统一。马克思主义哲学指出，人类在改造客观世界的同时也在改造主观世界和自身。因此，抗疫斗争一方面表现为人们改造客观世界的物质活动，另一方面表现为人们的主观认识结果。这些主观认识结果就是教学中抗疫素材的主要来源。

2020年9月8日，习近平同志在全国抗击新冠肺炎疫情表彰大会上阐述了抗疫成功经验和伟大抗疫精神[5]，集中体现了这次抗疫的重要认识结果。其中，中国对内坚持人民至上、生命至上，对外倡导携手合作、共克时艰，这是在国家与国际层面的认识；全国人民众志成城筑起防控"长城"，政府统筹协调推进复工复产，这是在社会层面的认识；医务人员奋战抗疫一线，各行各业以不同的方式默默奉献，这是个体层面的认识。在这个认识链条上，个体与行业、社区、地区、民族、国家等各个层面的社会之间的关系实现了高度整合，个人需要与社会需要实现了高度统一。这一认识结果符合社会主义社会条件下个体社会化教育的需要，只是在抗疫中主要是通过个体的自我教育完成的。由此就不难理解，为什么有大学生志愿者说"抗疫一线就是我们的课堂"[6]，这实际上是一种自觉进行个体社会化的教育结果。

（三）以"个体社会化"建构抗疫素材和"基础"课教学目标之间的联系

综上，抗疫素材帮助学生读懂社会与时代，有机契合了课程教学目标的本质要求。因而，可以把"个体社会化"作为对接二者的连接口。如图1所示，首先按照社会关系从微观到中观再到宏观的结构，从个体与自身、个人与他人（及社会组织）、个体与国家（及民族）层层展开个体社会化的进程。在此基础上，提取抗疫素材中的关键词，作为整合抗疫素材的重点。同时，按照3个层次确定"基础"课的层次性教学目标。

其中，"树立正确人生观、世界观"基于对个体和自身的关系的把握，要求学生理解人的本质在于社会性；"提高道德修养、法治素养"基于对个体和他人的关系的把握，要求学生理解如何运用道德、法律原则处理家庭、社区、行业以及公共生活中的社会关系；"弘扬爱国主义、民族精神"基于对个体和国家的关系的把握，要求学生理解国家、民族作为一种最大意义上的集体之价值特征和理想追求。需要强调的是，这里的个体社会化不是抽象意义上对个体与社会之间关系的表达，而特指大学生群体和中国社会之间的关系，并且以中国特色社会主义进入新时代作为时空背景。

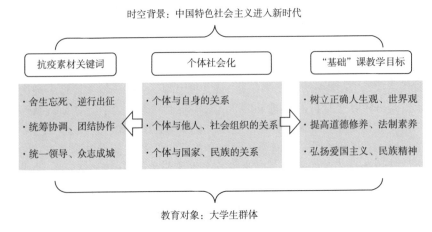

图1 "个体社会化"结构中抗疫素材与"基础"课教学目标的对接

三、抗疫素材与"基础"课教学内容体系的融合

上述抗疫素材与"基础"课教学目标的对接，在实践经验与课程知识之间搭建了基本的逻辑框架。在此基础上，把抗疫素材与课程教学内容融合，意味着要具体分析二者之间的逻辑关系。其中，抗疫素材所反映的实践逻辑和课程教学内容所反映的理论逻辑都需要得到关照，而不能将二者机械相加，把教学变成素材拼盘、知识拼接。

（一）理论和实践的关系是融合的逻辑前提

马克思主义对于理论和实践的关系问题已经有过很多论述，实践对理论起决定作用，理论对实践有能动作用，这是对二者辩证关系的概括。有学者指出，在实际工作中，对这个基本观点的应用往往产生两种错误的简单化倾向："一种是片面强调理论的重要性、轻视实践经验的教条主义倾向，另一种是片面强调实践的重要性、忽视或不能全面理解理论对实践的能动作用的惟实践主义倾向。"[7]而更为完整的认识应该既坚持用实践检验理论，也重视用理论检验实践。

具体到抗疫实践和"基础"课理论内容的融合，也需要这两方面认识的互为补充。教学中我们常常受"实践是检验真理的唯一标准"的思路影响，更加注意用抗疫实践来论证课程理论知识(主要是马克思主义理论)的真理性。但不能否认，抗疫实践及其所包含的素材是复杂的，有一些素材和课程中的理论无关甚至与之相反。对这些素材，教师不能置之不理，只选择有利于自己论证过程的部分。因此，教师还需要主动地用课程知识理论去检验抗疫素材，说明马克思主义理论在抗疫实践中发挥的先导作用，并用这些理论去区分、评价抗疫实践中的合理与不合理、正确与错误、自觉与盲目。总结来说，教学当中既要用抗疫实践的丰富素材来检验"基础"课理论知识的真理性，也要用"基础"课理论知识来检验抗疫实践的优劣。

（二）教学中的关键问题是融合的逻辑切入点

结合前述的教学目标框架，每一层次上的抗疫素材和"基础"课理论知识都可以构成互相检验的辩证关系。在个体与自身的关系层次，舍生忘死的自觉人生选择可以用来解释正确人生观、世界观的内涵，人生观、世界观的教学内容又可以用来评价盲目人生选择的现象。在个体与他人的关系层次，团结协作的社会行为结果可以用来论证集体主义、社会主义的社会行为准则的优势，同样，社会主义的道德与法律规范也可以用来分析原子化、自由化等社会行为的弱点。在个体与国家、民族的关系层次，共克时艰的全民动员效果可以用来说明爱国、团结、和谐等社会价值的作用，这些社会主义价值追求也可以用来分析在缺少此类价值观引导的情况下，社会动员的低效与脆弱。

在具体教学中，可以通过从学生视角提出关键问题，展开这种互相检验的辩证关系。问题设计从生活反思入手，引导大学生从对抗疫素材的现象观察进入到理性反思，反思内容包括：为什么有的人在抗疫中选择逆行出征？为什么团结协作能帮助我们战胜疫情？为什么抗疫要选择统一领导、共克时艰而非其他？对这些现象背后的价值性、逻辑性、合理性的分析，就是相应"基础"课理论知识与教学内容的展开，如图2所示。

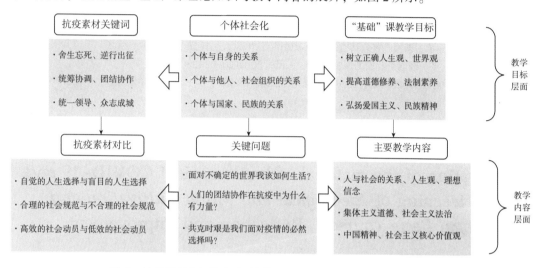

图2 抗疫素材与"基础"课教学目标、内容的整体逻辑关系体系

针对关键问题——"面对不确定的世界我该如何生活？"。此问题要以马克思主义关于人的本质的论述作为理论基石。首先引导学生思考"我"的社会本质，以疫情传播过程为例说明人的社会性特征。其次，介绍马克思主义的人生观，突出人生目的、人生态度、人生价值中的社会性取向，以抗疫典型展示正反两方面的人生观。最后，落脚于社会历史背景，引导出新时代条件下的人生选择问题和理想信念问题，用疫情的不确定性和抗疫的真实性对比说明正确人生观、崇高理想信念的作用。

针对关键问题二——"人们的团结协作在抗疫中为什么有力量？"。此问题要以马克思主义的道德观、法治观为理论核心。首先，以抗疫中的统筹协调、团结协作引出社会主义道德和法律的基本特征。其次，通过对比国内外在抗疫中表现出的道德、法律差别及其结果，说明社会主义道德和法律的重要价值。最后，通过评判抗疫中现实的道德困境、法律问题，引导学生进行生活反思，提高道德与法律认识。

针对关键问题三——"共克时艰是我们面对疫情的必然选择吗？"。此问题要以马克思主义关于上层建筑的论述作为理论支撑。由于面对疫情全球各国的反应千差万别，因此可以首先从国际比较的角度分析各国抗疫的典型代表，说明经济基础与上层建筑之间的辩证关系。其次，应用这一原理解释中国人民共克时艰背后的历史基因和文化基因，展示中华民族精神和优秀传统文化。同时，应用这一原理解释中国人共克时艰背后的现实依据和科学依据，展示社会主义上层建筑的本质和作用。最后，引导学生在理解社会主义社会上层建筑特征的基础上，建立对社会主义理论、社会主义制度和社会主义核心价值观的认同。

在具体的融入过程中，还要注意对抗疫素材的灵活运用，避免从"抗疫经验总结"到"教学内容"的概念到概念、结论到结论的简单融入。可以综合运用抗疫事迹串联教学内容，用抗疫数据说明教学内容，用抗疫成果的国际比较、古今对比论证教学内容，用抗疫的个人体验强化教学内容。总之,反思抗疫素材融入"基础"课教学是一种努力把鲜活的抗疫实践与课程中的一般原理和抽象理论有机整合的探索,为进一步提升思政课中的实践性和理论性统一、政治性和学理性统一、价值性和知识性统一提供了契机。

参考文献

［1］寇清杰,孙来斌,秦宣,等. 疫情防控进思政课教学建议［J］. 思想理论教育导刊,2020(8):4-14.
［2］郑永廷. 思想政治教育方法论［M］. 2版. 北京:高等教育出版社,2010:155-177.
［3］本书编写组. 思想道德修养与法律基础［M］. 北京:高等教育出版社,2018:7.
［4］马克思恩格斯文集:第一卷［M］. 北京:人民出版社,2009:501.
［5］习近平. 在全国抗击新冠肺炎疫情表彰大会上的讲话［N］. 人民日报,2020-09-09(2).
［6］本报记者. "抗疫一线就是我们的课堂"［N］. 人民日报. 2020-02-26(10).
［7］赵家祥. 理论与实践关系的复杂性思考:兼评惟实践主义倾向［J］. 北京大学学报(哲学社会科学版),2005(1):5-11.

Integration of the material of battle against COVID-19 and the teaching of *Ideological and Moral Cultivation and Legal Basis* course: Reflection and improvement

Chen Chen

(School of Marxism, Beijing Forestry University, Beijing 100083)

Abstract China's achievements and contribution to the fight against COVID-19 pandemic have provided fresh teaching resources for ideological and political courses in colleges and universities. Getting through the relationship between these materials of anti-pandemic and theoretical knowledge is an inherent need for improving and strengthening ideological and political education in the context of the regular pandemic prevention and control. At present, the application of anti-pandemic materials in the teaching of *Ideological and Moral Cultivation and Legal Basis* is abundant, but there is a lack of clear teaching target and strict connection of teaching content. Through teaching reflection, we can construct the teaching target system from the perspective of "individual socialization", and integrate the teaching content system based on the dialectical relationship between theory and practice, this will provide a way for the deep integration of anti-pandemic materials and course teaching.

Keywords battle against COVID-19, *Ideological and Moral Cultivation and Legal Basis*, teaching objectives, teaching content, teaching design

园林植物与观赏园艺专业本科生"五项十能"人才培养模式的探索

洪 艳 戴思兰

（北京林业大学园林学院，北京 100083）

摘要：园林植物与观赏园艺专业旨在培养复合应用型和拔尖创新型园林人才。为达到这一培养目标，本科生的综合能力必须通过系统且重点突出的训练项目获得有效提升。本文系统地介绍了"开放式"课堂教学、"设计式"实验教学、"拓展式"文献阅读、"阶梯式"写作训练以及"探索式大创项目"等"五项"重点突出的训练项目，对于园林植物与观赏园艺专业本科生二级能力评价指标中"十能"的针对性培养模式，以期为着重培养学生的综合能力，使学生成为合格的复合型、创新型园林人才提供参考。

关键词：园林植物与观赏园艺；本科生；综合能力；课程体系改革

园林植物与观赏园艺专业是风景园林学的二级学科之一，是我国各类农林院校的核心专业。这一专业设有观赏植物种质资源及遗传育种、现代化花卉栽培技术、花卉生物技术以及园林植物应用与园林生态研究等专业方向[1]。本专业具有很强的应用性和实践性，旨在通过理论与实践的紧密结合，培养复合应用型和拔尖创新型的园林、园艺人才。为了满足这一培养目标，本科生在4年的学习过程中，综合能力必须通过系统且重点突出的训练项目获得有效提升。

笔者根据多年的教学经验，将本科生能力评价指标体系划分为3级（表1）。一级指标分为基本能力、实践能力和拓展能力3种能力。其中，基本能力包括学习能力和适应能力；实践能力包括合作能力和应变能力；拓展能力的二级评价指标最多，是"复合应用型"人才培养中"复合"的重要体现，如分析能力、管理能力、逻辑能力、写作能力、创新能力和计划能力等10项能力；围绕二级评价指标确立的三级评价指标则更为具体和多样，对于教师辅导学生完成训练项目具有指导意义。本文系统地介绍了"开放式"课堂教学、"设计式"实验教学、"拓展式"文献阅读、"阶梯式"写作训练以及"探索式大创项目"等"五项"重点突出的训练项目，对于园林植物与观赏园艺专业本科生二级能力评价指标中"十能"的针对性培养模式，以期为着重培养学生的综合能力，使学生成为合格的复合型、创新型园林人才提供参考。

一、在"开放式"课堂教学中开拓学习能力和适应能力

（一）"开放式"课堂教学的概念

"授予式"的教学模式是指在有限的时间和空间内，教师作为主体最大限度地优化知识的传输效果，并使教学过程高度秩序化、归同化[2]，重在培养学生的记忆能力和接受能力，而感知观察能力和自我调节能力几乎不能得到锻炼。

作者简介：洪 艳，北京市海淀区清华东路35号北京林业大学园林学院，讲师，hongy@bjfu.edu.cn；
戴思兰，北京市海淀区清华东路35号北京林业大学园林学院，教授，silandai@sina.com。
资助项目：北京林业大学教育教学研究项目"花卉育种创新型人才培养模式研究"（BJFU2019MSLY001）；
"'园林植物遗传育种学'线上线下混合式教学模式研究"（BJFU2020JY014）。

"开放式"教学源于1969年科恩创建的以题目为中心的"课堂讨论模型"和"开放课堂模型"[3]，强调学习是学习者主动构建的内部心理表征过程，教师的精力不限定在知识本身，而是关注学生的心态、情感与动机等变化，激起他们探索、发现、想象和表现的愿望，其思维和心态都处于开放状态[4]。与"授予式"教学不同，"开放式"教学改变了以往"教师为主体"的教学理念和方式，通过引入原问题→变式问题→创作新问题→合作交流→分析探讨等流程，辅以丰富、生动的实际案例，使学生们通过思考和开放式互动与讨论，主动观察、思考、探索，力求通过自己的努力获取知识，学会学习，解决问题，进而开拓学生的感知观察能力和自我调节能力。

表1 本科生能力指标评价体系及针对性训练项目

一级指标	二级指标	三级指标	训练项目
基本能力	学习能力	感知观察能力	"开放式"课堂教学
		记忆能力	
	适应能力	接受能力	
		自我调节能力	
实践能力	合作能力	协调能力	"设计式"实验教学
		人际交往能力	
	应变能力	反应能力	
		决策能力	
拓展能力	分析能力	观察判断能力	"拓展式"文献阅读
		数据处理能力	
	管理能力	自我管理能力	
		统筹管理能力	
	逻辑能力	概括能力	"阶梯式"写作训练
		推理能力	
	写作能力	数据分析能力	
		语言表达能力	
	创新能力	批判能力	"探索式"科研项目
		综合应用能力	
	计划能力	时间管理能力	
		资源配置能力	

（二）"开放式"课堂教学模式中应注意的几个关系

1. 主与辅

教师应当首先树立"学生主体、能力本位"的教学观[5]，立足于增强学生的学习能力和适应能力，促进学生综合素质、整体素质的提高；其次应树立旨在建立"民主平等、互尊互爱"的师生关系观念[6]。传统的以"知识为本"的教育方式多采用灌输式教学模式，易忽视对学生感知观察能力和自我调节能力的培养，扼杀学生的自主性和独立性，无法激发学生的学习兴趣。"开放式"教学模式倡导师生共同营造开放的教学和学习环境，形成探索式的引导和学习方式。教师应当从教育理念和教学模式上进行转变，充分调动学生的积极性、独特性和创造性，引导学生进行自主研究学习，提高感知、观察自然界实际案例的自主性，在学习上遇到困难时能及时调节自己的情绪和心境，从而保持积极的心理状态和独立分析问题、解决问题的能力。

2. 张与弛

每门课程都具有自身的教学目标、教学内容和教学体系，在"开放式"教学过程中，要注意控制"开放"的程度，切忌过分强调模式而忽略实际的教学效果。就参与主体而言，既不能忽视教师在教学教育过程中的主导地位，也不能过分强调学生的主体地位，师生之间要互动有度。就教学内容而言，"开放度"需合理安排，切忌完全背离课程体系和教学内容，进行一味追求课题自由、探索自主等流于形式的教学活动。就教学空间和教学形式而言，采用"开放式"教学模式并不是完全废弃传统的课堂教学这一组织形式，应该意识到该模式强调教师更生动、活泼地演绎教学内容，学生更自主地安排课程学习，从而提高学生的学习主动性和适应性[4]。

3. 新与旧

"开放式"教学模式是基于传统封闭式教学的问题和弊端提出的模式转换，是对传统教学模式的发展、创新，而非对传统教学模式的全盘否定[6]。在教学过程中，如果离开传统教学的基础，则可能导致学生基础知识薄弱，教师知识传授体系的不健全，以及课程教学秩序的混乱。在教学手段上，传统教学模式如黑板板书在"开放式"教学中仍然具有价值。虽然多媒体可以更生动地展示课程的核心内容和实际案例的发生过程，但内容繁杂的多媒体效果可能导致学生过度留意课件，对教学内容印象不深；同时，多媒体重视演示，翻阅速度一般较快，极易导致学生无法跟上课件速度，对基础理论没有充足的时间进行思考[7]。因此，在"开放式"教学模式实施中，应当以传统教学模式为基础，在保证教学基本目标的基础上进行改进，提高教学综合质量。

二、在"设计式"实验教学中培养合作能力和应变能力

（一）"设计式"实验教学的概念

目前，我校园林植物与观赏园艺专业设置的实验大多数为验证性实验，强调对理论课中的某些知识点进行实验验证。与理论课相似，实验课仍以授课教师讲授为主，告诉学生怎样做才能获得正确的实验结果，并提前给学生准备好实验材料和相关试剂，甚至在某些实验中替学生完成前期实验步骤，而学生只需要按部就班地完成实验的核心步骤，最终得到完全相同或相似的实验结果，提交实验报告。这样的实验课设计，导致学生严重依赖教师和教材，而不去思考实验原理的科学性和实验方法的可行性，丧失了学习和创新的主动性与积极性，使实验课程枯燥无味。另外，这样照本宣科地做实验，学生之间几乎没有交流，虽然可以得到预期的实验结果，但发现新问题的学生寥寥无几，学生的合作能力和应变能力不能得到锻炼。

"设计式"实验是在综合性实验基础上开展的探索性实验，通过结合理论课教学与科研项目开展[8]，其最大的特点就是灵活性和综合性强。授课教师在综合评估自己的科研项目后，提出若干能够涵盖理论知识点的实验课题，并公布实验室的仪器设备和试剂清单；学生以小组为单位，自由选择感兴趣的课题，根据实验目的、任务和要求，参考实验室的条件，结合所学知识，通过查阅大量的文献资料，自行设计出一套完整的实验方案；最后，授课教师对学生设计的实验方案进行可行性分析、优化和完善，按照优先级顺序开设实验课[5]。"设计式"实验能够有效培养学生综合运用理论知识的能力，提高学生学习的主动性和热情，学会运用所学的专业知识解决实际问题，使理论与实践更好地结合，提升综合素

质。通过引入"实验小组"这一组织形式，每位组员都参与实验设计，学生的协调能力和人际交往能力会得到充分的锻炼；另外，由于"设计式"实验是由学生自主设计的，实验试剂的搭配、实验流程的设计等难免会有不完善的地方，学生在实际操作过程中很容易遇到诸多问题，严重的甚至得不到预期的实验结果。在此过程中，学生们通过反复思考、总结实验失败的原因，尝试弥补实验环节中的错误，反应能力和决策能力也能得到有效提升。

（二）"设计式"实验教学中应注意的几个环节

1. 选题策略

（1）选题应有助于培养学生的探索精神、科研思维和创新意识。

（2）选题应密切结合专业实际，体现出较强的综合性和实用性，兼顾先进性。

（3）虽然选题具有很强的灵活性，但也应紧密围绕教学大纲，题目涵盖的理论知识点不能超出学生的学习范围。

（4）选题应适合本科生的知识基础，不能过难，避免学生的学习积极性因不能顺利完成实验项目而受到打击。

（5）优先选择能够通过多种实验手段解决同一科学问题的实验，以开拓学生思路。

（6）题目数量要少而精，建议每学年3~5个题目为宜。

2. 实验方案的设计和优化

（1）确定选题后，让学生通过互联网、图书馆查阅文献资料以及在教学平台上查询相关教学资源等方式收集实验课题的第一手资料，之后根据实验目的认真加工、整理、完善。

（2）建立学习小组，让同一小组成员间充分探讨解决科学问题的方案，拟定实验方案初稿，从实验一开始就学会合作。

（3）教师根据实验室实际条件对实验方案进行可行性分析，并对实验结果进行预判，保证实验能够顺利开展。

（4）教师针对实验方案提出指导意见，引导学生独立思考并启发其思考更深层次的科学问题。

（5）学生根据教师的指导意见，进一步完善实验方案，体现实验方案的规范性、科学性和创新性。

3. 课堂教学

课前，由授课教师统一采购植物材料和实验所需试剂。在实验课上，教师适时指导、监督实验流程，重点关注学生的实验操作是否规范，培养其良好的科研习惯，并强调团队合作的重要性。由于设计性实验具有较强的探索性，教师不必苛求实验结果是否正确，对于实验结果的多样性应予以鼓励，以激发学生的科研思维。

三、在"拓展式"文献阅读中锻炼分析能力和管理能力

（一）大学生文献阅读的难题

文献是前人科学研究的智慧结晶，是理论知识与技术方法的最好载体，更是严谨科研思维的具象凝聚，是了解当前从事研究方向的最好路标。然而，由于专业领域文献数量庞大，难易程度区分大，以及查找烦琐等条件制约，本科生并不能及时有效地掌握专业领域的动态变化；再加之常规培养模式下存在的诸多问题，使得文献的利用率极低，这严重制约了学生专业水平的发展和能力的培养[9]。

高校学生针对文献阅读，普遍存在"不会找""不会读""读不懂"三大难题。所谓"不会找"，是指由于文献数量庞大，各类开源数据库繁杂，查找过程烦琐，缺乏课程指导，以及自身重视程度不够，导致很多本科生文献阅读量匮乏，甚至一学期才读几篇，极大地影响

了其对专业领域的认知；再加之检索到的文献质量良莠不齐，难以高效阅读。所谓"不会读"与"读不懂"，是指由于学生个体间理论知识的差异，在获得文献后从"能读通"到"能读懂"再到"能明白，可重复"，各层次间的差异非常大，文献的吸收程度与学习进程一般是呈正相关的。低年级学生由于基础薄弱，文献阅读对其来讲是比较困难的，若不加以指导，会对其今后科研发展产生一系列阻碍[10]。

（二）"拓展式"文献阅读的概念和基本方法

"拓展式"文献阅读的"拓展"体现在"横向拓展"和"纵向深入"两个方面，对于本科生分析能力和管理能力的培养至关重要。

首先，应遵循"先广后窄、先综后论、先粗后精"的原则进行文献检索和阅读，此为"横向拓展"。例如，某大四学生拟定的立项开题方向为菊花花色的遗传改良，在文献检索时应首先使用"植物""转基因""花色""遗传"等范围较大的关键词，并将筛选条件设置为"文章类型：综述；文献年代：近5年"进行检索。对筛选出的10~20篇（根据筛选结果而定）综述类文章进行快速泛读，记录文章中提及的植物名称、研究方法、主要结果和讨论部分中提及的作者观点（如哪些研究应该做而没有做），并在电脑上或笔记本上整理归档，日后反复阅读、记忆，直到对该研究领域有了基本了解。在彻底消化了这些综述文章的基础上，检索文献时可进一步使用"菊花""花色""转录因子""基因工程"等更贴近开题方向的关键词，精读每篇研究性论文，归纳、整理文章中提及的创新点、实验方法和对应使用的实验仪器和药品，以及结果分析中使用的数理统计方法，之后反复阅读，遇到问题及时与导师讨论，直到形成成熟的实验思路。

"纵向深入"是指通过分析学术论文作者、学术研究结构、学术期刊，找到学术论文作者的稳定研究方向、聚焦的研究主题、主要的学术合作者、发表学术论文的高频学术期刊，以及主要承担的科研课题等。通过这一纵向分析，可以了解某一科研团队的整体研究水平（依据发表文章量、期刊质量等），并追溯他们的研究历史、预测他们未来的研究课题，从而为自己的课题提供研究思路。

在"拓展式"文献检索和阅读的过程中，学生的观察判断和数据处理等分析能力将有很大提升，能够判断出哪些文章是"好文章"，知道怎样对比、分析实验数据并形成结论；此外，文献阅读是一个从无到有的积累过程，是一个从薄到厚再到薄的质变过程，也是一个从点到线再到面的探寻过程，需要不懈地坚持阅读和归纳、总结，这对学生的自我管理和统筹管理能力也有较好的训练效果。

四、在"阶梯式"写作训练中提升逻辑能力和写作能力

（一）"阶梯式"写作训练的概念

科技写作实际上是一门文理相互渗透的交叉学科，它不仅涉及自然科学的各领域，还涉及写作学、情报学、心理学、逻辑学、自然辩证法和方法论等多学科，是一项既有高度专业性，又有高度综合性的科学实践活动[11]。进行科学研究和探索，离不开思想的表达，而科技写作可以帮助大学生通过思考和文字来表达思想，使他们的思路明确化和条理化，对原先本来模糊的认识，能够通过文章的写作变得清晰和明朗起来。而原先联系不多，甚至是没有联系的思路，通过思考和写作变得关联和条理化。因此，科技论文写作训练对于提高大学生的逻辑能力和写作能力有极大好处。

"阶梯式"写作训练是指在有一定"拓展式"文献阅读训练的基础上，按照"引言""结果与结论""讨论""方法""题目与摘要"各部分的顺序，分时、分阶段地进行独立训练，重在加强对学生的数据分析、语言表达、概括和推理能力的培养。

(二)"阶梯式"写作训练中论文各部分的训练重点

1. 引言部分

引言部分忌断章取义。一些本科生论文为突出文章的创新点，断章取义地引用前人的工作，甚至有意歪曲别人的意思，这是非常不可取的。如何客观、有效地评论前人的研究工作，指出当前研究的不足，有目的地阐述自己研究的重要性是学生在撰写科研论文时首先要思考的。另外，引言部分应简明扼要，忌长篇大论，逻辑在于：大方向简介（前人研究工作的概述）→现存问题→小方向简介（前人的研究工作）→现存问题→本文研究的主要思路→本文与前人研究相比的创新点→本文拟解决大方向和/或小方向中现存的问题（目的和意义）。

2. 结果与结论部分

结果部分是论文的核心，写作时应注意由浅入深，按照实验展开的顺序分标题进行撰写，每一部分环环相扣、相互印证。这一部分常见的错误有：①标题不贴切，不能概括主要的实验结果；②语言繁冗，在描述实验数据前过度铺垫，在描述数据后写入自己的见解等；③对比分析不充分：很多学生最初学习写作时，注重对具体实验数据的描述，而忽视对比数据的介绍（如相关性等），使读者不理解单个数据的绝对值有何意义；④图表的表达逻辑混乱；⑤大量介绍与本实验无关的数据；⑥讨论数据。

结论部分反映的是研究结果所揭示的原理及其普遍性，要求学生有较强的概括和推理能力。很多学生在写结论部分时，想当然地把正文、引言或摘要中的一些话拷贝到结论中，还没看到结论部分就知道结论要说什么，习惯非常不好。此外，在写结论部分时大部分学生容易犯 4 类错误：①以偏概全，即根据本次实验结果却得出了更广的结论，离题太远；②言之无物，即重复描述实验结果，形不成结论；③无关结论，即结论是根据前人的研究结果获得的，与本文的实验结果无关或相关性不大；④语气太肯定，即实验证据不足时把推论当成结论。

3. 讨论部分

讨论部分是论文写作的难点和重点。如果学生没有一定的文献阅读量，就不知从何下笔，导致讨论部东拼西凑、逻辑混乱。该部分重点训练学生的逻辑性，即前人得到了什么研究结果？→本文得到的研究结果与他们有何相同或不同之处？→相同的研究结果是否可以相互印证？→造成不同研究结果的原因是什么？有何生物学意义？可否体现本文的创新点？要训练学生带着这些问题去写作，增强文章的逻辑性。另外，讨论部分不能是前人研究结果的罗列，而应通过翔实的数据对比，充分表达出自己的观点。

4. 方法部分

方法部分重在体现实验的可重复性，要求非常详细地阐述开展实验所用到的实验材料、实验方法、仪器、药品，以及数理统计方法等。由于本科生所开展的实验相对成熟、系统，在实验方法上很难进行创新，因此需要多读、多模仿，才能写好该部分。

5. 题目和摘要部分

论文题目和摘要在全文中具有画龙点睛的作用，是引起读者阅读兴趣的重点部分，同样需要较强的逻辑性和概括性。题目应简洁、扼要，充分体现论文的研究主题。在开始写作前，可能有一个初定的题目，在文章写好之后，题目还要调整。最终形成可以概括全文、引人注意的一句话。论文摘要一般应包括研究的目的和意义、材料和方法、结果和结论。在笔者编辑的大量本科生论文摘要中，有些摘要过简，不是缺少了研究目的和意义，就是省略了研究方法；相反，另有一些摘要过于烦琐，大多为将正文每部分的内容复制一些拼凑而成，重点不突出。建议本科生在撰写题目和摘要时多模仿、少自创，逐步锻炼出用最少的文字表达最多信息的概括能力。

除了正文部分的撰写外，本科生的伦理道德知识（如引文的规范性）和编辑能力（如论文版式、图表的排版、学术用语、标点符号的使用、植物拉丁名的规范书写、作者署名的规则、参考文献的格式等）也应重点进行培养[12-13]，为其今后从事科研工作、撰写科研论文打好基础。

五、在"探索式大创项目"中增强创新能力和计划能力

北京林业大学大学生创新创业训练计划（简称"大创项目"）是针对本校大学生在科学研究、技术开发和社会实践等方面设计的鼓励学生创新创业发展的项目，具有很强的探索性质。在导师的指导下，"大创项目"激励本科生培养严谨的科研态度、优秀的科研能力和开放的科研思维，对培养学生的创新能力和计划能力具有促进作用[14]。

（一）"探索式大创项目"对学生创新能力的培养

创新思维是指在面对特定问题时，运用抽象和形象思维，在表达思想和解决问题时进行系统思考的能力[15]。我校园林植物与观赏园艺专业采用"专业知识讲授+教学基地实践"的教育模式，注重专业知识和实践技能的培养，学生对所学知识掌握扎实、牢固，在这种模式下系统地培养了一大批林学人才。但是，从新时代的各种挑战来看，传统教育模式下的学生对教科书和教师所授内容全盘接受，缺乏批判性和创新型思维，利用所学知识拓展应用的能力不足。本专业的大学生早期接触科研是改善这一问题的有效方法。

"大创项目"设立的初衷是鼓励大学生积极申报，激发大学生创新意识，提高大学生实际动手能力，提升大学生就业竞争力。该项目提倡大学生根据自身兴趣，初步拟出项目研究内容、实施方案，联系相关领域的老师分析项目实施可行性，在专业老师的指导下健全思路、完善方案，从而完成项目申报书，为学生们提供了一个积极的、真实的探索式学习过程。在这一过程中，学生通过不断发现问题、解决问题，养成批判性、研究性的学习习惯，提高了学生创造性思维能力，形成了严谨的科学态度。

（二）"探索式大创项目"对学生计划能力的培养

自确定参与"大创项目"开始，学生在有意向的领域查找相关的中英文文献，确定课题的思路，并基于课题思路规划详细的实验设计；在实验过程中，学生根据实验环节中出现的预期之外的干扰因素，不断微调实验的技术路线；课题小组与导师一起，不定期进行组会汇报，安排下一阶段的实验计划；直至最终项目结题验收、撰写项目报告、进行成果转化。可以说，"大创项目"的整个流程都对学生的计划能力有很好的锻炼效果。

六、结　语

近几年来，越来越多的高等学校开始直面用人市场，借鉴产出结果溯源课程培养的方法，对大学生综合素质与能力培养做出了自己的探索，但培养效果和市场认可度上却并不显著。究其原因，主要是培养体系浮于形式，没有直面学生"能力本位"的最终目标[16]。我校园林植物与观赏园艺专业具有很强的应用性和实践性，用人市场最看重学生的综合能力，因此在教学和实践中用系统性的训练项目对其各项能力进行务实的锻炼十分必要，可以使学生的基础知识更扎实、科研思维更活跃、创新意识常在，实现由接受灌输知识向综合运用知识发现、分析和解决实际问题的转型，对于培养林业复合型人才具有建设性意义。

参考文献

[1]崔金腾，张克中，李月华.园林植物与观赏园艺专业研究生分子生物学实验室建设与教学改革[J].教育

[2] 刘洋. 翻转课堂下蔬菜栽培技术教学改革与思考[J]. 现代农业科技, 2017(16): 286-288.
[3] 彭素强. 构建开放性英语教学体系: 五个开放[J]. 湖北师范学院学报(哲学社会科学版), 2008(4): 139.
[4] 张会兰, 王云琦, 张守红, 等. "流体力学"课程"开放式-研究性"理论与实验教学模式及其协同实践[M]//黄国华. 探索·构建·创新: 北京林业大学2017年教育教学改革优秀论文选编. 北京: 中国林业出版社, 2018: 55-62.
[5] 洪艳, 戴思兰. "园林植物遗传育种学"教学中"学生主体、能力本位"教学模式的探讨[M]//黄国华. 探索·构建·创新: 北京林业大学2017年教育教学改革北京优秀论文选编. 北京: 中国林业出版社, 2018: 105-110.
[6] 李秋艳. 开放式教学模式在课程教学中的运用及实践反思: 以《毛泽东思想和中国特色社会主义理论体系概论》为例[J]. 湖北经济学院学报(人文社会科学版), 2011, 8(8): 166-167.
[7] 崔永江. 建立地方高校内部长效教学评估机制的必要性及措施[J]. 长春理工大学学报(高教版), 2013, 5(3): 1-2.
[8] 罗琴娟, 樊桂玲. 设计性实验教学与实践[M]//于志明. 秉烛者的思考与实践: 北京林业大学教学改革研究论文集(上). 北京: 中国林业出版社, 2014: 204-208.
[9] 潘传英, 郑以, 蓝贤勇. 高校创新培养新模式探索: 文献阅读模式改革[J]. 中国牛业科学, 2020, 46(3): 84-86.
[10] 谢爱泽, 邹登峰. 文献阅读对研究生科研创新能力的培养探讨[J]. 广州化工, 2020, 48(14): 204-206.
[11] 陈珂. 浅谈科技论文写作训练在促进科研创新型人才培养中的作用[J]. 安徽农学通报, 2011, 17(2): 135-136.
[12] 戴思兰. 科学写作在林业人才培养中的重要作用[J]. 中国林业教育, 2011, 29(6): 8-11.
[13] 戴思兰. 写作训练在"园林植物遗传育种学"教学中的应用[M]//于志明. 秉烛者的思考与实践: 北京林业大学教学改革研究论文集(下). 北京: 中国林业出版社, 2014: 362-367.
[14] 徐和清. 指导教师对大学生创新创业训练项目层次的影响及实证研究[J]. 上海教育评估研究, 2020, 4: 52-57.
[15] 李吉平, 张微, 刘韩, 等. 大学生创业项目对医学生科研思维和实践能力的探讨[J]. 齐齐哈尔医学院学报, 2020, 41(12): 1528-1530.
[16] 戴思兰. 园林专业学生生物学基础知识构建[M]//张启翔, 王向荣, 李运远. 北京林业大学园林学院教学改革成果汇编(卷一). 北京: 中国林业出版社, 2012: 198-204.

Exploration of the *Five Approaches -Ten Types of Abilities* Talent-training Mode on the College Students in *Ornamental Plants and Horticulture*

Hong Yan　Dai Silan

(School of Landscape Architecture, Beijing Forestry University, Beijing　100083)

Abstract　The undergraduate major *Ornamental Plants and Horticulture* intents to cultivate cross-disciplinary and innovative talents, which requires effective promotion of students' comprehensive abilities via systematic and focused training practice. The authors systematically introduced a comprehensive abilities-oriented talent-training mode which is composed of five approaches, namely, (1) open-access classroom teaching, (2) designable experimental teaching, (3) extensional literature reading, (4) multi-step writing practice, and (5) exploratory "Innovation & Entrepreneurship" projects. This paper will be helpful to cultivate cross-disciplinary and innovative talents with enhanced comprehensive abilities.

Keywords　*Ornamental Plants and Horticulture*, college student, comprehensive abilities, course innovation

林业工程问题导向的"机械设计"课程设计

——新工科及工程教育认证背景下一流课程建设

罗海风 袁湘月 谭月胜

(北京林业大学工学院，北京 100083)

摘要：以培养综合性、创新性工科人才为目标，以工程教育认证为契机，引入林业工程问题对"机械设计"课程设计进行了建设实践。以特色林业工程问题更新课程设计题目，学生分组对选定题目的背景及参数进行自主调研，根据运动仿真优化设计机构方案，对机构零件强度进行分析设计，利用现代加工技术制作典型设计题目的样机。让学生完整体验林业工程问题的方案设计、强度设计及验证、工程样机制作调试全流程。课程建设培养了学生的综合创新能力，增强了学生的工程意识及实践能力，凸显了林业院校工科专业的教学特色，对机械专业一流课程的建设提供了坚实支撑。

关键词：问题导向；机械设计；课程设计；一流课程

新工科是我国新时代工程教育改革的战略选择，新工科以工科为本质，以新为取向，以继承与创新、交叉与融合、协调与共享为主要途径，培养未来多元化、创新性卓越工程人才[1-2]。工程教育认证规范了工科专业毕业生达到行业认可的既定质量标准要求，鼓励院校在专业建设过程中体现出鲜明的教学特色[3-4]。新工科指明了工科教育的改革方向，工程教育认证为工科专业建设提供了良好契机，对特色院校的工科专业一流课程建设具有双重促进作用[5-6]。

一、"机械设计"课程设计现状

"机械设计"课程设计为北京林业大学机械设计制造及其自动化专业(下文简称"机械专业")必修课，开设于第五学期，共48学时，在理论授课结束后进行，多年来该课程设计题目已固化为二级斜齿轮减速器设计。设计过程中学生按照各自工作载荷参数，分配减速器的各级传动比，对带传动、齿轮传动、轴、轴承等典型零件进行强度设计并校核，依据理论设计结果手绘减速器零号装配图，并用CAXA软件对该手绘装配图进行誊图，撰写减速器的设计说明书。该课程设计题目已持续几十年教学历程，是机械专业的经典课程设计题目，但已经越来越难激发新时代专业学生的创新设计动力。经过长期积累，该题目在互联网上出现了大量良莠不齐的参考资料，妨碍了培养学生独立思考及解决问题的能力，甚至影响了学生正确的设计思路。该课程设计工作量较大，学生手绘装配图十分辛苦，经常返工，更进一步加重了低质低效的工作量，课程设计结束后学生的设计结果即束之高阁别无

作者简介：罗海风，北京市海淀区清华东路35号北京林业大学工学院，讲师，luohaifeng@bjfu.edu.cn；
袁湘月，北京市海淀区清华东路35号北京林业大学工学院，副教授，shirley_yxy2001@163.com；
谭月胜，北京市海淀区清华东路35号北京林业大学工学院，副教授，tanyuesheng@163.com。

资助项目：北京林业大学教育教学改革项目"面向新工科及工程教育认证的"机械设计"课程建设及实践"（BJFU2020JY047）。

他用。学生在课程设计中练就的手绘图技能在工作中并无实际应用的场景，专业常用的设计、分析、仿真等主流软件在课程设计中未得到有效锻炼和掌握。"机械设计"处于机械专业知识体系的中间位置，该课程设计的设计题目、设计流程和设计成果未能有效衔接"机械原理""机械制造技术""工程材料"等前后端课程，不能充分发挥其应有的课程桥梁作用。综上，我校机械专业的"机械设计"课程设计题目无新意，未能与我校的林业背景产生交叉融合，课程设计过程低效、工作量过大，主流专业软件使用偏少，课程设计不能有效体现其在专业知识体系中的衔接作用，与新工科及工程教育认证倡导的创新、综合、特色等理念存在明显差距，不能对一流课程建设形成有力支撑。急需对"机械设计"课程设计的设计题目、设计过程和设计成果进行改进建设。

二、林业工程问题导向的"机械设计"课程设计实践方法与分析

林业工程对工科技术和装备有天然的需求，林业工程作业范围广、劳动强度大、专业性强，同时具有一定的危险性，林业工程需要工科装备提高作业效率，降低林业工人劳动强度，提高作业安全性。林业与工科的典型融合领域如林业机械，在此交叉方向诞生了许多重要产品，如挖坑机、割灌机、植树机、采育机、集材车、输运机、归楞机[7]等。这些林业机械产品有效解决了相应的林业工程难题，显著推动了林业的高质量发展，同时对机械工程的发展具有反向促进作用，对于林业院校的机械专业人才培养更有积极的导向作用，启发机械专业学生应用工科知识理论不断地解决林业工程发展中遇到的新问题，支撑林业特色院校机械专业一流课程建设[8]。

（一）林业工程问题导向的"机械设计"课程设计实践方法

1. 引入林业工程问题更新"机械设计"课程设计题目

"机械设计"理论授课初期，按照教师在大兴安岭林区实地调研、校内学科交叉研讨、企业横向合作等各渠道获取的林业工程问题，或学生自主调研的林业工程问题，将林业工程问题科学合理地拆分、转化为课程设计题目。使课程设计题目具有足够的新颖性和研究价值，确保课程设计题目的工作量适中，符合教学大纲的相关要求。将课程设计的启动时间相较以往提前，引导学生自主分组（每组 3~5 人）选定课程设计题目，预留充足的准备周期给学生设计机构方案。各组学生针对所选题目，进行充分的自主调查研究，确定合理的工程问题参数。考虑林业工程问题的实际背景及约束条件，应用先修的"理论力学""机械原理"及"机构创新设计"等专业课程知识，参考成熟实用的林业机械装备构型，设计所选题目的机构方案。与教师进行多轮讨论及优化改进，确保所设计机构方案及工作参数的可行性、实用性、创新性。在课程设计题目的选定及机构方案确定阶段，充分锻炼学生的背景调研、问题分析、方案设计能力，鼓励学生独立自主思考，积极进行多学科知识点的融合创新，并为一流课程建设补充新的教学元素及工程案例。

2. 强化专业软件在"机械设计"课程设计中的应用

在布置课程设计题目的同时，教师安排各组学生分工掌握课程设计所需的 Adams（运动分析）、Solidworks（三维设计软件）和 Ansys（零件强度分析）软件，使每位同学各自主要负责一项软件操作任务。确定了课程设计题目及机构方案后，指导学生在 Adams 软件中设计机构的构件模型，定义构件之间的铰链性质，设定合理的原动件工作参数，对机构模型进行运动学仿真，获取机构的工作参数，确保机构方案对林业工程问题的适用度。根据调研所得的工程问题载荷参数，按照理论力学方法分析机构模型中危险节点处载荷性质及峰值。同时将工程载荷参数加载在 Adams 软件中的相应构件上，获得机构危险节点处的载荷性质及参数，对两种方法获得的机构模型危险节点载荷参数进行对比验证。根据机构危险节点

载荷参数，选取合理适用的工程材料，按照机械零件强度理论对零件进行强度设计，得出零件危险截面设计尺寸后，在 Solidworks 中按照零件尺寸构建所有零件的完整三维模型。将零件三维模型导入 Ansys，定义零件材料属性并划分网格，将工作载荷加载至模型对应位置，仿真分析关键零件的工作应力及形变，确保其强度满足工作要求。利用 Solidworks 将课程设计题目的三维装配体模型导出生成二维装配图及零件加工图，整理课程设计计算说明书、仿真分析报告及工程图纸。在课程设计过程中学生可完整体验工程装备设计流程中机构方案设计分析、零件强度分析验证、工程图纸绘制及输出等机械工程主流软件的全域操作，支撑了机械专业一流课程的内涵建设。

3. 强化课程设计样机模型对于机械专业一流课程建设的整体衔接性

将"机械设计"课程设计题目进行筛选，对其中较为典型、机构方案新颖、加工装配成本适中的设计成果进行加工制造。充分利用校内外 3D 打印、数控机床、先进制造等资源制造出其实体非标准零件，指导学生购置标准连接件、传动驱动部件，装配、调试工程样机模型。测评工程样机模型完成林业工程问题的功能性、承载能力、误差参数等，完成相关测评报告，完成林业工程问题导向的"机械设计"课程设计全部课程建设流程。样机模型的制造，向前可联系"理论力学""机械原理""工程材料"等前序课程，向后可贯通"机械制造技术""数控技术"等课程，在中间起到了专业课程知识体系"黏合剂"的衔接作用[9-11]，有效支持了机械专业一流课程建设的整体性、关联性、贯通性，显著提升了学生对机械专业知识体系的全局认识和把握。

（二）林业工程问题导向的"机械设计"课程设计对比分析

林业工程问题导向的"机械设计"课程设计在改进前后主要事项对比见表1所列。改进前，该课程设计的题目陈旧，设计过程多为理论分析、方程推导、手工绘图，专业软件应用少，设计工作低质低效，设计结果无实际应用。改进后，该课程设计题目紧密联系林业工程中涉及的机械专业问题，具有较好的新颖性、时代性。设计过程补充了机构设计、运动分析、强度仿真、三维模型设计、二维工程图纸输出等机械专业主流软件的应用。设计成果在以往图纸设计的基础上，进一步实物化制造了林业工程题目的样机模型，对于一流课程的建设提供了特色的实体支撑。

表1 林业工程问题导向的"机械设计"课程设计对比

	对比事项	原课程设计	改进后课程设计
设计题目	题目来源	传统题目二级齿轮减速器	林业工程实际问题
	创新性	无	较新颖、有时代性
	机构方案确定	传统固定方案	自主分组多轮讨论确定
	调研及独立思考	无	需充分调研、反复思考
设计过程	工作参数确定	教师分配固定参数	自主调研确定
	危险节点载荷分析方法	理论力学公式推导	理论力学公式推导、Adams 载荷分析
	零件强度设计方法	零件强度设计理论	零件强度设计理论
	零件强度复核方法	零件强度校核理论	Ansys 强度仿真分析
	图纸绘图方法	手绘二维装配图	Solidworks 装配模型转二维装配图
	绘图成果	二维装配图、零件图	三维零件模型、二维装配及零件图纸
	设计结果后续用途	无	转为工程样机制造文件

(续)

	对比事项	原课程设计	改进后课程设计
设计过程	图纸错误修改难易程度	较难	容易
	学生劳动强度	较重	适中
	专业软件使用	CAXA 绘图	Adams 机构设计、Ansys 强度分析、Solidworks 图纸绘制
设计成果	设计成果实物化	无样机	可制造样机模型
	专业知识体系关联性	理论关联	前后课程整体性、实体性关联、贯通
	一流课程建设支撑	理论性支撑	理论支撑、实体支撑、特色支撑

三、林业工程问题导向的"机械设计"课程设计实践示例

按照林业工程问题导向的"机械设计"课程设计改进方法，在机械专业进行了初步尝试，典型课程设计题目有"连杆式苗杯植苗机""枣树开甲器""林木切割机""杜仲脱叶机""杜仲去皮机"等，取得的部分设计、分析、仿真及样机成果如图 1 所示，具体实践流程框架如图 2 所示。学生首先在教师给定的林业工程问题范围内确定了课程设计题目，对所选题目的林业工程问题背景进行调研分析，确定设计题目的工作载荷参数。在多轮讨论的基础上采用 Adams 设计题目对应的机构方案模型，如图 1(a) 所示。在 Adams 环境中进行机构模型的仿真、分析、优化、验证，如图 1(b) 所示。基于机构模型和工作载荷参数，利用 Adams 软件和理论力学方法对机构模型危险节点进行载荷分析和验证。基于节点载荷结果进行机械零件强度设计，确定零件的危险截面尺寸，并在 Solidworks 中进一步完成零件的三维设计模型，如图 1(c)~图 1(e) 所示。将工作载荷及零件三维模型导入 Ansys 软件进行强度仿真分析，如图 1(f) 所示。课程设计题目的三维设计模型转入制造环节，加工非标准零部件并最终装配调试，获取了工程样机并进行进基本试验，如图 1(g) 所示。

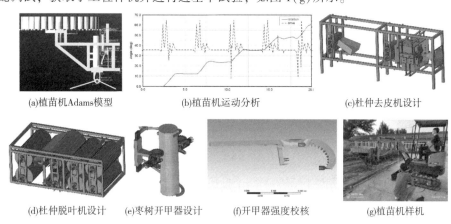

(a)植苗机Adams模型　　(b)植苗机运动分析　　(c)杜仲去皮机设计

(d)杜仲脱叶机设计　(e)枣树开甲器设计　(f)开甲器强度校核　(g)植苗机样机

图 1　林业工程问题导向的"机械设计"课程设计成果

四、结　语

本文分析了"机械设计"课程设计存在的题目无新意、设计过程低质低效、学生能力培养与需求脱节、课程设计未有效衔接专业知识体系的问题。以建设一流课程、培养综合性创新人才为目标，以工程教育认证为契机，以林业工程问题为主线，更新了课程设计题目。

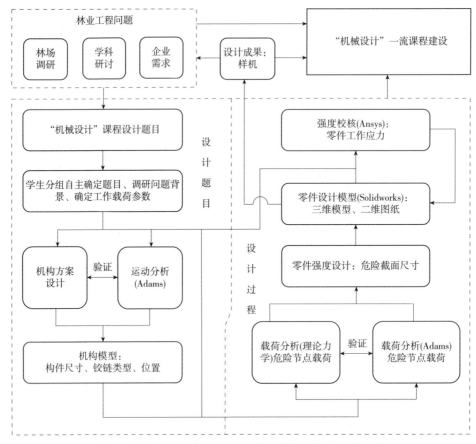

图2 林业工程问题导向的"机械设计"课程设计实践流程

应用机械行业主流的设计、分析、仿真等软件,对设计过程进行了改造,培养了学生自主调研、独立思考、协同解决工程问题的能力,对典型设计题目的设计成果拓展了样机制造环节。该课程设计的改进,加深了机械专业学生对林业工程问题的理解,充实了机械专业教学工作中的林业院校绿色底蕴,凸显了我校机械专业在工科课程中的教学特色,增强了机械专业学生在林业工程、机械工程等领域多元发展的综合潜力。林业工程问题导向的"机械设计"课程设计的题目设置、设计过程、样机成果均显著充实了我校新工科建设的内涵,提高了机械专业工程教育认证的课程水平,有力支撑了我校机械专业的一流课程建设。

参考文献:

[1] 钟登华. 新工科建设的内涵与行动[J]. 高等工程教育研究,2017(3):1-6.
[2] 田雪虹,刘海涛. 新工科背景下创新创业人才培养初探[J]. 工业与信息化教育,2019(10):13-18.
[3] 王呈栋. 工程专业认证背景下机械原理教学改革探索与思考[J]. 教育现代化,2019(39):39-40.
[4] 王万强,张俊芳,陈国金. 基于工程教育专业认证的工程训练教学模式的研究与实践[J]. 教育教学论坛,2016(23):150-153.
[5] 杨帆. 双一流背景下地方高校交叉学科建设的思考[J]. 天津电大学报,2020(2):64-68.
[6] 郭恒川,赵国增,王勤. 工程教育专业认证背景下的"金课"建设[J]. 教书育人(高教论坛),2020(21):66-68.
[7] 赵志强,李可群. 大兴安岭林区贮木场机械现状及其展望[J]. 森林采运科学,1988(1):51-53.
[8] 欧阳益斌,李立君,汤刚车,等. 油茶林抚育机履带底盘设计与试验研究[J]. 西北林学院学报,2018(2):252-256.

[9] 张玉良,周兆忠,江海兵.机械类专业应用型创新人才多元融合培养体系研究与实践[J].高教学刊,2020(29):24-28.
[10] 曹昌勇,张鹏,王洪新,等.新时代应用型本科机械类人才培养方案研究[J].焦作大学学报,2020(2):105-107.
[11] 刘爱华,张洪丽,管志光.新形势下机械设计制造及其自动化专业人才培养方案改革研究[J].教育现代化,2020(17):23-25.

Course design of *Mechanical Design* based on the forestry engineering problem: First class curriculum construction under the background of New Engineering and Engineering

Luo Haifeng　Yuan Xiangyue　Tan Yuesheng

(School of Technology, Beijing Forestry University, Beijing　100083)

Abstract　Taking the training of comprehensive and innovative engineering talents as the goal, and taking the opportunity of engineering education certification as an opportunity, the construction practice of mechanical design curriculum design was carried out by introducing forestry engineering problems. In order to update the course design topics with characteristic forestry engineering problems, students are divided into groups to conduct independent investigation on the background and parameters of the selected topics. According to the motion simulation, the mechanism scheme is optimized, the strength of the mechanism parts is analyzed and designed, and the prototype of typical design topics is made by using modern processing technology. The students experienced the whole process of scheme design, strength design and verification, engineering prototype production and debugging. The course construction has cultivated students' comprehensive innovation ability, enhanced their engineering consciousness and practical ability, highlighted the teaching characteristics of Engineering Specialty in forestry colleges and universities, and provided solid support for the construction of first-class courses of mechanical specialty.

Keywords　problem oriented, *Mechanical Design*, curriculum design, first class curriculum

林业院校"家具造型设计"课程教学的理论创新与实践探索

朱婕 张帆 常乐 柯清

(北京林业大学材料科学与技术学院,北京 100083)

摘要:"家具造型设计"课程是林业院校家具设计与工程专业的必修课程,现有的教学方式主要采用线性的理论讲授结合命题设计指导的方式进行,课堂以理论讲授为主,命题设计后一对一的方案辅导教师指导压力大,学生自主创新和方案深化能力弱。针对这些问题,结合林业院校学生的专业背景与学习基础的特点,引入丹麦构造类型学理论进行教学理论与教学实践的创新与探索。一是从家具造型的本质问题入手,提出"家具构造"的核心理念,从本质上帮助学生理解家具造型设计的核心;二是从家具构造的三个核心要素入手,将家具类型分为家具造型、材质、结构三个类型学的分类理解方法;三是以类型学的教学方式入手,引导学生从类型学角度将一种家具造型类型作为一个研究和设计创新的课题,贯穿前期研究和设计创新以及深化的全程,通过教学理论与设计实践方法的创新驱动学生的深度学习和设计创新能力。通过引入类型学的教学方法进行"家具造型设计"课程的教学改革,深化了学生对于家具造型设计的系统化理解,提升了学生的造型创新能力,由课程讲授驱动转变为围绕家具造型设计的系统化课题驱动,全面提升了课程教学效果。

关键词:类型学;家具造型设计;构造;系统观

"家具造型设计"课程是我国林业院校家具专业本科的必修课程,课程以理论讲授为主,命题作业训练为辅,达到综合的理论学习以及造型设计训练的教学目的。课程教学目标是培养具有综合的家具设计创新能力的高水平设计人才,帮助我国家具企业实现家具产品的研发和创新。

当前"家具造型设计"课程教学模式在训练学生的系统化创新思维方面存在一定的欠缺,与设计类院校学生以美学和造型为驱动的设计思维方式不同,林业类院校家具专业学生更需要趋于理性和系统的设计思维方式,从一种更理性的思维统筹考虑造型、材质和结构三者之间的关系,从设计之初就具备系统化的生产制造思维,从而实现与制造和产业能够直接对接的家具设计创新。本文探讨了如何在"家具造型设计"课程中进行教学理论的创新,并结合教学实践的过程,培养学生的系统化家具设计创新能力,强化林业院校家具设计创新人才的优势。

一、"家具造型设计"课程教学存在的问题

(一)问题一:林业类院校家具专业生源以理科非艺术生源为主

目前,包括北京林业大学在内的国内林业院校的家具专业,招生都以大类招生的方式

作者简介:朱婕,北京市海淀区清华东路35号北京林业大学材料科学与技术学院,副教授,zhujie@bjfu.edu.cn;
张帆,北京市海淀区清华东路35号北京林业大学材料科学与技术学院,教授,zhangfan1976@163.com;
常乐,北京市海淀区清华东路35号北京林业大学材料科学与技术学院,讲师,26660740@qq.com;
柯清,北京市海淀区清华东路35号北京林业大学材料科学与技术学院,讲师,kq1113@bjfu.edu.cn;
资助项目:北京林业大学教育教学改革项目"以类型学研究方法提升家具设计造型设计能力的理论与实践"(BJFU2017JY034)。

为主，绝大多数家具专业的学生都是理科生的背景，没有任何的美术和绘画基础。所以理科非艺术生源的学生特点是逻辑性思维很强，但创意和造型思维发散性的感性思维偏弱。学生在学习完家具造型设计的理论内容，进入到课程命题设计的练习中，常常有一种理论知识与实际的设计实践难以联系起来的感觉。

（二）问题二：如何在课程中传授可以遵循的理性设计创新方法

家具造型设计由于和造型和美感直接相关，在课程教学中需要对一些经典的家具设计案例进行分析和学习。目前对于如何系统地学习和吸取已有经典设计中的优点，缺乏系统性的方法。

当学生在教师指导下对某一类型的家具案例进行搜集资料和分析的时候，容易对某一类型的家具形成既有的刻板印象，在自我的设计创作中也容易不由自主地设计出来，致使和已经有的家具造型没有本质的差别。最终，创意的过程变成了模仿的过程，自我的创新能力没有被完全激发出来，反而在学习前人经典设计的过程中限制住了自我的创新思维。

（三）问题三：如何让学生贯通理解家具造型与结构、材质的一体性

与国外的 project base（项目制）教学模式不同，林业院校目前设计教育的模式主要是 lecture base（课堂教学），同时设计教学配套的工坊教学条件较弱，学生较少有机会在工坊和实验室自己动手制作模型和家具。[1]因此学生对于家具结构的掌握和家具结构的认识主要停留在课本的知识层面。这导致学生在设计具体的家具造型时，很多时候只考虑了造型的因素而不能同时系统地考虑家具结构的因素，教师为学生指导家具设计方案时会对家具结构的不合理提出一些调整的建议，但往往当方案调整到结构合理的情况时，家具的造型失去了特点没有了新意，这是对家具材料、结构和家具造型的关系理解得不够透彻导致的。

（四）问题四：如何让学生在方案设计时考虑到家具造型设计的细节和制造层面

完整的家具造型设计应包含家具的结构工艺细节，例如一个材质如何与另一个材质衔接，一个部件如何与另一个部件结合，整个家具造型的典型工艺与细节处理方法等。这些直接影响到家具造型设计最终效果的细节考虑，需要一定的实践经验，也需要深入地对一类造型和材质工艺进行系统深入的学习；这些细节和制造的方案考虑，会直接影响到一个家具设计方案的完成度和最终是否可以实现的可能性，以及最终制造出来的家具是否保证了最佳的完成效果。因此，细节和制造是整个家具造型设计方案中不容忽视的，需要在课程中强化、重视和提高。

以上4点是目前家具造型设计课程教学中存在的难点，面对这些难点，需要通过对教学过程和教学方式进行一定的创新尝试和调整。其中最为核心的是如何让学生形成更为系统的家具造型设计观念，即：家具造型不仅仅是美学层面的创作，更关系到家具材料、结构和细节的考虑，评判家具造型设计的优劣既包括家具造型的创新性，也包括该造型设计的落地和可实施性。

二、从家具造型的本质问题入手，提出"家具构造学"的创新理论

从构造的角度看待家具设计，构造成为了一个更为综合的美学标准，例如家具是由家具的各个部件连接在一起的整体，各个家具部件都经历了从美学到适配再到完善的过程，从这个角度来说，家具的构造就是具有美感的结构整体[2]。"构造"一词包含的核心含义主要包括：造型、材料和技术[3]（图1）。这3个方面可谓是家具设计的本质问题，同时也恰恰是林业院校家具专业学生的专业特长与特点，林业院校的学生对于家具材质和加工技术有着系统化的理论学习

图1 家具构造学所包含的三方面的内容

基础，提出"家具构造学"的理论能够帮助学生将这些良好的理论基础反哺到家具造型设计的课程和设计实践中。

通过"家具构造学"提出一种系统化理解家具设计的技术美学的角度，让学生对于家具造型设计有一个更加深刻的系统观。从而帮助学生更为深刻地理解家具设计中的经典案例，学习其精髓并运用构造学的知识进行自我的设计创新实践。

三、从构造的三个核心要素入手，进行家具造型、材质、结构三个类型学的分类理解

从家具构造所包含的三方面对家具的类型进行重新的归类和理解，能够帮助家具设计师建立更为完整的家具造型系统观，首先认识到造型并不独立于材料和技术而存在，继而进一步认识到家具造型和材料、技术之间更深层次的联系，即：家具材料和技术创新的过程中重塑了家具造型的美学，家具材料和技术的细节毫厘之差决定了家具造型的最终呈现。

（一）家具造型的类型

家具造型类型的分类和学习的方法，为学生从宽泛和包容角度将已有的大多数家具造型，分成几种典型的造型类型进行理解。以最为常见的家具品类——椅子为例，可以从造型类型的角度，将常见的椅子造型分为棍结构椅、壳型椅、扶手椅和一体型椅，根据每一种造型最为典型的造型特征，给出相应的造型划分定义。这4种分类的方法基本可以包含和涵盖绝大部分造型的椅子（图2）。在这样一个核心分类原则下，造型类型的分类方法帮助学生理解到，实现某一种特定类型的家具造型，有许多的技术手段和材质选择，这为他们提供了一种以造型为导向的发散性思维的思考方式。

例如实现一体型椅的造型可以是玻璃钢开模的方式，也可以是碎木加胶模压成型的方式，甚至也可以是织物表皮填充的方式（图2），实现一种家具造型的方式从材质和技术手段上来说有很多种可能性。而同样的一种材质和技术手段，在造型设计时由于设计师想要表达的造型感受不同，也会呈现出截然不同的造型感受。从造型类型学入手的类型学学习方法，引导学生从设计师的主观创意角度，重新审视实现不同造型的技术手段和材质选择。

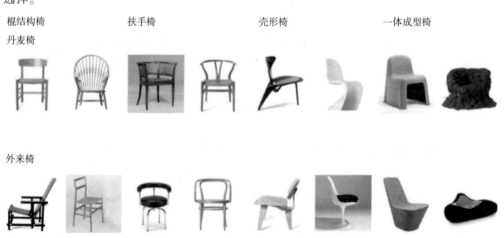

图2　4类主要的家具造型类型

（二）家具材质的类型

每种材料都有其特有的加工、成型和装配的特性，学习家具造型设计首先需要学会掌

握并凸显不同材料的特性。为了让学生在学习中对家具材质有一个总体的了解，课程教学对常见的木质、金属、塑料和复合材料进行了分类（图3），并对每一种材质的特性从造型的角度重新讲解。

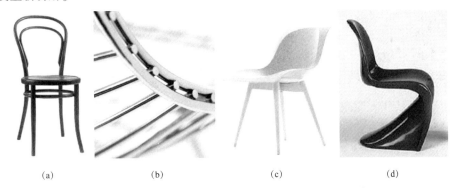

(a)　　　　　　　(b)　　　　　　　(c)　　　　　　　(d)
图3　木质、金属、塑料和复合材料3类主要家具材质类型

对于材质特性的类型学分析阐述，从材质的本身特性入手，首先分析一类材质出现的时间和背景，从目前已有的这类材质的家具造型案例中，总结这一类材质进行家具造型的基本规律。

1. 木材

木材是最为古老的家具材料之一，从古埃及开始就有如何对木材进行加工和连接的技术。木材的加工需要顺着木材的纤维生长方向加工，木制家具的造型方式主要通过两个木制部件之间以榫卯结构的方式进行连接，或者通过对木制部件的弯曲处理来实现木制家具的造型和连接。因此木制家具的连接件方式某种程度上决定了家具造型的方向，工业革命之后出现的蒸汽热弯技术和模压弯曲技术为木制家具的造型提供了更多的可能。

2. 金属

现代金属作为家具材质在18世纪20年代被引入，金属材质基本无法像其他材料一样进行部件的叠加，金属家具的造型主要通过对金属材质本身的弯曲、金属之间的焊接和连接件来实现，由于金属家具较强的结构强度，从而诞生了钢管椅以及悬臂结构的钢管椅。悬臂结构的钢管椅突破了传统的家具造型美学，椅子可以没有后腿，这种新的家具造型美学是通过新的材料特性实现的。现代金属材质由于其强度大且用材可以较为纤细的特点，实现了诸多突破传统家具美学的轻盈的现代家具造型设计。

3. 塑料和合成材料

塑料和合成材料为家具造型设计提供了稳定的、可塑性极高的造型材质，塑料材质在家具造型时所受的限制要比其他材料小得多，设计师只需要专注于塑料家具的模具开发，其生产的流程步骤几乎是一气呵成的。同时设计师可以通过塑料材质模仿其他的质感，开发不同可能性的颜色，同时通过以金属、木材等材质的结合呈现多样化的造型可能。

通过分析以上3类常见家具造型材料的类型，帮助学生从家具造型的角度对每一类材料的特点和造型的可塑性进行理解和分析，帮助学生在运用不同材质的时候掌握基本的材质特征和常识，并通过分析各类家具材质的典型家具造型，让学生更为深入的理解。

（三）家具连接方式类型

连接方式类型指的是家具各个部分的连接方式，即家具的各零部件以什么方式连接在一起。理解家具零部件之间的连接方式，不仅仅是学习家具结构的知识，更包含了对两个零部件连接的美感处理以及对一件家具整体造型考虑下的连接件细节处理方式的学习。对连接方式进行分类(图4),可以帮助学生从更本质的两个家具零部件连接方式的角度重新认知家具构件连接的方式和可能性。

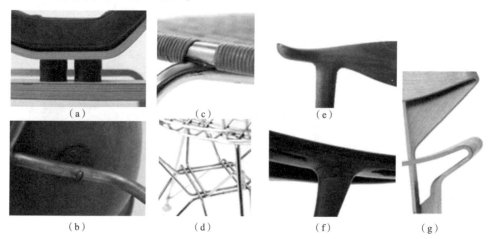

图4 (从左至右)距离连接、接触连接、榫卯连接、形态连接 4 类连接类型

1. 距离连接

距离连接是指两个较大的家具部件之间,通过插入一个较小的部件来进行连接,这个较小的插入部件材质一般不同于家具主体材料,橡胶和金属经常被用做距离连接的连接件材质,距离连接的插入部件起到了缓冲和加固的作用,具体采用哪种材质作为距离连接的材质则视具体情况而定。距离连接在家具造型设计中的优势,使这种连接方式既解决了两个部件相互连接的问题,同时也让每个独立的部件保留了自身独立的形状。

2. 接触连接

接触连接是指两个部件贴合在一起后仍需要通过焊接、螺钉等方式连接在一起,接触连接的方式大多出现在工业化大生产的家具上,因为这种连接的方式比较直接,安装和加工的过程效率也较高。接触连接同样需要结合具体的家具造型进行具体方式的考量和设计,有些接触连接的位置需要隐蔽处理,而有些则可以完全暴露地处理,这取决于家具的造型和材料形式。

3. 榫卯连接

榫卯连接是木家具最自然的连接方式,榫卯结构经过了千百年的发展日趋完善,尤其我国有着许多真正复杂和精妙的榫卯结构值得学习。现代家具设计中榫卯结构被重新演绎和表达,例如汉斯·瓦格纳在家具设计中喜欢通过强调木制家具的结构作为装饰。家具造型设计中,需要清晰地知道所要强调的是什么,以及如何通过榫卯结构表达造型的内涵。

4. 形态连接

形态连接是指无须通过任何的连接件,仅仅通过一体成型的工艺和技术就完成了家具各部分的衔接。形态连接主要出现在塑料和合成材料家具中,材料的加工特性让这种平滑的连接得以实现。

四、教学实践

根据类型学理论重新总结规划的教学理论,在教学过程中,主要对课程内容的组织、思辨发散结合课堂训练、课堂教学互动以及课后作业的要求做了重新的调整。通过这些调整,达到提升学生对于家具造型的系统观建立,形成对造型、材质、结构知识的融会贯通,学会运用课程讲授的方法对已有的家具经典方案思辨和学习,最终达到提升学生在进行具体家具造型设计时方案的造型和深化能力。

（一）课程教学内容的重新组织

改变以往分步骤线性教学的内容组织方法，以一类家具"材质—结构—造型"的课程内容组织方式作为一次课堂内容的核心内容。在授课过程中围绕一类家具材质的典型连接方式和可实现的家具造型类型，作为讲授的重点，融会贯通地围绕该重点讲授与这类家具造型相关的知识和重点。这样的内容调整相当于缩小了授课内容的范围，加深了授课知识的系统逻辑组织和知识深度。结合这一类家具材质结构和造型的经典案例，进行从材质结构到造型的分析，由整体造型印象深入到结构工艺和连接细节的分析，通过对经典案例的深入系统分析，强化课堂所学知识的系统观，以及如何深入分析一件典型经典家具的思辨方法。

（二）思辨发散结合课堂训练

结合课堂所讲授的系统化知识，课堂练习第一步要求学生绘制3~5个符合该类型的家具透视图，在这个过程中需要学生结合课堂所学习的家具造型类型、家具材质类型和家具连接方式进行不同角度的分类和绘制练习。分类和绘制的过程需要学生结合课堂内容进行思辨，思辨一件家具是否符合课堂所讲授的分类方式。例如一件壳体结构的椅子可能是一体型造型的椅子，而这件椅子的连接方式是通过形状连接来实现的。课堂分类绘制练习完成后，继续引导学生独立设计3~5件符合这一分类的家具造型设计。第二步的课堂练习目的是锻炼学生的思维发散能力，而这时的思维发散是有命题和范围的发散，这也符合实际从业和设计过程中的现实情况，引导学生在一定的范围内拓展造型思维的发散能力。

（三）课堂教学互动组织

为进一步训练学生的造型深化能力，在学生完成草图绘制后将学生分为4~5人一组进行方案分组讨论，以小组为单位，集合小组所有同学的方案，讨论每人的草图方案中最有识别性的草图方案，每组选出4~5个认为不错的家具草图方案。随后组织每位同学进行各组方案投票，每位同学可以在每个组内投一票，从而选出各组最具深化潜力的草图方案。每组同学围绕该方案，进行造型细节、材质选择、连接方式的可能性深化，小组共同围绕一个方案进行深化，可以让学生以小组为单位看到一个设计方案在深化过程中诸多的可能性，并且通过讨论和交流，强化课堂所学习的系统性知识。小组分组讨论、投票和合作深化的训练方式也培养了同学们未来在设计团队中进行团队合作、工作的能力。

（四）以类型学贯穿课程作业

课程作业要求主要包括"类型研究—思维发散—方案深化"三大部分。第一部分的类型研究要求学生选择课堂讲授知识的一个分类区分方式，进行资料搜集和案例分析，分析该类型下家具造型、材质和连接细节的特点，继而在这个类型下结合自己的创意进行家具造型创作草图绘制。在第三部分方案深化的过程中，要求学生绘制家具节点的实现方式和细节的处理方式，鼓励学生在方案深化阶段继续补充第一部分类型研究的内容，对没能明确掌握的结构材质细节知识继续进行资料的搜集和分类，以类型学贯穿始终，最终完成一个从造型到材质结构细节都完善和明晰的家具造型设计课程作业。

五、结　语

以构造类型学方法进行教学实践的过程，以家具构造的技术美学为核心，坚持以类型学方法进行分类认知、系统化认知和深化认知，在这一系统性的深化认知基础上鼓励学生的发散性思维进行家具造型设计创新。构造类型学教学方法可以帮助学生将所学的相关知识打通并启发创新，并将知识重新组织，进而形成系统化的造型思维体系。在前期培养启发了学生的家具造型设计创新能力，在后期培养了学生的方案深化能力。

　　类型学方法和理论，进一步更为重要和深远的意义在于培养了学生的系统化学习方法，未来可以在持续地在学习和实践中运用。这一方法突破了传统认知中设计工作需要非常依赖个人艺术天赋的认知，任何的设计工作通过系统的学习方法都可以找到相应的逻辑和规律，并且通过思维的发散，设计出综合可行并且美观的设计方案。从行业的背景和发展来看，中国已是一个家具生产大国，中国家具设计的国际化是一种必然。类型学方法可以为家具造型的设计建立起国际的视野和开放的学习态度，不仅能够帮助学生更好地学习吸收中国传统家具和文化，也有助于融合学习国际化家具文化和精髓，通过逻辑、系统、深入的学习方法创造中国当代家具造型设计的新创新时代。

参考文献：
[1] 朱婕. 丹麦皇家建筑艺术设计学院家具专业教学[J]. 家具与室内装饰, 2017(02)：112-115.
[2] De Giern N. Chair's Tectonic [M]. The KADK Press, 2008：028-029.
[3] Frampton K. Studies in tectonic culture [M]. The MIT Press, 2001：052.

Training the Ability of Furniture Design based on Typology theory- Take *Furniture Design* Course as an Example

Zhu Jie　　Zhang Fan　　Chang Le　　Ke Qing

(College of Material Science and Technology, Beijing Forestry University, Beijing　100083)

Abstract　"Furniture design" is a important course of forestry colleges and universities furniture design and engineering, the existing teaching method mainly use the linear theory teaching with thesis design taining, give priority theory teaching in classroom, then the thesis design training, the one to one cretic give very much pressure for teachers, students' mostly has weak ability of independent innovation and deepening programmes, to solve these problems, Combining with the forestry college students' learning background, this paper introduces the Danish structural typology theory to innovate and explore the teaching theory and teaching practice. Firstly, the core concept of "furniture construction" is proposed to help students understand the core essence of furniture design. Secondly, starting from the three core elements of furniture construction, furniture types are divided into three typologies: furniture modeling, material and structure. Thirdly, starting with the typology teaching method, students are guided to regard a furniture modeling type as a research and design innovation topic from the typology perspective, which runs through the preliminary research, design innovation and the whole process of deepening, and drives students' deep learning and design innovation ability. By introducing a typology of the teaching method of "furniture design" course teaching reform, deepen the students understanding furniture modelling design of the systematic theory, improve the modelling of the students' innovation ability, driven by systematic course drive, improve the teaching effect.

Keywords　typology, *Furniture Design*, tectonic, system view

林业院校与美国大学的化学课程体系及教学内容的比较与思考

李 强[1]　王佳琦[1]　徐善东[1]　樊永明[2]

（1. 北京林业大学理学院，北京　100083；
2. 北京林业大学材料科学与工程学院，北京　100083）

摘要：通过4所美国大学官网资料和作者访学期间的实地调研，了解了4所美国大学的化学课程体系及教学内容，并与我国林业院校的化学课程进行了比较。在此基础上，对我国林业院校的基础化学课程的改革提出了一些建议和设想。

关键词：课程设置；教学内容；比较研究

化学作为研究物质的组成、结构、性质及其变化的科学，以其具有中心性、实用性和创新性的特点，在推进世界一流大学和一流学科建设，以及各类人才培养中具有十分重要的地位和作用。特别是对林业院校，无论是林学、生物学、林业工程学，还是材料科学、环境科学以及水土保持等学科和专业，化学教育既培养了学生的科学素养，又为各专业的学生奠定了坚实的专业基础。同时，化学是在原子分子的层次上认识物质的结构和性质，这无疑也有助于林业各学科的科研更加深入地开展。总之，化学的教学和科研，必将为林业院校的人才培养提供有力的支撑。

我国的林业高等教育，经历了清末和民国初期的萌芽和发展，大学教育基本上全盘照搬了美国的大学教育课程体系和模式。直到中华人民共和国成立后，在1952年全国高校院系调整后，林业高等教育得到了巨大的发展[1-3]。化学的教育方法和课程及知识体系一直沿用苏联高校基础部的设置模式，按行业归口建立的单科性高校的基础课程的体系。改革开放后，经过恢复与快速发展，林业高等教育高等林业院校和林科教育的规模都有了飞速的发展。为了实现林业高等教育更高质量的进步，化学教育的课程体系也实现了整体优化。化学基础类课程进行全校打通，或按照专业大类打通。经过不断的调整与整合，建立了比较完善的、合理的化学课程体系[4]。目前，为满足加快推进"世界一流大学和一流学科建设"的迫切需要，以适应新形势、更好地服务国家经济和社会发展，以及应对新高考改革等需要，林业高等教育化学教育的课程体系及内容的改革势在必行。

美国的高等教育，一直也走在世界的前列，许多方面值得我们学习。我国的林业高等教育一开始，也是学习美国的高等教育。伟大领袖毛主席早就指出："古为今用，洋为中用。"他山之石，可以攻玉。我们希望通过学习和比较美国著名大学，如加州大学洛杉矶分校、威斯康星大学麦迪逊分校、德克萨斯A&M大学和马萨诸塞州东北大学的基础课程，借

作者简介：李　强，通讯作者，北京市海淀区清华东路35号北京林业大学理学院，教授，liqiang@bjfu.edu.cn；
　　　　　王佳琦，北京市海淀区清华东路35号北京林业大学理学院，讲师，jiawang0316@163.com；
　　　　　徐善东，北京市海淀区清华东路35号北京林业大学理学院，副教授，xushd@bjfu.edu.cn；
　　　　　樊永明，北京市海淀区清华东路35号北京林业大学材料科学与工程学院，教授，fanym@bjfu.edu.cn。
资助项目：北京林业大学教育教学研究一般项目"我校与美国大学的基础化学课程比较研究"（BJFU2020JY079）。

鉴国外的成功经验，探索一套适合我国现阶段林业高等教育实际的基础化学课程体系及教学内容。本论文通过美国高校的官方网站和本文几位作者分别在美各校访学和读博期间的调研，并对比了北京林业大学与四所美国高校基础化学教学的异同，以期对我国林业高等教育的改革提供一些借鉴。

一、4 所美国高校化学主要课程及教学内容

限于篇幅，本文表 1 和表 2 仅列举统计了德克萨斯 A&M 大学的化学课程设置和内容。美国大学的化学课程，一般分为以下 4 类：

（1）导入课，或称为化学概论。主要讲述化学的最基本的概念和相关知识，为后续课程的学习奠定基础。其内容包含相当于我国初、高中化学的知识内容。也就是，提供一个相当于零起点的化学课程。一般在第一学期开设。

（2）化学基础课。主要有无机化学、有机化学、分析化学、物理化学、生物化学等。按照 16 学时一个学分进行设置。一般在一个学期内完成。若完不成，则根据内容拆分小课。基础课程的入门内容一般都较浅，但递进比较快。课程作业多需要几名学生组成学习小组来共同讨论完成。同时，相关课程一般都配有讨论课程，小班辅导学生作业、答疑等。

（3）实验课程。美国大学的化学实验课程都单独设课，从基础到专业课均有。学时多，内容齐全。教学内容包括实验室安全、化学现象和性能研究、无机及有机合成、化学分析和仪器分析、数据处理及计算机模拟等。强调学生的动手能力培养，同时也有一些综合和开放的实验。美国大学的实验室条件比较好，非常注重化学实验室安全的教育。

（4）专业课及选修课。美国各个大学的专业课及选修课的设置，根据各自学校和师资的特点，课程设置不尽相同。但大都注重学科的交叉与融合，注重与最新的科学进展结合，注重与生活结合。一些课程也没有统一的教材。

表 1 德克萨斯 A&M 大学化学课程设置及教学内容（化学专业）

开课时间	课程名称	主要内容	学分	先修课程要求
第一年	化学概论	介绍化学及其与社会的关系和影响；强调化学在实际中应用	1	化学专业
第一年	基础化学 I	原子结构和化学键的现代理论介绍；化学反应；化学计量学；物质的状态；溶液；平衡；酸和碱；配位化学；化学实验方法和技术；定性和半定量的测定程序	4	无
第一年	基础化学 II	氧化还原的理论与应用；热力学和动力学；多重平衡和溶解积；核化学；无机和有机化学初步；无机和有机化合物的分析和合成方法以及定量技术	4	化学 119；化学 119
第二年	有机化学 I	有机化学导论；一般原理及其在各种工业和生物过程中的应用	3	化学 120
第二年	有机化学技术（实验）	有机化学技术；典型有机化合物的制备、性质；有机化合物的分离、纯化、分析和表征	2	化学 120；化学 227

（续）

开课时间	课程名称	主要内容	学分	先修课程要求
第二年	有机化学 II	有机化学 I 的延续	3	化学 227
	有机合成与分析	主要有机化合物的合成及其性质的研究；有机物质混合物的实验室分离，通过官能团测试鉴定化合物和衍生物的制备；分离、鉴定和分析的仪器方法	3	化学 228，化学 231
	无机化学	无机化学导论，重点介绍无机化学、无机分子和固体中的化学键理论、氧化还原化学、主族和过渡金属化学；过渡金属配合物中的配位场理论、分子磁和电子谱	3	化学 120
第三年	定量分析基础	定量和统计分析方法；溶液化学；分析有用反应的化学平衡；先进的分析方法，包括电化学、分离和动力学方法	3	化学 120
	定量分析实验	定量分析实验，一般分析实验室的操作，包括用体积和重量法进行的化学分析；介绍用光谱、分离技术和相关仪器进行化学测量	1	化学 120，化学 315
	物理化学	量子力学导论，精确可解的模型问题；许多电子系统和近似方法；化学键和分子的电子结构；转动、振动和电子光谱学；分子对称性	3	无
	高级无机化学实验	生物无机、金属有机和大分子无机化合物的制备、表征和性能研究特殊技术（手套箱操作和真空双排管系统）处理空气敏感材料	2	化学 362
	物理化学实验 I	物理化学原理的定量实验，如热力学、电化学、分子结构和平衡	1	化学 327
	物理化学 II	热力学第一、第二和第三定律的验证；气体（理想和现实）、液体、溶液和相平衡的应用；统计热力学；气体运动论；化学动力学导论	3	化学 327
第四年	物理化学实验 II	物理化学原理的定量实验，如使用现代仪器进行动力学、气体性质、相平衡和大分子等的研究	1	化学 328
	分析化学化学 415	现代仪器定量分析方法的理论与实践，高选择性和灵敏度的仪器方法；介绍微量成分分析实例	3	化学 315
	分析仪器实验	现代仪器定量分析方法的实际应用进行化学表征和分析的原子和分子技术	2	化学 318，化学 415

（续）

开课时间	课程名称	主要内容	学分	先修课程要求
第四年选修课	有机化学 III	有机化学原理和应用；强调化学反应、机械化学和合成	3	化学 228
	化学生物学	化学原理在生物现象中的应用；有机或无机化学与生物结合	3	化学 228
	无机化学	元素的周期关系；化合物；化学键理论和应用	3	化学 328，化学 362
	核化学	原子核的性质；放射性物质；衰变动力学；核质量；放射性衰变理论；核反应；放射化学；核能	3	化学 322，化学 315
	高分子化学	单体聚合反应机理及产物分子量分布；测定分子量的方法和原理；物理性质与结构和组成的关系；性能与化学组成的关系	3	化学 28，化学 315
	材料化学	无机固体的结构、化学键和反应性；固体的表征方法；能带理论和与分子轨道理论；纳米材料的合成路线、量子限制和有限尺寸效应	3	成绩为 C 以上等级化学 120
	工业化学	有机和无机化学反应在商业产品制造中的应用；石油炼制和石化加工化学；工业聚合过程；商品和精细化工生产；动力学、热力学对工业化生产经济学的影响污染治理技术	3	化学 228
	绿色化学	环保与化学；减少或消除有害物质的使用和产生的化学产品和工艺的设计；绿色化学十二原则；原子经济；使用可再生资源；绿色化学的催化；替代溶剂和反应介质；能源和环境	3	化学 228，化学 362

表 2 德克萨斯 A&M 大学非化学专业选课要求

专业	第一年	第二年	第三年	第四年	第四年选修
生物化学	化学 100，119，120，	化学 227，231，228，234，362	化学 315，318，327，433，325，328	化学 326，415，434	无
环境化学	化学 100，119，120，	化学 227，231，228，234，362	化学 315，318，327，433，325，328	化学 326，415，434，	化学 446，456，462，464，466，468，470，483
材料化学	化学 100，119，120，	化学 227，231，228，234，362	化学 315，318，327，433，468，325，328，466	化学 326，415，434	无

二、化学主要课程及教学内容

我国林业院校通过多年的发展，已经成为多科性的综合性大学。其化学课程一般分为两类。一类是针对化学专业而设计的课程，由教育部高等学校化学类专业教学指导委员会制定了《高等学校化学类专业指导性专业规范》以及《化学类专业教学质量国家标准》[5,6]，从而明确了化学类专业教学的基本内容和教学要求。在此规范及标准的基础上，各个高校根据各自的特点拟定各具特色的课程及人才培养计划。另外一类，是针对非化学专业而设计的化学课程。各个院校及专业对于化学课程的设置没有统一的标准及要求。由于各专业的培养目标、教学要求，各个学校的特点，以及专业评估指标体系等的不同，各高校的课程设置及教学内容差别较大，各具特色。

限于篇幅，本文表 3 仅列举统计了北京林业大学的化学课程的设置和内容。北京林业大学的化学课程，一般分为以下 3 类：①入门课。主要包括：补充中学的化学基础，为预科生开设的大学化学；为强化化学素质，根据新工科人才培养的要求开设的化学课。②基础课。主要包括：无机化学、有机化学、有机化学实验、无机及分析化学、分析化学、分析化学实验、仪器分析、物理化学、物理化学实验和胶体化学。各专业根据专业需要和要求进行选课。③公选课。为培养学生的科学素养，使学生具备初步的化学知识而开设的全校公选课，主要包括：化学与社会、化学与生活。

表 3 北京林业大学化学课程设置及教学内容

开课时间	课程名称	主要教学内容	学分	选课专业
一年级第一学期	化学	化学反应的基本原理、物质结构的基本知识和化学实验的基本技能	2	机械，车辆，土木
	大学化学	化学热力学和动力学基础，电化学基础，化学平衡理论，元素周期律化学键等近代物质结构理论基础；化学与材料，化学与环境，化学与能源，化学与生命，化学与生活	2	预科
	无机化学	原子结构及元素周期性，分子结构，化学热力学初步，化学平衡，酸碱平衡，沉淀溶解平衡，配位化合物，氧化还原反应	3.5	林工类，环工，生物类，食品，园艺
	无机及分析化学	无机化学和定量分析化学的基本概念、基本理论及应用。主要内容有：误差和数据处理、原子结构与分子结构、化学平衡原理、酸碱平衡及酸碱滴定法、沉淀平衡、配位化合物及配位滴定法、氧化还原反应及氧化还原滴定法、分光光度法	3.5	林学，康养，保护区，水保，给排水，草业
一年级第二学期	有机化学 B	有机化合物的命名、结构、反应的基本理论以及有机合成方法，为进一步获得更深的有机化学知识及为学习后续专业基础课、专业课奠定坚实的基础；以有机化学的理论为指导，培养学生的概括能力、逻辑推理能力、自学能力、独立思考能力和创新能力，能够综合运用有机化学的原理和方法分析和解决实际问题	3.0	林学，康养，保护区，水保，给排水，草业，林工类，环工

(续)

开课时间	课程名称	主要教学内容	学分	选课专业
一年级第二学期	有机化学B实验	有机化学实验原理、方法、手段及实验操作技能为主要内容,包括玻璃仪器的选用、清洗和干燥、仪器安装和拆卸、加热、冷却、回流、蒸馏、水蒸气蒸馏、结晶和重结晶、萃取、抽滤、有机化合物的干燥与干燥剂的使用方法、折射率测定等实验技术的原理和操作技能。学习碘仿反应、酯化反应、乙酰化反应、还原反应等有机化学反应类型,学会从天然产物中提取和分离油脂和挥发油等天然有机化合物,验证糖和蛋白质的性质	2.0	林学,康养,保护区,水保,给排水,草业,林工类,环工
	有机化学A	有机化合物的命名、结构、反应的基本理论以及有机合成方法,为进一步获得更深的有机化学知识及为学习后续专业基础课、专业课奠定坚实的基础;以有机化学的理论为指导,培养学生的概括能力、逻辑推理能力、自学能力、独立思考能力和创新能力,使学生能够综合运用有机化学的原理和方法分析和解决实际问题	3.5	食品,生物,生科,生技
	有机化学A实验	有机化学实验原理、方法、手段及实验操作技能为主要内容,包括玻璃仪器的选用、清洗和干燥、仪器安装和拆卸、加热、冷却、回流、蒸馏、减压蒸馏、水蒸气蒸馏、结晶和重结晶、萃取、抽滤、有机化合物的干燥与干燥剂的使用方法等实验技术的原理和操作技能。学习碘仿反应、酯化反应、乙酰化反应、羟醛缩合反应、氧化反应、还原反应等有机化学反应类型,学会从天然产物中提取和分离油脂和挥发油等天然有机化合物,验证糖和蛋白质的性质	3.5	食品,生物,生科,生技
	分析化学	滴定分析、分光光度法的基本原理及应用	2.0	生物类,食品林化,梁希实验班
第二学年	物理化学A	物理化学从研究化学现象和物理现象之间的相互联系入手,探求化学变化中具有普遍性的基本规律,它所研究的是普遍适用于各个化学分支的理论问题。热力学第一定律,热力学第二定律,化学势与平衡,化学动力学基础,电化学,界面现象,胶体化学	3.5	环境,环工,林化,梁希实验班

(续)

开课时间	课程名称	主要教学内容	学分	选课专业
第二学年	物理化学A实验	了解和掌握常用仪器的实验方法和原理,并通过对实验现象的观察和测量,在经过实验数据处理、分析,回到理论中去,更深入对化学现象的本质了解,从而揭示物质的物理化学性质和反应性能。进一步掌握物质的物理化学性质的测量和化学反应性质的测试方法和技术。加深学生对物理化学基本原理的理解,提高学生动手能力、科学研究的能力和创新能力等综合素质	2	环境,环工,林化,梁希实验班
	胶体化学	常见的界面现象(吸附、润湿、毛细管上升等)的基本概念及其规律。胶体和粗分散体系(溶胶、高分子溶液、乳状液、凝胶等)的制备和一些物化性质	1.5	食品
	仪器分析	紫外可见光谱法、红外光谱法、原子吸收法、气相色谱法、液相色谱法和离子选择性电极法的基本原理、基本知识和基本操作,并了解上述仪器分析方法在实际中的应用,初步具有根据实验目的,选择适宜的仪器分析方法的能力,为今后工作打下一定的基础	3.0	环境,林化,环工,食品,生物,生技(专选)
	化学与社会	化学与社会是一门反映化学学科与人类社会生活和自然环境密切关系的课程,是一门集知识性、实用性、趣味性和前沿性于一体的课程。内容包括化学史、化学与环境、化学与生命、化学与能源、化学与日常生活、化学与新型材料等	1.5	公共选修课
	生活化学	生活化学是一门反映化学学科与人类的社会生活和自然环境密切关系的课程,是一门集知识性、实用性、趣味性和前沿性于一体的课程。课程以"化学走进生活,化学改变生活,从化学走向社会"为理念,内容包括食品与化学、食品加工与化学、饮料与化学、保健与化学、危险品与化学、材料与化学、日用品与化学、能源与化学等	1.5	公共选修课

三、 思考及建议

课程开展是大学文化、人才培养模式和办学特色的体现和关键。通过对我国林业院校和美国大学的化学课程设置及内容的比较,发现我国林业院校与美国大学的化学课程体系及教学内容还是具有显著区别的。下面从课程结构设置、教学内容、教学方法3个方面进行分析和比较。

（一）课程设置的比较

美国大学的化学课程设置大都按照美国化学会 ACS（American Chemical Society）认证的学士学位要求来进行，基本上都包含：导入课（入门）。基础课、专业课、选修课、实验课、讨论课[7-9]。课程之间衔接紧密，从建议选修课开始，层层递进，学生选择学习高层次课程时要求其具有低层次课程的基础，化学知识的传授逐步展开，形成一个有机的整体。并且，注重学科的交叉，注重基础与现代科技最新成果的衔接，注重实验与辅导（讨论课）。实行完全的学分制。

我国林业院校的化学课，分为化学专业和非化学专业两类。化学专业的课程设计按教育部高等学校化学类专业教学指导委员会指导的要求设置，与美国化学会认证体系类似。但一般都没有入门课和讨论课。非化学专业的化学课程设置由各类专业教学指导委员会指导的要求设置，或现在根据新工科、新农科的评估要求进行设置。总体上看，化学基础类课程进行全校打通，或按照专业大类打通。但一般都存在学时少、无法设置讨论课的短板，而且个别课程由于课时的限制无法单独开设实验课。尽管实行了学分制，但学生其实没有根据自身需求和兴趣自由选课的权力。

面对新的形势，面对新的高考制度，笔者建议：一是加强林业院校基础学科的建设，特别是化学学科和专业的建设，从而发展基础学科支撑和保证各专业学科人才培养和学科发展，也有助于各专业学科的交叉和创新。二是设立入门类课程，以应对新高考下，不同省（自治区、直辖市）生源复杂的知识背景的需要。三是适当增加理论课学时，从而满足开设讨论及辅导类课程的需求，助力学生学习。

（二）教学内容的比较

美国大学的化学课程内容[7-9]，由入门、基础、专业、选修、实验等课程构成。入门知识一般针对零起点的新生，循序渐进。基础课程的内容一般比较丰富、全面，内容跨度大、递进快。专业课的内容，一般都注重与学科最新进展，新技术结合。选修注重学科交叉，以及当前热点。实验课内容多、学时大，既有基础知识和技能，又有综合性、设计性实验内容。强调动手能力的培养，注意增加趣味性和与实际的联系。同时，特别重视实验室安全。各个大学都有严格的安全培训和准入制度。

我国林业院校的化学课教学内容，对于非化学专业来说，由于受到学时的限制，一般都是在中学化学的基础上进行延伸和扩展。离创新型人才的培养目标，以及国际一流大学的要求还有一定距离。

（三）教学方法的比较

美国大学教学中专门设置了讨论课程和研究性课程[7-9]，注重激发学生的学习积极性，发展学生的自学能力。提问式教学，基于问题的学习 PBL 等方法也经常采用。总之，把学习的主动权交给学生自己，让学生成为学习的主体。

我国林业院校的化学课教学方法，近年来也学习和引进了一些现代化的教学手段和方法，例如：PPT、多媒体、雨课堂、慕课、国家精品课程等，极大地丰富和完善了教学方法。

综上所述，通过对比我国林业院校和美国大学的化学基础课程体系和内容，我国林业院校离世界一流大学的差距还是比较明显的。笔者认为，我们林业院校可根据各校的人才培养目标，建立多元化的化学课程体系和内容。通过不断改革教学手段，以学生为中心，充分调动学生学习的主动性，课内课外相结合，全方位育人，相信一定会走出一条具有林业院校特色的人才培养之路。

参考文献

[1] 宋维明,李勇,陈建成. 我国高等林业教育规模的历史变化与趋势分析[J]. 高等农业教育,2006,2(2):7-10.
[2] 林实. 建国以来的林业教育[J]. 中国林业教育,1984(3):3-7.
[3] 袁天银. 中国高等林业教育的兴起[J]. 中国林业教育,1983(1):17-18.
[4] 北京林业大学校史编辑部. 北京林业大学校史:2002-2012[M]. 北京:中国林业出版社,2012.
[5] 2013-2017年教育部高等学校化学类专业教学指导委员会. 化学类专业化学理论教学建议内容[J]. 大学化学(Daxue Huaxue)Univ. Chem,2016,31(11):11-18.
[6] 张树永,朱亚先. 全面理解和落实《化学类专业本科教学质量国家标准》[J]. 中国大学教学,2018,7:55-58.
[7] 朱亚先,林新萍,周立亚,等. 中美高校化学专业课程设置及教学内容比较(一)[J]. 大学化学(Daxue Huaxue)Univ. Chem,2016,31(5):8-14.
[8] 朱亚先,林新萍,周立亚,等. 中美高校化学专业课程设置及教学内容比较(二)[J]. 大学化学(Daxue Huaxue)Univ. Chem,2016,31(6):7-9.
[9] 朱亚先,林新萍,周立亚,等. 中美高校化学专业课程设置及教学内容比较(三)[J]. 大学化学(Daxue Huaxue)Univ. Chem,2016,31(7):14-19.

Comparison and Reflection on the chemistry curriculum system and teaching content between American universitiesand Chinese forestry collegesn

Li Qiang[1] Wang Jiaqi[1] Xu Shandong[1] Fan Yongming[2]

(1. College of Science, Beijing Forestry University, Beijing   100083
2. School of Materials Science and Engineering, Beijing   100083)

Abstract   The curriculum system and teaching content of chemistry courses of the four universities in the United States have been grasped by studying the official websites of the universities and the author's investigation as a visiting scholar in the universities, which is compared with the chemistry courses of the forestry universities in China. On this basis, some suggestions and assumptions are propounded to promote the curriculum reform of the chemistry courses of the forestry universities in China.

Keywords   curriculum setting, teaching content, a comparative study

国家级园林实验教学示范中心协同育人模式探索与实践

杨晓东　郑　曦　严亚瓴　张诗阳　周春光　高　瑜

（北京林业大学园林学院，北京　100083）

摘要： 北京林业大学国家级园林实验教学示范中心面对国家生态文明建设和"双一流"建设的新机遇和新挑战，以"共融、共建、共享"的建设理念为指导，以提高学生专业实践的综合能力、科技创新的主动精神、协同作战的团队意识、服务社会的家国情怀为培养目标，通过完善实践课程体系、组建实践教学团队、拓展实践教学资源、改革实践教学方法，组织学生参加社会实践和志愿服务等系列措施，促进了学生知识、能力和素质同步提升，探索了一条国际知名、国内领先的园林精英人才培养道路。

关键词： 园林；实践教学；课程体系；教学团队；教学资源；教学方法

2018年，世界最高级别的国际风景园林师联合会（IFLA）大学生设计竞赛在新加坡举办，颁奖典礼结束后，时任国际风景园林师联合会主席凯瑟琳·摩尔对北京林业大学园林学院院长王向荣教授风趣地说："本届竞赛非常失败，因为全部三个奖项都被你们包揽了。"不仅如此，2016—2019年，在 IFLA 设计竞赛中，本校共获得全部12个奖项中的7个，获奖率超过58%。此外，在亚太区风景园林设计竞赛、美国 ASLA 设计竞赛、中日韩大学生设计竞赛中，本校学生均获得了最多的奖项。在与众多国际一流高校学生的角逐中，我校的学生屡获佳绩，向世界充分彰显了中国在园林人才培养方面遥遥领先的教育实力。这些成绩的取得是中国园林教育的历史积淀和"双一流"建设共同作用的结果，其中国家级园林实验教学示范中心的协同育人模式发挥了非常关键的作用。

一、研究背景

（一）国家重大战略和重大景观营造工程对高等园林教育提出新的机遇和挑战

党的十八大以来，党和国家对生态环境空前重视，将生态文明建设上升到"五位一体"的总体布局，"改善人居环境，构建美丽中国是未来发展的重中之重，而看得见山、望得到水、留得住乡愁，天蓝、地绿、水净、空气好的绿色中国，更是中国人民对美好生活环境的急切盼望。"[1]"美丽中国"、"山水林田湖草"系统治理、国家公园、京津冀协同发展、黄河流域经济带等重大战略，以及世园会、冬奥会、雄安新区、北京副中心等重大景观营造工程给我国风景园林事业带来了新的机遇，同时也对我国园林高等教育的人才培养质量提出了更高要求，

作者简介：杨晓东，北京市海淀区清华东路35号北京林业大学园林学院，副研究员，yuanlinxueyuan@163.com；
　　　　　郑　曦，北京市海淀区清华东路35号北京林业大学园林学院，教授，43195885@qq.com；
　　　　　严亚瓴，北京市海淀区清华东路35号北京林业大学园林学院，助理研究员，519537429@qq.com；
　　　　　张诗阳，北京市海淀区清华东路35号北京林业大学园林学院，讲师，zhangshiyang@bjfu.edu.cn。
　　　　　周春光，北京市海淀区清华东路35号北京林业大学园林学院，副研究员，lyon1981@163.com；
　　　　　高　瑜，北京市海淀区清华东路35号北京林业大学园林学院，助理副研究员，1076511324@qq.com。
资助项目：北京林业大学教育教学改革项目"共融、共建、共享——国家级园林实验教学示范中心的改革与实践"（BJFU2019JYZD003）

国家迫切需要具有引领风景园林行业发展和推动生态文明建设的拔尖创新型园林精英人才。

（二）双一流建设对人才培养质量提出了更高要求

"随着我国高等教育大众化进程的推进，高等教育的主要矛盾发生转化，质量问题凸显。"[2]解决这个问题的主要途径就是要实现高等教育内涵式发展。"培养一流人才是中国高等教育新时代内涵式发展的最核心的标准"[3]，双一流建设是"新时代内涵式发展的重要抓手和引领性工程"[4]，其重点任务之一就是突出人才培养的核心地位，着力培养具有国家使命感和社会责任心、富有创新精神和实践能力的各类创新型、应用型、复合型的优秀人才。可见，"双一流"建设这一国家战略对新时代高等教育人才培养提出了明确的目标和更高的要求，尤其注重家国情怀、社会责任、创新精神和实践能力的培养。

面对新的机遇和挑战，原有人才培养目标和培养体系已经不能完全满足国家重大战略需求和"双一流"建设要求。作为我国最重要的园林人才培养基地，国家级园林实验教学示范中心有责任引领我国园林教育发展，推动园林、风景园林及相关专业的实践教学改革，以满足国家生态文明建设和高等教育发展的需要。

二、研究思路

为解决人才培养与国家对园林人才需求之间的上述矛盾，8年来，示范中心紧紧围绕"立德树人"这一根本任务，依托2012年"国家级实验教学示范中心建设"项目和2017年"风景园林学世界一流学科建设"项目，开展了一系列研究与实践。新的实践育人体系以"共融、共建、共享"的协同育人理念为指导，以提高学生专业实践的综合能力、科技创新的主动精神、协同作战的团队意识、服务社会的家国情怀为培养目标，构建以"园林要素"为主导的"模块化"实践课程体系，深耕"五种技能型"实践教学资源，组建"一主两翼，三位一体"的实践育人团队，挖掘"一赛三式"实践教学方法，持续举办"一节一日一周一社区"社会实践和志愿服务活动，力求探索一条国际知名、国内领先的园林精英人才培养道路(图1)。

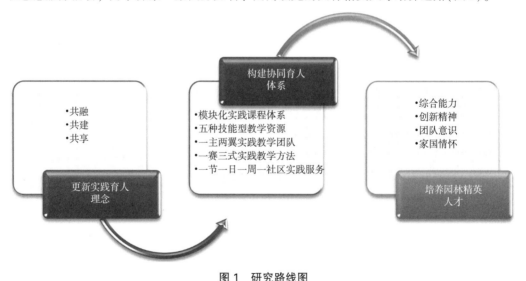

图1 研究路线图

三、研究内容和主要成果

（一）突出能力培养，构建以园林要素为主导的模块化实践课程体系

"教学内容和课程体系是落实国家教育方针和实现学校既定人才培养目标的重要依托，

也是深化教学改革和提高人才质量的核心所在。"[5]深度结合国家生态环境和新型城镇化的重要发展战略和实际应用需求，构建了"模块化"的实验课程体系。将过去以课程为主导的实验课，转变为以"园林要素"为主导的植物、工程、建筑、设计、艺术等5个实验模块，通过一个实验连接多门理论课程的背景知识；强化各模块内部实验课程的纵向贯通，如植物模块中一年级开设植物认知、二年级开设栽培养护、三年级开设植物应用、四年级开设植物综合实习等实践课程；加强模块之间的横向融合，每学期跨模块开设"园林workshop"等课程；将科技创新训练项目设为选修课，根据"大创"需求，结合各模块的研究领域，开设城乡开放空间与绿色基础设施研究、园林植物资源评价与利用研究等方面的实验项目。提高了学生融会贯通的综合能力和研究性学习能力，解决了创新思维培养不足的问题。

（二）深耕实践基地，建设五种技能型实践教学平台

"实践教育基地作为产学研合作教育模式的重要公共平台，是高校教学空间的延伸，是连接高校与产业的桥梁和纽带。"[6]示范中心进一步拓展资源，打造研究型、实操型、观察型、实训型、综合型5类实践平台。新建城乡生态环境北京实验室、园林景观建设国家林草局重点实验室、村镇景观创新联盟等省部级平台，成立美丽中国人居生态环境研究院和风景园林规划设计研究院，为"大创"等研究型实验提供平台；新建建筑模型、假山制作、插花盆景和五轴机床等实操型实验室，引入虚拟仿真、3D打印、激光雕刻等先进设备；新建北式则例亭、南式亭廊组合、清代官式建筑垂花门、宋代四角攒尖亭等日常观察型古建筑；与学校苗圃共建花卉识别圃、水生植物园、花境种植区、温室植物区、沙生植物区，植物种类高达500余种，为学生日常就近进行植物认知和识别提供了便利条件；搭建企业实践平台，与大兴国际机场、名品彩叶等企业共建，开辟实训型校外实习基地62个；新建昆明植物园、厦门植物园等综合型教学实习基地9个，使本科综合实习足迹遍布华北、华东、华南、西南4个区域。

（三）聚焦协同育人，组建"一主两翼、三位一体"的实践教学团队

"优良的教学团队不仅是实践教学的助力器，更是推进实践教学的螺旋桨"[7]，示范中心强化以课程组为单位的教学团队的主体作用，指导学生进行系统性模块化实践教学；组建科技创新团队和教学拓展团队"双翼"，形成三位一体的实践教学团队体系。以高水平教授为核心，以中青年教师为骨干的科技创新团队，连年坚持指导学生参加创新性实验和科研训练，涵盖园林与景观设计研究等8个领域。教学拓展团队以外聘专家的形式组建，成员包括100余名企业高工或教授级高工，指导学生企业训练。目前，已经建成1个国家级优秀教学团队、2个北京市优秀教学团队。团队教师获国家"万人计划"教学名师1人、北京市教学名师5人、全国林业教学名师2人、教育部宝钢优秀教师5人。

（四）深度融合，挖掘"一赛三式"的实践教学方法

引导学生参加国内外各种级别的设计竞赛，以赛代练，同时在课程实践环节大力推广研讨式、联动式、探究式教学方法。要求学生在校期间至少参加一次园林设计竞赛，让学生进行真刀真枪演练；在设计类课程中推广模拟竞标、方案汇报等研讨式教学方法，"有助于培养学生的创新思维能力、实际动手能力和专业综合素质"[8]；在园林设计、园林工坊、园林植物景观规划等课程中，打破学科和教研室藩篱，推广综合联动式教学方法，由不同学科背景的教师协同配合，共同指导学生进行综合设计；与重庆大学、香港大学、日本千叶大学、美国佐治亚大学等国内外高校开展联合设计；聘请SWA、棕榈园林等国内外知名企业的专家开展联合评图；在园林植物类实验课程中，推广科研探究式教学方法，鼓励学生大创实验与导师科研项目紧密结合，部分实验课程由过去教师完全主导、学生被动接受转变为教师主导实验安排和学生自主设计实验相结合的教学方法，提高了学生实验兴趣和

自主学习能力。

（五）厚植家国情怀，持续举办"一节一日一周一社区"社会实践和志愿服务活动

每年举办"游学三顷，探秘园林"国家级园林实验教学示范中心开放日活动3~4场，以"花"为主题，通过认花、种花、插花、养花、画花等环节，使学生在服务周边居民的过程中，提高服务社会的家国情怀。每年举办"北林国际大学生花园建造节"和"三顷园花境设计施工"活动，让学生将自己的设计作品真正写在校园大地上。联合举办的"北京国际设计周""京张铁路十字绿廊"等以服务首都建设为主的学生设计实践作品广受关注。举办"社区微更新"活动，学生亲自设计和施工的茶儿胡同等社区更新项目获得市民广泛好评。"让学生走出去、把市民请进来"，充分发挥了实验教学示范中心的辐射示范作用，同时激发了学生的家国情怀和服务社会的自觉意识。

四、实施效果

以上举措构成了新时代北京林业大学风景园林和园林专业本科实践教学的发展道路，为我校"双一流"建设提供了强有力的支撑和源源不断的内生动力，为一流人才培养起到了良好的引领和推动作用。

（一）依托成果优势，获国家级教学成果奖

作为核心成果支撑，主持完成的"分段式、三师制、联动化园林精英人才培养模式"获得2018年高等教育国家级教学成果二等奖，是全国风景园林学科领域唯一获奖成果，充分证明了国家级园林实验教学示范中心协同育人模式所取得的显著成绩。

（二）助力学科建设，学科评估排名居首，列入国家"双一流"建设名录

通过示范中心协同育人模式的改革，促进了学科建设水平的进一步提升。风景园林学进入国家"双一流"建设名录，在第三轮全国学科评估中排名第1、第四轮评估中成绩为A+。将培养拔尖创新园林精英人才作为一流学科建设的核心内容，为推动学科整体发展持续发力。

（三）充分发挥示范作用，牵头制定国家标准，"北林园林"教育品牌效应不断提升。

示范中心牵头制定《普通高等学校本科专业类教学质量国家标准（林学类园林专业）》、"高等学校风景园林本科指导性专业规范""风景园林硕士指导性培养方案"中的实践教学部分，对全国风景园林人才培养产生了重要指导作用；先后有50余所高校到示范中心参观考察，示范中心的协同育人培养体系被30余所高校广泛借鉴，多次在中国风景园林教育大会上交流经验。

（四）教育实效得到国际评估专家高度肯定，国际影响力和话语权不断提升

2018年5月，北京林业大学风景园林学科开展了中国风景园林教育史上首次学科国际评估，经过严格评审，包括国际风景园林师联合会主席在内的9位风景园林界国际顶级专家一致认为："当前北京林业大学风景园林教育已达到国际高水平地位，享有国际盛誉并产生了相当的国际影响力，在中国具有强有力的领导地位。"此外，示范中心还受邀在IFLA亚太风景园林教育大会、国际风景园林教育大会（CELA）和亚洲风景园林教育研讨会上做主旨报告分享成果经验。

（五）学生综合能力显著提升，社会认可度持续增加

除了在国内外各种级别的竞赛中屡获大奖外，8年来，900余名本科生被免试推荐或考入国内外知名高校读研；200余名研究生到国内高校任职并逐渐成长为学术带头人或青年学术骨干；数千名毕业生被政府部门、科研院所或甲级设计院录用，成为各个领域的管理或

技术骨干。

1. 毕业生读研率和甲级资质单位录用率提高

分别以2010届和2019届毕业生为例,对项目实施前后各两年的毕业生就业情况进行统计,发现该项目实施后,本科生出国读研、国内读研和被甲级资质企业录用比例显著提升(图2)。

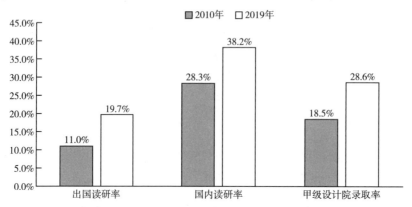

图2 园林专业2010届和2019届本科毕业生读研和就业情况比较

2. 社会对学生满意度提高

跟踪调查显示,对本专业近3年毕业生非常满意的用人单位达94%,认为毕业生的知识结构完全符合社会发展需求的单位达92%,认为近3年毕业生综合能力、创新能力高于其他年份的单位分别占82%和86%。

3. 对优质生源的吸引力增加

2019年北京林业大学园林专业全国平均录取线差[本专业在该省(自治区、直辖市)录取平均分与理科一本控制线的差值]为97分,而2010年只有53分(表1),可见本科生源质量明显提升。

表1 北京林业大学园林专业本科生2019年和2010年各省市的录取线差

序号	省(自治区、直辖市)	2019年录取平均分	2019年一本控制线	2019年录取线差	2010年录取平均分	2010年一本控制线	2010年录取线差
1	北京	631	527	104	596	494	102
2	河北	622	502	120	607	561	46
3	天津	622	551	71	575	509	66
4	山东	609	514	95	637	580	57
5	山西	575	507	68	577	536	41
6	内蒙古	599	477	122	592	510	82
7	陕西	586	468	118	592	556	36
8	辽宁	614	512	102	584	518	66
9	吉林	601	530	71	579	530	49
10	黑龙江	598	477	121	595	532	63
11	上海				484	465	19
12	安徽	596	496	100	602	562	40

（续）

序号	省（自治区、直辖市）	2019年录取平均分	2019年一本控制线	2019年录取线差	2010年录取平均分	2010年一本控制线	2010年录取线差
13	江西	591	522	69	552	515	37
14	河南	603	502	101	589	552	37
15	湖北	594	505	89	589	557	32
16	湖南	588	500	88	595	567	28
17	重庆	616	525	91	589	533	56
18	四川	646	547	99	556	512	44
19	贵州	573	470	103	547	481	66
20	云南	618	535	83	562	500	62
21	广东	577	495	82	636	621	15
22	广西	610	509	101	552	500	52
23	福建	580	493	87	580	539	41
24	甘肃	564	470	94	576	531	45
25	宁夏	557	457	100	505	474	31
26	新疆	566	450	116	553	471	82
27	海南	717	603	114	707	624	83
28	青海	520	407	113	522	405	117
	平均			97			53

五、结　语

实践证明，北京林业大学依托60余年的历史积淀和学科特色，以国家级园林实验教学示范中心建设项目和双一流建设项目为契机，不断完善实验课程体系，扩充实践教学团队，拓展实践教学资源，改革实践教学方法，开展社会实践志愿服务活动。这些举措成效显著，进一步提高了园林及风景园林等相关专业学生的家国情怀和社会责任，增强了科技创新能力、协同作战能力和专业综合实践能力。在改革和建设过程中，对本校其他专业和兄弟高校相关专业产生了非常重要的辐射示范作用。

参考文献

[1] 陈珺, 吴桂昌. 关于中国风景园林行业发展的探讨[J]. 中国园林, 2018(3)：88.
[2] 钟秉林. 人才培养模式改革是高等学校内涵建设的核心[J]. 高等教育研究, 2013(11)：71.
[3] 吴岩. 一流本科 一流专业 一流人才[J]. 中国大学教学, 2017(11)：4.
[4] 贺祖斌. "双一流"建设背景下地方高校的内涵式发展[J]. 中国大学教学, 2018(9)：15.
[5] 陈骏. 创新人才培养模式 全面提升教学质量[J]. 中国大学教学, 2015(1)：5.
[6] 章秀银, 赵小兰, 秦慧平. 基于产学研实践教学基地的人才培养模式探索[J]. 教育教学论坛, 2020(39)：303.
[7] 张干清, 郭磊, 向阳辉. 新工科双创人才培养的实践教学范式[J]. 高教探索, 2018(8)：59.
[8] 王业社. 风景园林设计课程研讨式教学改革探讨[J]. 安徽农业科学, 2017, 45(10)：252.

Exploration and practice of cooperative education model of National Experimental Teaching Demonstration Center of Landscape Architecture

Yang Xiaodong Zheng Xi Yan Yaling Zhang Shiyang Zhou Chunguang Gao Yu

(College of Landscape Architecture, Beijing Forestry University, Beijing 100083)

Abstract Facing the new opportunities and challenges of the construction of national ecological civilization and double first-class, the National Garden Experimental Teaching and Demonstration Center of Beijing Forestry University is guided by the construction concept of inclusiveness, co-construction and sharing. The center aims to improve the students' comprehensive ability of professional practice, the initiative spirit of scientific and technological innovation, the sense of teamwork in collaborative operations, and the patriotism of serving the society. At the same time, by perfecting the practice curriculum system, establishing the practice teaching team, expanding the practice teaching resources, reforming the practice teaching methods, organizing students to participate in social practice and volunteer service, etc., the center has promoted the synchronous improvement of students' knowledge, ability and quality. Finally, it has explored an internationally well-known and domestically leading path for the cultivation of elite garden talents.

Keywords landscape architecture, practical teaching, curriculum system, teaching team, teaching resources, teaching methods

依托科研基地培养提升学生创新能力
——以国家花卉工程技术研究中心小汤山基地为例

袁存权　王　佳　程堂仁　张启翔

（北京林业大学国家花卉工程技术研究中心，北京　100083）

摘要：建设创新型国家是我国的重大战略决策，而建设创新型国家需要创新型人才的支撑；高校是高水平人才培养的重要基地，承担着为建设创新型国家培养创新型人才的使命；科研基地既是科学研究的重要平台，也是学生创新能力培养的重要载体。通过阐述创新型人才培养过程中面临的问题以及科研基地在创新型人才培养中的优势与重要性，结合国家花卉工程技术研究中心小汤山基地在学生创新能力培养方面的实践，本文对依托科研基地培养提升学生创新能力进行了探索。

关键词：创新型人才；创新能力；科研基地；园林植物与观赏园艺学

创新型人才是提升国家核心竞争力的关键因素，建设创新型国家关键在人才。高校作为高水平人才培养的重要基地，承担着为建设创新型国家培养创新型人才的历史重任。创新型人才的培养主要涵盖创新意识、创新精神、创新思维和创新能力等方面的引导、教育和提升[1-2]。

当前，高校把创新型人才培养放在更加突出的位置，尤其是在"双一流"建设背景下，探索创新型人才培养模式，培养和造就一批创新能力强的拔尖人才成为各高校的战略性课题，北京林业大学国家花卉工程技术研究中心（以下简称"花卉工程中心"）在依托研发基地培养提升学生创新意识和能力方面进行了有益的探索与实践。

一、创新型人才培养中面临的问题与挑战

（一）教学与科研尚未实现有机与深度融合，学生被动接受知识的模式没有根本性转变

教书育人和科学研究是高校的两项重要职能，教学与科研相辅相成、有机统一，教师只有将最新的科研成果引入课堂，将学科的前沿进展融入教学，才能避免照本宣科地枯燥灌输，进而更好地激发学生的学习兴趣、创新热情和创新潜能。然而，在实际教学中，受限于人才、项目、基地等创新要素不足，科研与教学的互动性弱、融合度低，学生缺乏将书本知识转化为实践创新的能力和动力。

在目前的教学模式中，以知识传授为中心的传统教学模式没有根本性转变，教师扮演的更多角色是教授理论知识，学生则是被动接受知识，教师与学生之间是一种简单的"教"与"学"的关系[1,3]。以测验对理论知识掌握程度为主的考试方式，更加固化了这种教学模

作者简介：袁存权，北京市海淀区清华东路35号北京林业大学国家花卉工程技术研究中心，讲师，yuancunquan@163.com；

王　佳，北京市海淀区清华东路35号北京林业大学国家花卉工程技术研究中心，高级工程师，wangjia8248@163.com；

程堂仁，北京市海淀区清华东路35号北京林业大学国家花卉工程技术研究中心，教授级高级工程师，chengtangren@163.com；

张启翔，北京市海淀区清华东路35号北京林业大学国家花卉工程技术研究中心，教授，zqxbjfu@126.com。

式，导致学生课堂上忙于记笔记，考前忙于死记硬背，考后出现大面积选择性遗忘，对于知识点背后的故事尤其是理论知识的来源更是缺乏探究和独立思考，学生的创新意识和创新精神缺乏科学的引导和培养。

(二)本科生缺乏系统的科研训练，具有创新能力的青年教师对于指导和培养本科生科研训练缺乏动力

本科阶段的学习既是一个知识积累的阶段，也是一个创新能力萌芽的阶段，此时期的科研训练对培养学生的创新能力非常重要，需要指导教师从文献检索、项目设计、立项实施、数据分析、论文撰写、投稿发表等环节进行全方位的训练与指导；既要引导学生树立创新创造意识，又要培养学生养成科学严谨的创新精神，同时还要给予学生足够的容错空间和耐心。青年教师由于刚刚完成研究生到老师的角色转换，既掌握前沿的理论知识，又掌握先进的实验技术，还有丰富的一线创新实践经验；同时具有较强的学习能力，加之年龄相仿又增加了与本科生沟通交流的亲和力，因此是本科生科研训练的最佳人选。然而，在绝大多数高校中，本科毕业论文(设计)是本科生仅有的参与科研训练的机会与过程，往往是在大三下学期或大四才开始准备进入实验室开展毕业论文(设计)研究工作，时间极短，同时面临就业、升学的压力，学生很难将精力集中在系统的科研训练上。由于青年教师普遍缺乏绩效考评机制的正向激励和项目、平台等创新要素支撑，具有创新能力和活力的青年教师对指导本科生科研训练缺乏基本的条件保障和动力，导致本科生科研训练缺乏系统性与连贯性。

(三)过分重视和强调实验室研究，忽视科研一线基地的创新实践

研究生阶段是培养创新能力的关键时期，参与导师课题研究则是主要的训练途径。然而，学生由于担心难以在规定的时间内发表论文进而影响按时毕业，研究生在选择课题时，更乐意选择能在实验室内完成的项目，排斥在科研一线基地开展创新实践；逃避具有前瞻性和挑战性的课题，更乐意选择较为容易的重复验证类课题或者课题组内已有成熟研究套路的课题进行研究，缺乏原始创新性，从源头上扼杀了创新意识和创新精神的培养。传统的年度绩效考评机制又致使导师只能追求短平快，为提高成果产出绩效，导师在定题时往往注重选择可以在实验室内完成的课题，缺乏鼓励、激励原始创新、沉积和培育重大成果的体制机制，也在一定程度上促使研究生在选择课题时避重就轻，在研究中浅尝辄止。最终使得创新能力培养的效能大打折扣，难以培养出具有国际视野的领军创新人才。

(四)高校创新实践平台不足，可用的科研平台资源有限

近年来，受高校扩招影响，学生数量急增与经费、场地等支撑条件不足的矛盾日益突出，加之对创新实践平台建设的重视程度与投入保障不足，高校人均可用实践平台资源有限，学生实践参与度低，尤其是本科生很难有机会和条件利用创新平台资源；各高校之间创新实践平台资源不平衡，尤其是一些经济欠发达地区的高校，可用的平台资源更为有限，难以支撑和保障创新型人才的培养。

二、科研基地在创新型人才培养中的优势与重要性

实践是高等教育人才培养中的重要环节，而科研实践则是创新能力培养尤其是拔尖创新人才培养的重要抓手。创新型人才的培养需要以良好的科研基础、氛围和文化为土壤，需要以先进的实践平台和科研资源为支撑，科研基地是开展科学研究的第二实验室[4]，是科研活动顺利开展的基本保障[5]，是培育科技成果的重要摇篮，因而是承载创新型人才培养的绝佳载体。科研基地在创新型人才培养过程中具有以下优势：

（一）科研基地具有重要的条件支撑和资源优势

科研基地拥有完善的实验设施、先进的仪器设备、专业的管理人员和经验丰富的从事一线生产的辅助人员，为创新性科研实践活动开展创造了条件。以农业科研基地为例，基地一般配套建有现代化智能温室、自动灌溉系统以及用于生产的农机农具等设备和装备，可用于开展实验的实验室等场所，还有固定的植物养护等辅助人员，为开展各类创新活动提供了条件保障。

同时，科研基地是高校科研及成果转化的重要场所，承载了各类项目和人才等优势资源。为开展创新活动提供了经费支持，为创新性实践活动的开展及创新型人才培养提供了有力指导。

科研基地为不同研究方向的学生相互交流创造了条件，学生相互借鉴、学习、交流，能碰撞出新的思想火花，有利于交叉性创新成果的产生，同时也有助于学生团结合作精神的培养。

（二）科研基地具有丰富的成果积累

高校科研基地是科技自主创新的重要载体，是新品种、新产品、新技术以及重大科研成果培育的温床。将科研成果转化为有效的教学资源，有助于学生充分了解前沿学术进展，感受科技成果的价值，激发学生对所学专业的探索欲望和创新热情，引导学生了解科研成果的被发现历程并开展实践锻炼，培养学生发现问题、分析问题、解决问题的科研创新思维和能力。

三、依托科研基地培养和提升学生创新能力的探索与实践

花卉工程中心小汤山基地是我校风景园林学"双一流"建设学科和科技部创新人才培养示范基地的重要支撑平台，是花卉工程中心和园林植物与观赏园艺学国家重点学科的核心科研和产业化示范基地，是花卉种质创新与分子育种北京市重点实验室、林木花卉遗传育种教育部重点实验室和城乡生态环境北京实验室的核心支撑基地。在学校"双一流"学科建设和科技部创新人才培养示范基地的建设背景下，花卉工程中心和园林植物与观赏园艺学国家重点学科在人才培养过程中重视创新型人才的培养，依托花卉工程中心小汤山基地科研优势，在培养和提升学生创新能力方面进行了一系列的探索与实践，力争将科研优势转化为创新人才培养的突破口和摇篮。

（一）科研资源与教学资源有机融合，助推学生创新能力提升

在高校中，教学与科研相辅相成、相互促进，如何把科研资源高效转化为优质教学资源是各高校人才培养过程中重点探讨的问题。我们在以下几个方面进行了探索：一是将基地科研资源转化为教学资源，以收集保存的近3000份独特的重要花卉种质资源为植物活体教材开展教学；二是教学理论与科研实践相结合，将植物遗传育种知识讲授与学生亲身参与植物新品种培育全过程结合起来，培养学生的创新意识和实践能力，目前，学生参与培育的新品种达200余个；三是把科研成果转化为教学内容，依托优秀的科研成果培育和激发学生创新精神，基地10余年来，累计获得3项国家科技进步奖、21项省部级科技奖，为推动国家花卉产业科技进步、提升产业国际竞争力、扩大中国观赏园艺国际影响力做出了重要贡献，学生通过学习优秀科研成果经验，感悟到创新情怀，激发了创新精神，坚定了创新自信。

（二）引导鼓励本科生"早进驻、早参与、早发现、早培养"，探索"本-硕-博贯通"的培养模式

为了培养拔尖创新人才，花卉工程中心小汤山基地向园林植物与观赏园艺专业本科生开放，通过任课教师以及研究生导师引导本科生尽早进入科研团队、尽早接触科研训练、尽早进入基地，利用基地设备、条件、资源开展创新实践活动。对于进入基地开展实践活

动的本科生，实行导师制培养和管理，并选定团队中优秀的青年科研骨干指导其开展实践活动。同时基地创造条件满足其科研需求，通过"工程中心、实验室开放课题""大学生创新计划"等项目鼓励和支持本科生开展创新探索研究。目前，每年在基地开展实践活动的本科生达50人次。同时探索"本—硕—博贯通"培养模式，指导教师从参与基地实践的本科生中选拔优秀人才攻读硕士、博士学位，助推拔尖创新人才的培养，平均每年有约5名同学经选拔参与这一模式培养，经过此过程训练的学生更善于从实践中发现问题，也更容易较快产出原创性研究成果，有研究生在硕士一年级便撰写发表了一区高水平学术论文，近5年有近20名学生获得学术创新奖，多名同学参与培育出突破性品种，助推了林业创新型拔尖人才的培养。

（三）鼓励支持学生从基地实践中自主选题，助推全产业链创新型人才培养

"园林植物与观赏园艺学"是应用基础型学科，在学生培养和选题过程中我们注重以解决行业、产业中存在的突出问题为导向，注重原始创新，强调科研成果既能顶天又能立地。围绕这一培养目标，我们进行了以下探索：一是注重树立和培养学生立足于行业、社会、国家需求的创新意识，在学生选题和立项过程中鼓励以解决产业、行业痛点为出发点，强调科研成果价值；二是在学生培养过程中注重培养创新精神，追求创新成果，引导学生在基地实践中发现问题，鼓励学生利用基地独特资源自主选题开展创新性研究；三是尊重学生个性，既引导和鼓励需求牵引型基础性研究，又鼓励和支持创新性技术、产品研发，助推全产业链创新型人才培养。实践证明，经历此过程训练的学生，其创新意识、创新精神、创新能力明显提高，往往更容易产出原创性成果。近5年，依托基地，以学生为主要参与人授权发明专利30项、获得植物新品种权52项、获得植物新品种国际登录许可67项，40个新品种在"2019中国北京世界园艺博览会"中获奖，4名同学依托基地合作研发的创新成果获得"第一届全国农林院校研究生学术科技作品竞赛"一等奖。

（四）"引""推"结合，提高学生创新国际化视野

学术交流是学生捕捉学科前沿、激发学习兴趣、培养创新意识的重要途径。通过举办学术会议、学术讲座等方式"引"行业内专家进行学术交流，国家花卉工程技术研究中心每年举办一次观赏园艺学术年会，参加人员600余人次；每年邀请国内外相关领域学者、企业家等20人次来校进行学术交流，近5年累计邀请国内外学者来校讲学96人次，主题涵盖前沿基础理论、前沿应用技术研究、国际顶级花卉育种和生产企业新品种培育及产业化应用销售等方面先进实践经验，让学生全面了解国内外花卉全产业链创新研发成果，拓展了学生视野，激发了创新热情，增强了创业信心，助力全产业链创新型人才培养。同时，注重"推"，积极选送优秀的学生参加国内外学术交流，提高其国际化视野和创新能力，近5年共有27名学生受邀在国际会议上作报告，40名学生在国内会议上作报告，多名学生被国外大学录取继续深造。

（五）改善科研基地硬件条件，提升管理服务水平，为创新实践活动提供条件和保障

北京林业大学高度重视花卉工程中心基地建设和发展，不断投入经费完善硬件设施。目前，已逐步建设成为一个设施现代、条件完善的花卉研发和创新基地，为学生开展创新性实践活动搭建了平台、提供了支撑。科学的管理是维持基地安全、高效运行的重要保障。基地通过编制和完善基地日常管理办法，实现基规范化管理。先后制订了《基地管理制度》《实验室管理规定》《学生管理规范》《职工管理条例》《温室使用和管理条例》《种质资源日常养护管理规范》等管理制度，通过强化过程管理，提高服务能力和水平，降低了管理成本，实现基地高效运行。花卉工程中心小汤山基地被评为"北京市花卉种质创新与产业化示范基地"，被确定为第一批"国家花卉种质资源库(榆叶梅)"。

四、 培养成效

近几年的实践表明，学生的创新能力得到显著提升，创新成果不断涌现。近5年，依托基地，以学生为主要参与人授权发明专利30项，获得植物新品种权52项，获得国际登录许可67项，审定良种7项；40个新品种在"2019中国北京世界园艺博览会"中获奖，4名同学合作研发的创新成果获得"第一届全国农林院校研究生学术科技作品竞赛"一等奖；1名学生获得"全国林科优秀毕业生"称号，3名学生获得"北京市优秀毕业生"称号，1名学生获得"北京林业大学科技之星"称号，3名学生获得"北京林业大学学术之星"称号，61名学生获得校级"优秀研究生"称号；30名学生获得国家奖学金，2名学生获得校长奖学金，80名学生获得校级学术创新奖；1名同学的论文被评为北京市优秀研究生毕业论文，7名同学的论文被评为校级优秀研究生毕业论文。

参考文献

[1]汪霞，吕林海.打破传统桎梏，变革教学模式[J].中国高等教育，2008，(18)：28-34.
[2]张庆桥，文士博，邓建兴.发挥高校教学科研基地作用培养创新人才.河北工程大学学报（社会科学版），2010，27(1)：45-46.
[3]王玉玫.大学创新型人才培养教学方法分析[J].北京教育（高教版），2018，(1)：72-74.
[4]战徊旭，胡海洲，孟霖，等.关于提升农业科研试验基地管理水平的探讨：以中国农业科学院烟草研究所试验基地为例[J].农业科技管理，2017，36(1)：39-42.
[5]赵逢涛，王宗文，辛淑荣，等.抓好科研基地建设支撑科研创新工作持续发展：山东棉花研究中心临清试验站运行管理工作思考[J].农业科技管理，2011，30(1)：37-39.

Relying on scientific research bases to cultivate and improve students' innovative ability: Taking Xiaotangshan Scientific Research Base of National Engineering Research Center for Floriculture as an example

Yuan Cunquan Wang Jia Cheng Tangren Zhang Qixiang

(National Engineering Research Center for Floriculture,
Beijing Forestry University, Beijing 100083)

Abstract Building an innovation-oriented country is an important national strategy, which requires the support of innovation-oriented talents. As an important base of talent training, higher education undertakes the mission of cultivating innovative talents for building an innovative country. Scientific research base is not only an important platform of scientific experiment and research, but also an important carrier of cultivating students' innovation ability. This paper expounds the problems faced in the process of cultivating innovative talents and the advantages and importance of scientific research base in cultivating innovative talents, and takes the practice of cultivating innovative ability of Xiaotangshan Scientific Base of National Engineering Research Center for Floriculture as an example to explore and study the cultivation and improvement of students' innovative ability relying on scientific research base.

Keywords Innovative talent, innovation ability, scientific research base, *Ornamental Horticulture*

建设一流实践类课程的探索与实践

——以"木结构材料与工程"专业综合实习为例

戴 璐 刘红光

(北京林业大学材料科学与技术学院,北京 100083)

摘要: 木结构材料与工程"专业综合实习"是木结构方向专业培养环节中的重要组成部分,对于完善学生的理论知识体系,培养专业技能起着至关重要的作用。现阶段该课程存在教学目标定位模糊、学生参与度不高、获得感不够等问题。为充分发挥该课程在培养环节中的作用,打造一流实践类课程,将参与式教学法引入课程的教学设计中,并建立了一种适用于设计类课程的师生共同研讨的反馈机制,真正调动了学生的主观能动性,切实达到了该课程的教学目标。

关键词: 实践教学;参与式教学法;反馈机制;主观能动性

  木材科学与工程专业(木结构材料与工程方向)是在交叉学科背景下诞生的应用型专业方向,该专业方向注重工程实践,因此实践教学对培养学生的专业素养至关重要。"专业综合实习"是在大四上学期开设的一门专业核心课,旨在使学生通过为期两周的专业训练,将前期获得的专业理论知识融会贯通,更为透彻地理解核心知识点,牢固地掌握专业技能,并初步具备从事专业工作的能力。其先修课程包括"木材学""木结构设计""木结构工程工艺"等,通过该课程的学习,可进一步理解与掌握前期获得的理论知识。并且,本课程将为学生在大四学年进行专业方向的毕业设计奠定必要的基础,也为日后从事专业工作提供理论与技能支撑。

  可见,专业综合实习作为学生培养环节中的重要组成部分,在提升学生专业素养与综合能力方面发挥着至关重要的作用。然而传统的实践类课程往往存在着学生对实践课重视度不高、教学过程中学生的参与度不高、主观能动性没有被充分调动、学生的获得感不够等问题,并未达到实践课程的教学培养目标,严重影响教学效果。因此在专业综合实习的教学设计中,新教学方法的采用必不可少。

  参与式教学法是指师生双方在教与学之间相互参与、相互激励、相互协调、相互促进和相互统一,并在互动过程中顺利完成教学任务、实现教学目标的方法[1-2]。这一方法充分调动了教师和学生两个方面的积极性,营造了师生之间的平等、和谐、愉快、健康的学习氛围,是教师教学方法和学生学习方法的融合和统一[3]。它强调和突出了学生在教学过程中的主体作用,旨在激发学生的学习兴趣,引导学生从被动学变为主动学,从机械地听和记变为自觉地探索与思考[4],从根本上改变了目前许多学生的学习现状,从而培养学生独

作者简介:戴 璐,北京市海淀区清华东路35号北京林业大学材料科学与技术学院,讲师,dailu@ bjfu.edu.cn;
    刘红光,北京市海淀区清华东路35号北京林业大学材料科学与技术学院,副教授,bjfuliuhg@ bjfu.edu.cn。

资助项目:北京林业大学教育教学改革项目"参与式教学法在木结构材料与工程专业综合实习中的应用研究"(BJFU2020JY051);
    北京林业大学教育教学改革项目"木结构专业综合实习课程教学改革探索"(BJFU2020JY053)。

立求知和独立思考、解决问题的能力[5]。

因此，将参与式教学法系统地应用至专业综合实习的教学设计中，并力求做到培养目标的高阶性，教学内容的挑战度与教学手段的创新性，从而对学生的能力进行全方位的培养。精准定位教学培养目标，真正做到使学生内化知识，完善理论体系；掌握专业操作技能，实现知行合一；培养团队精神，增强专业认同感。将参与式学习概念贯穿课程始终，理论学习与实践操作有机融合，并引入师生共同研讨的反馈机制，使学生在亲身实践中真正融入到实习岗位中，深入理解理论知识，不断深化专业理念，并培养学生独立思考、发现与解决问题的能力。

一、"专业综合实习"教学中存在的问题

本课程是开设于大四下学期的一门专业必修课，也是本专业最后一门必修课，在以往的授课中发现，本课程的教学设计与教学过程都存在一些问题，导致教学效果并不理想，主要问题体现在以下几个方面。

（一）教学目标定位不够明确

由于课程开设时间较晚，在教学设计初期，并未对学生的认知程度进行清晰有效的调研，导致教学起点模糊。制订教学目标时，难以兼顾与前期理论知识的融合以及为后续毕业设计打下一定的基础。并且，教学目标中涉及的"了解、理解、掌握"等要求具有不可量测性，难以考核。因此，在课程教学目标的制订上存在定位不够明确的问题，影响后续的教学设计以及教学活动的开展。

（二）学生的参与度不高

"专业综合实习"是一门应用型的实践类课程，本应由学生主导，教学活动中体现学生的主体地位，也只有这样才可以充分调动学生的主观能动性并达到课程的教学培养目标。然而现阶段的课程，往往依然由教师主导，没有开发出学生在实践活动中发现问题并解决问题的能力，学生的参与热情不高。并且由于课程开设时间、教学设计及教学内容等多方面原因，学生无法完全投入到实习活动中，整个教学过程以学生为主体和由学生主导的活动很少，总体来看，学生的参与度不高。

（三）师生互动程度较低

课程的教学过程应包含"师"与"生"的互动，这一点对于实践类课程尤为重要，也只有这样才能充分体现"教"与"学"的活动，学生也能真正有所收获。然而本课程在前期开设的过程中并未切实考虑教师与学生的互动，师生交流环节相对较少，导致知识与技能并未得到有效的传授，影响教学效果。并且由于互动少，导致教学过程中教师并未真正地调动学生，存在学生活动与教师教学目的脱节等问题。

（四）学生的获得感不够

从本课程的教学效果以及学生的反馈来看，知识融会贯通与技能熟练应用的教学目标并未完全达到，并且学生在实习活动中并没有充分感受到知识上的获得感与达成应用目标的成就感。因此，我们认为在教学活动设计上存在一定的问题，在过程环节没有充分关注到每一名同学，导致学生的获得感不够。

二、"专业综合实习"课程改革与应用

针对上述一系列问题，本课程在教学过程中采用了一些新的教学手段，从教学目标、教学设计以及教学活动安排等方面对该课程进行了系统性的梳理与改革。重新定义教学起点与终点，进一步明确了课程的表现型目标；引入"参与式教学"理念，把课堂还给学生，

引导学生为主体推动教学活动的开展；探索了一种师生共同研讨的反馈机制，通过"师生互动，同学互动"，提升学生的荣誉感与内心获得感，打造有温度的课堂。

本课程的具体改革措施如下。

（一）精准定位教学目标

课程开发过程本质上可认为是问题的解决过程，因此首先需要明确问题的起点、终点以及边界条件。反映在教学设计上则体现在需定位学生在学习前的认知程度，通过教学需达到何种水平，即教学目标，以及在教学过程中受到的一些条件限制，整体的教学设计路径如图1所示。

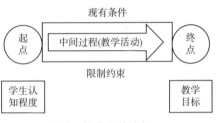

图1 教学设计路径

1. 授课对象的认知特征

本课程开设于大四上学期，学生已完成了本专业全部理论课程的学习，并已经形成了相关的理论知识体系，然而由于个体差异，有些同学的知识体系存在漏洞，对某些问题的认识存在偏差。虽然专业知识理论体系已基本构建，但授课对象存在认知程度参差不齐的问题，在制订教学目标与规划教学活动时需充分考虑，因此课程在制订教学计划前，首先下发了调查问卷对学生的知识掌握程度与对课程的期望进行摸底，并体现在后期的教学设计中。

2. 制订表现型目标

如前所述，当前课程的教学目标往往存在表述不够清晰、效果难以量测的问题。因此本课程在制订教学目标时，特别注重运用表现型动词，使目标更加清晰明了。并且，从知识、技能、情感3个维度层层递进，致力于通过"综合实习课程"培养与提升学生各个方面的素质水平，本课程最终制定的教学目标如下所述：

通过本实习，学生可以综合运用前期已掌握的专业理论知识，具备解决实际工程问题的思路。并且在实习活动中，注重培养学生的团队精神，以及自主发现问题和解决问题的能力，使同学能够融入专业工作中并最终完成，收获从事专业工作的成就感。

（二）参与式教学法的系统运用

为使每一名学生充分参与到实习活动中，调动学生的主观能动性，本课程在授课过程中将参与式教学法的教学设计理念引入至专业综合实习的教学设计中并进行系统的应用，切实提高学生的参与度，提升教学成效。

本课程主要实习任务为综合运用前期所掌握的理论知识合理设计一座木结构建筑，并完成施工图的绘制以及模型制作。在教学设计上将参与式教学法的教学理念贯穿课程始终，教学过程按照如下教学设计思路开展，在不同的教学活动中选用了不同的参与式教学法（图2）。

1. 基于"头脑风暴法"的设计思考

在设计方案初步规划阶段，采用参与式教学法中的"头脑风暴法"启发学生对木结构建筑的建筑形式、主要结构用材、建筑风格等设计元素进行思考，充分调动每一名学生参与到实践活动中。

2. 基于"同伴教学法"的设计方案制订

在设计过程中，主要采用参与式教学法中的"同伴教学法"，对班级内同学进行分组，每组同学在自主学习探索与相互研讨的过程中发现问题并解决问题（图3），最终完成主题设计方案的确定。

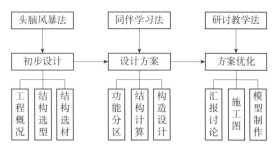

图 2　教学设计思路

3. 基于"研讨教学法"的设计方案优化

在整个实习过程中，安排两次小组汇报，主要采用参与式教学法中的"研讨教学法"，使每位同学在与其他同学和老师的相互讨论中不断优化设计方案(图4)，在研讨中查漏补缺，进一步完善知识体系。

图 3　小组讨论

图 4　师生共同研讨

（三）师生共同研讨的反馈机制

本课程在教学活动中，特别注重学生的反馈，据此建立了一种师生研讨-反馈-优化的设计类课程教学模式。通过思考与反馈，从知识、沟通能力以及汇报能力上全方位提升学生的素质水平。在小组汇报结束后，会提供以下3方面的反馈。

1. 书面反馈

小组汇报结束后，其他同学会填写相应的反馈单(图5)，从汇报的几个方面评价小组展示成果。这一过程要求每名同学独立思考，并整理想法体现在反馈单上。给出反馈意见也是重新审视并提高自己专业知识水平的过程，同时也培养了学生的文字沟通能力。

2. 口头反馈

除了书面反馈，本次实习过程中还要求每位同学要对其他同学的工作提出口头反馈意见,即面对面沟通。并且要求反馈意见精确、注重改进建设,同时意见要是描述性的,非评价性、非推论性的。这一过程更加调动了同学们参与进讨论活动中,并且也在一定程度上锻炼了同学们的沟通能力与语言表达能力。

3. 视频反馈

实习汇报时全程进行视频录制,汇报结束后教师会将视频材料提供给同学,使每位同学重新审视自己的汇报过程,不仅仅是在内容上,更是在汇报过程的表达与状态上。通过这一过程,学生可从自己的视角发现自身问题,并在日后学习生活中改进、提升。

(四)做有温度的课堂

通过课堂教学,若干年后留在学生心中的可能并不是知识,而是真正触动内心的东西。因此作为本专业学生的最后一门必修课,在本次实习过程中,特别注重与学生的互动,通过设计多种教学活动,力求走入学生内心,并使他们有所触动。

在汇报结束后,利用讨论时间,为每位同学制作海报,包括对该同学的特点描述以及对他的祝福,这一过程真正使同学们活跃了起来,并且师生、同学之间的交流使得大家拉近了距离。

在整个实习活动结束后,为每位同学颁发带有个人特质的结业证书(图6),使大家不仅仅在知识上有获得感,在内心也有满足感与荣誉感。真正做到通过一系列的实习活动,使学生有所收获,并且学生也可以感受到专业工作的魅力与完成专业工作的成就感,从而增强专业认同感。

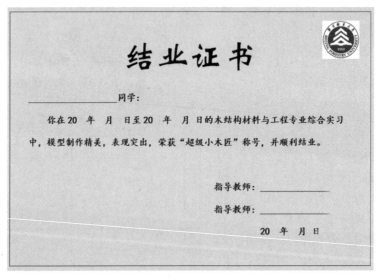

图6 结业证书

三、教学评价

(一)学生评价

在实习结束后,作为任课教师,及时对实习过程进行了总结,并听取了学生的意见,通过为学生下发调查问卷,获得了学生对于该课程真实感受的反馈。大部分同学觉得整体的实习过程安排合理,参与度很高,并且有很强的收获感。特别是反馈环节很好,很有帮助,这一过程中同学们不但发现了问题,也发现了他人的闪光点,别人的某些好的想法也对自己有很好的启发。

（二）教师自我评价

在此次实习活动中，将参与式教学法系统地应用到专业综合实习中，在教学的每一个阶段使用不同方式的参与式教学法，贯穿课程始终，充分调动学生的主观能动性，发挥学生的主体地位，以学生为核心，切实达到实践类课程的教学目的。并且建立了一种适用于设计类课程的师生共同研讨的反馈机制，使学生在反馈思考中进一步提升，通过师生互动真正增强了学生的专业认同感。因此，本课程所采用的参与式教学法与师生研讨反馈机制取得了较好的教学效果，具有一定的推广性。

参考文献

[1] 过增元. 倡导参与式教学法 培养创新型人才[J]. 中国高等教育，2003(20)：25-26.
[2] 蔺永诚，刘箴. 参与式教学方式在高校课堂教学中的应用[J]. 当代教育论坛，2008(12)：30-31.
[3] 陈华. 参与式教学法的原理、形式与应用[J]. 中山大学学报论丛，2001，6(21)：159-161.
[4] 姚建光. 参与式教学：理论建构与实证样本[J]. 中国教育学刊，2011(1)：54-56.
[5] 胡晓红，郭凤志. 参与式教学在思想政治理论课教学改革中的实践探索[J]. 思想教育研究，2011，5(194)：32-35.

The exploration and practice of constructing first-class practical courses: Take the *Professional Comprehensive Practice of Timber Structure* as an Example

Lu Dai　Liu Hongguang

(College of Material Science and Technology, Beijing Forestry University, Beijing　100083)

Abstract　The "Professional comprehensive practice" of wood structure engineering is an important part of the training of wood structure subject, which plays a vital role in improving the theoretical knowledge system and cultivating professional skills of students. At present, there are some problems in this course, such as vague orientation of teaching objectives, low student participation and insufficient sense of acquisition. In order to give full play to the role of the course in the training process and creating the first-class practical courses, this course introduced participatory teaching methods into the teaching design of courses, and establish a feedback mechanism suitable for joint discussions between teachers and students, which truly mobilizes the subjective initiative of students and achieves this teaching objectives of the course.

Keywords　practical teaching, participatory pedagogy, feedback mechanism, subjective initiative

面向"基因组时代"的"进化生物学"课程的改革与探索

——以北京林业大学为例

潘慧娟　徐基良

（北京林业大学生态与自然保护学院，北京　100083）

摘要：在"基因组学"研究不断刷新对传统进化生物学认识的时代，本文对"进化生物学"课程的教学现状进行了探讨，提出了教学体系改革方案。在教学内容上，注重理论知识在现今基因组研究上的实践应用和统一性，把最新的进化研究的科研成果纳入教学内容，增加对进化软件的分析和应用，使课堂教学与最新科研领域接轨。采用多媒体与板书结合、纪录片展示、讨论和讲座等各种教学方法，提高教学效果，激发学生学习兴趣，促进学生对知识的掌握与巩固。

关键词："基因组"时代；进化生物学；教学改革；系统进化树

自 1990 年"人类基因组计划"成立以来，随着生物技术的日新月异、迅猛发展，越来越多的物种基因组被破译。人们开始利用海量的基因组数据，通过对同一物种不同个体、不同物种的基因组进行比较，大角度地揭示生命的起源与进化，重建物种各层次系统发育关系。新一代测序技术的应用，为研究适应性进化提供了前所未有的机遇与挑战。生物适应、物种形成、生命起源等生物学基本问题在基因组层面的研究中得到更深入的探讨和修正。面对这样的形势，作为北京林业大学生态与自然保护学院的本科专业必修课"进化生物学"，其授课内容和授课方式应当与时俱进，将国内外最新的研究内容与成果容纳进来[1]。

"进化"一词包罗万象，著名遗传学家迈尔曾言，"进化论被称为生物学最大的统一理论。"没有进化生物学，生物学就失去了支撑与基础。因此，要在短短的 32 个学时内将千差万别的生物的进化史、进化理论从时间和空间双层次共同阐述，又要加入"基因组学"分析的技术手段，意味着授课老师需要极强的内容提炼和归纳能力，抓住重点，兼顾难点[2-3]。本课程的授课对象是大三的本科生，他们其中很多即将踏入考研历程。在授课过程中如何抓住学生的兴趣点，激发学生对科研的热爱，显得尤为重要。因此，笔者根据自己在生态与自然保护学院野生动植物保护与利用专业基础课中的教学和体会，针对"进化生物学"课程存在的问题，从授课内容、授课方式等方面对"进化生物学"这门非常基础又非常重要的课程进行了改革和探索，以期让学生能够更好地掌握专业知识，提高教学质量。

作者简介：潘慧娟，通讯作者，北京市海淀区清华东路 35 号北京林业大学生态与自然保护学院，副教授，phjjanine@ bjfu. edu. cn；

徐基良，北京市海淀区清华东路 35 号北京林业大学生态与自然保护学院，教授，xujiliang@ bjfu. edu. cn。

资助项目：北京林业大学教育教学改革研究项目"面向'基因组时代'的'进化生物学'课程教学改革与实践"（BJFU2017JY062）。

一、"进化生物学"课程教学的现状与不足

（一）侧重基础理论的教学内容

"进化生物学"是自然科学领域课程最基础也最活跃的课程之一，它的核心理论基础是进化论。从达尔文自然选择进化理论之后，围绕着进化的动力机制等问题，相继出现了新达尔文主义、现代综合论、分子进化中性理论平衡选择理论等各种理论学说。而过去的理论教学过程中，侧重于讲述达尔文理论形成的过程，对于分子中性进化论、平衡选择理论等内容和具体应用，仅限于简单的原理介绍，与现今"基因组"研究百花齐放、齐头并进的状态很难衔接。理论只有应用于实践，才能够加深学生对理论的理解。而普通的"进化生物学"课程的教材内容，对近10年来物种进化的研究仅是点到为止，脱节现象严重[4]。如系统发育树构建的部分内容，仅仅列出了构建系统树的"分子钟"原理，而对如何选取序列、如何利用软件构建和分析系统树的内容则完全忽略。

（二）注重灌输内容的教学方式

自然保护区学院的本科生，在经历两年的本科学习之后，在分子水平上的课程设计并不多。学院传统的专业设置偏向宏观专业，而对微观生物学的知识则了解得比较少，由此更增加了学生学习分子进化内容的难度。以往对学生的教学以传统的注入式教学方法进行授课，在讲述各种理论的时候，学生只是被动接受，往往死记硬背各种理论，十分枯燥和抽象。面对如今花样繁多的各种系统进化树，学生束手无策，无法找到切入点进行分析，更别说参与构建分析。

二、"进化生物学"课程教学的教学改革

（一）教学改革的思路

笔者认为，本课程的教学重点应当侧重于两方面：一是课程内容让学生在牢固掌握基础理论的同时，对理论的实践应用有所了解，学生在学完整个课程之后，能够看懂前沿的一些科研文献的专业知识，会分析和应用一些基本的软件，对现在进化最新领域——"核基因组时代"有深刻的认识；从"基因组学"角度，了解其发展的三代测序、五大趋势、六大应用和七项技术。二是教师在授课过程中，能否完全激发学生对进化的兴趣，让学生明白学习进化最重要的就是采用最新的理论和技术来"提出问题、解决问题"，以全新的角度去解读动植物的生理、行为等背后存在着进化适应的机制。

（二）教学改革的建议

1. 教学内容的改革

（1）重视中性进化理论，理解进化理论之间的统一性

任何时候，进化理论的内容都是本课程教学的重中之重，学生掌握基本理论的具体内容是关键。过去达尔文进化论都是从表型进化中论证其可靠性，案例讲述大多只能点到为止。然而随着分子生物学的发展，中性理论的提出，不仅对达尔文的进化理论提出了大大的挑战，更是随着基因组时代的到来，极大地改变了许多传统进化生物学研究领域的面貌。DNA信息直接揭示了自然选择的内在进化机制，生物进化的中性进化论和达尔文选择论的激烈争论历时弥久，在基因组研究中得以继续进行而达到统一。分子水平的广泛分析表明达尔文意义上的正选择确实存在，而中性进化则更为普遍。笔者相信未来对基因和基因组的理论机制的分析仍然会是一个热门的进化生物学研究方向。

因此，本课程教学过程中，对理论的侧重点当有所改变。首先，应当把达尔文自然选择和分子中性理论的内容放在同等重要的地位，纠正学生"一说起进化理论就只想到达尔

文"这个印象。要把中性理论的重要性让学生牢牢地记在脑海里。现代"生命之树"的重建、群体种群多样性、种群结构等的知识点,都是建立在中性理论之上。笔者授课时,着重利用现有的模式动物基因组数据,向学生展示这两种理论在基因组各类基因进化中的存在与应用。在过去百年间,这些进化理论是如何碰撞和发展的?又是如何在基因组上分别找到证据而得以共存的?前者以人类正选择代表性基因如汗腺、乳糖耐受基因,高寒动物如牦牛、人类的低氧适应基因等的扩散和发展举例说明;后者以黄瓜 SNP 位点信息、线粒体分子标记推断物种历史等为例。这样的方式,不仅避免了过去授课过程中理论之间相互割裂、难以理解的问题,更达到了理论之间、理论与实际间的完美统一。

(2)补充动植物分类学知识点,拓展知识面

现代生物的分类学,已经不仅仅局限于以形态学标准对动植物进行分类。很多物种存在"隐蔽种""姊妹种"等问题,用传统的分类学手段难以区分,经常造成分类的模糊甚至错误的认识。而利用分子标记手段,对种间和种内个体进行系统发育关系探讨,构建系统发育树直观展示物种的历史和亲缘关系已经是分类学最热门的研究领域。自然保护区学院的本科生大二期间分别学习了动植物的分类课程,但这些课程均是建立在形态、解剖学的基础上的分类。因此,在物种形成这一章节里面,笔者特意加入现代物种系统发育种的概念,详细讲述从基因和基因组的角度如何解决物种的分类问题,以遗传距离作为标准,论述物种个体之间、亚种之间、种之间和种以上各层次应当如何得以区分。并且以大熊猫秦岭亚种、四川亚种为例说明亚种、种的正确分类对物种的认识和保护具有非常重要的作用。

(3)增加最新进化研究成果

达尔文理论的衍生过程中,"达尔文雀"一直是被广泛引用的经典案例,是达尔文战胜神学思想,形成自然选择学说的重要研究对象。正是达尔文雀不同大小和形状的喙,提示达尔文去思考其对岛屿环境的不同适应,因为雨量、食物的差异导致了达尔文雀的喙随年限而变化。而去年最新的研究结果已经揭示了达尔文雀喙的变异之谜。科学家通过对 15 种达尔文雀的基因组进行分析,发现了影响其喙大小的关键基因[5]。笔者在进化理论讲述的时候,将达尔文雀的故事从古到今彼此串联起来,不仅讲明了达尔文雀的进化地位、形成原因,更为学生展示了其内在机制,成为一个极其典型的"进化因果故事"。

作为生态与自然保护学院的学生,对物种保护领域极为熟悉。学生都知道大熊猫、金丝猴、扬子鳄等是我国的明星保护物种。因此,为了激发学生学习兴趣,笔者授课时,特意将大熊猫、金丝猴、扬子鳄等物种的最新基因组研究成果用于案例教学。利用比较基因组学的研究,科学家们分别探讨了大熊猫为什么吃竹子、有伪拇指,金丝猴为什么住在高海拔地区,扬子鳄如何能够长时间待在水底这些科学问题[6]。案例的加入,大大地激发了学生对进化的学习兴趣,从而更深入理解为什么进化就是一门"讲为什么"的科学,同时也增加了学生对保护动物的关注程度。

(4)纳入计算机软件分析的内容

生命的遗传信息包含了物种进化的大量信息,生命的进化历程很多都隐藏在我们的各个 DNA 片段当中。学习进化,就需要学会从这些遗传数据中获取信息,重建生命史。作为高等教育的必修课,非常有必要让学生掌握最基础的系统进化树的构建过程和基本方法。因此,为了让学生能够看一棵树和建一棵树,笔者特意在课堂上增加了进化软件的分析和学习。

首先,把系统进化树根据外形进行分割,从拓扑结构开始,分别在基因性质、分支长度、根、外围群、自展数值等方面,教会学生明白一棵树能够体现出哪些信息。其次,从 NCBI 数据库内选取代表序列,利用 Blast 方法获得同源基因数据,下载选取的序列,选用

简单而直观的 MEGA6.0 软件，在经过序列比对、模型选取、参数设置等步骤后直观展示系统发育树的构建基本过程。针对构树过程的难点，笔者归纳了常用构树方法的优缺点，提供了分析的常见思路，帮助学生理出脉络，熟悉最常见的构树的基本软件。再次，微观进化这一章节中已经涉及了各种选择的概念，可是如何验证选择类型一直是课程内容的短板。而要对此进行阐述，则需要从最初的序列数据下载开始，在构建系统树的同时，增加了对正选择、负选择和中性理论的检验内容。笔者选取目前最通用也最易理解的编码区中性检验为代表方法，以 ω 值大小作为选择的评判标准来讲述选择如何得以区分，这样就可以把第六章和第九章节的内容加以整合，加深学生对知识点的印象。

2. 教学方式的改革

(1) 重视学生"主动性"学习的培养

"进化生物学"课程是一门理论与实践结合非常紧密的课程，既有非常基础的理论，又有大量的应用实践。尤其是表型进化的内容，可以变成一个个引人入胜的小故事娓娓道来。如动物有"绅士型"的打架，只有蚁后产卵，工蚁忙于工作，等等。在这种"讲故事"的过程中，注重与学生互动，先提出问题，再由学生思考问题，之后讨论，再最终得出结论。这样"引导式"的教学，能够大大优化课堂的教学氛围，调动学生的学习积极性，激发了其学习兴趣。如在讲述恐龙灭绝的故事后，课堂结束前提出一个小问题"鳄鱼为什么没有灭绝"。到下堂课开始前讨论，学生经过文献查询已经知晓答案，这样就大大加深了学生对生命进化史这一章节的印象，获得较好的教学效果。

"主动性"学习的过程，需要注重学生思考能力、创新能力的培养。因此，特意在课程环节设置了小任务。每个学生自由发挥，选取动植物的生理和行为的例子，应用所学理论知识进行阐述。学生从动物的毛色、蝙蝠的回声定位、梅花鹿的顶角行为等方面进行了分析，显示出对进化极广的兴趣点。

(2) 采用多样化的教学方式

理论与实践并重的教学，要求授课方式不能单一化。本课程利用多媒体教学的手段，将各理论用图表、对比等方式传授内容和加强印象。并利用黑板板书，将各部分内容进行推理和综合比较，这样通过引导和启发的过程能够有助于学生对内容的理解。采用动画和视频的方式，对生命史进行逐一展现。通过借鉴国内外的纪录片，给学生直观展示了古老的地球的发展过程，让课堂的教学富有趣味性。

为了能够让学生彻底掌握软件的应用，课堂采用了视频展示和实际操作相结合的方式。学生先从 PPT 上了解具体的构建过程，然后现场由师完成软件操作，再由学生课后自己下载数据进行系统树构建。三者结合的教学方法，使得学生能够最终系统掌握从理论到实践的具体过程，提高他们运用软件分析具体问题的实践能力。

大三学生即将踏入考研和工作行列，了解研究领域、激发科研兴趣非常重要。为了更好地与前沿知识接轨，了解进化相关领域的科研工作，课程邀请了国外进化知名专家，对进化进行专题讲座，如灵长类祖先进化的历史和相应的假说。讲座不仅可以开阔学生的视野、丰富课堂知识，更能让学生明白科研是怎样的过程。讲座之后，学生反响热烈，不仅锻炼了英语听力，还促发他们对人类起源与进化的思考。

3. 考核方式的改革

针对课堂内容的各项改革，设计与内容对应的灵活考核方式。如采用自主选题撰写相关论文，并在课堂与学生分享，使得课堂内容丰富有趣；随机出题，发挥学生想象力回答问题，不仅可以查看出勤情况，还能现场获得学生知识掌握程度的反馈。将课堂答题，论文撰写作为平时成绩，占总成绩比例 30%，加上期末试卷全面考查知识点，将改革的内容在试卷中体现,由此可以综合判断学生学习效果,给出合理的成绩。

三、结 语

综上所述,通过对"进化生物学"课程内容、教学方法的改革与探索,使得本课程教学做到了内容重点突出,理论与实际相结合,在让学生打好进化知识基础的同时,接触到本领域前沿的研究成果。多种教学方式的有效融合,使得课堂授课富有趣味性和科学性,大大提高了课堂的教学效果。

参考文献

[1] 栾晓峰. 林业院校自然保护专业特长生培养模式探讨[M]//自然保护专业创新型人才培养研究. 北京:中国林业出版社,2014:28-31.
[2] 赵晓菊,徐长军,秦姝冕. 进化生物学课程教学改革与实践[J]. 学园,2014(14):25-26.
[3] 杨承忠,肖珍. 高校进化生物学教学方法探索[J]. 教育教学论坛,2014(30):136-137.
[4] 沈银柱,黄占景. 进化生物学[M]3版. 北京:高等教育出版社,2013:1-315.
[5] Lamichhaneys, Berglund J, Almén M, et al. Evolution of Darwin's finches and their beaks revealed by genome sequencing[J]. Nature, 2015, 518:371-375.
[6] 杨焕明. 基因组学[M]. 北京:科学出版社,2016:281-303.

Reform and exploration of teaching system in the *Evolutionary Biology* course in the new era of "Genomics"
——Taking Beijing Forestry University as an example

Abstract In the new era of "Genomics" which refreshes our understanding of traditional evolutionary biology, here we reform and explore the teaching system in the course of "evolutionary biology". As for the teaching content, we should pay great attention to the following steps such as practical application and unity of evolutionary theory in the current genome research, combining the latest scientific research achievements with the basic knowledge, adding the analysis and application of evolutionary software in order to meet the need of the latest scientific research work. Various teaching methods, for example, multi-media and blackboard writing, documentary display, discussion and lecture, are adopted to stimulate students' interest, help the students understand and master the theory and application and finally improve the teaching effect.

Keywords the new era of "Genomics", *Evolutionary Biology*, reform and exploration, phylogenetic tree

面向一流本科专业建设的"室内装饰工程"课程信息化教学改革与实践

刘 毅　郭洪武

(北京林业大学木质材料科学与应用教育部重点实验室，北京　100083)

摘要："室内装饰工程"课程是北京林业大学国家级一流本科专业建设点木材科学与工程(家具设计与制造方向)的专业必修课，着重培养从事装饰工程设计、施工、管理及概预算的新工科高素质复合应用型人才。为贯彻落实高等教育内涵式发展战略方针和一流本科专业人才培养体系，本课程创新产学研人才培养模式，以立德树人为根本，以课程思政为引领，以"任务驱动"和"项目导向"为核心进行教学改革，着力推进现代信息化教育手段与教学生态深度融合。通过校内外双循环联动协同育人，采用参与式模块化教学提升学生创新能力；积极建设数字化省部级规划教材、精品在线开放课程、线上电子开放课件、工程场景式教学视频、三维过程仿真动画、校内外导师联席考评和专业化创新实践基地，在构建多维联动实践教学体系、创制互联网＋交互教学新模式、创建共享型数字化教学资源库以及发展学生创新创业能力等方面展开了一系列教学改革与实践，取得了良好成效，为促进新时期一流本科专业课程建设和新工科高素质复合应用型人才培养提供参考。

关键词：室内装饰工程；新工科；一流本科专业；信息化；实践教学；课程改革

　　室内装饰装修与每个人的生活都密切相关，良好的装饰装修效果能有效提升居住品质和生活幸福感，满足人们对美好生活的向往。随着建筑和房地产业的高速发展，室内装饰业已成为国民经济中的重要产业，2019年市场规模达4.6万亿元，同比增长8.24%，从业人员2000余万人，其中受过高等教育的人数不足10%。当前建筑室内装饰行业正由传统的粗放经营模式向设计革新、技术革新、服务革新方向转型升级发展，装配式内装技术和互联网＋信息化管理日益普及，建筑室内装饰的设计理念、部品门类和施工工艺都发生巨大变化，行业对数字化创新设计、新型功能材料、装配式内装工艺、智能家居等领域的高素质人才需求旺盛。为促进高等教育内涵式发展，近期教育部提出大力推进新工科一流本科专业建设，突出人才培养核心地位，不断改革创新教育方式方法[1-3]。"室内装饰工程"课程是北京林业大学国家级一流本科专业建设点木材科学与工程(家具设计与制造方向)的专业必修课，着重培养从事室内装饰工程方案设计、装饰施工、工程管理及装饰预算的高素质复合应用型人才，但是该课程内容更新速度快、综合实践性强、理解难度大，原有课程内容与教学方法已不能满足新工科一流本科专业人才培养背景下教育内涵式、信息化发展要求[4-6]。为此教学团队针对课程教学中存在的问题，以立德树人为根本，以课程思政为引领，通过优化课程内容与改革教学方法，开展了面向一流本科专业建设的课程信息化教学改革与实践，为推动优质教学资源共享以及发展学生创新创业能力提供参考。

作者简介：刘　毅，北京市海淀区清华东路35号北京林业大学材料科学与技术学院，副教授，liuyi.zhongguo@163.com；

　　　　　郭洪武，北京市海淀区清华东路35号北京林业大学材料科学与技术学院，教授，ghw5052@163.com。

资助项目：北京林业大学教育教学研究重点项目"住宅产业化背景下室内装饰工程人才培养模式的改革创新研究"(BJFU2018JYZD007)。

一、"室内装饰工程"课程教学中存在的问题

（一）原课程体系需完善，特色不鲜明，不适应装配式内装技术发展新形势

建筑内装行业发展迅速，近年来涌现了信息化装配式集成内装、智能生态家居、虚拟现实VR等新技术。但当前课程教学理念单一，授课内容不能全面反映行业发展动态。此外，工程技术类课程内容抽象、结构工艺复杂、新知识和新技能理解难度大，学生缺乏学习兴致。

（二）实习教学平台不足，理论脱离实践，不适应一流专业人才培养新模式

"室内装饰工程"是一门艺术性、技术性和应用性很强的课程，现有教学重视书本和理论教学，缺少综合实习基地，实践环节薄弱，导致理论与工程实践脱节，学生实际工作和创新创业能力不强。此外，考核形式单一，缺乏交流研讨，难以检测学生真实能力和职业素养。

（三）专业性教材缺乏，互动共享资源匮乏，不适应信息化交互教学新常态

目前市面上有关室内装饰材料与施工方面的书籍虽然很多，但大都内容滞后，不能全面反映新材料、新技术、新工艺及新标准；且数字立体化教材缺乏，信息交互和共享型教学资源匮乏，难以适应住宅产业化和绿色集成家居行业发展，不能满足新时代学生的自主学习需求。

二、"室内装饰工程"课程教学改革的思路

室内装饰工程立足于创造美好家居环境，而选择良好的内装材料、匹配适宜的结构和施工工艺技术是实现室内设计方案的物质基础和有力保障。因此，教学策略设计中，应鼓励学生在学习过程中探究日常生活空间（如寝室、图书馆、教室、食堂、会议室）如何进行装修，同时多方式、多途径改进人才培养模式，建设信息化共享型课程资源，促进教学生态与信息技术深度融合，实现"互联网+情景化交互"教学。

（一）基于创新能力培养进行教学改革

立德树人，回归教学，着力提升创新型人才培养质量。根据新工科和一流本科专业教育内涵式发展要求，结合行业发展特色，把新材料、新构造、新部品、新技术和新理念引入课堂，广泛建立产学研合作关系，促进课堂教学与社会资源互动共享，体现工学结合教学特色。

（二）促进数字信息技术与教学生态融合

强基础、重实践、促创新，编纂新版数字化省部级规划教材，联合企业设计师、工程师创建在线开放课程和电子共享课件，建设实习基地材料库及工法与构造展厅，引入虚拟现实和多媒体视频技术，实地拍摄场景式教学视频、精心制作三维动画，开展线上线下混合教学。

（三）以实践项目为依托提升"双创"能力

与行业内知名单位联系搭建创新创业实践平台，推进产教协同、科教融合，以企业实际工程项目为依托，进行课程的设计；鼓励和指导学生参加"梁希杯""挑战杯"等创新创业竞赛和室内设计比赛，通过校内外导师联动不断提高产学研用教学实效，提升"双创"人才培养质量。

三、"室内装饰工程"课程教学改革的措施

基于新工科一流本科专业人才培养定位，以项目训练和实践基地为依托，以创新能力

提升为目标,以"任务驱动"和"项目导向"为核心进行教学改革,围绕"室内装饰工程"课程的人才培养模式、产学研联动、实践平台建设、教学资源创建和学生创新创业能力培养等方面开展教学信息化改革创新与多维实践,不断提升室内装饰工程复合应用型人才培养质量(图1)。

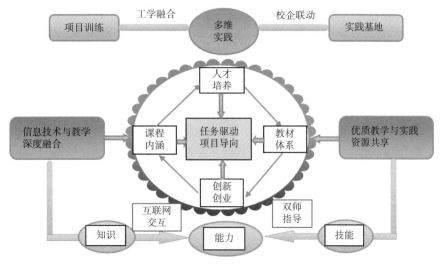

图1 "室内装饰工程"课程信息化教学改革体系构架

（一）构建新工科课程创新型人才培养模式

内装材料更新快,工程技术发展快,课堂教学要与行业实践接轨,与前沿技术接轨,需建立一支教学科研、工程化、专业化并重的教师队伍,着力提高学生专业创新能力、行业洞察能力和综合实践能力。教学过程中通过"理论认知-自主学习-互动研讨-双师引导-科技实践"模式,培养新工科复合创新型人才。目前教学团队有校内教授1人、青年骨干教师3人、外校企业导师4人,此外还邀请马克思主义学院教师担任课程思政导师,联系高年级学生、研究生和刚毕业学生组建了朋辈助教团。在教学中先后聘请清华大学、故宫博物院、中关村人居环境工程与材料研究院、北京业之峰装饰工程有限公司等知名科研院所和企业的教授、研究员、总工程师、设计总监,开设了"我国住宅产业化现状及装配式建筑发展趋势""匠巧工心——清宫家具探微""新型建筑内装材料及发展趋势"等前沿性专业课程讲座,进行授课和交流,拓展学生视野。专家讲座的内容设计重在激发学生的创造性思维和逻辑思考能力,将专业前沿知识和新颖的工艺技术引入课堂。

（二）强化校内外双循环联动开展实践教学

强化理论基础,面向工程实践,聘请企业人员担任校外导师,为学生进行专业技能、人生规划、为人处世等方面的指导。课程教学方案设计突出工程实践能力培养,着力构建以装饰材料为基础,以施工工艺为纽带,以课程设计为主线,以校内实验平台和校外实习实践基地为依托,以校内外导师联合指导为助推的课程体系,多维联动协同育人,重点提升学生工程项目实践能力。强化校内校外双循环联动,在校内实行"理论教学-案例解析-小组研讨",校外进行"项目调研-工程实践-双师指导",构建"理论认知-自主学习-互动研讨-双师指导-创新实践"人才培养模式。采用参与式模块化进行理论教学,课程内容由"室内装饰工程概论""室内装饰材料""室内装饰构造""施工工艺技术""案例解析与课程设计"等五大模块组成,主要强调培养学生对专业基础知识的理解和掌握。同时,建立动态教学模式:活跃课堂教学(与企业、行业协会联合开展教学,设计师、工程师言传身教进行串讲)-工程实地观摩(以合作企业实际工程项目为依托,学生现场进行观摩学习)-企业课设点评(通过案例解析和课程设计,邀请企业导师进行点评,形成教学与企业行为一体化)-客户交流反馈(通过与客户交流及客户的反馈,培养学生与人沟通、认识社会和自我以及分析、解决问题的能力),最终实现课程教学的"教、学、做"一体化。

(三)建设互联网+交互现代信息化教学平台

引入现代互联网信息和多媒体视频技术,不断改进教学方式和手段。教学团队先后开发建设了精品在线开放课程"室内装饰工程"、线上电子开放课件、"工程场景式"教学视频和典型材料与工程案例库,打造"OTO"教育平台。教学团队联合合作企业赴装饰工程现场对传统装修 45 道施工工序进行实景拍摄,录制工人施工视频,解决了工程类课程材料结构和施工工法难理解的问题。采用智慧教室 MOOC+SPOC 线上线下混合式教学模式,将多媒体课件、现场教学、分组研讨等多种教学手段有机融合,利用网络图、文、声、像优势,在理论教学、课设研讨、案例解析、方案调研和师生互动过程中实施互联网+信息化交互教学,实现学生、老师、设计师、工程师、业主及操作工人之间的情景化沟通。此外,利用虚拟现实、设计软件和三维动画技术提升教学现代化水平,在教学中实现"材料选配—结构设计—部品组合—功能布局—方案完善"全过程展示与优化(图2)。例如,干式架空地板铺装是装配式集成内装新技术,将地板材料部品化,实行工业化生产,现场装配式组装,完全不同于传统湿作业工法。这种新颖的结构和工艺,学生难以自主想象和理解。针对这一问题,教学团队制作了三维动画,使学生形象直观地对地脚螺栓布设、高度调节、地板铺装、踢脚板安装与保养等整个工艺流程和结构细节了然于心,从而达到了教学"信息化、立体化、趣味化"的效果。

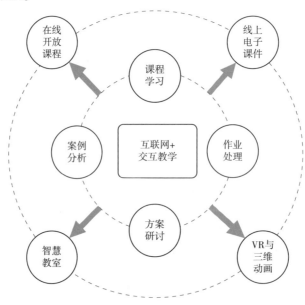

图2 "室内装饰工程"课程互联网+交互教学平台

(四)建设富含数字化资源的省部级系列教材

针对住宅产业化、物联网智能家居等新技术,充分吸收国内外相关教材优点以及行业最新成果,完善教材内容和体系,与企业、科研单位合作开发适应装配式建筑集成内装的系列教材,出版了以绿色环保装饰材料为特色的《室内装饰材料与构造》,以装配式集成内装技术为主干的《室内装饰工程干法施工技术》《室内装饰施工图绘制与识读》,以及以计算

图3 "室内装饰工程"课程信息化教学资源

机信息化技术为手段的《室内装饰工程概预算与投标报价(第3版)》等含有丰富数字化资源的省部级规划教材,着力反映新材料、新技术、新工艺和新规范成果,实现了传统纸质教材与工程的图、文、声、像多元素信息化教学(图3)的有机融合,拓展了教材内容内涵和外延,使用高校30余所,先后荣获2017年北京市高等教育教学成果二等奖和2019年全国生态文明信息化教学成果奖。截至目前,教学团队累计出版教材及教辅用书10余部(图4)。

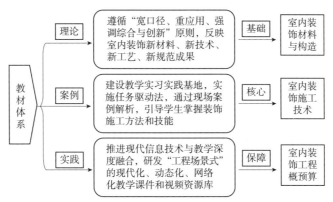

图4 "室内装饰工程"课程教材体系建设

(五)创建专业化实践教学平台与实训基地

深化产学研协同育人,促进课堂教学与社会资源互动共享,结合我校木材科学与工程国家重点学科及教育部工程中心平台优势,教学团队积极联系相关企业共建教学实习实践基地,共同开发装配式集成内装实训展厅和教学模具,建设家居体验间、内装材料库、家具构造展示室、VR智能家居体验室,使学生获得全方位、多角度一站式教学体验。依托校内教学实验中心、校外实习实训基地和产学研创新实践基地(图5),建成专业实践、科技实践、调研实践全天候开放、学生可自主创新的综合实践教学平台,以科研和工程项目、创新计划提升学生创新能力。教学团队先后在北京康洁家具有限公司、北京太伟宜居装饰工程有限公司、北新集团建材股份有限公司等行业知名企业建设专业化教学实践基地6个。同时,依托校内教学实验中心、校外实习实训基地和产学研创新实践基地,建设全天候开放、学生可自主创新的综合实验测试平台,通过项目经费、争取学校和企业支持设计研发、购置有关前沿性教学实验装置5套,引入家具结构设计、构造模拟及虚拟现实软件3套。

(六)以工程项目制改革考核内容与考查形式

为提升学生自主学习沟通表达能力、创新实践和分析解决问题的能力,教学团队对课程考核方式进行了改革。基于工程项目制理念,采用课程设计+开卷考试进行考核,最终考核成绩由课程设计(占35%)+开卷考试(占50%)+平时成绩(占15%)构成,课程设计重点考查学生创造性分析以及解决实际问题能力,开卷考试重点考查学生对基本理论的掌握情况以及自主学习的能力。在课程方案设计中,突出学生创新创业能力培养,通常将全班同

图 5 "室内装饰工程"课程专业化实习基地建设

学分为 4~5 人/小组，明确好各自任务，通过项目任务驱动，设计完成一整套室内装饰装修方案。今年由于疫情影响，学生都在家进行线上学习，结合实际，布置以"我的家，我做主"为题进行住宅内装方案设计的作业，同学们可以通过与父母交流、实际测量、小组讨论、市场调研等方式进行方案设计，过程中还可以与校内外导师、企业设计师、工程师进行交流，最终形成设计方案，并进行分组展示和答辩，答辩采用 PPT 汇报和小组互评的方式，由任课教师和校外导师共同进行点评和解析。这种根据实际情况，以项目制改革考核内容与考查形式受到了家长和学生欢迎，既增加了家庭成员间的交流，也密切了家校联系，学以致用，活学活用，避免学生死记硬背、生搬硬套，提高了学生对内装工程技术知识的理解和应用能力。

四、"室内装饰工程"课程教学改革的成效

本课程面向一流本科专业建设，着力进行信息化教学改革与实践，通过产学研协同育人，构建多维联动教学体系，创制互联网+交互教学新模式，创建共享型数字化教学资源库，提升了学生创新创业能力和新工科人才培养质量，育人成效得到了同行和用人单位的广泛好评。

（一）人才培养成效

本课程实践性强、适应性广，每年在我校材料科学与技术学院、艺术设计学院、经济管理学院等 3 个学院的 7 个专业开设"室内装饰工程"系列课程 10 余门次，年教授学生 500 多人次。另外，还开设有全校公选课、学院路高校共同体课、辅修专业和成人继续教育专业课，年培养学生 350 余名。建设的精品在线开放课程"室内装饰工程"上线仅一个月，目前选课人数已突破 1500 人。近 5 年来，学生获各级各类设计奖和创新创业比赛奖励近 300 项。毕业生受到北京市建筑设计研究院、北新集团建材股份有限公司、北京太伟宜居装饰工程公司、京东家居、顾家家居等企业高度欢迎和认可。

（二）辐射作用成效

教学团队多年来一直专注一线教学工作，承担了大量教学任务，积累了丰富的教学经验，建设了大量的课程资源，先后出版了《室内装饰材料》《室内装饰材料与构造》《室内装饰工程》《室内装饰工程干法施工技术》《室内装饰施工图绘制与识读》《室内装饰工程预算与投标报价（第 3 版）》等省部级教材及教辅书籍 10 余部。教材被北京、天津、湖南、河南、山西、江苏等 10 余省（自治区、直辖市）30 余所高校选为专业课教材以及行业技能考试用书，累计已销售 90000 余册。开发"工程场景式"教学视频 1 套，在线开放电子课件 5 套，累计下载 60000 余次。目前已有北京工业大学、天津科技大学、北京建筑大学、福建农林大学、河南农业大学、北京服装学院、中南林业科技大学等 20 余所院校前来考察交流；为国内 20 余家装饰企业开展业务培训 1000 余人次，为多项重点工程提供了咨询和技术服务。

（三）专业建设成效

教学团队于 2015 年创立了北京林业大学集成家居工作室，从事有关装配式内装与集成

家居领域的教学和科研工作。目前，已荣获校级及以上教学成果奖励10余项(其中北京市高等教学教学成果二等奖1项、国家林业和草原局生态文明信息化教学成果奖C级1项、北京林业大学教学成果一等奖1项)，主持校级教学改革研究项目、课程思政项目7项，发表教学和课程改革论文8篇。参编《装配式内装修技术标准》《木质集成家居安装、验收和使用规范》《装配式预涂无机饰面板》和《木质集成家居部件制造通用技术》等4项标准。与相关企业签订产学研合作项目5项，通过产教协同、科教融合服务行业转型升级发展，同时也取得了教学相长的效果。联络学院与北京市建筑装饰协会签署人才培养合作协议，学院当选为北京市建筑装饰协会副会长单位、国家林业和草原局定制家居国家创新联盟发起单位、中国建筑装饰协会人才教育联盟副会长单位。

总之，本课程立足于推进现代信息化教育手段与教学生态深度融合，着力建设精品在线开放课程、线上电子开放课件、工程场景式教学视频、VR与三维过程仿真、互联网+智慧交互课堂、数字化立体教材、校内外双循环联动、专业化创新实践基地，在创新产学研人才培养模式、深化课程内涵和数字化教材建设，推动优质教学资源共享及发展学生创新创业能力等方面展开了一系列改革探索与实践，取得了良好的育人成效，对促进国家级一流本科专业课程教学内涵式发展和新工科高素质复合应用型人才培养具有积极的示范作用。

参考文献

［1］郭洪武，刘毅．基于多维教学模式的"室内装饰工程"课程教学改革［J］．中国林业教育，2015，33(2)：67-70．

［2］周杨．内涵式发展要在专业、课程、教学上下功夫：访厦门大学潘懋元先生［J］．中国大学教学，2018(1)：46-50．

［3］曾传柯，李扬．基于工作过程的建筑装饰材料与构造技术课程改革研究［J］．美术大观，2010(11)：156-157．

［4］郭洪武．"室内装饰材料与工程"课程教学改革的探讨［J］．中国林业教育，2010，28(3)：55-59．

［5］郭洪武，刘毅．"家具市场营销"课程教学改革的探索［J］．中国林业教育，2014，32(1)：51-54．

［6］刘毅，郭洪武．住宅产业化背景下"室内装饰工程"课程教学改革的探索：以北京林业大学为例［J］．中国林业教育，2019，37(11)：37-40．

Information Teaching Reform and Practice of *Interior Decoration Engineering* Course for First-class Undergraduate Professional Construction

Liu yi　Guo hongwu

(Key laboratory of wood materials science and application, Beijing Forestry University, Beijing　100083)

Abstract　"Interior Decoration Engineering" is a compulsory course for wood science and engineering (furniture design and manufacturing direction) at the national first-class undergraduate professional construction site of Beijing Forestry University. This course focuses on cultivating high-quality composites engaged in decoration engineering design, construction, management and budgeting applied talents. In order to implement the connotative development strategy of higher education and the first-class undergraduate professional talent training system for new engineering, this course innovates the talent training model of industry, university and research, based on morality, and "task-driven" and "project-oriented" as the core of teaching Reform, focus on promoting the deep integration of modern informatization education methods and teaching ecology, integrate the curriculum ideology through the dual-cycle linkage inside and outside the school, and use participatory modular teaching to enhance students' innovation ability; actively build digital provincial and ministerial planning textbooks and high-quality online open courses, Online electronic open courseware, engineering scene-based teaching videos, three-dimensional process simulation animation, joint assessment of instructors and professional innovation practice bases inside and outside the school, in building a multi-dimensional linkage practice teaching system, creating a new Internet + interactive teaching model, and creating a shared digital A series of teaching reforms and practices have been carried out in the teaching resource library and the development of students' innovation and entrepreneurship capabilities, and good results have been achieved, providing a reference for promoting the construction of first-class undergraduate professional courses in the new era and the training of high-quality compound applied talents in new engineering.

Keywords *Interior Decoration Engineering*, new engineering talents, first-class undergraduate major, informatization, practical teaching, curriculum reform

面向工程教育认证的机械专业一流课程建设

——以"机电传动控制"为例

管 成　张厚江　刘晋浩　路敦民　程朋乐

(北京林业大学工学院，北京　100083)

摘要：以机械设计制造及其自动化专业一流课程建设为目标，以"机电传动控制"课程为例，基于工程教育认证标准，立足林业大学专业特色，进行了课程目标的重新制订、教学内容的调整、教学模式的改进、考核方式及成绩评定标准的优化，取得了良好的课程建设效果。一方面改变了当前以教师为中心，学生被动接受的教学模式，满足工程教育认证中"以学生为中心"的教育理念；另一方面，通过对考核方式和成绩评定标准的优化，有利于提高学生的综合能力，帮助学生达到毕业要求并实现对本课程的持续改进。

关键词：工程教育认证；机械设计制造及自动化；一流课程建设；机电传动控制

一、前　言

工程教育认证作为目前国际通行的保障工程教育质量的制度，可以用于实现工程教育和工程师资格的国际互认[1]。为了我国工程教育和国际接轨，我国于2015年成立了中国工程教育专业认证协会，该协会正大力开展以学生为中心、成果导向和持续改进作为核心理念的工程教育认证工作。参与工程教育专业认证也已成为我国广大高等教育院校工科类专业的一个大趋势。

笔者所在的北京林业大学机械设计制造及其自动化专业当前正在开展工程教育认证工作[2]。"机电传动控制"作为机械设计制造及其自动化专业开设的一门必修的专业基础课，研究机电一体化机械设备中电机传动及其控制[3]。通过本课程的学习，要求学生明确地理解机电传动控制的一般知识，掌握常用的电器元件和控制系统的工作原理、特性以及应用和选用的方法，能够进行复杂机电一体化系统的分析与设计，开展机电系统性能的研究。为学习后继课程以及从事与本专业有关的机电一体化设备的设计工作和机电传动控制工作打下一定的基础。

本专业一些课程当前依然处于以教师和教材为中心的传统教学阶段，课堂以教师讲述为主，师生互动较少，以出勤次数、平时作业和考试分数作为评估手段。本专业的这些课

作者简介：管　成，北京市海淀区清华东路35号北京林业大学工学院，讲师，cguan6@ bjfu. edu. cn；
　　　　　张厚江，北京市海淀区清华东路35号北京林业大学工学院，教授，hjzhang6@ bjfu. edu. cn；
　　　　　刘晋浩，北京市海淀区清华东路35号北京林业大学工学院，教授，liujinhao@ bjfu. edu. cn；
　　　　　路敦民，北京市海淀区清华东路35号北京林业大学工学院，副教授，dunminlu@ 163. com；
　　　　　程朋乐，北京市海淀区清华东路35号北京林业大学工学院，副教授，chengpengle@ bjfu. edu. cn。
资助项目：北京林业大学教育教学研究项目"面向工程教育认证的'机电传动控制'课程改革研究"
　　　　　(BJFU2020JY044)。

程的现状与工程教育认证的理念存在一定的差距，因此有必要基于《工程教育认证标准》的要求和核心理念，以"机电传动控制"课程为例，研究如何开展机械设计制造及其自动化专业一流课程的建设。

二、基于工程教育认证的"机电传动控制"一流课程建设

根据《工程教育认证标准》要求，专业需要有明确、公开、可衡量的毕业要求，同时毕业要求能够支撑培养目标的达成。《工程教育认证标准》要求专业从工程知识、问题分析、设计/开发解决方案、研究、使用现代工具、工程与社会、环境和可持续发展、职业规范、个人和团队、沟通、项目管理和终身学习共12个方面进行完全覆盖[4]。本专业严格遵循《工程教育认证标准》的要求，并突出北京林业大学机械设计制造及其自动化专业的特色，形成现有的具有本专业特征的12项毕业要求。那么，结合工程教育认证"以学生为中心、成果导向和持续改进"的核心理念，需要通过修订培养方案和课程体系形成对这12项毕业要求的支撑。而"机电传动控制"作为本专业必修的专业基础课，从制订课程目标、调整教学内容、改进教学模式、优化考核方式及成绩评定标准等4个方面开展了一流课程建设，实现对相对应的毕业要求的支撑。

（一）课程目标制订

根据该课程对毕业要求的支撑关系，构建基于能力培养的多元教学模式，并基于能力形成（知识理解能力、应用能力、分析设计能力）的规律[5]，重新制订了课程教学目标：

课程目标1：掌握机电传动系统的运动方程式以及多轴拖动系统转矩和飞轮矩折算的基本原则和方法，学会对机电传动系统开展运动和动力分析。

课程目标2：掌握各种电动机的构造、原理、拖动特性，会"驾驭"电动机并在机电一体化机械设备设计中进行计算和合理选用，并知道如何控制其各种运行状态。

课程目标3：掌握各种电力半导体控制器件及其基本电路，学会在机电一体化机械设备的设计中进行计算和合理选用，并能够设计全部或部分机电传动控制电路。

课程目标4：掌握常见的机电传动自动控制系统，学会根据生产机械的特点和要求正确选择、设计和使用机电传动控制系统，并能够满足机电一体化机械设备对机电传动控制的要求。

课程目标5：通过课程作业和研讨，能够在机械工程领域评价机电产品、机电一体化设备的设计与制造对环境保护和社会可持续发展的影响。

课程目标对毕业要求的支撑关系见表1。课程目标与毕业要求具体达成指标点建立了对应的支撑关系。根据课程目标调整教学内容，改进教学方法，优化考核评价方式。

表1 课程目标对毕业要求的支撑关系

课程目标	毕业要求	毕业要求具体达成指标点
课程目标1 课程目标2	1. 工程知识	1.5. 掌握并正确运用机电液系统知识。掌握电工电子、液压、机电综合技术知识，能够进行复杂机电液一体化系统的分析与设计
课程目标3 课程目标4	4. 研究	4.2. 机电系统性能的研究。能够根据机电系统性能要求，正确设计实验方案进行实验研究，能够建立仿真模型进行仿真研究
课程目标5	7. 环境与可持续发展	7.2. 评价环境和可持续发展的影响。能够合理评价机械设计与制造、机电产品研发过程对环境保护和社会可持续发展的影响

（二）教学内容调整

教学中根据教学要求对教学内容进行设计，依托工程教育专业认证标准及北京林业大

学专业特色，在牢固夯实专业基础的前提下，对教学内容与教学要求进行改革调整，体现对教学内容的优化设计。当前教学内容可以达成前 4 个课程目标，在课程总学时不变的情况下，对原有教学内容进行了适当缩减，专门安排了 2 个学时的研讨课，结合林业和木工机械实际案例，例如林木联合采育机和足尺人造板力学性能无损检测设备等，组织学生对机电产品研发过程对环境保护和社会可持续发展的影响展开讨论，形成对课程目标 5 的支撑。

（三）教学模式改进

当前的教学模式以教师为中心，学生被动接受，不满足工程教育认证"以学生为中心"的理念，对教学模式进行如下改进：

（1）启发式教学：结合工程实际应用及要解决的问题进行教学，促使学生主动对问题进行思考，提高学生分析问题和解决问题的能力，从而培养学生的学习兴趣以及逻辑思维能力。

（2）多途径开展自学：教师定期布置部分课程内容，鼓励学生通过图书馆的图书资料以及慕课等线上资源，多途径完成对课程内容的学习，培养学生自主学习的能力。

（3）学生讲解与讨论相结合：鼓励学生通过参加相关的展览，例如机器人展和数控机床展，制作 PPT，在讲台上讲解一些课程相关的发展前沿，并开展讨论，进一步培养学生自主学习以及口头方式交流表达机电传动控制思想和过程的能力。

（四）考核方式及成绩评定标准优化

课程考核内容与方式需要形成对课程目标的支撑，这样才可以检验教学的质量和效果，也可以用于课程的持续改进。基于重新制订的课程目标，优化了考核方式和成绩评定标准，如下所示。

本课程的最终成绩包括期末考试成绩（70%）、平时课后作业成绩（25%）和研讨成绩（5%）3 部分。

期末考试：采用笔试（闭卷）进行考核，期末考试时间为 120min。试卷题型包括选择题、填空题、简答或回答题、计算题、分析题，以卷面成绩的 70% 计入课程总成绩。其中考核机电传动系统的运动和动力分析约占 5%，电动机及其拖动特性约占 40%，电力半导体控制器件及其基本电路约占 30%，机电传动自动控制系统约占 25%。

平时课后作业：①课后完成 30~40 个习题；②主要考核学生对每节课章节知识点的复习、理解和掌握程度；③每次作业按 100 分制单独评分，取各次成绩的平均值乘以 25% 作为此环节的最终成绩。

研讨：采用 PPT 汇报形式，开展研讨，来培养学生独立学习以及口述方式交流表达和评价该课程相关知识的能力。

各种考核方式与比例关系，考查内容对课程目标与毕业要求的支撑见表 2，平时课后作业和研讨成绩的评分标准见表 3 和表 4。

表 2 课程考核内容与方式

课程目标	毕业要求	各部分比例关系/%			成绩比例/%
		作业 25%	研讨 5%	考试 70%	
课程目标 1	1.5	10	0	5	4.75
课程目标 2	1.5	30	0	40	36.75

(续)

课程目标	毕业要求	各部分比例关系/%			成绩比例/%
		作业 25%	研讨 5%	考试 70%	
课程目标3	4.2	30	0	30	12
课程目标4	4.2	20	0	25	23.75
课程目标5	7.2	10	100	0	10
合计		100	100	100	100

表3 平时课后作业成绩评分标准及对课程目标的支撑

课程目标	评价标准					成绩比例/%
	优秀 (≥90分)	良好 (80~89分)	中等 (70~79分)	合格 (60~69分)	不合格 (<60分)	
课程目标1	概念清楚;求解过程正确、逻辑性强;分析思路正确	概念清楚;求解过程基本正确;分析思路清楚	概念理解正确;有求解过程和思路,基本原理正确	概念基本理解;有求解过程和思路,但是有较多错误	概念不清楚;求解过程有重大错误	5%
课程目标2						35%
课程目标3						30%
课程目标4						25%
课程目标5						5%

表4 研讨成绩评分标准及对课程目标的支撑

课程目标	评价标准				
	优秀 (≥90分)	良好 (80~89分)	中等 (70~79分)	合格 (60~69分)	不合格 (<60分)
课程目标5	汇报PPT内容全面丰富;陈述正确流利;对自己讲述的问题有清楚准确的把握;和其他同学有提问等互动环节;能够正确回答问题	汇报PPT内容比较丰富;陈述比较流利;对自己述的问题有比较清楚准确的把握;能够把问题表述正确清晰;可以正确回答大部分问题	汇报PPT内容基本可以把问题表述完整;对自己讲述的问题小部分没有弄清楚;陈述基本流利,可以有少量错误;回答问题基本正确或需要组内其他成员协助	汇报PPT内容不能表达主题思想,或有较多错误;对自己讲述的问题大部分没有弄清楚;回答问题有较多错误或组内其他成员均不能正确回答问题	没有汇报PPT;语言表达无法让人理解;组内成员均不能正确回答问题

三、课程建设效果

根据课程教学大纲,课程目标达成情况采用定性与定量分析相结合的方式进行。根据课程目标对毕业要求的支撑关系,假如多个课程目标对应一个毕业要求,把各课程目标达成情况评价值的平均值作为课程目标对毕业要求的支撑。其中,机械设计制造及其自动化专业2017级学生大部分课程目标达成度均在0.7以上,课程对毕业要求支撑达成度均在

0.67以上，达成情况较好。可见，基于工程教育认证的"机电传动控制"一流课程建设，取得了良好的课程改革效果。

一方面，课程建设对教师和课程本身具有持续的优化提升，例如2017级学生课程目标3的达成度仅为0.55，属于一流课程建设中的薄弱环节，是下一步持续改进的主要目标，拟在教学中通过加强工程实际问题训练进行提升。另一方面，对学生而言，提高了学习机电控制的兴趣与求知欲，在毕业设计选题中的机电控制类方向比例不断增大，同时进入机电行业就业的毕业生人数逐步上升，对毕业学生的就业多样化有积极促进作用。

四、结 语

为实现工程教育认证中"以学生为中心"的教育理念与一流课程建设的目标，基于学生能力形成规律，以机电传动控制课程为研究对象，进行合理的教学课程改革：重新制订课程目标、调整教学内容、改进教学模式、优化考核方式及成绩评定标准，完成教学主体由"教"向"学"的转变。本次的教学课程改革，对学生个体而言，提高了学生的综合能力与对机电传动控制课程的理解，培养自主学习能力、实践创新能力和工程应用能力；对老师而言，可以更好地帮助学生达到毕业要求并实现"以学生为中心"的教育理念，同时使课程的评价考核方式更加合理，有助于本课程的持续改进。

参考文献

[1] 卜迟武，孙智慧，唐庆菊．面向工程教育认证标准的"机电传动控制"课程教学改革[J]．黑龙江教育（理论与实践），2020(3)：53-54．

[2] 张厚江，高道祥，姜芳，等．面向工程教育专业认证的机械设计制造及其自动化专业培养方案的修订：以北京林业大学为例[J]．中国林业教育，2017，35(6)：18-21．

[3] 冯清秀，邓星钟，周祖德，等．机电传动控制[M]．5版．武汉：华中科技大学出版社，2011：6．

[4] 中国工程教育专业认证协会秘书处．工程教育认证工作指南[M]．2019版．北京：中国工程教育专业认证协会秘书处，2019：11．

[5] 许瑾，蒋林，赵万明．以能力培养为目标的电机学课程改革[J]．高教学刊，2020(25)：121-124．

First-class course construction for Mechanical specialty according to engineering education accreditation: Take *Electro-mechanical Driving and Control* course for example

Guan Cheng   Zhang Houjiang   Liu Jinhao   Lu Dunmin   Cheng Pengle

(School of Technology, Beijing Forestry University, Beijing   100083)

Abstract   In order to build the first-class course construction for Mechanical Design, Manufacturing and Automation Specialty, *Electro-mechanical Driving and Control* course taken as an example was built based on the specialty characteristics of Beijing Forestry University according to engineering education accreditation standards, including the curriculum objectives reformulated, teaching content adjusted, traditional teaching mode improved, evaluation method and performance criteria optimized. Results demonstrated that good effect of course construction has been achieved. On the one hand, the traditional model of teaching with teachers as the center and the passive learning of students is changed, which satisfies the student-centered educational concept of engineering education accreditation; on the other hand, it is beneficial for improving the comprehensive ability, helping student reach the graduation requirements and achieving sustainable improvements for the course by optimizing the evaluation method and the performance criteria.

Keywords Engineering education accreditation, Mechanical Design, Manufacturing and Automation, first-class course construction, *Electro-mechanical Driving and Control*

思想政治理论课教学实效性评价

——基于大学生视角的调查

高兴武　李金旭

（北京林业大学 马克思主义学院，北京　100083）

摘要：思政课教学实效性是指学生通过学习思政课接受马克思主义理论教育和思想品德教育的实际效果，主要涉及教学过程实效性和教学结果实效性。调查发现，多数大学生认为教学实效性要从总体上评价，其中学生自身的学习效果比教师的教学效果更为关键，考试成绩是衡量教学实效性的要素但不是最重要的要素，教师的教学态度和教学方法比教学内容更重要，学生的思想品德和实践能力的提升比理论知识学习更重要。根据大学生的评价，当前思政课教学实效性总体达到良好水平（77.5分）。基于上述调查与评价，未来进一步提升思政课教学实效性要在实践教学环节增量提质，使大学生学以致用；创新教学理念和方式，提升大学生实际获得感；优化考核方式，多指标引领高校育人方向。

关键词：思想政治理论课；教学实效性；评价；调查

一、思政课教学实效性的内涵及其评价

（一）思政课教学实效性的内涵

从教学过程和目标来看，"高校思想政治理论课（以下简称"思政课"）教学实效性是指通过思想政治理论课教学，对学生进行系统的马克思主义理论教育，帮助学生树立正确的世界观、人生观和价值观，提高学生运用马克思主义基本立场、观点、方法分析和解决问题的能力，确立中国特色社会主义共同理想和信念的实际效果[1]"。结合历史背景和现实需要，"思想政治理论课教学实效性是指根据社会和时代发展的要求，在思想政治理论课教学中以培养大学生运用马克思主义理论指导知与行的能力为核心促进其思想品德全面发展的实际效果[2]"。从教学过程各个要素之间的关系来看，"思想政治理论课教学实效性就是指在其教学的过程中，是否充分发挥了各教学要素的作用，并通过优化的教学内容和科学的教学方法，真正达到了最佳的教学效果和'教书育人'之目的[3]"。

思政课教学实效性是指思政课教学取得的实际效果，亦指学生通过学习思政课接受马克思主义理论和思想品德教育的实际效果，反映了思政课教学现状与教学目标之间的关系。其主要体现为：一是思政课教学过程的实效性，在思政课教学过程中，教师秉持负责任的教学态度，遵循基本教学原则，运用科学教学方法，向学生系统全面讲授基本理论知识，引导学生正确认识世情、国情、党情，向学生灌输正确的世界观、人生观、价值观，学生认同和接受的效果；二是思政课教学结果的实效性，主要包括学生对相关理论知识的内化

作者简介：高兴武，北京市海淀区清华东路35号北京林业大学马克思主义学院，副教授，gaoxingwugao@sina.com；

　　　　　李金旭，北京市海淀区清华东路35号北京林业大学马克思主义学院，硕士研究生。

资助项目：2018年度首都大学生思想政治教育课题一般项目"北京高校思想政治理论课教学改革实效性实证研究"。

效果(主要体现为学习成绩),学生运用理论知识分析和解决问题能力的提升效果,以及学生把所学理论知识和接受的"三观"外化于行的程度。

思政课教学实效性具有自身的特征:一是实效性的表现形式多样。思政课教学实效性既以外在的形式体现,如考试成绩、在公共场合的言谈举止等,又蕴含于个体的思想和心理活动中;既体现为对大学生当下思想行为的引导,又体现为对其未来工作生活深远持久的影响。二是影响实效性的因素日趋多元。思政课不是空洞的理论说教,而是回顾历史、植根现实的科学讲授。思政课教学实效性既受课堂上教师和学生的多重影响,又难以脱离纷繁复杂的社会现实,需要对其做出正确有力的回应。三是实效性总是在比较中彰显。判断思政课教学实效性不是一个孤立的过程,要根据不同阶段的现实状况和预期目标,在横向和纵向对比中把握自身的变化趋势。

(二)思政课教学实效性的评价

基于以上认识,思政课教学实效性评价要把思政课教师的"教"和学生的"学"结合起来。"评价思政课教学效果应关注学生是否实现了有效学习。有效的教学应引导学生积极主动地参与学习,使教师与学生、学生与学生之间保持有效互动,使学生获得对所学内容的积极体验与情感,使学生形成对所学习内容的真正接受[4]"。具体而言,思政课教学实效性评价不仅要看知识传授效果和能力培养效果,更要看教师引导学生如何做人的效果,即要涵盖"知识传授效果的评价""能力培养效果的评价"和"品德教育效果的评价"[1]。因此有学者认为,高校思政课教学实效性评价主要包括:"一是知识层面的评价,即理论学习情况、技术学习情况和解决问题方法的学习情况等;二是能力层面的评价,即学生实践能力情况和专业技能掌握情况;三是价值观、情感和态度层面的评价,包括整个学习过程中由情感、认知和行为倾向所构成的学生的态度和由审美、理性行为和道德所构成的情感等[5]"。

评价思政课教学实效性,是对思政课"教"与"学"的实际效果的评价。"教"与"学"的关系由教育者与受教育者的关系构成,他们是思想政治教育的基本要素。为了获得对思政课教学实效性直观准确的认识,有据可依地评价思政课教学实效性,需要确定思政课教学实效性的主要评价指标。《基础教育课程改革纲要(试行)》指出:知识与技能、过程与方法、情感态度与价值观是教学活动应实现的3个目标维度,对思政课教学具有借鉴意义,它涵盖了对学生在知识、能力和思想品德层面的基本要求。首先,从知识与技能掌握上看,思政课教学实效性的直观反映是学生思政课的成绩,学生成绩直接表现为学生掌握思政课基本知识理论的程度和运用其分析和解决现实问题的能力,与教师教学实效性直接相关。其次,从过程与方法层面看,教学实效性可以从教学内容、方法和态度上来衡量。教学内容的准确系统全面呈现是教学实效性的基础和前提,没有精准充实的教学内容,教学实效性就成了无源之水,通过哗众取宠、投机取巧而暂时获得的教学喝彩难以经受学生的理性反思和时间的考验;教学方法是教学内容呈现的途径和手段,是知识理论传授的桥梁和媒介,有效的教学方法可以使知识的传授事半功倍;教学态度是师生情感交流的催化剂,"亲其师信其道",积极亲和的教学态度可以有效拉近师生之间的心理距离,尤其是在承担塑造大学生"三观"的思政课上,教学态度对教学实效性尤为重要。最后,从情感态度与价值观的培育效果看,教学实效性主要体现为学生的学习效果,具体体现为理论知识的认知、实践能力的提升和思想品德的影响。

基于上述内容可以构建思政课教学实效性评价指标体系(表1),并将其作为问卷调查的基础。为了量化评价思政课教学实效性,需要根据问卷调查的结果确定各项指标的权重,从而建立可量化的思政课教学实效性评价指标体系。

表 1　思政课教学实效性评价指标体系

一级指标	二级指标
教学效果	教学内容
	教学方法
	教学态度
学习效果	理论知识
	实践能力
	思想品德
考试成绩	考试成绩

二、 思政课教学实效性调查

（一）调查设计与方法

调查主要根据上述指标体系设计调查问卷，分别调查学生思政课的成绩、教学效果和学习效果，获得学生对思政课教学实效性的评价，并根据学生对上述 7 个二级指标的重要性评价确定各个指标的评价权重，同时征求学生对构建思政课教学实效性评价指标体系和提高思政课教学实效性的看法和建议。问卷调查的对象为北京高校的本科生，具体对象为大二、大三各个专业的学生。调查共发放问卷 440 份，回收率为 100%。其中有效问卷 395 份，无效问卷 45 份，有效问卷率为 89.8%（表 2）。

表 2　调查对象基本情况

类别	性别		年级		专业			成绩			
	男	女	大二	大三	理科	工科	文史	90~100	80~89	70~79	60~69
数量/人	132	263	356	39	90	194	111	60	277	50	8
比例/%	33.4	66.6	90.1	9.9	22.8	49.1	28.1	15.2	70.1	12.7	2.0

（二）调查结果

教学效果、学习效果和考试成绩是评价思政课教学实效性的一级指标。其中，219 人（55.4%）认为"学习效果"相对其他两项更能反映思政课教学实效性，只有 93 人（23.5%）教学效果更重要；"考试成绩"这一指标与前两项指标（教学效果、学习效果）差距显著，有 243 人（61.5%）将其置于末位。学生对 3 项一级指标反映思政课教学实效性程度的排序，呈现"学习效果>教学效果>考试成绩"的结果（表 3）。

表 3　教学效果、学习效果、考试成绩反映思政课教学实效性程度的排序

一级指标	反映教学实效性程度的指标排序					
	最重要		重要		一般	
教学效果	93	23.5%	203	51.4%	99	25.1%
学习效果	219	55.4%	123	31.1%	53	13.4%
考试成绩	83	21.0%	69	17.5%	243	61.5%

在一级指标"教学效果"下，"教学内容""教学方法"和"教学态度"3 项二级指标中，192 人

(48.6%)认为"教学态度"相对其他两项(教学内容、教学方法)在教学效果的评价中更加重要,"教学方法"和"教学内容"分别有107人(27.1%)和96人(24.3%)认为更重要。总之,学生对教学效果下3项二级指标重要程度的评价,呈现"教学态度>教学方法>教学内容"的结果。

在一级指标"学习效果"下,"理论知识""实践能力"和"思想品德"3项二级指标中,189人(47.8%)认为学生的"思想品德"相对于其他两项(理论知识、思想品德)指标更重要,学生的"实践能力"和"理论知识"分别有108人(27.3%)和98人(24.8%)认为更重要,引人注目的是有216人(54.7%)将"理论知识"这一指标置于末位。总之,学生对学习效果下3项二级指标重要程度的评价,呈现"思想品德>实践能力>理论知识"的结果。

总的来看,学生对自身学习效果的评价优于对教学效果的评价。在10分制评价中,思政课教学效果的评价为7~9分。其中,思政课教师教学态度的认可度最高,教学内容和教学方法的评价比较接近。在10分制评价中,学生对自身学习效果的评价在6~8分之间。其中,学生对自身思想品德状况的评价较高,对自身思政课理论知识和实践能力掌握情况的评价偏低。总之,学生对思政课教学效果的评价,呈现"教学态度>教学内容>教学方法"的结果;学生对自身学习效果的评价,呈现"思想品德>理论知识>实践能力"的结果(表4)。

表4 二级指标的评价及其反映一级指标程度的排序

二级指标		评价（10分制）	合计	重要性程度					
				最重要		重要		一般	
教学效果	教学内容	8.078	24.956	96	24.3%	136	34.4%	163	41.3%
	教学方法	7.967		107	27.1%	158	40.0%	130	32.9%
	教学态度	8.911		192	48.6%	101	25.6%	102	25.8%
学习效果	理论知识	6.585	20.436	98	24.8%	81	20.5%	216	54.7%
	实践能力	6.580		108	27.3%	192	48.6%	95	24.1%
	思想品德	7.271		189	47.8%	122	30.9%	84	21.3%

三、思政课教学实效性分析

（一）总体实效性分析

为了确定思政课教学总体实效性,我们首先根据3项一级指标反映思政课教学实效性程度的排序确定各自权重,具体方法是将指标反映程度的3个序次"最重要""重要""一般"分别赋值为3、2、1。各项指标权重的计算方法是:指标反映程度的3个序次的比重分别乘以相应的赋值然后求和,再除以该数值的3项指标的总和;然后再将3项一级指标在调查中获得的原始分数分别转化为统一的百分制,再乘以各个指标的权重,得出反映思政课教学总体实效性的数值为77.5分(百分制)(表5)。

表5 一级、二级指标的权重及分数

一级指标	原始分数/分	折合百分制分数/分	一级指标权重/%	分配权重后分数/分	二级指标	二级指标权重/%	分配权重后分数/分
教学效果	24.956（满分30）	83.2	33.1	27.5	教学内容	30.5	8.4
					教学方法	32.4	8.9
					教学态度	37.1	10.2

(续)

一级指标	原始分数/分	折合百分制分数/分	一级指标权重/%	分配权重后分数/分	二级指标	二级指标权重/%	分配权重后分数/分
学习效果	20.436（满分30）	68.1	40.3	27.4	理论知识	28.4	7.8
					实践能力	33.9	9.3
					思想品德	37.8	10.3
考试成绩	84.8（满分100）	84.8	26.6	22.6	考试成绩	100	22.6
合计	—		100	77.5	—		77.5

由一级指标重要程度的排序可知，同思政课的教学效果相比，多数学生认为自身实际的学习效果更加重要。学生实际的学习效果是学生评价思政课教学实效性的主要依据，思政课的教学效果也受到学生的较多关注，而考试成绩在评价思政课教学实效性中的地位相对不高，说明当前考试成绩已难以作为评价思政课教学实效性的唯一依据，学生更加倾向基于思政课教学过程中各个环节的具体情况和自身实际获得感等方面进行评价。

（二）分项指标实效性分析

根据与上文相同的思路，能够得出反映教学效果和学习效果的数值以及各项二级指标的权重。由"教学效果"下的二级指标重要程度排序可知，多数大学生认为思政课教师的教学态度和教学方法的重要性高于教学内容，反映了大学生在学习基本理论知识同时更重视人文关怀与创新。由教学效果的评价发现，多数学生对思政课教师的教学态度、教学内容和教学方法予以充分肯定，说明思政课的整体质量较高。教师的教学态度是学生评价思政课教学效果的重要参照，同时教师对教学方法的运用也是学生颇为看重的指标，而教学内容在评价思政课教学效果中的地位相对偏低。这说明，在思政课教学内容总体稳定的条件下，基于大学生的视角，思政课教师的教学态度越认真负责、教学方法越丰富高效，思政课的教学效果就会获得越高评价。

由"学习效果"下的二级指标重要程度排序可知，多数大学生认为思想品德和实践能力的重要性高于理论知识，反映了当代学生更加注重自身的全面发展。由学习效果的评价发现，多数大学生认为思政课对自身思想品德水平的提升比较显著，相比之下大学生对自身理论知识和实践能力掌握情况的评价偏低，说明思政课在贯彻落实立德树人根本任务上起到了重要作用，但教学效果与学习效果评价之间的差距也反映出思政课教师良好的教学效果并未完全转化为学生实际的学习效果，存在进一步的提升空间，使学生将思政课内容"入耳、入脑、入心"以及"内化于心，外化于行"，是今后提高思政课教学实效性的着力点。学生对实践能力的重要程度的评价高于理论知识，但对当前自身实践能力的评价偏低，体现了学生对提高自身实践能力的迫切期望。

四、思政课教学实效性的提升路径

（一）学以致用，实践教学要增量提质

大学生对自身实践能力的评价相对较低，这要求思政课进一步加强实践教学，增强学生实践能力。实践性是思政课的应然属性，思政课的生命力在于用理论的真理性回应纷繁复杂的现实问题，让学生由此透视社会与人生，但以往明显的说教特征影响了教学实效性的提升。因此，理论教学与实践教学不可偏废，只有让理论回归现实，在主客观条件的作用下将其转化为大学生切实的实践能力，才能凸显思政课教学实效性。加强实践教学，关键在"增量提质"。一方面,课程安排要为实践教学预留充分空间,在人员、时间、经费等方面提供有力保障;另一方面,要避免实践教学流于形式,从实践教学的设计、开展、评估全过程着力提升成效,打造实践教学品牌活动,推动实践教学多样化、规范化、常态化。首先,要坚持大思政、大实践的原则,充分调动校内外资源,发挥师生的积极性和创造性,秉持经济高效、灵活多样的原则,做到因地制宜,结合课程内容合理安排实践教学的内容和形式。课内要为学生通过研讨、汇报、辩论等方式参与课堂实践教学提供便利条件,课外要使学生通过参与社会调研、专题讲座、参观访问、志愿服务等活动完成社会实践教学。其次,实践教学要"因需制宜",这一方面是课程需求,要聚焦思政课教学目标和中心任务,增强实践教学的针对性,避免辅助课堂教学的内容和手段喧宾夺主;另一方面是学生需求,要以学生为本,把握大学生的思想行为特征,使教学内容贴近学生生活实际和现实需求,围绕其身心成长动态和社会热点问题实现育人功能。最后,要"因时制宜",思政课教学要充分反映国内外形势发展变化,如在党代会、全国两会等重要时间节点,要针对其间重大时事予以准确回应,及时将其融入教学内容中,立足实际选择性开展相应主题的实践教学,使学生的思想和视野贯通历史、现实、未来,立足新时代中国特色社会主义,发掘教学内容的现实意义。加强实践教学,就是要让学生把所学理论应用到实践中去,在实践中进一步提升对教学内容的理解和认同,让理论成为透彻解释现实社会和指导学生思想行为的强大武器。

(二)求新求变,创新教学理念和方式

大学生对思政课教学效果中教学方法的评价较低,对其进行有效创新就成为提升思政课教学实效性的必然要求。从思政课教学实践来看,让学生"入耳"易,"入脑""入心"难,这需要借助丰富高效的教学方式,让思政课堂鲜活起来。创新教学方式不是教师的恣意发挥,基于思政课的功能定位和目标任务,它既需要具有鲜明的政治性、科学性,又要满足大学生日益增长的对其实践性、生动性等方面的需要。因此,要将思政课所承载的多重属性有机结合,在方式方法上统筹协调、科学配置。创新教学方式,首先要明晰思政课教师"教"与学生"学"的新型关系。教师把控课堂进程,但要自觉克服居高临下的姿态,将自身定位为教学活动的组织者和引导者,既"教"又"导",由"导"促"学";学生接受教师理论讲授的同时,要发挥积极性和创造性,由单向被动接收向双向积极互动的模式转变。其次,思想政治教育工作说到底是做"人"的工作。以往部分思政课流于抽象和空洞,学生因而对其产生排斥和厌烦情绪,消极情绪又影响了学习效果,形成负面循环。因此,思政课教师要敢于、善于为学生生动准确地剖析热点、复杂、敏感的历史和现实问题,做到"用学术话语讲政治,用生活话语讲理论[6]",达到以理服人、以情动人的效果。这需要教师拥有过硬的学理支撑和巧妙的教学艺术,综合运用包括案例式、情景式、研讨式等丰富有效的教学方式,对学生既灌输又启发,从而增强课堂的感染力和学生的积极性。瞬息万变的信息技术凭借高速的信息传播、海量的信息资源和强大的视听冲击,使"互联网+教育"成为新的焦点,在此背景下产生了"翻转课堂""慕课"等现代教学模式,为提升思政课教学实效性提供了新的契机。调查中思政课教师的教学效果并未完全转化为学生实际的学习效果,这需要紧跟时代前沿,以课堂教学为主、现代化教学手段为辅,切实提升学生获得感。一方面教师要保持对新型教学模式的关注和研究,将新的内容和手段及时引入课堂,发挥其信息丰富、效率高超、形式生动、学生喜爱的优势,在思政课堂各个环节选择性应用;另一方面要明确主次,处理好课堂教学和新型手段之间的关系,对现代化教学手段的应用坚持合理适度的原则,着眼于提升思政课教学实效性,革新教学理念和方式。

(三)举旗定向,多指标引领育人方向

大学生对考试成绩所能反映的思政课教学实效性程度的评价偏低,说明考试成绩在大

学生看来已不再是评价思政课教学实效性的绝对权威,新的评价体系亟待构建。习近平总书记强调:"办好思想政治理论课,最根本的是要全面贯彻党的教育方针,解决好培养什么人、怎样培养人、为谁培养人这个根本问题[7]。"而评价体系譬如一根指挥棒,选择用哪一种体系评价,就在很大程度上决定了最终走向。培养德智体美劳全面发展的大学生,评价思政课教学实效性要改革不合理的评价导向,以习近平总书记关于思政课改革创新提出的坚持"八个相统一"为遵循,制订全面准确的评价体系。传统"期末一考定终身"的考核评价方式,开卷考核易使学生照搬照抄教科书而无暇思考,闭卷考核易导致学生机械记忆知识点而缺乏情感认同,这是思政课教学实效性评价体系中结果性评价有余、过程性评价不足所致。因此,要突出对思政课教学过程各个环节的考核,让各个环节的考核结果在对学生的总体评价中占据一定比例,从而全面准确反映学生的综合素质。如在教学过程中,学生的出勤率、抬头率、发言情况、作业质量等具体表现是评价学生的重要依据,应根据条件将其转化为可量化的指标,纳入对学生的总体评价中。考核形式上,除试卷之外,要根据实际条件和需要选择性增设课堂研讨、专题汇报、撰写调研报告和论文等形式,充分展示和锻炼学生的文献检索能力、语言表达能力、分析和解决实际问题的能力等,将它们也细化为相应的具体考核指标,成为对学生总体评价的一部分。为了判断学生能否产生对思政课所蕴含的政治思想和道德规范的高度认同和自觉践行,教师要有意识地观察和判断学生在课堂内外的表现,俯下身来考察其初衷是为了应付考核还是真实感受。这需要在保证思政课的政治性、权威性的前提下,在课堂内外与学生深入交流,从学生的反馈中发现教学过程中的薄弱环节,据此不断加以完善,给予学生科学的知识传授和正确的价值引领,使其免受各种社会思潮和错误思想的侵蚀,让思政课的育人功能得以充分发挥,让大学生真正感受到思政课的思想性、理论性和亲和力。

参考文献

[1] 盛湘鄂. 高校思想政治理论课教学实效性及其评价[J]. 思想理论教育导刊, 2009(1).
[2] 刘文革. 思想政治理论课教学实效性研究[D]. 北京:首都师范大学, 2011:27.
[3] 刘小新. 大力提高思想政治理论课教学的实效性[J]. 北京联合大学学报(人文社会科学版), 2008(01):93-97.
[4] 陈春梅. 高校思想政治理论课教学评价研究[D]. 武汉:武汉大学, 2005:24.
[5] 张煜. 高校思想政治理论课教学实效性评价体系研究[D]. 南京:南京林业大学, 2017:9.
[6] 刘建军. 着力提升思想政治理论课实效[N]. 北京日报, 2019-04-01(13).
[7] 习近平主持召开学校思想政治理论课教师座谈会强调:用新时代中国特色社会主义思想铸魂育人贯彻党的教育方针落实立德树人根本任务[N]. 人民日报, 2019-03-19.

Evaluation of Teaching Effectiveness of *Ideological and Political Theory Course* —— A survey based on the perspective of college students

Gao Xingwu　　Li Jinxu

(School of Marxism Beijing Forestry University, Beijing　100083)

Abstract　The effectiveness of ideological and political theory course teaching refers to the actual effect of students receiving Marxist theoretical education and ideological and moral education through learning ideological and political theory courses. The survey found that most college students believe that the effectiveness of teaching should be evaluated on the whole. Among them, the learning effect of students is more critical than the teaching effect of teachers. Exam scores are the elements to measure the effectiveness of teaching but are not the most important factors. Teachers' teaching attitudes and teaching methods are more important than the content of the teaching, and the improvement of ideological morality and practical ability is more important than the learning of theoretical knowledge. According to the evaluation of college students, the overall effectiveness of the current ideological and political teaching has reached a relatively good level (77.5 points). Based on the above survey and evaluation, in order to further improve the effectiveness of ideological and political theory course teaching in the future, it's necessary to increase the quality of the practical teaching process to enable students to learn to use it; innovate teaching concepts and methods to enhance students' sense of actual gain; optimize the assessment method and lead college education direction by multiple indicators.

Keywords *Ideological and Political Theory Course*, teaching effectiveness, evaluation, survey

科研反哺教学在"统计模拟实习"课程中的应用

安 欣

(北京林业大学经济管理学院,北京　100083)

摘要:教学是立校之本,科研是强校之路,用科研反哺教学,是高校取得长足发展的有效路径。"统计模拟实习"课程是应用统计专业硕士研究生必修的一门案例实务课,是综合运用统计方法进行实际应用模拟的实践性课程。本文以统计模拟实习课程为例,从课程教学改革的目标和内容两个方面探索科研反哺教学在教学中的应用。

关键词:科研反哺;统计模拟实习;教学改革

统计专业培养具备系统的统计学理论知识和应用知识,掌握统计学的主要方法,具有处理特定行业数据问题的能力,能在经济、管理、生物、医药、金融、保险、工业、农业、林业、商业、信息技术、教育、卫生、医药、气象、水利、环境和减灾等相关领域中从事数据搜集、分析与决策的创新型人才。"统计模拟实习"课程是应用统计专业硕士研究生必修的一门案例实务课,是综合运用统计方法进行实际应用模拟的实践性课程。本课程巩固学生学习过的统计方法,培养学生综合应用多种统计分析方法的能力;通过模拟实验,让学生领会和把握各种统计方法在实际分析中的意义和作用,最终提高其利用统计方法分析和解决实际问题的能力。

教学是立校之本,科研是强校之路,用科研反哺教学,是高校取得长足发展的有效路径。教学和科研在大学教育实践中担任着知识传播和知识创新的重要角色[1-2]。我国一直重视人才培养的质量,2018年9月在全国教育大会上提出"要在增强综合素质上下功夫,教育引导学生培养综合能力,培养创新思维"[3]。培养具备自主研究和研发能力的创新型人才也变得越发重要[4]。2019年教育部发布《教育部关于深化本科教育教学改革全面提高人才培养质量的意见》,提议推动科研反哺教学,强化科研育人功能,推动高校及时把最新科研成果转化为教学内容,激发学生专业学习的兴趣。为此,本文以"统计模拟实习"课程为例,探索科研反哺教学在教学中的应用,从课程教学改革的目标和内容两个方面进行展开。

一、课程教学改革的目标

高校从事科研活动,与其他科研机构最本质的区别就在于它能反哺教学,促进人才培养。科研反哺教学是社会各界达成的共识,如何实践科研反哺教学是高校治学治校的重要课题。高校应结合自身的优势和特点,利用师资力量和优势资源,充分发挥科研反哺教学对研究生教学的指导作用,使教学质量、学生培养达到更高的水平[5]。具体地,"统计模拟实习"课程教学改革的目标应该体现在以下几个方面。

(一)更新和丰富"统计模拟实习"课程的教学内容

科研反哺人才培养促使教学团队紧跟学科发展前沿,及时掌握学科发展动态。在课堂

作者简介:安 欣,北京市海淀区清华东路35号北京林业大学经济管理学院,副教授,anxin@bjfu.edu.cn。
资助项目:北京林业大学科研反哺人才培养研究生课程教学改革项目(JXGG19028)。

上与研究生讨论统计学的前沿知识，结合教师本身的研究成果，将基础理论与最新前沿知识有机结合，并将具有代表性的科技创新、科学研究和实验教学改革成果融入教学内容中。

（二）提高课程团队教师的学术水平和教学能力

教师只有具备一定的学术水平才能不断完善自身的知识架构，做到学思结合，为课堂教学补充更具创造性和前瞻性的内容。通过课程教学改革，可以促使课程团队教师随时关注统计学科发展动态、掌握最新研究成果，提高自身的学术水平和教学能力。

（三）培养学生创新意识和实践能力，促进教学质量的提升

通过课程教学改革，可以促使教师以提升学生综合素质为教学目的，灵活运用多种教学方法和手段(如翻转课堂)，精心设计问题，辅以配套的实践环节(如企业实践案例分析、前沿学术性讲座)，丰富教学内容，激发学生的学习兴趣，培养学生创新意识和实践能力，促进"统计模拟实习"课程教学质量的提升。

二、课程教学改革的内容

教师能够将自己的科研带入课堂，有个重要的基础就是，教师的科研与课堂教学的知识具有一致性或相关性。科研反哺人才培养要求教师采用多种形式将科研带进"统计模拟实习"课堂。

（一）通过知识的讨论，将基础知识和前沿知识完美结合

在课堂上培养学生的思辨思维能力，围绕某个学术前沿知识，组织学生进行讨论，激发学生的求知欲。最大似然估计和参数估计是传统的统计学方法，也是统计学专业的基础知识。而偏伪最大似然估计(PPMLE)和非参数估计(NPE)方法，是针对传统方法改进的能适应更多一般情形的前沿知识。在具体的讨论过程中，将自己的研究成果——偏伪最大似然估计(PPMLE)和非参数估计(NPE)方法在拍卖计量学中的应用，融入研究生课程"统计模拟实习"的教学当中，实现基础知识和前沿知识的完美结合。

另外，也可以通过知识讨论，向学生传递最前沿的学术信息。当今是大数据时代，数据已经渗透到每个行业和业务职能领域，成为重要的生产因素。同时，伴随着云时代的来临，大数据也吸引了越来越多的关注，特别是统计学专业的学生，迫切需要了解统计学和大数据之间的关系。那么，在课堂上与学生讨论：如何将传统的统计方法应用到当今的大数据时代？大数据时代到来，各种来源、各种形式的电子化数据的大爆发，静态的、定时的传统数据收集方法，面临新的、动态的、组合的大数据的挑战和机遇，传统的统计思维和数据收集方法能否继续适用？大数据时代，我们究竟是否需要基于抽样的统计学？等等问题，受到学生的热烈欢迎。在激起学生对大数据知识渴求的同时，将自己的研究成果 *E-valuation of the forestry and environmental conservation polices in Western China with multi-output regression method* 融入到课堂教学中，向学生讲解如何在海量数据中挖掘有用信息并加以分析和评价，不仅教授学生如何解决实际问题，而且向学生补充最前沿的学术信息，弥补教材的滞后性。

（二）积极改革传统的教学模式，激发学生学习探索的兴趣

改革传统的教学模式，将学习的决定权从教师转移给学生，让学生更专注于主动的基于项目的学习，共同研究解决现实所面临的问题，从而获得更深层次的理解。在具体的教学过程中，给学生分组并指定每组一篇高质量的论文，这些论文均来自最新刊出的经济学和统计学顶尖期刊，如 *Econometrica*、*Review of Economics and Statistics Econometric Theory*、《经济研究》和《统计研究》等。让每组学生在课下阅读指定的论文，讨论和归纳论文的研究内容、目的和意义，并在课堂上展示。遇到对论文的内容有疑问或不解的，学生会在展示

过程中提出来与授课老师和同学们讨论，激发学生学习探索的兴趣。通过翻转课堂的教学，学生的思维被拓展，书本知识与学术信息联系起来，静止的知识变得活跃起来，从而引导和鼓励学生开展科学研究活动。

经济学和统计学顶尖期刊紧跟时代研究热点，刊发论文的研究内容也会定时更新。教师团队在自身的科研工作中习惯于追踪研究前沿和热点，在课堂中指定给学生阅读的文献也会定期更新，不断激发学生学习探索的兴趣。

（三）将科研方法和科研精神带入课堂

不能将科研反哺教学狭隘地理解为科研成果进课堂，而是整个科研的一套方法、科研精神及其科研成果全方位进入课堂教学。科研精神是每个科研工作者都应该具备的一种崇高的精神，具体是指由科学性质所决定并贯穿于科学活动和科研工作之中的基本的精神状态和思维方式，是体现在科学知识中的思想或理念，包括坚强的意志和信念、严谨的学术态度、敢于面对实验的失败、大胆创新的精神等。根据学生学习和教师科研过程的相似性，任课教师在研究生的教学过程中需要探索科研精神、总结科研方法，将科研的规律性运用于具体知识的讲授过程中。"统计模拟实习"课程涉及的统计学内容和方法有很多，如统计调查方法、数据收集与处理、描述统计、统计推断、方差分析、时间序列分析、相关与回归、面板数据分析、空间统计分析和数据挖掘技术等。以上的方法从描述统计到推断统计，再过渡到现代统计学，由简单到复杂。本课程将所有的方法整合起来，构成一整套的统计学科研方法体系，辅以相应的实际案例并提出问题的解决方法，最终将科研方法和科研精神带入课堂。

目前，课程在讲授专题1（统计调查方法）、专题2（数据收集与处理）和专题3（描述统计）时，使用了"大学生团购网现状调查"案例。根据讲授过程分别实践了"问卷设计及编码""数据清洗与处理"和"统计图表展示"三方面的统计学问题。在讲授专题4（统计推断）和专题5（方差分析）时，使用了"研究生文献阅读习惯调查分析"案例。在讲授专题6（时间序列分析）时，使用了"林产品价格波动的时间序列分析及政策冲击脉冲响应模型"案例。在讲授专题7（相关与回归）时，使用了"涉农资金管理绩效的联立方程模型"案例。在讲授专题8（面板数据分析）时，使用"一带一路沿线国家经济增长及中国影响分析"案例。在讲授专题9（空间统计分析）时，使用"北京市野生动物造成损失变化的空间统计分析"案例。在讲授专题10（数据挖掘技术）时，使用"智能制造背景下数据驱动的共轨喷油器质量检测分析"。具体详见表1。

表1 "统计模拟实习"课程中的统计方法、内容与案例应用

专题	统计方法	统计内容	应用案例
1	描述统计	统计调查	大学生团购网现状调查与分析（问卷设计及编码部分）
2	描述统计	数据收集与处理	大学生团购网现状调查与分析（数据清洗与处理部分）
3	描述统计	统计描述	大学生团购网现状调查与分析（统计图表展示部分）
4	推断统计	统计推断	研究生文献阅读习惯调查分析（单总体和两总体的T检验、F检验）
5	推断统计	方差分析	研究生文献阅读习惯调查分析（单因素方差分析）
6	现代统计	时间序列分析	林产品价格波动的时间序列分析及政策冲击脉冲响应模型
7	现代统计	相关与回归	涉农资金管理绩效的联立方程模型
8	现代统计	面板数据分析	"一带一路"沿线国家经济增长及中国影响分析
9	现代统计	空间统计分析	北京市野生动物造成损失变化的空间统计分析

(续)

专题	统计方法	统计内容	应用案例
10	现代统计	数据挖掘技术	智能制造背景下数据驱动的共轨喷油器质量检测分析

（四）综合运用多种方式开展研究生教学

研究生"统计模拟实习"课程可以综合运用多种方式展开教学，随时与研究生分享新挖掘出的网络学习资源，并根据需要，不断邀请企事业单位的相关专家为研究生分享实践案例和前沿性专题讲座，用以激发学生的学习主动性，提高课堂教学的效果。

（1）利用网络资源进行统计学模型的前沿学术问题和经典案例问题的搜索。提供给研究生自主学习阅读的主要参考文献资料（网址）和搜索前沿学术问题的网络资源，随时与研究生分享新挖掘出的网络学习资源。在案例分享方面，列出与该课程相关的经典教材清单。

（2）邀请统计相关从业人员走进课堂，分享实践案例。受邀的企业从业人员往往具有多年的公司一线工作的经历，有着丰富的专业技能。通过实践案例的讲座，可以让学生感受到统计知识在公司中的应用以及当前企业对统计人员的需求，建立起学校和企业之间沟通的桥梁，促进校企合作的达成，进一步推进产教研的融合。目前"统计模拟实习"课程邀请了汽车电商易车网的高级工程师，从企业实际应用的角度介绍了汽车参考成交价拟合模型的设计与研发，具体包括数据的准备、清洗、模型评估以及异常值预警等问题。邀请了北京爱奇艺科技有限公司的数据科学家，讲述了大数据背景下的人脸识别及智能创作，让学生感受到如何从海量数据中挖掘与训练数据，通过优化模型完成人脸的识别与检测。

（3）结合授课教师的科研方向，邀请相关专家为研究生开展多种形式的学术报告或科研讲座等。目前该课程已邀请国家邮政局发展研究中心、中央民族大学的相关专家为学生做前沿性专题讲座，如"中国快递发展指数数据模型和绿色智能数据分析""计量回归分析的内生性问题和双重差分法示例"等。前者介绍了中国快递智能技术装备典型场景和中国快递发展指数项目背景，重点讲解了快递发展指数相关指数理论及构建方法模型。后者讨论了当前解决计量回归模型中的内生性问题的主流方法，如多元回归、工具变量、双重差分、断点回归等方法。前沿学术讲座让学生尽可能多接触学科前沿，在学术交流和学术碰撞中拓展视野，对培养学生的学术敏感性有着积极的作用。

三、结 语

教学是立校之本，科研是强校之路，用科研反哺教学，是高校取得长足发展的有效路径。"统计模拟实习"课程是应用统计专业硕士研究生必修的一门案例实务课，是综合运用统计方法进行实际应用模拟的实践性课程。本文以统计模拟实习课程为例，探索科研反哺教学在教学中的应用，从课程教学改革的目标和内容两个方面进行展开。以期达到更新和丰富教学内容、提高课程团队教师的学术水平和教学能力，以及培养学生创新意识和实践能力的最终目标。

参考文献

[1]张杰.从学生的角度探讨大学教学与科研的互动关系[J].广州化工，2015，43(3)：218-219.
[2]徐新,李桂源.论大学教学与科研的互动关系[J].高等教育研究，2005(3)：80-81.
[3]雷爱华,陈超群,胡四海,等.基础医学教育[J].2019，21(7)：508-510.
[4]葛旸,潘鑫,李纯.统计学实验课的教学改革探索：基于小型建模课题的实证教学[J].高教学刊，2020，25：128-133.
[5]陈清凯.科研反哺教学的合理性及因应策略[J].学园，2020，15：85-86.

The Application on Scientific Research Feeds Back Teaching of *Statistics Simulation*

An Xin

(School of Economics and Management, Beijing Forestry University, Beijing 100083)

Abstract Teaching is the foundation of university, and scientific research is the way to strengthen the school. Scientific research feeds back teaching is an effective path, which can promote the development of university. The course of *statistics simulation* is a case and practice lesson for master degree candidate, which also an exercise lesson using statistical approaches to simulate. This paper takes the course of *statistics simulation* as an example to explore the application on scientific research feeds back teaching from the target and content of teaching reform.

Keywords scientific research feeds back teaching, *Statistics Simulation*, teaching reform

总体规划编制转型期的教学探索

——以北京市古北口镇国土空间规划为例

董晶晶　李翅

(北京林业大学园林学院，北京　100083)

摘要： 新的国土空间规划体系对城乡规划学科产生了巨大的影响，作为规划体系中具有战略地位的总体规划也面临转型。本文以规模适度、系统完整的镇级总体规划教学为例，提出在教学内容上，以廓清不变内容、抓住变化核心的思路实现转型期的教学衔接；在教学方法上，以开放性的思路适应转型期动态变化特征。基于以上三方面的教学调整，促进城镇总体规划教学顺利迈向新的国土空间规划体系。

关键词： 空间规划；转型；教学；古北口镇

一、前言

为统一行使所有国土空间用途管制和生态保护修复职责，着力解决自然资源所有者不到位、空间规划重叠等问题，2018年3月，国务院机构改革方案决定成立中华人民共和国自然资源部，2019年，中华人民共和国国务院发布了《中共中央、国务院关于建立国土空间规划体系并监督实施的若干意见》，确立了国土空间规划体系五级三类的规划编制框架，其中三类即总体规划、详细规划和相关专项规划(表1)。

总体规划作为国土空间规划体系五级三类中最重要的一类，是行政辖区内国土空间保护开发利用修复的总体部署和统筹安排，是各类开发保护建设活动的基本依据。是详细规划的依据、相关专项规划的基础。

相对于传统的城乡总体规划，国土空间规划对全域管控和协调的作用更加有效和明确，理解和掌握全域管控的新思路和方法是当前各级总体规划教学的核心所在。除此之外，还必须认识到从2018年3月的机构改革、2019年国土空间规划体系和市县国土空间规划编制指南的颁布，到如今仅两年左右的时间，虽然行政组织和规划体系已经清晰，但国土空间规划的相关实践还在探索和经验总结阶段，地方相关政策还在研究和配套阶段，且这种情况还将持续一段时间。

在此背景下，如何把握教学核心、应对转型要求、适应转型期动态变化，是现阶段总体规划教学改革的关键所在。

二、古北口镇国土空间规划教学探讨

总体规划按照"自上而下、上下联动"的原则分级为5级，即全国国土空间规划、省级

作者简介：董晶晶，北京市海淀区清华东路35号北京林业大学园林学院，讲师，dongjingjing@bjfu.edu.cn；
　　　　　李翅，通讯作者，北京市海淀区清华东路35号北京林业大学园林学院，教授，lichi@bjfu.edu.cn。
资助项目：北京林业大学教育教学研究重点项目"城乡规划体系变革下规划专业教育适应性研究"
　　　　（BJFU2019JYZD001）；
　　　　北京林业大学教育教学研究重点项目"面向国土空间规划体系的城乡规划原理A教学内容研究"
　　　　BJFU2019JYZD002。

国土空间规划和市、县、镇国土空间规划（表1）。全国国土空间规划侧重战略性，省级国土空间规划重在承上启下，市、县、镇国土规划侧重实施性，细化落实上级规划要求的同时，对本行政区域开发保护作出具体安排[1]。

掌握空间布局的原则、方法、步骤是本科基础教学的重点，因此具体教学中市、县、镇级别的国土空间规划是主要对象。同时综合考虑空间规模、课程时间、资料获取等多方面因素，镇（乡）级国土空间规划往往是总体规划教学的实践对象。

本次总体规划教学以北京市密云区古北口镇国土空间规划为实践对象，基于当前国土空间规划进展的分析，提出针对转型期总体规划"不变""变化""动态变化"3个特征，制订"深化基础知识""抓住变化核心"以及"适应动态变化"3条教学思路，承前启后，衔接既有教学内容，适应国土空间规划的新要求，支持学生更平稳、顺利地学习和实践。

表1 国土空间规划编制体系框架

国土空间规划编制体系	三类		
	总体规划	详细规划	相关专项规划
五级	全国国土空间规划		专项规划
	省级国土空间规划		专项规划
	市级国土空间规划	城镇开发边界内（详细规划）	城镇开发边界外（村庄规划）	专项规划
	县级国土空间规划			专项规划
	镇（乡）级国土空间规划		

（一）廓清不变内容

城乡规划专业内容变了么？之前学的内容还能用么？机构改革、规划体系的巨大调整，不仅对规划工作、规划教学带来了巨大的挑战，对学生的专业认知和学习心理也产生了一定的影响。当前城乡规划专业教学常常面对学生此类困惑，而在四年级开展的总体规划教学，至少在3年教学期内都会面对这个问题。

在此背景下，以总体规划为例，梳理、讲明城乡规划专业不变的内核，让学生理解，不是教学内容甚或专业的巨大改变，而是专业的完善和适应过程，促进已学基础理论知识与当前设计实践的有效衔接、知识体系的有序建立、教学过程的平稳过渡是转型期总体规划教学的第一步。

尽管机构和编制体系都发生了大的调整，但是"战略引领"和"底线管控"思路在总体规划的编制中始终是不变的[2]。在教学中，以这两方面为线索，梳理相关规划编制内容与方法，引导学生回顾温习"城市规划原理""区域规划"等相关理论课程，将各学期、相关课程的教学衔接起来，帮助学生认清转型期中不变的线索与内容，保持学习的连贯性、稳定性。同时，选择近期已编制国土空间规划，且历版总体规划资料齐全的城市作为案例，通过分析历版总体规划之间的延续性，引导学生有步骤地、踏实地从理论学习阶段进入实践设计阶段（表2）。

具体讲解时，区分了"内容方法一致性"与"理念方法一致性"。前者主要为"战略引领"的相关内容，无论是具体内容还是思路方法，前后均保持较高的一致性。后者主要涉及"底线管控"的相关内容，编制体系调整后管控的内容大大丰富，但是内核的"底线"思想和方法还是一致的。

表2 "战略引领"和"底线管控"思路延续下的总体规划教学衔接

两条不变思路	衔接的相关课程及教学内容		案例讲解重点
	"城市规划原理"	"区域规划"	展现前后一致性 （选择近期已编制国土空间规划的城市，对比历版编制内容）
战略引领	城市性质定位	城镇体系规划	方法内容一致性 （内容与内在逻辑方法均一致）
		基础设施规划	
底线管控	土地适宜性评价	生态环境规划	理念方法一致性 （内容不完全一致，内在逻辑方法一致）
	以资源定规模		

（二）抓住变化核心

"全域管控"的需求是推动当前规划体系变革的关键因素，目的就是要解决传统总规技术内容中非建设空间规划与管控相对薄弱[2]的问题。

"双评价"（资源环境承载能力和国土空间开发适宜性评价）是实现全域非建设用地管控的重要抓手。自然资源部发布的"双评价"技术指南，其起草单位除了传统城乡空间规划中常见的国土勘测、地质调查、规划设计相关单位外，还包括了海洋信息、生态环境、水利、经济、气候等单位，强调了对非建设用地的评价以及用途的管控，强调以客观、科学、充分的数据基础上进行评价和判断[3-4]。

新的变化要求教学中积极融合相关学科的理念、概念，树立资源保护的理念，增加非建设用地评价的教学内容，让学生尽快掌握"双评价"的方法。另一方面，针对"双评价"所强调的数据平台的完整性，教学中采取了实操和案例教学相结合的模式（表3）。除了提供给学生基础数据外，还鼓励学生挖掘网上开源数据库，提升数据挖掘整理能力，形成了基于高程、兴趣点、统计年鉴等数据的用地适应性分析图、产业发展分析等分析图（图1、图2）。与此同时，通过案例教学，进一步弥补教学与实际工作中的数据丰富性差异，通过自备、挖掘、案例3条途径，让学生尽可能多地了解实际工作中可能会面临的相关数据的来源、使用方法和目标。

图1 基于开源数据的用地适宜性分析

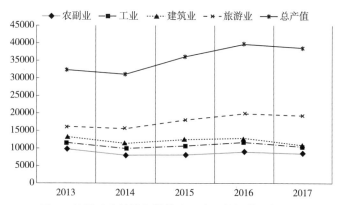

图2 基于政府统计年鉴的产业发展数据梳理与分析

表3 多途径支持"双评价"教学

教学方式	背景	实施	目标
案例教学	数据量庞大、教学中不容准备齐全评价方法复杂,且需要多专业配合	《青岛市资源环境承载能力和国土开发适宜性试评价》详细讲解	了解评价要素类别、数据来源和评价流程与方法
开源数据挖掘	数据量庞大、教学中不容准备齐全	DEM 数据 兴趣点分布数据 历年统计年鉴	完善评价基础 提升学生数据挖掘能力

(三)适应动态变化

如前述提及,国土空间规划体系的确定,历时不到两年,编制内容、体系构建、政策配套还都在不断的完善中。面对调整过程中相关概念、方法、思路的不确定和动态性,及时"收集、更新、梳理、解析"国家、地方国土空间总体规划的相关政策、文件、实践,是现阶段应对动态变化特征的积极思路。特别是对于四年级的学生来说,即将进入实习实践、走上各地的工作岗位,及时地了解这些还处在动态变化中的知识内容,不仅能保持知识的实时性,还能扩展知识面和提升思辨分析能力,为更好地适应不同地方的工作提供基础。

针对国土空间规划过渡期的特征,面对实践、政策等相关方面还需要时间逐步完善的背景,在古北口镇总体规划的教学中,教师首先对近两年国土空间规划的相关政策、技术文件、实践进行了梳理和概要性介绍,在此基础上学生分小组收集、解析案例、政策,最后教师再组织、引导讨论,最终汇总、总结并提出疑问,将以往教师"单方传授"转变为"多方讨论"。

以"三区三线"的划定为例,尽管概念已经明确,但是在实践操作中,由于各地情况和诉求不同,具体的划定中仍能看到不同的思路和方法。在古北口镇的教学中,通过上述提及的开放式的方法,对"三区三线"的具体实践案例进行了收集、讨论和辨析(表4)。

表4 "三区三线"部分实践案例总结分析

案例	线	区	线与区的空间关系		
			线在区内	与区重合	其他
自然资源部"三区三线"	城镇开发边界	城镇空间	√		
	生态保护红线	生态空间	√		
	永久基本农田保护红线	农业空间	√		

(续)

案例	线	区	线与区的空间关系		
			线在区内	与区重合	其他
北京"两区三线"	城镇开发边界	集中建设区		√	
	生态保护红线（永久基本农田保护红线并入）	生态控制区		√	
		限制建设区			两线之间
南京"一线两区"	生态控制线与城镇开发边界合一	城镇空间		√	
		生态空间（农业并入）		√	

通过这一教学过程，更好地适应了总体规划过渡期的教学需求，一方面让学生掌握自我学习的方式以保证知识的实时更新，另一方面通过讨论和辨析，让学生更好地理解过渡期中的不确定性。

三、结　语

本次古北口镇总体规划教学改革作为国土空间规划这一新背景下的教学探索，期望能抓住现阶段核心变化需求，积极地迎接和传达实时的知识理念，促进学生在该过渡期知识体系的平稳衔接和完善。通过区分当前教学中的"刚性诉求"和"弹性变化"，即对全域空间、全要素资源认识、评价的核心知识体系建构，对具体实践方法、过程的多角度认识，促进教学与国土空间规划的政策、实践的同步深入，实现城镇总体规划的教学在新背景下的稳定与完善。

参考文献

[1] 中共中央国务院. 关于建立国土空间规划体系并监督实施的若干意见[EB/OL]. http：// www.gov.cn/zhengce/2019-05/23/content_ 5394187. htm.

[2] 董珂, 张菁. 城市总体规划的改革目标与路径[J]. 城市规划学刊, 2018(1)：50-57.

[3] 吕红亮, 韩青. 双评价：新时期国土空间规划的前提与基础[EB/OL]. https：// www.sohu.com/a/311508752_ 654278.

[4] 自然资源部国土空间规划局. 资源环境承载能力和国土空间开发适宜性评价技术指南（征求意见稿）[EB/OL]. http：// www.upnews.cn/archives/60330.

Teaching exploration in the transition period of master planning —— Take Gubeikou Town of Beijing as an example

Dong Jingjing　　Li Chi

(School of Landscape and Architecture, Beijing Forestry University Beijing　100083)

Abstract　The new land and space planning system has a great impact on urban and rural planning discipline. As a strategic position in the planning system, master planning is also facing transformation. Taking the town level master planning as an example, this paper puts forward the idea of clearing the unchanging content and grasping the change core to realize the teaching connection in the transformation period in the teaching content; in the teaching method, it adapts to the dynamic change characteristics in the transformation period with the open thinking. Based on the above three aspects of teaching adjustment, to promote the urban master planning teaching smoothly into a new land space planning system.

Keywords spatial planning, transformation, teaching, Gubeikou Town

高校大课教学中的问题及应对策略

——以"食品工程原理"中的热传导部分为例

贾国梁 孙爱东 张柏林 赵宏飞 马 超

(北京林业大学生物科学与技术学院,北京 100083)

摘要: 目前高校大课教学是一个普遍的教学模式,年轻教师面临着来自学生及自身教法水平的严峻考验。本文通过分析学生学习及教师教学不同角度存在的问题及解决措施,结合自身熟悉的"食品工程原理"课程中的学习与教学经验,提出学生应该努力提高自身的学习态度、身体状态及心理状态,而对于年轻教师则应不断完善自身的教学能力,创造良好的课堂气氛与课堂纪律,保证学生较高的出勤率与良好的考试效果,并结合慕课(MOOC)及"翻转课堂"等新型教学方法,科学合理地安排课堂内外时间,减少课堂教学中的难点问题。并培养学生学习的自我主体意识,最终实现高效的大课教学。

关键词: 大课教学;教学能力;教学方法;自我主体意识

  大课教学(或大班教学)目前并没有统一的标准,但通常认为上课人数(学额)超过30人的规模即为大班教学[1]。自从1997年我国高校扩招以来,高校在校学生人数急剧增加,而教师队伍的培养扩充速度相对较慢。1997年前我国的生师比较低,仅为9.81∶1,但2018年至今已经上升维持在17.44∶1的高位。随着国家、地方政府及各级高校的努力,现在关于本科生的教学条件不断提高,但超过50位学生的大课授课方式仍是主流。以北京林业大学食品专业为例,其"食品化学"及"食品工程原理"等必修课上课规模均是3个班80余人。此外在欧洲及北美的诸多高校课堂上,也多采用30~40人的授课模式,所以大课教学应该是国内外高等教育的普遍状况。关于大课教学模式一直存在着争议,如何发挥教师引导作用,保障教学效果是难点。当然与之对应的小班教学也存在教育资源浪费等问题。即使是一对一的教学授课,学生们也同样可能缺乏学习热情,教学效果并不理想。

  作为北京林业大学新进教师,通过参加北京林业大学新教师岗前培训以及教研室的课程教学系列研讨活动,结合自身学习中的切身体会,以食品科学中的核心课程"食品工程原理"中的热传导部分为例,笔者尝试就高等学校青年老师大课教学中的问题及应对策略进行讨论分析,以飨读者。

一、学生学习存在的问题

  "食品工程原理"是普通高校食品专业的基础必修课程之一,它系统阐述食品加工与制

作者简介:贾国梁,北京市海淀区清华东路35号北京林业大学生物科学与技术学院,讲师,jiaguoliang@ bjfu. edu. cn。
    孙爱东,北京市海淀区清华东路35号北京林业大学生物科学与技术学院,教授,adsun68@ 163. com;
    张柏林,北京市海淀区清华东路35号北京林业大学生物科学与技术学院,教授,zhangbolin888@ 163. com;
    赵宏飞,北京市海淀区清华东路35号北京林业大学生物科学与技术学院,副教授,zhaohf518@ 163. com;
    马 超,北京市海淀区清华东路35号北京林业大学生物科学与技术学院,教授,machao@ bjfu. edu. cn。
资助项目:教育部产学合作协同育人项目"基于虚拟仿真的植物蛋白饮料工艺学课程改革"(201902037003);
    北京林业大学2020年课程思政教研教改专项课题(2020KCSZ085)。

造过程中的主要工程概念及单元操作原理，同时训练学生的动手能力，从而初步培养学生的工程观点及解决工程问题的能力。"食品工程原理"在学生们学习过高等数学、物理化学及机械设计基础等课程之后开设，对学生们的知识基础有一定的要求，所以教与学都有一定的难度，这就更需要学生们自身勤奋学习。大学生上课表现与学习成绩的优劣与其学习态度、身体状态及心理状态关系密切。作为受教育者，最重要的是需要具备学习的热情、认真学习的态度与坚持不懈的精神。

（一）学习态度

相关研究指出，成绩优异的学生具有积极的学习态度（主要体现在动机、兴趣、情感、意志及习惯5个方面）及较明显的正向能动性个性心理倾向。积极的学习态度可以使学生更好地把握和控制自己，将良好的学习习惯转化成自主学习能力，有利于提高大课学习效果。目前高等学校的学生学习态度较为积极，并且有一定的初步学习计划及预期目标。但是随着课程内容的不断深入及难度增大，部分学生学习吃力，学习态度有所松懈。通过与我校本科生交流，发现沉迷电子游戏及睡眠不足是导致学生课堂精力不集中、学习效率降低的主要诱导因素。

（二）身体状态

学生学习效果不仅仅是个人能力的体现，也是身体健康状况的体现。目前个别高校大学生存在亚健康的身体状态，导致大课学习注意力不集中，成绩下滑。当学生患有眼或耳疾病，会严重影响学习效果。因此关注大学生的营养与健康情况，改善大学生身体素质是一件迫在眉睫的事情。

（三）心理状态

研究表明，具有较好自我效能感的学生认知及学习能力强，在课堂上的表现较好。而家庭出身、家庭经济状况、父母的温暖照顾及亲人的理解关怀等与学生的自我效能感有显著联系，甚至对自我效能有显著的预测作用[2]。在高速发展的当今社会，大学生群体身上承载的压力也会影响其心理状态。此外，从高中到大学，同学们习惯了来自父母、家人及社会各界的关怀。而社会群体是复杂的，当学生习惯了这种"溺爱"后，他们的大学生活可能并不如意，很多学生的生活能力差，不懂得包容别人，不适应集体生活。这些问题会长期影响自身的心理健康及与其他同学的正常关系，降低学习效率如大课学习过程的课堂活跃度。学生人数众多且相互熟悉程度较低，导致学生在群体环境中表达自己意见的压力增大，容易形成消极防御型的课堂气氛。

二、教师授课面临的问题

对于年轻老师而言，承担大课教学的挑战既包括身体状态及心理，也体现在技术技巧层面。首先，大课堂的空间大，年轻老师教学技巧较少，如不懂得如何调节自己的发声方式造成自身讲课费力，较难调动学生的积极性，面对较多的学生会存在一定心理恐惧，及在检查出勤率及作业等方面也会有较多困难。但是青年教师的学习能力相对更强，可掌握很多创新教学方法（如 jigsaw 及 team project 等）[3]。其次，随着科学技术的不断进步，很多主干课程需要教师进行相应的知识点延伸，为学生的进一步求学深造及科研工作打好基础。以"食品工程原理"中的热传导为例，如冷冻过程食品导热系数的计算，教材中仅仅指出该物性参数随着时间发生变化，并初步给出了一些经验公式，但是根据体系结构及热流方向的不同，可以将经验公式分为平行模型、垂直模型及一些复合模型等。另外教材中给出了 Plank 公式来计算冷冻时间，但是对该公式的推导过程及不足之处没有给出分析，如 Plank 公式没有考虑到冷冻状态下的热性质（如密度及导热系数等）需要测量或估算，也没有考虑样品初始温度的影响等。所以年轻教师研究教法的前提条件是应该不断提高自己的专业知识水平，才能够更好地给学生们授课解惑。

（一）课堂气氛、课堂纪律与出勤率

好的课堂气氛及纪律是保证良好授课效果及完成教学目标的重要手段。总体来说，相比于中学教学课堂气氛，大学课堂（包括大课课堂）的课堂气氛较差，学生对知识的渴求度略低。虽然有时候年轻教师的基础知识比较扎实，但是在讲课技能方面确实存在不足。另外因为没有建立良好的师生关系，师生间的沟通较少，所以学生在课堂上存在紧张感和焦虑感，学生在课堂中不敢自然流露真实的情感。作为年轻老师可能会担心自己的性格较为内向，不能驾驭课堂，从而产生心理压力。其中，出勤率是学生学习兴趣及学习态度的反映，也是学生心理状态的反映，也会影响课堂的正常运行及教学质量的提高。目前学生做事散漫及旷课现象严重仍然是大学生群体中普遍存在的问题，并且违纪行为的性别差异化正在逐步缩小[4]。

（二）课堂作业设计与考试公平

部分年轻教师平时作业设计目的不明确，比如进行傅里叶定律的应用练习时，单层平壁的稳态导热与多层平壁的稳态导热类的计算题可以进行合并，不需要进行大量重复练习；平时作业量不合适，没有充分考虑学生的课程压力情况，也没有充分考虑学生是否可以完成答题，不能有效提升学生自主学习的动力和激发学习兴趣；反馈机制不够顺畅，任课教师无法及时了解学生对知识的掌握情况。而通过考试的途径进一步提高学生专业知识的熟练度，检验学生的学习效果，并且防止考试作弊等问题较为重要。对于期末考试，由于大部分学生缺乏对作弊行为危害的认知，加之中学到大学学生德育工作的开展相对较少，所以作弊现象仍会发生。

（三）互联网络时代下的新型教学方法

传统的教学方法忽略了学生教育背景及知识接受能力的差异。随着现代高新信息技术的蓬勃发展，互联网技术在各个行业得到了广泛的发展与应用。国家一系列政策文件的相继出台（《关于加强网络学习空间建设与应用的指导意见》《中国教育现代化2035》及《加快推进教育现代化实施方案（2018—2022年）》），进一步为大力推进教育信息化建设和未来"互联网+教育"的发展定下了基调。在此背景下，全新的教育模式应运而生，很多高校将现代信息技术和教育教学充分融合，借助互联网平台技术，不断丰富教学手段和方式。如翻转课堂、微课及慕课（MOOC）等一大批全新教学模式已经初步进入学生学习生活。通过MOOC体系的建设，可以为学生提供更加丰富的学习形式，实现线上线下混合式教学模式，教学内容覆盖面更广，尤其是对于大课课堂，有着良好的应用前景。但是正如其他专家指出，传统教学模式及MOOC等新型教学方法的融合使用需要较长阶段的探索，学生也在线上学习过程中存在一定程度的"偷懒"现象，所以仍然需要各位教师的参与与经验分享。

三、"食品工程原理"的大课教学现状

"食品工程原理"包含多种单元操作的基本原理、典型设备、设备选型设计和工程计算。其中的复杂理论分析使国内外食品专业大学生普遍反映该课程难学、枯燥乏味且学习要领不明确。而大班式教学目前仍为该课程最广泛的教学法，其缺点是不利于调动学生的学习积极性和培养独立思考能力，学生对所学知识的迁移与运用能力欠缺。另外面对课程单元操作众多、内容繁杂、抽象化概念和原理较多及工程实例差异大的情况，单独采用传统PPT等多媒体教学方法只能适度提高同学们的理解能力，随着内容深入及知

识点的不断增加，同学们的学习压力逐渐增大，积极性及专注度都有所下降，学习效果较差。

另外大课教学中的实验部分也直接影响学生实践教学效果和教师的科研水平。目前食品工程设备大都是应用于食品工厂的大型加工设备，价格昂贵，不利于学科科研设备的配套性发展。即使教师可以带领学生们参观相关食品企业，实现企业高校资源共享，但是效率偏低，且在今年疫情等情况下，同学们的学习实践效果较差，难以培养工科思维。

四、"食品工程原理"课程的教学改革与实践——以热传导部分为例

（一）基础知识教学

1. 更新工科教学理念，提高教学技能，引导学生兴趣

课前及课间教师可以通过加强与学生交流增进感情，从而激发学生的学习热情。良好的师生关系有助于保证课堂教学反馈信息渠道的畅通，能使教师在教学过程中及时掌握教学效果，调整教学计划和教学方法，使教学结果达到预期目标[5]。上课面对学生的时候，要给予学生更多的微笑与信任。在高强度的授课过程中，可以穿插介绍专业相关的趣闻以拓宽学生视野，了解并认识到"食品工程原理"学习的意义及必要性，逐渐引导他们去了解老师的讲课风格及对他们的期望（如上文提到的积极学习态度等）。也可以在教学中创设有趣的生活问题及情境引发学生学习的兴趣，如讲述热通量等知识点时，教师让学生想象打开烤箱时的热流，使学生认清学习目标并从内心产生认可感。

2. 以学生为主体，探索多方法及多模式教学

采用多媒体课件、实验仿真系统呈现授课内容。由于学生缺乏工厂实践的经验，对设备了解很少，工程原理的概念尚未确立。所以教学采用多媒体课件展示设备图片和视频录像，让学生有感性认识，如可以引入3D虚拟仿真视频提高学生对换热器及压缩机等设备工作过程的理解，在减少人力物力消耗的同时提高学生的学习效果，增加课程的趣味性[6]。同时，通过实验课培养学生操作小型工程设备和实验设备的基本能力，使学生处于良好的工程环境中。应教会学生分析问题和解决问题的方法，使其课后能自学，采用"翻转课堂"的教学方法，如在通过单层平壁的稳态导热教学中，可引导学生思考当导热系数与温度的关系发生变化时，平壁内部不同位置的温度情况，从而增加课程内容深度，提高课堂气氛。另外，教学中应尝试引进一些外文教科书章节，让同学们更加习惯英语专业词汇，有利于学生对食品工程外文书籍及工具软件的使用。除此之外，因为一些导热计算的公式需要通过板书或者PPT呈现出来，所以板书及PPT的清晰度、讲解课堂内容的声音大小及表现力等都会对学生的学习产生一定的影响。教师应该尽可能地提高自身讲课能力及方法，多参加一些教学技能工作坊等教发中心组织的相关训练。教师也要鼓励学生互帮互助，从而营造正能量的学习环境。另外学校应该组织引导学生积极参加体育锻炼（如北京林业大学的阳光长跑），并进行适度的干预[7]。对于学生自身来说，要学会融入集体生活，也要及时与自己的家人和朋友沟通交流，保持乐观且积极向上的心态。

（二）MOOC视频建设与建模仿真教学

大学课程是由知识单元组成的，而知识单元又由若干知识点构成，以课程教材为纲，起到引导学生进入课程的目的，同时课前与课后融入MOOC中知识点的讲解，将较彻底解决授课时间长、枯燥及遗忘等大课课堂学习的诸多问题。

以热传导过程为例，为了让学生充分理解热传导过程中不同物理量的意义，进一步体会热传导过程中食品体系不同位置的温度分布情况，应指导学生学习数学建模。目前科学

研究中常使用数值法建模软件 Comsol 进行此类分析，这部分内容尚未在本科"食品工程原理"的教材中体现，需要任课教师主导引入相关知识。所以课前教师通过 MOOC 视频先将建模的基本原理(如傅里叶方程的推导过程)详细上传到网络，导热微分方程是通过能量平衡方程建立的，这里包括了进入体系的热量($Q_1 = -\oint_A q \cdot dA = -\int_v \nabla \cdot q dV$)及内热源产生的热量($Q_2 = \int_v q_v dV$)。因为方程中存在温度梯度、热流向量散度及温度场拉普拉斯算子等物理量，所以视频中教师应当引导同学在不同的坐标系中建立导热微分方程。同学们通过课前预习和复习，掌握公式推导中涉及的高等数学知识，如体积分及面积分计算的相关知识等，进行针对性复习，并记录下各自的问题。

课上，教师讲解说明冷冻建模的个性问题，如几何条件、边界条件及时间条件等(参与过程物体的大小及形状，各种有关物性量的值随温度变化的函数关系及有无内热源等)；并讲解 Comsol 软件的使用方法及注意事项(图1)，如设置参数保证软件计算过程中收敛等问题。借助雨课堂的课堂实时答题及弹幕互动、翻转课堂中学生讲解 MOOC 视频例题等形式，加强学生与教师之间的交流与互动[8-10]。通过实时问答交流，开拓学生们的思维，如引导学生们逐渐思考食品冷冻过程中除了热量传递的仿真外，还有哪些过程发生在产品冷冻过程中？学生们可能会联想到传质过程，例如食品冷冻过程中的水分传递；又如对流传热过程，涉及流体的相关知识。从而为冷冻过程仿真的进一步深化学习打下基础，并可以强化学生们对冷冻过程中存在热量传递、质量传递及动量传递的认识，帮助同学们复习相关知识。当学生初步掌握数值法建立热传导的研究思路后，可以通过视频引入国际期刊中的一些食品工程建模案例，让大家进行分组讨论，面对面交流，并推选小组代表进行分析讲解。

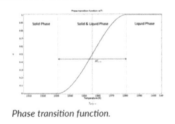

图 1　Comsol 软件界面

课后，将例题的具体仿真建模过程留为课下作业，学生根据视频教学的内容从容安排时间完成作业及复习，从而提高了学生学习的积极性。且通过问卷星微信线上调查，使教师了解到学生的知识盲点，为下一节课进行针对性的复习和总结提供了依据[11]。另外可以引导学生采用实验形式验证热传导过程的仿真结果，使学生获得成就感。

五、教学效果

(一) 教学效果评价内容

教师通过学生反馈、平时作业及考试的形式明确教学效果，但是在检测的内容上可以扩展为基础知识掌握情况、英文专业词汇积累情况、工程设备的认知程度及单元操作中物理过程的建模仿真水平。

另外学风建设也应作为评价教学效果的另一指标。通过教学过程中的德育教育，端正学生学习态度，杜绝不良学风形成。在学生们的学习过程中，应该向学生明确良好的课堂纪律是由老师和学生共同维护的，上课过程中充分发挥学生的课堂积极性，从侧面保证课堂的纪律。其次，加强外部监管，保证考试的绝对公平，发现问题严肃处理。最后，在教学中加强过程管理，强化日常课堂检测（如周测及月测），降低结课考试成绩在学分中的占比，以保证学生的出勤率，促进同学们在平时把知识消化吸收，提高学习效果。

（二）短期教学效果反馈

通过一系列的教学反馈后，教师逐渐了解到自身在哪些方面有待改进，进而寻求解决的对策，优化教学方法和手段，丰富教学经验。以食品系2017级学生对"食品工程原理"及"食品工艺学"教学反馈为例（均是大班授课），超过88%的学生认为教师采用的良好教学方法会提高自身的学习效率；但是其中仅19%的学生认为互动式的教学方法提高了自身学习成绩，翻转课堂等其他新型教学手段未受到学生欢迎，大部分学生仍然青睐传统的PPT多媒体教学模式。可见大班教学方法的优化升级之路还任重道远。

（三）预期教学效果

对于学生，其学习热情不断提高，积极融入集体生活，及时与家人沟通交流，保持乐观且积极向上的心态，身体健康，学习效率提高。授课教师通过采用3D虚拟仿真、翻转课堂及MOOC视频等教学形式，培养学生学习的自我主体意识，提高了学生主动学习能力，实现了大课教学高效的目标。通过数学建模等国内外先进的食品工程科学研究方法及教育理念使同学们学有所得。另一方面，随着学生整体成绩逐渐提高及学习主动性的增强，青年教师的自信心及教学质量也会不断提升。

参考文献

[1]望军，贾碧，邸永江．高校小班授课与大班授课的利弊分析[J]．教育教学论坛，2016(19)：223-224.
[2]赵必华．影响学生学业成绩的家庭与学校因素分析[J]．教育研究，2013(3)：88-97.
[3]Carpenter J M. Effective teaching methods for largeclasses[J]. Journal of Family & Consumer Sciences Education，2006，24(2)：13-23.
[4]王维，唐幼纯，咸妍．高等学校课堂纪律影响因素系统结构分析[J]．课程教育研究，2012(29)：246-247.
[5]林丽娟．高等学校大课教学中的信息反馈[J]．佳木斯教育学院学报，2013(11)：173-174.
[6]张燕，卜秀娟，奚春宇．"混合式"教学模式在食品工程原理实验课程中的应用与探索[J]．食品与发酵科技，2019(3)：116-119.
[7]李奇星．浅谈当代大学生营养与健康[J]．教育教学论坛，2014(39)：130-131.
[8]肖艳玲．基于慕课的大学英语翻转课堂教学模式实践研究：以《英语思辨性阅读》为例[J]．海外英语（上），2018(4)：6-8.
[9]赵文竹，于志鹏，武思佳，等．"食品工程原理"教学探索：针对应用型本科层次教改的思考[J]．农产品加工（下），2017(2)：87-88.
[10]韩淑霞，毕志伟，吴洁，等．基于SPOC混合教学模式的微积分大班教学实践[J]．高等理科教育，2019(1)：62-67.
[11]刘勇，余剑波，马建军．"视频网站+问卷星+微信"组合在教学中的应用[J]．实验教学与仪器，2016(2)：45-47.

Research on drawbacks and strategies in the big class teaching in the universities: Take heat transfer in the *Principal of Food Engineering* for example

Jia Guoliang Sun Aidong Zhang Bolin Zhao Hongfei Ma Chao

(College of Biological Sciences and Technology, Beijing Forestry University, Beijing 100083)

Abstract At present, big class teaching is a common teaching mode in the universities. There are severe tests from students and the level of teaching methods for the young lecturers. The problems and solving methods of students' learning and the lecturers' teaching were analyzed in this study. Based on the studying and teaching experiences for the *Principal of Food Engineering*, the learning attitude, health condition, and psychological state of the students should be improved. Moreover, the teaching ability of the young lectures should be optimized, with good control of class atmosphere and discipline, to achieve the aims for improving the students' attendance and exam effects. The new teaching methods, e. g, MOOC and flipped classroom, should be adopted in teaching. So the time in the class and after class could be scheduled more reasonable, with less difficulties left in the class teaching. The self-awareness of students themslves for studying should be developed, to achieve the effective big class teaching.

Keywords big class teaching, teaching ability, teaching methods, self-awareness

高等林业院校"土力学"教学改革与探索

——以北京林业大学为例

及金楠　谢宝元　胡雨村

（北京林业大学水土保持学院，北京　100083）

摘要："土力学"是高等林业院校水土保持与荒漠化防治专业的一门专业基础课。本文以北京林业大学为例，从林业院校的人才培养目标和专业特色入手，针对教学内容、教学方法、教学手段和教学计划安排中存在的问题，提出了相应的改革与探索方案：①结合专业需求整合优化教学内容，适当地增加一些前沿科学，减少部分简单易学内容的课时量；②采用"多元"融合的教学方法，以"学习"为本；③传统板书与现代化多媒体教学相结合，使用多种教学手段，促进搭建网络平台，实现师生间的资源共享；④优化课时安排，在有限的学时内，突出基础理论，加强实验与实践教学。通过土力学课程教学的改革与探索，激发了学生的学习兴趣，增强了动手实践能力，提升了课堂教学效果，从而提高了整体教学质量。

关键词：土力学；教学改革；林业院校

高等教育发展水平是一个国家发展水平和发展潜力的重要标志。高校要在国家建设世界科技强国中发挥创新主体作用，首先需做好人才培养工作。人才培养的核心就是本科教学，因此高校的教育工作者要不断深入地对本科教学进行改革与探索。"土力学"作为高等林业院校水土保持与荒漠化防治（下文简称"水土保持"）专业的一门专业基础课，主要讲述土的稳定、变形与渗透问题。该课程的理论性与实践性较强，要求学生具有较好数理基础。课程设置的目的是为培养学生后续学习土方、基坑、基础和边坡工程提供必备的理论知识和应用技能[1-2]。因而，"土力学"在高等林业院校水土保持专业的教学体系中起着承前启后的重要作用。本文以北京林业大学的"土力学"教学为例，阐述了笔者在教学工作中针对如何实现以"以教师为中心"到"以学生为中心"的转变，推进课堂教学的供给侧改革等方面工作的所思所感。

一、"土力学"课程教学中存在的主要问题

（一）重农轻工严重，教学内容缺乏专业特色

林业院校重农轻工的现象比较普遍。在这样的大环境下，"土力学"作为一门典型的工科课程常常不被重视，一些教师在讲授该课程时仍然使用"土木工程"专业使用的"土力学"教材与教案，教学内容也没有明显的区别，比如地基沉降量与沉降差的计算部分占用较大的课时量。其实，沉降这部分内容在土木工程专业是为后续基础工程做铺垫的，而水土保持专业不强调地基基础的设计与施工，侧重于土的渗透、土体滑动失稳以及挡土墙的设计等内容，因而需要教师能够准确把握培养目标和专业特色，构建与专业相匹配的内容框架

作者简介：及金楠，北京市海淀区清华东路35号北京林业大学水土保持学院，副教授，jjn0402@126.com；
　　　　　谢宝元，北京市海淀区清华东路35号北京林业大学水土保持学院，教授，xie4412@sina.com；
　　　　　胡雨村，北京市海淀区清华东路35号北京林业大学水土保持学院，教授，huyucun@bjfu.edu.cn。
资助项目：北京林业大学教育教学研究项目"'土力学'的教学改革和课程建设研究"（BJFU2018JY029）。

体系，凝练教学内容。

（二）教学方法单一，实践环节薄弱

土是一种复杂的多孔介质，具有高度的空间异质性，至今尚存在许多未定型的研究理论和经验公式，并且现有的很多理论也是在一系列假定前提上构建的，比如土中应力计算、渗流固结理论等部分内容较抽象，单一使用讲授法，学生很难理解和掌握。实际上，这些原理、公式都是为解决工程实践中的某些问题而提出的。作为教师如果都能把这些原理与具体工程问题相匹配，融入实际工程的观摩与实习课程，形象、生动、有目的性地解释原理与公式，提高学生的学习热情，使其认识到学有所用，这就需要教师具有丰富的工程实践经验。

（三）教学手段不足，单纯围绕PPT

"PPT"（Powerpoint）是现代教学重要的技术手段，但是否能够合理有效地使用PPT直接影响着"土力学"课堂的教学效果。有些教师在课堂中几乎完全用PPT代替板书，实际上，PPT课件信息量多、呈现快，很多学生反映在讲基本原理和基本公式时跟不上进度，长期容易造成学生因来不及思考而对学习的内容失去兴趣等问题。同时，单纯使用PPT教学容易造成课堂互动性差，使学生难以融入，对知识点理解不透，教学效果不理想。因此，由于教学手段运用的不足，造成了教学资源的浪费，使课程缺乏吸引力。

（四）计划学时"吃紧"，与时俱进"更难"

以我校水土保持专业为例，"土力学"课程仅40课学时，其中包含8学时的实验。但课程涉及的范围广、内容多，并且在仅有的8个学时内，安排了3~4个实验。同时，为培养适应时代发展需求的新人才，我校还计划增加"人工智能在"土力学"中的应用"这一部分内容，用数值分析法研究边坡的稳定性问题。在有限的时间内，让学生掌握理论、理解实验、解决问题有很大的难度。加之近年来工程发展迅速，新技术、新工艺、新方法日新月异，教学学时有限与教学计划合理安排之间的矛盾日渐突出，在规定的学时内让学生掌握课本内容已有挑战，如何补充最新的工程技术，与时俱进，需要认真探索。

二、"土力学"课程教学改革与探索

（一）把握专业需求，凝练教学内容

以北京林业大学为例，水土保持专业承担着"土力学"的教学任务，该专业与传统工程学科不同，属农学领域，因此要求教师能够根据学科特点，从传统的"土力学"教学体系中，确定本学科"土力学"的重点与难点，在内容与课时分配上实现"取、舍、增"（见表1）。对衔接后续课程的知识点以及与水土保持行业密切相关的，比如孔隙水的渗透、土的强度、边坡稳定性与挡土墙侧土压力等内容要详细讲述[1]，对容易理解掌握的以及与专业需求关系不大的内容采取自学的方式，对创新型前沿科学要给予一定的拓展，如"人工智能在"土力学"中的应用"，给学生更大的科学视野。加深学生对"土力学"在本专业中重要性的认识，同时也能拓展学生分析、解决问题的思路，提高学习效率和质量。这就要求教师能够根据专业所需，凝练教学内容，并鼓励教师编写适用于农学学科的"土力学"教材。

表1 "土力学"理论课教学计划

专题	教学内容	教学计划	建议课时/学时
绪论	为什么学"土力学"？学什么？	取	2

(续)

专题	教学内容	教学计划	建议课时/学时
土的物理性质和工程分类	土的形成与特性	取	1
	土的三相组成(重点)	取	1
	土的物理性质指标(重点)	取	1
	土的物理状态指标(难点)	取	1
	地基土的工程分类	舍	自学
土的渗透性和渗透变形	渗透规律(重点)	取	1
	平面渗流控制方程与流网(难点)	取	2
	渗透力与渗透变形(难点)	取	2
土体中的应力计算	有效应力原理(重点)	取	1
	地基自重应力	取	1
	基地压力计算	取	1
	地基中附加应力计算(难点)	取	1
	超静孔隙水压力与孔隙水压力系数	舍	自学
土的变形特性和地基沉降计算	土的变形特性实验方法	取	1
	一维压缩指标(重点)	取	1
	地基沉降计算(难点)	舍	自学
	饱和土的渗流固结理论(难点)	取	1
土的抗剪强度	抗剪强度理论(难点)	取	1
	强度指标的测定(重点)	取	2
	土的抗剪强度影响因素	取	1
挡土结构物上的土压力	静止土压力	取	1
	主动和被动土压力(重点)	取	2
	几种常见情况的土压力计算	取	1
	重力式挡土墙的设计(难点)	增	2
土坡稳定性分析	无黏性土坡的稳定性分析(重点)	取	1
	黏性土坡的稳定性分析(重点)	取	1
	边坡稳定性数值模拟(难点)	增	2
地基承载力	地基失稳的形势和过程	取	1
	地基承载力(难点)	取	1
合计			32

(二)采用"多元融合"的教学方法,力求"学习"为本

教师可采用"多元融合"的教学方法,对基础概念以讲授为主,如土的基本物理力学性质指标,先讲解土的3个基本物理量——重度、含水量和颗粒比重,绘制三相草图,再根据三相图逐步推导其余6个物理量及其之间的关系;对于抽象的理论部分,可结合模型演示,做引导性的推导和分析,如讲解饱和土的渗透固结过程,可以利用简单的固结模型实验或多媒体

动画演示渗透过程,将抽象的理论形象化,再结合数学和力学知识用板书推导渗透固结微分方程;对原理应用的部分,可联系工程实际,如讲解"有效应力原理"时,结合降雨型滑坡、砂土液化等工程事故的案例分析,增加讨论环节,提高学生发现问题、分析问题且创造性解决问题的能力,同时在讨论中将难懂的原理变得生动有趣[3]。此外,不拘泥于教材的章节,构建不同的专题或模块,可帮助学生对知识体系进行合理的解读(见表2)。

表2 "土力学"课程的专题设置

序号	教学内容	专题
1	土的物理性质及工程分类	土之源
2	土的渗透性和渗流问题	土之渗透
3	土体中的应力、变形特性和地基沉降计算	土之变形
4	土的抗剪强度与地基承载力	土之强度
5	挡土结构物上的土压力	重力式挡土墙的设计
6	边坡稳定性评价	人工智能在"土力学"中的应用

"土之源"专题是课程的总体概述,讲述土的基本物理力学性质;"土之渗透""土之变形"和"土之强度"3个专题是土的三大工程问题,分别选自大纲中"土的渗透性和渗流问题""土体中的应力、变形特性和沉降量计算"及"土的抗剪强度与地基承载力"中的教学内容;"重力式挡土墙的设计"和"人工智能在"土力学"中的应用"两个专题属于应用拓展部分,分别基于"挡土结构物上的土压力"和"边坡稳定性评价"的内容展开,逐步深入的专题设置能够帮助学生形成一套完整的知识构架。

(三)传统与现代结合,运用多种教学手段

"土力学"作为一门专业基础课,理论和实践两部分内容都很重要。为提高教学效果,教师应采用理论与实践一体化的教学手段,理论部分使用PPT教学,并结合传统板书,特别是公式推导部分,黑板、粉笔的传统教学手段,能够给学生充分的思考时间;实践部分则以现代化的技术手段为主,合理设计及使用多媒体课件,加大教学信息量,也可以组织学生观看一些视频或纪录片,使学生在虚拟情景中体验现实[4]。比如在讲解抗剪强度问题时,可观看一些土坡失稳工程案例,引入基本原理,最后讲解加固措施,使教学内容直观、形象、生动。同时,搭建网络化的教学平台,打造精品慕课,提供资料交流和资源共享平台,方便师生互动与学生课外自学与复习。

(四)优化课时安排,厚基础强实践

课时合理优化的原则是使学生在掌握基本知识的前提下,培养其创新精神、创新意识和实践能力。从目前来看,在"学时"吃紧的条件下,不仅要完成教学计划,更要体现出厚基础、强实践的教学理念,这就需要具有一定经验的教师凝练并优化教学内容,重新整合知识点,合理安排各部分课时。理论部分要突出概念的理解和掌握,讲清本质,系统连贯;实验部分要侧重于培养学生的动手实践能力和今后遇到工程问题的判断与处理能力;应用部分,特别是经验性的内容,可以通过自学和答疑方式解决,少占用课时。

三、"土力学"课程教学改革的成效

(一)激发学习兴趣,由被动变主动

教学改革后,学生的学习兴趣明显提升,课堂气氛活跃,变被动接受为主动思考,面对工程问题能够积极地探讨交流解决办法。讨论的范围也逐渐拓宽,不仅仅局限于工程实际问题，针对一些技术前沿也产生了极大的兴趣，比如，当讲解"人工智能在'土力学'中的应用"时，同学们主动学习各种数值模拟软件，锻炼了发散思维，探索解决用传统方法难以回答的问题，同时，师生间、学生间不断地相互讨论与交流，也增进了彼此的感情。

（二）增强实践能力，敢于独立动手

由于改革后增加了实验与实践教学环节，搭建起理论与实际的联系，增强了学生对理论知识的理解和应用能力。实验课上同学们主动操作的积极性提高了，有些小组针对失败的实验结果，讨论分析原因并主动要求利用课余时间重新补做；对于工程实践中所涉及的"土力学"问题，同学们畅所欲言地讨论，勇于提出自己的想法，比如当讲到"土石坝的渗流破坏及其处理办法"一题，同学们查阅相关资料，各抒己见，论据说理；同时，很多学生还能独立运用"土力学"的知识去分析、解决一些工程实际问题，申请到了各级各类的大学生创新项目，锻炼并提升了自己。

（三）提高学习效果，知识构架完整

"土力学"课程教学内容繁多，知识点零散，在传统的教学模式下，学生的学习积极性不高，学习效率低下，很多学生死记硬背基本原理、公式，考试的平均成绩在75分左右，并且一两年后做毕业设计时发现很多定律都已经忘记，说明知识点在大脑中还是一盘松散的零件，随时可能丢失。使用新的教学方法后，学生们不仅知其然，还要知其所以然，因而学习效果明显提升，大脑中也形成了一套完整的"土力学"知识构架，知识点扎实牢固，作业准确性高，不再考前突击而平均成绩仍可达85分以上。

总之，"土力学"是一门理论性、实践性很强的专业基础课，在课时和教学资源有限的条件下，可用以下几种方法提高"土力学"课程的教学效果：首先，要根据林业院校课程设置的特点，以需求为导向，灵活应用多种教学方法与教学手段，提高学生分析解决实际问题的能力；同时，加强"土力学"实践教学，加大实践教学经费投入力度，整合资源，优化实践教学环境，提高"土力学"教师的理论水平和实践水平，不断推进教学改革，完善高等林业院校人才培养体系。

参考文献

[1] 陈希哲．土力学地基基础[M]．十版．北京：清华大学出版社，2013：1-17．
[2] 卢廷浩，刘斯宏，陈亮，等．土力学[M]．北京：高等教育出版社，2010：1-4．
[3] 刘艳华，王铁良，刘文合，等．高等农业院校工科专业土力学课程教学实践探索[J]．沈阳农业大学学报（社会科学版），2014，16(5)：576-579．
[4] 马尔尼，商俊博，林剑．网络环境下"木材学"课程教学改革的探索[J]．中国林业教育，2018，36(4)：67-69．

Study on educational reform and exploration of *Soil Mechanics* in forestry colleges: Taking Beijing Forestry University as an example

Ji Jinnan   Xie Baoyuan   Hu Yucun

(School of soil and water conservation, Beijing Forestry University, Beijing   100083)

Abstract *Soil mechanics* is a basis course for the department of soil and water conservation in forestry colleges. From the aspects of training goal and professional characteristics of forestry colleges, we try to explore and research the educational reform of *soil mechanics* in Beijing Forestry University. To solve the problems in course contents, teaching methods, , teaching tools and teaching plan, we proposed four reformss to improve them. Firstly, optimized courses contents according professional requirement, increasing some frontier science and deceasing some easy-learned course content; Secondly, using multi-elements teaching methods to help students form learning-based environment, such as by a form of thematic teaching module; Thirdly, combining traditional blackboard writing with modern powerpoint, constructing eplatform to realize the shearing of resources between teachers and students; Finally, optimizing teaching plan, emphasizing basic theories, increasing course experiments and practice to motivate learning interests. Generally, according the above reform of *Soil Mechanics*, students learning interests, practical ability and teaching effects were all significantly improved.

Keywords *Soil Mechanism*, teaching reform, forestry colleges

教具辅助式实践教学模式研究与实践

——以"水文地质学"为例

梁 帅

（北京林业大学环境科学与工程学院，北京 100083）

摘要：在新时期"双一流"建设的背景下，环境事业对专业人才的创新、钻研以及综合实践素质的要求不断提高。本文基于"水文地质学"课程，分析了我国高校环境类专业传统多媒体教学模式与新时期人才培养高标准要求之间的现实矛盾，提出了一套教具辅助式实践教学模式，在进一步深化多媒体教学模式的基础上，引入地质标本和实物模型等教学手段，提升教学质量。结合2016—2017学年的实际教学效果，论述了教具辅助式实践教学模式的特点和实践经验。

关键词：水文地质；实践教学；教具；双一流；教学模式

水是人类生存、经济发展和社会进步赖以依存的重要自然资源。然而，随着城镇化进程的不断推进，我国的水环境问题正变得日趋复杂，民众的日常生活和身体健康正面临着水污染问题的严峻威胁和挑战。地下水作为我国的主要水资源之一，所受到的关注逐年增多[1]。地下水污染的治理与防控、地下水资源的可持续利用与发展、地下水资源的生态环境效应等已成为当今水环境领域的研究热点。相应的，国家和社会对环境专业从业人员的地下水资源相关理论和实践技能的要求和需求逐年升高，这就对我国高校环境类院系的相关人才培养工作提出了新的更高的要求。然而，我国较多高校的环境相关专业仍只重点关注传统地表的水、气、固废等方面的教学工作，而对地下水相关课程的教学内容不够重视。

此外，2015年，中国共产党中央委员会、中华人民共和国国务院做出有关我国高等教育的重大战略决策，即建设世界一流大学和一流学科，这有利于提升我国高等教育综合实力和国际竞争力，为实现"两个一百年"奋斗目标和中华民族伟大复兴的中国梦提供有力支撑。这就要求各专业在学科建设中紧随"双一流"建设导向，顺应当前高等教育信息化、综合化、多样化、国际化发展趋势，以一流人才培养为目标、一流专业建设为核心，不断提升教学水平和人才培养质量，要培养出符合时代需求的创新型、应用型、复合型优秀人才[2]。在这一背景下，环境类院系也应密切关注行业发展动向，及时对人才培养方案做出适应性调整[3]。近年来，海绵城市等可持续发展理念的兴起为环境领域未来的发展指明了道路。相应地，行业内对从业人员的地下水相关知识和实践技能的要求也越来越高。这都对高校人才培养方案中地下水部分的教学质量提出新的要求，不仅要深化对理论知识的掌握，也要强化对实践经验的积累。

目前，在环境工程、给排水科学与工程等环境类专业中，与地下水最密切相关的专业课程是"水文地质学"。对于综合型高校的环境类专业，"水文地质学"的主要教学内容包括

作者简介：梁 帅，北京市海淀区清华东路35号北京林业大学环境科学与工程学院，副教授，shuai_liang@bjfu.edu.cn。

资助项目：北京林业大学教育教学改革项目"'双一流'建设背景下水文地质学教具辅助式实践教学模式研究"（BJFU2019JY102）。

地质学基础、地下水的运动与分布、地下水的特性以及地下水资源量计算等专业内容，多数情况下以课堂多媒体教学为主。但是，绝大多数环境专业本科生不具有地质学相关知识的学习和实践经历，其在"水文地质学"的较短学时内难以掌握作为基础的地质学知识，对于后续的抽象知识体系也一知半解。我们在实际教学过程中发现，仅凭多媒体课件中的文字和图片，学生几乎无法做到最基本的对矿物和岩石的分辨，这与"双一流"建设要求的教学目标相去甚远。"水文地质学"是一门实践性很强的学科，在实践中往往会涉及大量的实地勘察工作，需要具备基本的地质勘查技能。对于地质学专业，这种能力的培养需配以较长时间的实验课程来辅助实现。学生们通过对不同种矿物、岩石等进行实际观察，可以获得更直观深刻的印象，教学质量较高。但是对于环境类专业，授课学时有限，专门开设地质类实验课程往往并不现实。在这样的背景下，强化课堂教学效果是较好的解决途径。

本文针对"双一流"建设的高标准人才培养需求与"水文地质学"传统多媒体教学模式之间的现实矛盾展开分析，提出基于地质标本、模型等教具辅助的多位一体式实践型教学模式，并结合实际授课经验进行了总结。

一、"双一流"建设高标准要求与传统多媒体教学模式的矛盾

（一）"双一流"建设的高标准要求

"双一流"建设提出了新的教育理念和评价标准，对人才的创新能力、科研能力以及工程实践能力都有更高的要求[4]。"水文地质学"等专业核心课程需适应更高标准的培养要求。

1. 培养拔尖创新人才

创新是个人、民族乃至国家不断发展前进的核心动力。教学环节需着力培养富有创新精神和实践能力的创新型、应用型、复合型优秀人才。在加强创新教育的同时，大力推进学生的个性化培养，全面提升学生的综合素质、科学精神和创造能力。

2. 提升科学研究水平

科学研究能力是国家长久发展的耐力支撑，而高质量的课程是科研与教学的交汇点[5]。人才培养和学科建设应致力于提高基础研究水平，争做国际学术前沿并行者乃至领跑者。

3. 增强工程实践能力

实践是促进理论知识向能力和素质转化的有效途径[6]，是人才培养过程的最有效助力。在课程准备和教学过程中，应着力加强实践环节的设置，给学生充分地将所学知识转化为应用的时间和空间，以培养学生解决实际工程问题的能力。

（二）传统多媒体教学模式与当前高标准教学要求的矛盾

目前全国大多数环境类院系水文地质学相关课程的教学仍然以传统的多媒体教学为主。对于课程中所涉及的地球圈层构造、矿物、岩石等地质学基础知识，往往以文字和语言进行宏观、抽象的讲述。更好的情况下，会配以一定量的图片或动画进行辅助讲解。但是，对于环境专业的本科生而言，与课程后续的地下水运动、赋存等知识相比，地质学基础知识更加陌生。单纯依靠多媒体课件所传达的信息，难以让学生有效地掌握所学知识，理解也难以深入。尤其是对于矿物、岩石的分类，所涉及的名称众多，分类复杂，对知识往往只能停留在表面被动接收的层面，在实践应用中几乎不能进行有效的判断。总体上，传统多媒体教学在"水文地质学"课程教学中存在如下弊端：

1. 知识讲述浮于表面

多媒体教学可以在有限的时间和空间内广泛地向学生展示大量文字、图片、动画等复合型知识信息，具有一定的优势。然而，对于"水文地质学"这种实践性比较强的课程而言，

图片、动画等传达的信息始终与物质现实具有较大的距离感，难以让学生从真正意义上实现对知识信息的认同和掌握。

2. 缺乏自主创新和钻研训练的空间

传统多媒体教学仍然以单向的知识传播形式为主，学生在学习过程中缺乏参与感。在长时间被动接受新知识的状态下，学生的自主创新意识和主动钻研意识始终处于压抑的状态，这不利于学生创新能力和科研能力的培养。

3. 缺乏学以致用的训练过程

在传统多媒体教学的整个过程中，学生缺少利用所学知识进行实践应用的机会。每次下课后，由于缺少应用实践环节等经历，学生通常会很快忘记脑海中接触到的新知识。等到毕业后遇到相关的实际工程问题，学生往往难以对知识产生有效的回忆，造成"学了等于没学"的现象，教学效果大打折扣。

综上，传统多媒体教学在培养学生的创新能力、科研能力和解决实际问题能力等方面存在明显不足，难以满足"双一流"建设对高等教育人才培养的新需求。

二、开展教具辅助式实践教学的成效与经验

针对"水文地质学"课程建设的实际需求，研究提出一套基于标本、模型、多媒体课件等多位一体的实践教学模式，并在2016—2017学年给排水专业的授课过程中进行了实践。研究和实践结果表明，教具辅助式实践教学模式为学生创建了一个灵活、高效的互动式教学氛围，强化了学生对知识的理解和掌握，同时在很大程度上激发了学生的主观学习和创新意识，教学效果得到明显提升。

（一）教具辅助式实践教学模式主要措施

1. 引入地质标本开展情景教学

在传统多媒体课堂授课的基础上，增加丰富多样的矿物、岩石等地质标本作为教具，以辅助具体知识内容的讲解。有了地质标本的支撑，教师获得了更多的机会可以走下讲台，并利用丰富的实物标本与学生进行互动，展开面对面的基于实物标本的情景式教学。在这样的模式下，知识对于学生来说不再是空洞的文字和图片色彩，而是拿在手中的、可能在生活中曾经见过的实物，是更加让人印象深刻的可感知的信息。这样的教学形式留给学生的印象更加深刻，教学效果显著提升。

2. 引入实物模型深化知识理解

地下水由于特殊的赋存特性，在日常生活中并不常见。学生对于地下水相关知识的理解通常只能基于课堂讲解和少数图片信息进行想象，教学效果不理想且不稳定。例如，在讲解松散沉积物孔隙率的影响因素时，传统多媒体教学常采用圆球（代表松散沉积物）模型图进行知识讲解，具有一定的直观性。但是，对于立方规则排列模式下孔隙率与松散沉积物直径大小无关而与颗粒的分选有关这个知识点，学生往往要经过较多的计算后才能认同接受。但是借助木球和玻璃珠等不同实物模型，通过快速的课堂实验即可以给学生展示这一现象和原理，显著提升了学生对知识的认同感。

3. 多重教学手段激发学生兴趣

在教具辅助式教学过程中，学生由于获得了更多的参与教学的机会，学习兴趣更加浓厚。从授课实践中可以明显地感受到，学生课上的注意力更加集中，主动性显著加强。另外，根据课堂提问的回答情况，可以看出学生答题的正确率明显高于以多媒体教学为主的课堂，进一步说明了标本、模型等教具在教学过程中起到的积极作用。

(二)教具辅助式实践教学模式主要特点

1. 有利于激发学生的创新意识

在教具辅助式教学过程中,学生不再处于一成不变的被动接受知识的状态,思维变得更加灵活。在认真观察标本和模型的过程中,学生通常会产生丰富的联想,在配合针对性设计的一些课堂问题,可以有效地对学生的创新意识进行训练,有利于创新型人才的培养。

2. 有利于提升学生的实践能力

与抽象的多媒体教学模式不同,学生在教具辅助式实践教学过程中更多地通过实践动手来获得知识,对知识的掌握更加深刻。与此同时,课堂上所需讲授的理论知识可以最快速地转化成学生的应用实践经历,在这个过程中,学生所获得的是切切实实面对现实问题和解决现实问题的经历,也打下了良好的实践基础。

(三)教具辅助式实践教学成效与经验

通过在 2016—2017 学年第 2 学期施行标本模型辅助式实践教学模式,授课质量获得明显提升。根据前后两学期学生的评教结果,发现在施行了实践教学模式后,学生对课堂授课质量的认同感和满意度显著提升,评教结果也从学院第 12 名上升至学院第 1 名(如图1)。多数学生表示上课的积极性和精力集中度高于其他传统多媒体授课课程,也感到真正学到了知识,培养了实践技能。

学年学期: 2016-2017-1					评价结果统计							
课程编号	课程名称	授课教师	开课单位	上课班级	评价课程类别	学生人数	样本总数	参评率(%)	有效数	评价总分	学院该类课程排名	学校该类课程排名	操作
s13b0057t1	水文学与水文地质学	梁帅	环境科学与工程学院	给排水14	理论课评价	29	29	100	29	89.71	12	316	

学年学期: 2016-2017-2					评价结果统计							
课程编号	课程名称	授课教师	开课单位	上课班级	评价课程类别	学生人数	样本总数	参评率(%)	有效数	评价总分	学院该类课程排名	学校该类课程排名	操作
15015950	水文学与水文地质学	梁帅	环境科学与工程学院	给排水15	理论课评价	24	24	100	24	94.95	1	22	

图1 2016—2017 学年教具辅助式实践教学模式实施前后"水文学与水文地质学"课程评教结果对比

另外,在实际教学过程中,作者也感受到,实践型教学模式对教师也有更高的要求。不仅要求教师具备扎实的理论知识基础,更要有丰富的工程实践经历,这样才能保证将准确的知识和技能传达给学生,保证教学质量。

三、结 语

在"双一流"建设的时代背景下,环境事业对专业人才的创新、钻研以及综合应用素质的要求不断提高。教具辅助式实践教学模式在进一步深化传统多媒体教学模式的基础上,引入地质标本和实物模型,利用多位一体的丰富教学手段激发学生的学习热情和兴趣,在有限的学时内,最大化地提高学生吸收知识和锻炼技能的效率,有助于学生创新意识、钻研精神和实践能力的培养。标本、教具辅助式实践教学模式在"水文地质学"的教学实践中取得了良好成效,对专业的整体教学质量和水平的提升起到积极的作用。

参考文献

[1] 马海良, 徐佳, 王普查. 中国城镇化进程中的水资源利用研究[J]. 资源科学, 2014, 36(2): 334-341.
[2] 袁志鹰, 裴刚, 周小江, 等. 争创"双一流"、专业认证背景下的实验教师队伍建设探讨[J]. 广东化工,

2017,44(14):284-291.
[3] 刘明华,刘以凡,王晖强,等."双一流"背景下资源循环科学与工程专业的创新与发展[J]. 再生资源与循环经济,2017,10(8):13-16.
[4] 郭华."双一流"背景下隧道与地下工程课程教学反思[J]. 教学研究,2017(8):98-99.
[5] 柯政."双一流"中的课程建设:上海纽约大学的启示[J]. 中国高等教育,2016(13):53-56.
[6] 徐先蓬,宋沁潞."双一流"建设背景下的研究生课程建设问题探究[J]. 课程教育研究,2017(1):8.

Researchand practice on teaching-aid-assistant practical education mode: Take *Hydrogeology* for example

Liang Shuai

(College of Environmental Science and Engineering, Beijing Forestry University, Beijing 100083)

Abstract In the context of the "Double-First Class" construction, the environmental undertakings continuously raise the requirements for the innovation, investigation, and comprehensive practical quality of professional talents. Based on the course of *Hydrogeology*, this paper analyzes the practical contradiction between the traditional multimedia-based teaching mode in environmental majors and the high-standard requirements of talent cultivation for the education in the new era, and proposes a teaching-aid-assisted practice education mode. On the basis of further deepening the multimedia teaching mode, teaching methods such as geological specimens and physical models are introduced to improve the quality of teaching. Combined with the actual teaching effect in the 2016—2017 semesters, the characteristics and practical experience of the teaching-aid-assisted practical education mode are discussed.

Keywords *Hydrogeology*, practical education, teaching aid, double-first class, education mode

探索创新实践能力培养路径，打造林业院校电力专业一流课程

于 明

(北京林业大学工学院，北京 100083)

摘要： 我国新能源等领域的快速发展，对培养出具备实践能力与创新能力的电气工程专业人才提出迫切要求。林业院校的电力课程应兼具林业与电力的行业特色性、实践性与实用性。林区微电网课程恰到好处地整合了林区绿色能源应用与电力智能控制系统，是具有新时代特色及林业特色的创新性课程。传统专业课程的教学方法并未结合新能源发电林区发展特色，难以在该应用领域培养出实践创新能力较强的专业人才。结合林业院校实际，林区微电网的发展及电气专业课程教学要求，也急需进行微电网教学实践仿真平台及课程本身的设计改造。从教学形式、教学方法和手段、实践环节、产学研融合、学科交叉融通等方面对电气专业人才培养改革进行实践和探讨，多种开放式教学与研究相结合有助于教学质量的提高，有助于科研创新与面向工程实践的人才培养相结合，对打造林业电力一流课程、助力林业院校电力专业本科教育改革具有重要意义。

关键词： 创新实践能力培养；林区微电网；实践教学；一流课程

　　国以才立，业以才兴。习近平总书记指出："党和国家事业发展对高等教育的需要比以往任何时候都更加迫切，对科学知识和卓越人才的渴求比以往任何时候都更加强烈[1]。"高教大计，本科为本。本科教育是大学的根和本，要实现全面振兴本科教育这一新时代高教改革发展核心任务，当务之急是严抓本科教育，淘汰"水课"、打造"金课"，助力本科教育改革取得实效，让学生学得真学问、练就真本领，成为新时代社会主义建设事业的中坚力量。

　　林业是"美丽中国"的核心元素，是生态文明建设的重要行业。长期以来，我国智慧林业发展相对滞后，现代化、智能化水平较低，林业电气化装备的服务水平亟待提高。林区微电网是智能电网体系下林区微型电力系统，也是未来林区供电系统的发展方向。作为林业院校，微电网课程应兼具行业特色性、实践性与实用性。该课程恰到好处地整合了林区绿色能源应用、孤岛电力系统、先进控制策略与智能系统等相关理念，是具有新时代特色及林业特色的创新性课程。课程除理论讲解偏重工程案例分析外，增设课程设计实验环节，培养学生系统设计能力与工程实践能力，为今后毕业设计及工程应用打下良好的基础。随着新技术和新原理的出现，林区微电网课程内容不断丰富，相关技术也不断发展进步。为了适应现代新能源与林业智慧装备的发展，培养学生综合运用所学的基础理论知识分析与解决电力系统中的实际问题的能力，本文在传统电力专业课程教学方法基础上进行深入探索，结合林区新能源微电网教学仿真平台建设，采用项目驱动与开放式教学等多种方式，将科研教学与创新育人统一起来，在林区微电网的专业教学等方面进行了一系列的探索，为建设"一流课程"开拓出一条具有林区特色、强化创新与实践能力之路。

作者简介：于 明，北京市海淀区清华东路35号北京林业大学工学院，讲师，yuming@bjfu.edu.cn。
资助项目：北京林业大学教育教学改革项目"面向创新实践能力培养的林区微电网教学探索"(BJFU2019JY060)。

一、国内外相关教学实践平台介绍

目前，国内外许多高校在电气专业学生培养过程中注重将教学理论与微电网应用技术有机结合，不仅开设了新能源微电网相关专业课程，同时学研结合，建设了新能源微电网教学实践平台。

早在 2004 年，日本东京工业大学提出了基于微电网的直流配电系统的构想，并建造了一套 10kW 的直流微网实验系统。以此为契机，大阪大学于 2006 年设计了一套如图 1 所示的双极微电网系统。6.6kV 配电网降压得到 230V 交流电，通过变流器转换为 170V 直流电压。燃气轮机通过变换器接入低压交流侧作为交流电源，储能单元、光伏单元等分布式电源通过 DC-DC 变流器接入低压微网直流侧，各种负荷也通过电力电子变流器并入直流母线。该系统能得到高质量的电能供给，从而为学生开展微电网相关实验和研究提供了良好的基础[2]。

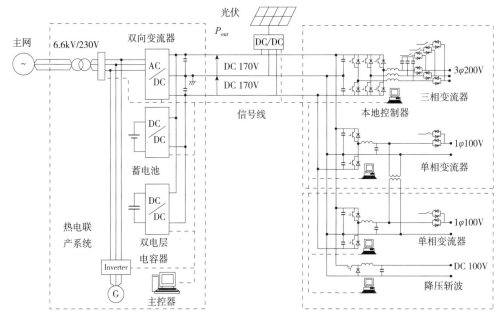

图 1 双极结构直流微网系统

同时，欧美也展开了微网相关平台建设与研究。罗马尼亚布加勒斯特理工大学于 2007 年提出了多源交替供电的直流微网，不仅由光伏及风力发电单元供电，还可利用沼气发电为系统供能；美国对现代直流微网技术的研究始于 2007 年，弗吉尼亚理工大学 CPES 中心提出了绿色楼宇计划，采用新能源为住宅等楼宇供应电力[3]。随后，CPES 将其发展为绿色楼宇及纳电网计划，采用分布式电源接入直流微网，通过能量管理控制器为智能楼宇提供经济、高效的电力供给，其系统结构如图 2 所示。该住宅纳电网包含 380V 和 48V 两个直流电压等级，分别为不同电压等级的电器供电。

除日本、欧美外，韩国明知大学的智能微电网研究中心于 2007 至 2012 年建立了直流微网供电系统，相关研究集中于电能分配、功率变换、控制策略以及通信技术等[4]。

我国也在大力推进能源互联网相关项目，其中较为典型的是深圳柔性直流微电网项目。天津大学、浙江大学、华北电力大学、南京航空航天大学、杭州电子科技大学等国内高校都对微网技术开展了广泛研究，不仅在新能源发电关键技术方面有了一定进展，同时也为相关教学实践提供了软硬件研究平台。

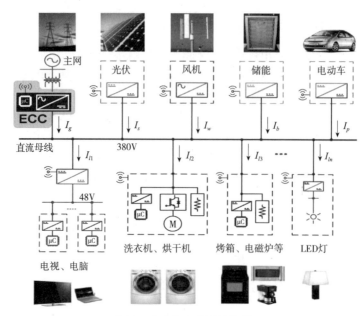

图 2 未来住宅直流纳电网

二、教研相互融合,自研微电网仿真实践平台

林区微电网具有其生态特殊性,为了使学生更深入地理解微电网的工作原理,依托鹫峰林区微电网项目,基于 MATLAB/Simulink 仿真实验平台建立了一套 30MW 微电网仿真系统(如图3),主要实现功能包括:基于直流电压的微网系统协调控制,风电单元最大功率跟踪控制,微电网储能变流器双向功率控制与能量管理,微网中央控制器数据采集与信息管理、负荷管理等。

该自研仿真教学实验系统结合林区实际,可完成不同林区工况下新能源并网运行模拟、系统性能分析与教学演示,满足并网、离网、故障等不同工况下系统的独立演示教学与实验要求。具备系统设备模块与控制模块展示,信息流通道展示功能,通过微电网模块化与层级化结构划分,使得微网系统构成和控制功能结构形象化。同时,系统具备二次开发功能,使学生对微网的能量管理与系统协调控制算法进行开放式设计,在不同工况下通过仿真模拟实现不同电网运行方式的现场教学演示,通过模型扩展及控制优化可实现教学实践要求。

三、不断改革探索,建立多种实践机制

为了改变单纯理论教学模式,将科研教学与创新人才培养统一起来,培养学生的创新意愿、创新思维与实践能力,在林区微电网的专业教学和人才培养方面进行改革,深入探索"研究开放型教学模式"。围绕林区微电网课程的重点内容、重要概念,师生共同提出新问题,进行新思考,实现新验证。同时遵循"五个结合"原则,即研究型教学模式与讨论式教学模式相结合,教师传授与学生汇报相结合,课内教学与课外研究相结合,理论示范与动手实践相结合,验证性实验与创新性实验相结合[5]。师生对共性的疑问进行课内、课外探讨,借助互联网进行问题交流、观点互相启发,解决问题的方法不断奔涌而出。

在林区微网教学仿真平台资源基础上,根据教学需求逐步完善,形成集综合开放设计、演示实验功能于一体的开放式实践平台。通过陈列新能源设备模型、变流器模型等,增加

课程的丰富性和形象感,将课本立体化,把课堂"搬"进实验室。同时,增加计算机仿真过程与结果展示、图片信息多样化,交互式多媒体软件展示等多种形式,生动灵活地完成教学内容,利用多维的视觉角度、多姿的视觉效果激发学生的创造灵感,从而促进学生创新思维方法与实践意识的培养。

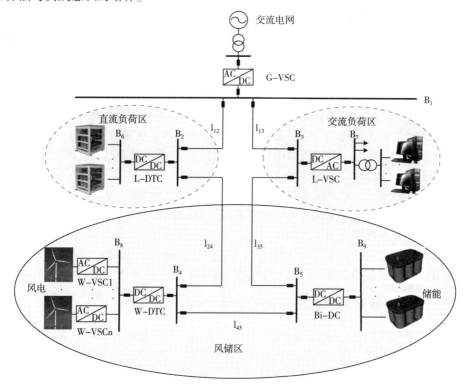

图3 风电直流微网系统的结构示意图

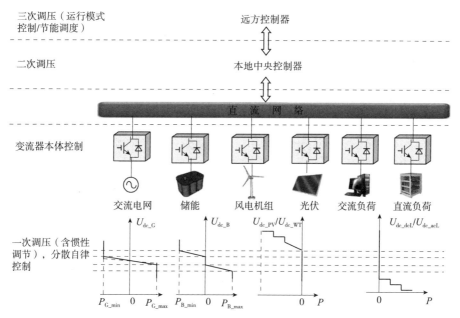

图4 直流微网整体控制架构

四、深入工程项目，突出创新能力培养

在林区微电网专业课程教学实践中，坚持以工程教育专业认证要求为目标，以培养学生解决复杂工程问题能力为导向，不断提高学生自主学习、自主研究、创新分析与团队协作的能力。将典型微网工程案例进行凝练，作为学习与实践样板，逐渐增加设计复杂性和综合性，指导学生进行渐进式分析与实践；面向企业实际需求与国家战略前沿，对工程实践环节进行调整优化，以培养学生专业素养与科研实践能力；以专业教学为依托，在实践教学不断深入的过程中，将学科体系建设与实验教学建设有机融合[6]。

鼓励学生参与科研项目，有针对性地开展微电网相关实践。在林区微网教学仿真平台基础上，加强开放创新的实践体系建设，增设科研课堂、开展综合科研实训等，以培养学生的创新能力与工程实践能力；通过参与学校设立的大学生创新项目、教师科研课题等，针对不同课题与研究方向，对新能源微电网的多种应用开展不同场景下系统特性、运行仿真或控制研究。

完善实验体系建设，对新能源与微电网相关实验实行模块化、规范化管控。以实践内容和课程改革为先导，建立和完善电力电子技术，新能源发电技术、林区微电网技术实验体系。实验设计在关联课程中适度交叉融合，完善实践环节的实验、训练与研究功能，突出创新能力培养，着眼于面向工程实践。加大实验室开放力度，实行全开放式创新教学机制，使学生选择感兴趣的研究方向，参与到教师的科研或大创项目中。

五、促进产教融合，实现优势资源共享

林区电力装备及相关行业的发展不断从要素驱动、效率驱动向创新驱动转型升级，急需高校的创新技术支撑。因而，高等教育以"应用需求为导向"进行技术创新，深度契合相关行业创新驱动发展的诉求，对推动智慧林业、"物联网+林业"等战略的实施具有重要和深远的意义。"产教融合"是推进新工科改革的有效举措，避免了学科与专业领域改革脱节、"学用落差"等问题，在林区微电网专业课程产教融合实践中，深度汲取传统教学改革中"旧瓶贴新标"的常规做法，将教学改革系统化、常态化、持续化。

与多家电力装备企业形成长期合作关系，如中科院下属北京科诺伟业科技有限公司、许继集团、山东华业风电等，加快科技成果的应用与转化。一方面高校与企业定期进行互访，教师与学生通过参观、访谈等了解企业需求，将企业需求转化为学校研究课题、学生实践命题等；另一方面，积极推广学校相关课题研究成果，力图通过企业将其产业化与商业化。目前进行的课题包括"林区微电网商业模式及社会效益研究""微电网需求侧响应研究"等，开拓了学生视野，同时从系统性调研、多学科交叉分析研讨，到多形式解决问题，培养了学生的系统观、大局观、与创新实践能力。

建立了以"林区微电网""电动设备联网 V2G 模式研究"等为主题的多个专题式创新训练项目，通过项目实践使学生具备创新实践能力、团队协作能力、独立探索能力，更重要的是发现新问题、新机遇的能力，从而在未来的工作中创新性地思考与解决问题，推动项目与行业企业间的成果协同转化。

六、探索交叉融合，打造林业电力"金课"

随着知识生产模式的变迁，单一体系知识已无法满足科学与社会发展需要，学科交叉融合成为创新突破的重要途径。学科间的交叉融合是高校教学创新的源泉，遵循学科发展规律，形成多学科协调发展的学科体系也是提升高校创新能力与学科建设水平的必由之路。

德国慕尼黑工业大学孟里秋曾言:"我们身处国与国、校与校及科学家之间相互依存的时代,学科之间的交叉已成趋势,'交叉'所结出来的硕果比单一学科要大得多。"

随着高校的功能越来越多地向教学、科研、产业相结合的方向发展,产学研融合也必然导致多学科的跨界交叉。在"创新机电科技,培养行业精英,服务林业和生态产业"的学院发展定位的背景下,林区微电网课程内容的设计既结合了国家电气工程行业的现实需求和发展趋势,同时又紧密结合林业现代化建设的人才需求,将林区生物质发电、林业电气化与自动化、林区微电网智能组网、新能源技术、微网协调控制技术、林区微网项目建设管理及微网在林区环境下的发展等内容进行有机交叉融合,打造兼具先进电力与林业特色的优秀课程,以培养厚基础、宽口径、有特色、能解决复杂林区电力工程问题的复合型专业人才。

在知识经济的大背景下,工科人才培养须由科学素质的培养向人文素质与科学素养相融合的方向发展[7]。林业院校电气专业毕业生除应掌握扎实的电气工程及相关领域专业知识外,还应具备良好的人文素养与家国情怀。林区微电网课程设计打破专业壁垒,在智慧林业的知识体系中融入了"美丽中国"的美好愿景,擘画了将林区"绿水青山"通过新能源与清洁能源转变为"金山银山"的科学蓝图。在知识的传授过程中,更加注重不同学科间的知识对流,以及与人文社科思想上的理论互鉴,使该课程不仅具有多学科的理论广度,还从林电对环境与社会的影响、国家对林区发展规划与定位等角度出发,着力增加课程的深度,极大地丰富了开放、多元的学科文化。

七、结 语

随着新能源与微电网技术的快速发展,具备创新能力与实践能力的复合型电气专业人才培养备受关注。传统的灌输式教学模式难以培养出具有创新实践能力的专业人才,本文结合林业院校实际,林区微电网的发展及电气专业课程教学要求,从教学实践平台的建设、教学形式、教学方法、产教融合与学科交叉融合等方面对电气专业人才培养改革进行实践和探讨。这些措施有助于激发学生的学习兴趣,有助于教学质量的提高,有助于科研创新实践与人才培养紧密结合,有助于实现学生实践能力的提升和创新素质的培养,取得了良好的实践效果。

参考文献

[1]教育部. 一流本科教育宣言[EB/OL]. (2018-06-22).
[2]Ito Y, Yang Z Q, Akagi H. DC micro-grid based distribution power generation system[C]. Proceedings of 4th International Power Electronics and Motion Control Conference, Xian, China, 2004:1740-1745.
[3]张丽荣. 风电直流微网的控制与保护技术研究[D]. 北京:华北电力大学, 2015.
[4]Boroyevich D, Cvetkovic I, Dong D, et al. Future electronic power distribution systems: a contemplative view[C]. 2010 12th International Conference on Optimization of Electrical and Electronic Equipment. Basov, Russia: IEEE, 2010:1369-1380.
[5]陈新,陈杰. 突出创新能力培养的微电网实践教学探索[C]//第四届全国高等学校电气类专业教学改革研讨会论文集,《电气电子教学学报》, 2017:113-116.
[6]孙欣,黄永红. 新能源发电技术课程教学改革与实践[J]. 中国电力教育, 2011(35):95-96.
[7]刘献君. 学科交叉是建设世界一流学科的重要途径[J]. 高校教育管理, 2020, 14(1):1-7, 28.

Exploring the cultivation path of innovative practical ability and creating a first-class course of Electric Rower Major in forestry college

Yu Ming

(College of Engineering, Beijing Forestry University, Beijing 100083)

Abstract With the rapid development of renewable energy in China, it is urgent to cultivate electrical engineering professionals with practical ability and innovative ability. In addition to practicality, the electric power courses of forestry universities should have both the characteristics of forestry and electric power industry. The course, *Forest Microgrid*, integrates the application of forest green energy and power intelligent control system to a nicety. It is an innovative course with both new era characteristic and forestry characteristic. The teaching method of traditional professional courses does not combine the development characteristics of renewable power generation in forest, so that it is difficult to cultivate professional talents with strong practical innovation ability in this field. Combined with the actual situation of forestry colleges, the development of Forest Microgrid area and the teaching requirements of electrical professional courses, it is also urgent to carry out re-design and transformation of the teaching practice and simulation platform of microgrid. It is conductive to carry out practice and discuss in the cultivation reform of electrical professional talents from the aspects of teaching forms, teaching methods, practice links, integration of production, teaching and research, as well as interdisciplinary, etc. Advanced teaching forms such as open teaching contribute to the improvement of teaching quality, as well as the combination of scientific research innovation and personnel training, which is of great significance to create first-class courses in forestry power and gives impetus to the reform of undergraduate education in power majors in forestry college.

Keywords   innovation practice ability training, *Forest Microgrid*, practical teaching, first-class course

基于BOPPPS教学法的"高等代数"课程建设

——以行列式的引入为例

赵明慧　罗柳红　王　晶

（北京林业大学理学院，北京　100083）

摘要： "高等代数"是数学与应用数学专业三大基础课程之一，通常在大学一年级开设，是该专业学生的第一门代数课程。但该课程学习内容抽象，学生学习效果较差。为解决这一问题，本文提出一种基于BOPPPS教学法的"高等代数"课程建设方案。最后本文将以行列式的引入详细介绍这一方案。

关键词： 课程建设；高等代数；BOPPPS教学法；行列式

一、研究背景

（一）高等代数的重要性

数学与应用数学专业大学一年级会开设三门重要的基础课程，高等代数是其中之一，它在该专业课程中具有非常重要的地位。

首先，高等代数与另两门基础课程——数学分析和解析几何均有密切的联系。比如，数学分析中多元函数的隐函数存在定理中会使用到Jacobi矩阵的概念。而解析几何中的三维向量空间是高等代数中线性空间的特例，这也意味着线性空间是向量空间的推广和抽象。另外，解析几何中二次曲线的分类定理是高等代数中对称矩阵正交对角化的直接应用。

其次，高等代数也是后续很多课程的基础。高等代数主要研究有限维线性空间，研究无限维线性空间时就需要加上合适的度量结构，这就是泛函分析研究的内容。从另一个角度来看，线性空间的定义中只要给出运算以及运算满足的性质即可，推广这种思路就可以定义很多其他的代数结构，比如群、环、模、域等，这些恰好是抽象代数学习的内容。

高等代数课程中学习的主要内容包括行列式、矩阵、线性方程组、线性空间、线性变换等。行列式和矩阵是整个课程的工具，利用它们可以给出线性方程组解是否存在的判定定理，并研究解空间的结构；线性空间是齐次线性方程组解空间的推广和抽象，而在取定线性空间的基后，线性变换与矩阵之间存在一一对应。这些内容本身构成有机的整体，学生在学习过程中除知识外，数学的思维方式也会得到良好的训练。

（二）高等代数教学中存在的问题

通过前面的介绍可以发现，高等代数既是一门有特定研究对象的学科，又是整个数学

作者简介：赵明慧，北京市海淀区清华东路35号北京林业大学理学院，副教授，zhaomh@bjfu.edu.cn；
　　　　　罗柳红，北京市海淀区清华东路35号北京林业大学理学院，副教授，llh7667@bjfu.edu.cn；
　　　　　王　晶，北京市海淀区清华东路35号北京林业大学理学院，讲师，wang_jing619@163.com。
资助项目：北京林业大学研究生课程建设项目"矩阵论"（HXKC18006）；
　　　　　北京林业大学教育教学研究项目"融合近世代数思想的高等代数教学改革"（BJFU2019JY096）；
　　　　　北京林业大学课程思政教研教改专项课题"近世代数"（2020KCSZ230）。

的一种通用语言。通过该学科的发展史可以发现，高等代数中的很多概念都是在数学其他方向的研究中自然出现的，经过很长时间的发展后，才统一到高等代数学科中的。

以行列式为例，行列式最初出现于线性方程组的求解，同时坐标变换、二次型等内容的研究中也都出现了行列式。最初它并没有统一的名称，"行列式"这个名字是由柯西引入的，它的符号则是由凯莱引入的。随后行列式脱离它出现的背景，作为一个独立的研究对象被研究，比如柯西证明了行列式的乘法定理，舍克证明了行列式的一些性质。这些研究又促进了行列式在其他数学研究方向中的进一步应用，比如雅可比发现可以利用行列式来研究多重积分的变量替换。观察行列式的发展史可以发现，行列式并非人为的创造，而是在研究中自然出现的[1]。

上课时，教师很难按照行列式的发展史来引入行列式，因为它出现的背景所需要的基础知识是学生在大学一年级时并不具备的，甚至是不属于高等代数课程的知识。所以大部分教材都是直接给出行列式的定义，然后在后续章节的使用中逐步讲授行列式的背景和意义。

高等代数中具有类似特点的概念还有很多。高等代数课程的这一特点，使得学生在学习时不容易把握概念出现的背景，所以学习效果不佳。这时找到一种适用的教学法来改变这一现状就有重要的意义。很多教师都意识到这一问题并在教学中尝试各种方式的改革[2-3]。在教学中，我们曾尝试 BOPPPS 教学法，通过对比，我们发现这一方法对缓解这一问题有良好的效果，本文将结合教学经验介绍基于 BOPPPS 教学法的高等代数课程建设。

二、 高等代数课程建设方案

（一）BOPPPS 教学法介绍

BOPPPS 教学法是北美和欧洲高校中广泛流行的一种教学模式，由加拿大教师技能工作坊提出。该教学模式强调教学过程中要以学生为中心，按照学生的思维方式去安排教学内容，设计教学方法。

BOPPPS 教学法把教学过程分为 6 个阶段：①教学内容的导入(bridge-in)，这个阶段需要教师通过介绍课程背景等方式引导学生进入课程的学习；②学习目标(objective)，这个阶段需要教师明确地给出本次课程的教学目标；③前测(pre-assessment)，这个阶段需要教师对学生进行测试，考查学生现在对本次课所需内容的掌握程度，并根据学生情况合理安排后续的讲授；④参与式教学(participatory learning)，这个阶段是教学的主体阶段，这个阶段需要学生学习相关内容，达到课程的教学目标，但要强调的是，这个阶段需要注意学生的参与性，这样才可以保证学生的学习质量；⑤后测(post-assessment)，这个阶段需要教师对学生进行测试，看学生是否完成本次课程的学习目标；⑥总结(summary)，最后是课程的总结，这里不仅要总结该次课程学习的内容，还要回应第一个阶段教学内容的引入，达到首尾呼应。

6 个阶段分别完成不同的任务，但它们是有机的整体，需要相互呼应配合才能达到课程的教学目标。很多教师曾在不同课程中尝试过该教学法，取得了很好的效果[4-5]。

（二）课程建设方案

在高等代数的教学中，我们将从 3 个层面来实践 BOPPPS 教学法。

首先在课程层面。对一门课程而言，如果学生不能把握住本课程的背景和学习要点，那将难以达到良好的学习效果。所以在课程层面，我们会采用 BOPPPS 教学法的思路来设计课程，按照 BOPPPS 教学法把课程的学习划分成 6 个大的阶段。但要注意到，一门课程的教学是很长的教学过程，所以这 6 个阶段并非依次出现，而是交错多次出现的。对本课程而言，教学中线性方程组是最核心的内容，所以我们就把线性方程组的教学作为整门课程教学内容的导入；我们的学习目标则是逐步建立工具，来解决线性方程组的相关问题；

教学过程中强调学生的参与，让学生在教师的引导下去逐步建立工具并解决问题；在解决问题中随时插入前测和后测，以便学生能够牢固地掌握知识；最后总结内容，检验引入的工具是不是完全解决了课程导入阶段提出的问题。

然后在章节层面。章节的学习与课程的学习有类似性，同样会包含很多学时的授课，如果这一章的学习中学生不能把握住知识背景和学习要点，那也将难以达到良好的学习效果。所以在章节层面，我们同样会采用 BOPPPS 教学法的思路来设计课程，按照 BOPPPS 教学法把整个一章的学习划分成 6 个大的阶段。但要注意到，一章的学习也是较长的教学过程，所以这 6 个阶段同样是交错多次出现的。

最后是课堂层面。每一次授课前，我们同样按照这个思路来设计本次教学，把课堂教学分为 6 个阶段。课堂层面与课程和章节层面不同，6 个阶段基本上是按照顺序依次出现的。下一节中我们将以行列式的引入来具体介绍这一方法。

经过课程讲授后学生的反馈可以发现，这样的教学方式有利于抽象概念的理解，学生的学习效果有了一定的改观。

三、具体应用——行列式的引入

（一）行列式的重要性

在高等代数的教学中，由于以下两点原因，行列式具有重要的地位。

首先，从高等代数的学习内容方面来讲，行列式是高等代数中最基本的工具，与后面的章节均有密切的关系。比如矩阵的秩定义为它的最高阶非零子式的阶数，这就用到了行列式，而矩阵的秩是矩阵的重要数量指标。

其次，行列式是数学与应用数学专业大学一年级学生刚入学接触的第一部分内容。这时大部分学生尚未完成从高中数学学习方式到大学数学学习方式的转变，同时行列式的定义较抽象，并且该部分会有大量的证明，导致大部分学生在学习行列式时都会感到不同程度的不适应。因此，在行列式的教学中除了讲授知识外，还需要帮助学生发现大学数学与高中数学学习方法的不同，顺利完成从高中到大学的过渡。同时，希望通过这部分内容的学习来激发学生对数学学习的兴趣。

（二）教学流程

本部分中我们将通过行列式的引入来介绍 BOPPPS 教学法在高等代数课程中的应用。

1. 教学内容的导入（B）

高中阶段，学生们都学过二维空间中的面积和三维空间中的体积。但物理学家告诉我们，我们生存的宇宙并非平直的三维空间，而是一个高维空间，那么一个自然的问题就出现了——高维空间的体积该如何定义。

二维空间中图形可以用平行四边形逼近，平行四边形的面积可以直接定义为底和高的乘积；三维空间中的图形可以用平行六面体逼近，平行六面体的体积可以直接定义为底面积和高的乘积。这两种情况下的定义依赖于直观，无法推广到高维空间，这是几何的局限性，所以我们需要学习解决这一问题的代数工具。

2. 教学目标（O）

为了解决教学内容的导入时提出的问题，我们就可以提出本节课程的教学目标：学习解决该问题所需要的代数工具——行列式。

3. 前测（P）

这里需要考查学生是否掌握高中学习过的平行四边形的面积和平行六面体的体积的计算公式。

取定平面直角坐标系以及两个向量,设这两个向量的坐标分别为 (a_{11}, a_{21}) 和 (a_{12}, a_{22})。这两个向量张成的平行四边形的定向面积为

$$a_{11}a_{22} - a_{12}a_{21}$$

取定空间直角坐标系以及 3 个向量,设这 3 个向量的坐标分别为 (a_{11}, a_{21}, a_{31}),(a_{12}, a_{22}, a_{32}) 和 (a_{13}, a_{23}, a_{33})。这 3 个向量张成的平行六面体的定向体积为

$$a_{11}a_{22}a_{33} + a_{11}a_{22}a_{33} + a_{11}a_{22}a_{33} - a_{11}a_{22}a_{33} - a_{11}a_{22}a_{33} - a_{11}a_{22}a_{33}$$

这两个公式推导中使用的方法与工具都是高中学习过的内容,学生对这些内容不会感到陌生,比较容易接受。

4. 参与式活动(P)

注意到前侧阶段的两个公式并不容易记忆,所以我们需要和学生一起分析这两个公式的共同规律。

仔细观察定向面积和定向体积的公式有如下规律:①项数分别为 2! 和 3!,恰好为对应的全排列的个数;②每一项为属于不同行不同列中元素的乘积;③每一项行指标为标准排列,列指标取遍所有全排列,符号由列指标排列的奇偶性决定。

既然两个公式有一致的特点,我们就可以把这个公式推广到 n 维的情况。这里可以看出代数相比几何的优点:不依赖于直观,容易推广。推广后得到的算式为

$$\sum_{p_1 p_2 \cdots p_n} (-1)^{\tau(p_1 p_2 \cdots p_n)} a_{1p_1} a_{2p_2} \cdots a_{np_n}$$

该算式称为 $(a_{ij})_{n \times n}$ 的行列式,记为

$$\begin{vmatrix} a_{11} & a_{12} & \cdots & a_{1n} \\ a_{21} & a_{22} & \cdots & a_{2n} \\ \vdots & \vdots & \ddots & \vdots \\ a_{n1} & a_{n2} & \cdots & a_{nn} \end{vmatrix}$$

其中 $p_1 p_2 \cdots p_n$ 取遍 $12 \cdots n$ 的全排列[6]。

这种定义直接给出了行列式的值,非常清晰,学生很容易注意到行列式是一种算法,最后的结果是一个数字。但是这种定义不容易计算,所以我们需要进一步学习行列式的性质和展开。

5. 后测(P)

这时我们会让学生计算一些基本的例题,通过例题来熟悉和理解行列式的定义与性质。同时我们也会介绍一个有趣的例子,按照三阶行列式的计算方法我们能得到如下式子

$$\begin{vmatrix} 我 & 0 & 生 \\ 0 & 有 & 0 \\ 你 & 0 & 幸 \end{vmatrix} = 我有幸(减)生有你 = 我有幸一生有你$$

这个式子来源于某大学数学系三行情诗获奖作品。大部分学生对此式有极大兴趣,这可以很好地帮助学生在理解的基础上记忆行列式公式。同时我们也会鼓励学生,希望学生学好行列式,并在后续章节中熟练使用行列式,上完高等代数这门课程后可以对行列式说出"我有幸一生有你",将学习兴趣进一步升华。

6. 总结(S)

前面我们给出了行列式的定义,给这个定义的目的是在高维空间推广面积和体积。那么在课程的最后就要思考我们是否达到了该目的。

整理行列式的性质,发现它本质上是一个 n 维向量空间上的规范反对称 n 重线性函数[7]。规范反对称 n 重线性函数的确切定义如下。令 V 为一个为 n 维 F-向量空间,

为一个 n 重函数。如果 f 满足

$$f:V\times V\times\cdots\times V\to F$$

$$f(\cdots,k\alpha+l\beta,\cdots)=kW(\cdots,\alpha,\cdots)+lf(\cdots,\beta,\cdots)$$

则称 f 为线性的；如果 f 满足

$$f(\cdots,\alpha,\cdots,\beta,\cdots)=-f(\cdots,\beta,\cdots,\alpha,\cdots)$$

则称 f 为反对称的；如果 f 满足

$$f(e_1,e_2,\cdots,e_n)=1$$

则称 f 为规范的。

仔细思考可以发现该定义中的 3 个性质，恰好就是定向面积（体积）应该满足的基本性质。具体来说，当这个平行六面体的一条边的边长变为 k 倍的时候，它的体积自然也变为原体积的 k 倍，这说明定向体积的线性性；其次，如果两条边交换，那么新图形与原图形对称，但定向不同，所以定向体积应变为相反数，这说明定向体积的反对称性；最后，标准平行六面体的体积应该为 1，这说明定向体积的规范性。如果把 n 阶行列式看成定向体积的推广，意味着它自然应该满足以上 3 条性质。这里推广的定义恰好满足这 3 条性质就说明推广是合理的，也就解决了引入部分提出的问题。

四、结　语

通过课堂的多次实践以及学生的反馈，我们发现基于 BOPPPS 教学法的高等代数课程教学改革对学生高等代数课程学习效果的提升有极大的帮助。同时该授课方式也能激发学生的学习兴趣和能动性，对实现教学目的也有非常大的帮助。在后续的教学实践中，我们会根据授课情况进一步调整教学方法，以便达到更好的教学效果。

参考文献

[1] 克莱因. 上海古今数学思想[M]. 上海：科学技术出版社，2014：.
[2] 杨存洁. 在高等代数数学中转变学生思维方式，提高学生思维能力[J]. 数学通报，1999(6)：43-44.
[3] 吕家凤. 关于高等代数课程教学改革的几点建议[M]//黄园华. 教育教学论坛，2012(14)：241-242.
[4] 马超，苗丽安，田玉娟. 分解 BOPPPS 模式设计及其在大学公共数学基础课教学中的应用[J]. 大学数学，2020，36(1)：45-51.
[5] 苏晓慧. BOPPPS 模式与雨课堂结合的教学设计研究[M]//黄园华. 北京林业大学 2019 年教育教学研究论文集，2020：.
[6] 北京大学数学系前代数小组. 高等代数[M]. 5 版. 北京：高等教育出版社，2018：.
[7] 李炯生，查建国，王新茂. 线性代数[M]. 2 版. 合肥：中国科学技术大学出版社，2010：.

Course construction of *Advanced Algebra* based on BOPPPS mode: Take the introduction of determinates for example

Zhao Minghui　Luo Liuhong　Wang Jing

(School of Science, Beijing Forestry University, Beijing　100083)

Abstract　*Advanced algebra* is one of the three basic courses of the students majoring in mathematics and applied mathematics. It is the first course in algebra of these students and usually offered in the first year. Since the content of this course is abstract, the learning effect of this course is not good. In order to solve this problem, this article will propose a course construction plan of this course based on BOPPPS mode. At the end of this article, we will take the introduction the determinants as an example to introduce this scheme in details.

Keywords   course construction, *Advanced Algebra*, BOPPPS mode, determinates

基于MOOC的线上线下混合式教学在大学数学课程中的实践

——以北京林业大学"空间解析几何"课程为例

黄雅静　李红军

（北京林业大学理学院，北京　100083）

摘要：在高校建设一流课程的背景下，线上线下混合式教学成为课程教改的重要方向。本文分析基于MOOC的线上线下混合式教学在大学数学课程中应用的优势，再以北京林业大学"空间解析几何"课程为例，总结了该课程的教学基础，提出了混合教学模式构建的出发点，并从课程的前期准备、课中教学活动的设计实施和课后的教学考核反馈等方面介绍了混合式教学的具体实践。

关键词：MOOC；混合式教学；大学数学课程；空间解析几何

2018年，在新时代全国高等学校本科教育工作会议上，中华人民共和国教育部部长陈宝生首次提出建设"金课"（即一流课程）的任务，并指出要增加大学生的学业挑战度和课程难度，扩大课程的可选择性，把"水课"转变成有深度、有难度、有挑战度的"金课"[1-2]。在当下"互联网+"的背景下，线上线下混合式一流课程具有鲜明的时代特色，通过将传统课堂教学和网络线上教学的有机整合，实现优势互补、合二为一。本质上，线上线下混合式教学反映了"以学生为中心"的教学理念，能充分发挥学生的学习主动性和教师的引导作用，提高学生的学习兴趣和学习效率[3]。

MOOC(massive open online course)与传统课堂的结合是当前被广泛采用的线上线下混合式教学模式。中国大学MOOC平台与众多高校合作，开设大量精品课程，具有优质丰富的教学资源，为学生课下学习提供了极大的便捷。在MOOC平台进行有计划的学习，参与讨论并通过考核之后可获得课程的认证证书，以确保学习者能全程认真地参与，为线上线下混合式教学提供了良好的支持[4]。

数学课程涉及学生众多。除了数学专业的学生以外，大多数理工、经管、农林专业学生需要学习"高等数学""线性代数""概率论和数理统计"等数学类课程。本文以北京林业大学"空间解析几何"课程的教学实践为例，总结分析教学新模式构建的具体做法，并就实现教学效果的最优化等问题进行了前瞻思考。

一、基于MOOC的线上线下混合式教学在大学数学课程中应用的优势

（一）通过可视化工具在线上教学中展示空间几何图形

数学课程较为抽象，其讲述的概念和定理都是对客观世界普遍规律的总结，很多分析和代数的结论都可由几何图形呈现出来。然而，在黑板上只能绘制比较简单的平面图形，稍微复杂一些的立体图形都难以呈现。通过线上教学，能借助计算机可视化的辅助教学工

作者简介：黄雅静，北京市海淀区清华东路35号北京林业大学理学院，讲师，huangyj@bjfu.edu.cn；
　　　　　李红军，北京市海淀区清华东路35号北京林业大学理学院，教授，lihongjun69@bjfu.edu.cn。
资助项目：北京林业大学教育教学研究项目"空间解析几何线上线下混合式教学模式的探索"（BJFU2020JY076）。

具全方位地展示三维立体图形,学生还可以自己操作变换图形的位置和视角,从空间中各个不同的视角观察图形,从而体验数形结合的思想,并体会到数学的美。

(二)线上教学出题和作业批改十分便捷

数学课程的习题量比较大,教师出题和作业批改都耗时较多。一方面,在 MOOC 平台上,可以先录入习题库,并给每个题目设置其难度属性,再由系统按照一定的难易度比例随机自动组卷,节省教师组卷的时间。在获得大量学生答题的正确率等数据之后,可对每道题的难易度属性再做进一步的修正。另一方面,对于作业和试卷的批改,除了客观题可由系统自动批阅以外,某些主观题也可以实现系统批改。例如,线性方程组的基础解系是解向量空间的一个极大线性无关组,而基础解系的最终选取有无穷多种情况,教师在批改此类题目时需对学生的作答进行一一检验,由于对每一组基检验的计算量都很大,所以非常耗时。如果在线系统里嵌入计算软件则可实现此类题型的快速批改,提高作业批阅效率,学生答题后也能立即获得反馈信息,及时进行查漏补缺。

(三)线下课堂设计丰富的应用案例实现课程思政

数学课程理论性较强,如果只是围绕课本进行纯理论化的教学,学生难以真正地理解概念,大多只是机械性的记忆。因此,在教学过程中,教师借助一定的应用案例,帮助学生开阔视野,强化对理论知识的运用意识。当前大学各课程的学时已经被一定程度的压缩,在保证课程难度和深度的前提下,线下课堂很难再挤出额外的时间向学生介绍补充案例。线上线下混合式教学便很好地解决了该问题。学生能提前通过 MOOC 视频、课件等资料等进行自主学习,教师根据学生线上学习时存在的问题进行重点讲解,再留出一部分时间进行案例分析,并通过与学生的交流和互动,引导学生积极思考,提高学生对世界的全面客观认知能力,实现知识传递与价值引领。

二、北京林业大学"空间解析几何"课程的教学基础和混合式教学模式构建

(一)"空间解析几何"课程的线下教学基础

"空间解析几何"是大学数学与应用数学专业的必修专业基础课,开设在大一的第一学期。该课程有助于培养学生的抽象思维、逻辑思维和空间想象能力,提高运用数学的知识和方法处理解决问题的能力,也有助于培养工程技术等专业使用重要数学工具的能力。北京林业大学"空间解析几何"课程的授课对象主要为数学类本科生,同时兼顾园林规划、机械制造等相关专业本科生选修。教师在授课时引入植物几何形状和建筑设计、计算机辅助设计、3D 打印等领域的相关案例,设计具有工科特色的教学内容,以此调动学生的学习积极性,培养学生求真务实的科学精神。从北京林业大学数学系第一届学生开始,"空间解析几何"课程已累计开设 17 年,积累了许多教学素材,形成了一支教学水平高、治学严谨的稳定教学团队。

(二)"空间解析几何"课程的线上教学基础

"空间解析几何"教学团队重视课程教学探索与改革,教学效果良好,学生满意度较高。2018 年,教学团队完成"空间解析几何"精品在线开放课程建设,共录制了知识点数 47 个,总视频时长为 507 分 1 秒。至今,该线上课程已经在中国大学 MOOC 平台连续开课 4 期,总选课人数累积达 12692 人,最新一期选课 3872 人,获得了学员高度的评价。基于该 MOOC 课程,每位学生可以构建自己的学习体系,形成个性化的学习计划和进度,有效激发自身学习潜能。

（三）课程的教学内容与教学模式构建

"空间解析几何"课程总共 56 个学时，教材为丘维声编著，北京大学出版社出版的《解析几何》（第 3 版）。课程在内容和方法上深化中学几何学的知识，运用代数的方法研究几何对象以及几何对象之间的关系，包括几何空间的线性结构和度量结构、空间的平面和直线、常见曲面、坐标变换、二次曲线方程的化简及其类型和性质、正交变换和仿射变换等 6 章内容。教学团队开设的"空间解析几何"线上 MOOC 课程与线下课程的教学内容完全一致，为线上与线下教学的有效衔接提供有力的支持。

针对课程各部分内容的特点，构建了多样化的教学模式。对于向量运算、向量内积等内容，学生在高中时已经有一定的学习基础。二次曲线、曲线的投影等内容较为简单但是需要较多的图形呈现，这些内容采取单纯线上教学。对于异面直线的公垂线(段)、直纹面、二次曲线类型和形状的判定等一些难度较高的内容，采取单纯线下教学，线上的 MOOC 视频学习不做要求，仅提供给学生们课后复习使用。除了这些内容之外，大部分的内容都将采取线上线下相混合的教学模式。对于推导过程较为复杂的内容，将安排一定的课堂练习。对于应用性较强的内容，将在线下课堂引入一定的教学案例，引导学生对问题进行分析并参与课堂讨论，培养学生理论与实践相结合的能力。在每一章结束时安排一节课进行单元总结，再对本章的内容进行一定的知识拓展，给学生布置相关的大作业题目。课程各部分的教学内容和教学模式见表 1。

表 1 "空间解析几何"教学内容和教学模式构建

教学模块	教学内容细分	学生中学基础	线上教学		线下教学			
			MOOC视频	线上测验	重难点讲解	课堂练习	案例分析	知识拓展
第一章	向量及其运算	强	√					
	仿射坐标系	弱	√		√			
	直角坐标系	强	√					
	向量的内积	强	√					
	向量的外积	无	√		√	√		
	向量的混合积	无	√		√	√	√	
	单元总结			√		√		
第二章	平面方程及相关位置	弱	√		√			
	直线方程及相关位置	弱	√		√			
	点到平面的距离	无	√		√			
	点到直线的距离	无	√		√			
	公垂线(段)	无			√	√	√	
	直线与平面的夹角	无	√		√			
	直线在平面的投影	无	√		√			
	单元总结			√		√		√

(续)

教学模块	教学内容细分	学生中学基础	线上教学		线下教学			
			MOOC视频	线上测验	重难点讲解	课堂练习	案例分析	知识拓展
第三章	球面(空间极坐标)	强	√				√	
	柱面、锥面	弱	√		√	√	√	
	旋转面	无	√					
	二次曲面	无	√				√	
	直纹面	无			√	√	√	
	曲线的投影	无	√					
	单元总结			√				√
第四章	仿射坐标变换	无	√		√			
	直角坐标变换	无	√		√			
第五章	转轴+移轴判定曲线类型和形状	无			√	√		
	不变量判定曲线类型和形状	无			√			
	渐近方向、对称中心	无	√		√		√	
	直径、对称轴	无	√		√	√	√	
	切线、法线、双曲线的渐近线	无	√		√		√	
	单元总结			√		√		√
第六章	映射及其性质	无	√					
	正交变换和仿射变换	无	√					
	度量性质与仿射性质	无	√					
	二次曲线的分类	无	√					
	单元总结			√				

三、北京林业大学"空间解析几何"课程混合式教学的实践

基于MOOC的线上线下混合式教学应充分激发学生的学习主动性，体现"以学生为主体"的教学理念，通过优质的教学资源、多形式的教学活动以及合理的教学考核方案，培养学生自主学习、独立思考和善于交流的能力[5-6]。

（一）前期准备

1. 整理教学资源

教学资源对于线上线下混合式教学的开展起到至关重要的作用。给学生提供的MOOC教学视频是课前准备中最重要的一个环节，直接体现了教学的知识内容。除此之外，还需教师精心准备课程的PPT、教学案例、拓展的习题库、展示3D图形的教具材料等，以满足不同学生不同程度的需求。

2. 组织学生进行MOOC学习

为了便于师生交流和讨论，开课前由教师组织学生在中国MOOC平台统一注册账号，选择北京林业大学"空间解析几何"课程，学生可以根据自己的情况在课后进行自主的学习。

教师提前指导学生掌握 MOOC 平台的使用方法及其功能，包括如何在平台上看视频、做测验、交作业，并与老师同学交流互动等。同时，向学生介绍混合式学习的方法，说明本课程对线上学习的基本要求以及线上线下学习的联系。

（二）教学活动

课程的教学活动分为课前、课中和课后 3 个阶段，根据所学知识点的不同，这 3 个阶段会对学生提出不同的学习要求，具体安排如下：

1. 课　前

课前通过 MOOC 平台发布教学任务，包括观看教学视频、完成作业、学习案例材料等，并根据教学计划、单元内容和知识类型，给学生布置阶段性测试。学生通过课前的预习，对所学知识提前获得一定的了解，遇到不理解的知识点，可直接在 MOOC 平台上留言或提问，教师再进行答疑解惑。通过对课程的点击率和测试的正确率等数据进行实时分析，教师再及时调整线下授课的教学内容。线上学习要求学生具有更强的学习自觉性，因此，教师应充分利用 MOOC 平台对学生的预习和测试等情况进行监督，并定期检查学生的学习记录，帮助学生提高自学的能力。

2. 课　中

(1) 强化小组讨论，注重学生反馈

将学生分成不同的小组进行组内讨论，学生之间可以相互提问、相互回答，并做成果汇报展示。讨论的主题包括课前预习的内容、案例分析、大作业进展等。通过讨论式课堂能引导学生主动参与教学的全过程，创造活跃开放的课堂氛围，帮助提高学生的学习热情。

(2) 精细讲解重点难点，抓实课堂练习

学生通过课前预习和测试，对知识点形成基本认识，但是未必能完全消化。线下的课堂则需将视频内容进行吸收内化，二次深化理解与巩固，针对课程的重点和难点内容进行更加细致的讲解。借助思维导图等工具呈现不同知识点之间的相互关系，帮助学生进行关联记忆。再通过一定的课堂练习，使学生牢固掌握所学知识，并启发更深层次的思考。对于学习能力稍差的学生侧重基础题的指导，对于学习能力较高的学生则给予更多课外拓展题的指导。

(3) 深入进行案例分析，挖掘思政元素，实现知识传授与价值引领的统一

本课程的思想和方法在现实生活和科学前沿等领域都具有十分广泛的应用，在生活中的应用有植物几何形状、多面体的零件、火力发电厂的供水塔、直纹曲面的建筑等，在前沿的科学研究中的应用有计算机图形学、计算机视觉和图像处理、机器人、计算机辅助设计等。

例如，广州著名的地标建筑——广州电视塔便是一个典型的单叶双曲面，也即直纹曲面。广州塔凭借超高、扭转、收腰等结构设计获得了国家科技进步二等奖，更是在节能、节材等方面都取得良好效果，体现了可持续性发展的重要原则。

再如，随着 3D 打印技术的成熟，越来越多的物体都可以由 3D 打印技术制造出来，这离不开几何建模与处理。3D 打印的过程能清晰地呈现几何模型中线和面的关系，通过这种直观的视觉感受能帮助学生理解和掌握几何元素之间的关系。

总之，在线下的课程中，通过适当的案例分析建立理论知识与实际应用的联系，可培养学生运用数学的思想和方法解决问题的能力，同时引导学生树立正确的价值观，激发学生的爱国热情以及科技报国的使命感。

3. 课　后

在每堂课后，教师的任务主要有 3 点：一是及时总结学生的学习情况，并对学生的表

现进行适当的点评，表扬优秀的学生，同时也鼓励稍微差一些的学生，教师的认可将会对学生的学习积极性起到一个良好的促进作用，激励学生努力上进；二是发布作业，引导学生在课后通过一定的练习巩固所学的知识点；三是对课堂测验和案例分析等进行评估，再根据学生的问题反馈和对教学的满意度，调整线上和线下课程的内容安排。

（三）教学考核

传统的教学只有期末考试，而线上线下混合式教学对学生的考核则包含更多过程性评价。根据"空间解析几何"课程的教学目的，课程的考核可以分成线上和线下两部分。线下部分仍然包括学生平时的课堂表现、作业的完成度和期末考试成绩等内容；线上部分则主要是对学生线上学习的考核，包括线上学习的时长、线上测验的成绩和参与线上交流互动的情况等。目前，线上测验成绩的具体评定方式为：单元测验占30%，单元作业占10%，考试占60%，总分60~84分为合格，85分及以上为优秀。总之，合理的考核机制应该将学生的整个学习过程都体现出来，从而对学生进行公平有效的评价。

四、结 语

基于MOOC的线上线下混合式教学改变了以往以教师为中心的教学模式，体现了"以学生为中心"的教学理念。通过线上网络学习和线下课堂学习的有机结合，有利于培养学生自主学习的能力，并促进师生之间的充分交流，从而实现教学效果的最优化。通过信息化的网络教学平台，能对学生的学习过程有一个全方位的了解，为学生提供更具针对性的指导；也能为学生学习的过程性考核给出更公平合理的评价，从而带动学生线下学习的积极性，提高教学质量。

参考文献

[1]陈宝生. 坚持"以本为本"推进"四个回归"建设中国特色、世界水平的一流本科教育[J]. 时事报告(党委中心组学习)，2018(5)：18-30.

[2]吴岩. 建设中国"金课"[J]. 中国大学教学，2018(12)：4-9.

[3]段珊珊. 基于翻转课堂理念线上线下混合式教学实践探索[J]. 高教学刊，2017(9)：124-125.

[4]王广林. 基于慕课平台的翻转课堂的教学模式研究[J]. 教育教学论坛，2020(36)：299-230.

[5]蒋翀，费洪晓. 基于MOOC的混合教学模式设计与应用研究[J]. 高等理科教育，2015(3)：120-125.

[6]尤慧，朱文芳，卢洁. 基于"慕课"的高等数学混合式学习模式的探索与实践[J]. 数学教育学报，2020，29(4)：85-90.

Thepractice of online and offline blended teaching based on MOOC in college mathematics courses: Take the course of *Spatial Analytic Geometry* in BeiJing Forestry University for example

Huang Yajing   Li Hongjun

(School of Science, Beijing Forestry University, Beijing   100083)

Abstract   Under the background of building first-class courses in colleges and universities, online and offline blended teaching has become an important direction of curriculum reform. This paper analyzes the advantages of online and offline blended teaching based on MOOC in the application of college mathematics courses. Then, taking the course of *Space Analytic Geometry* in Beijing Forestry University as an example, we summarize the teaching basis of this course and propose the starting point of the construction of mixed teaching mode. At last, the blended teaching practice is carried out from the early preparation of the course, the design and implementation of teaching activities in class and the feedback of teaching assessment after class.

Keywords MOOC, online and offline blended teaching, college mathematics courses, *Space Analytic Geometry*

基于 SPOC 的"大学排球"课混合式教学设计研究

满昌慧

(北京林业大学体育教学部,北京 100083)

摘要:SPOC 教学具有独特的优势,可以给学习者提供有效的个性化学习支持服务,而体育领域的 SPOC 教学研究及其建设尚显不足,优质研究成果较少。因此本文对 SPOC"大学排球"课程进行混合式教学方案进行设计,从学生现状、教学目标、教学内容与教学方法、教学资源与环境等多维度、多视角地进行综合考量与思考,在设计方案的基础上开发相应教学课例,全面整合,进行实践,不断改进和完善 SPOC"大学排球"课程设计思路。

关键词:SPOC 教学;大学排球课;线上线下;混合式教学设计

随着互联网技术在教育领域的深层渗透,发展数字教育资源成为新时代教育信息化、现代化的必然要求。2013 年 5 月随着清华大学加盟 edX 国际网络教育项目,成为 edX 的首批亚洲高校成员之一。复旦大学、上海交通大学签约 MOOC 平台,2014 年 5 月"中国大学 MOOC"正式上线,近 200 所高校入驻中国大学 MOOC。目前我国的线上教学资源主要有中国大学 MOOC 视频、学堂在线、好大学在线、MOOC 学院、智慧树、翻转课堂、网易云课堂、腾讯课堂等平台[1]。然而一些研究者认为线上教学设计者要注重对学情进行分析研判,了解学习者能力水平、认知倾向和学习兴趣,准确把握课程定位,同时结合教育资源信息化的优势,设计能激发学生学习的教学模式。在这一点上,SPOC 作为一种线上、线下教学相结合的混合式教学模式,设置了限制性准入条件,方便更有针对性地进行教学,管理模式上也更加便利,具有小型、不受时间、空间、人数限制的特点,便于给学习者提供有效的个性化学习支持服务[2]。总体上,SPOC 教学在现代教育发展过程中得到了迅猛的发展,如今已经成为了教学改革中课堂形式改革的热点与发展趋势。当前我国实行的 SPOC 教学模式主要在高校中开展,它融合了混合学习和翻转课堂的理念,是在大学校园中普遍存在的一种教学模式[3]。

2018 年 6 月 22 日,中华人民共和国教育部举行加快建设高水平本科教育有关情况发布会,150 所高校发布《一流本科教育宣言》中,提到大力推动现代信息技术的应用,打造智慧课堂、智慧实验室、智慧校园,探索实施网络化、数字化、智能化、个性化的教育,重塑教育教学形态。加大慕课平台开放力度,打造更多精品慕课,推动教师用好慕课和各种数字化资源,实现区域之间、校际之间优质教学资源的共建共享。同年 11 月,在第十一届"中国大学教学论坛"上,中华人民共和国教育部高等教育司司长吴岩发表题为《建设中国金课》的报告,提出打造五大金课,其中包含线上线下混合式"金课"。目前我国高校 SPOC 教学正处于高速发展阶段,在线学习资源种类已经覆盖了理工、人文以及社会学科等,但体育领域的 SPOC 教学研究及其建设尚显不足,

---

作者简介:满昌慧,北京市海淀区清华东路 35 号北京林业大学体育教学部,副教授,mchh@bjfu.edu.cn。
资助项目:北京林业大学教改课题"基于微课的排球翻转课堂教学模式实验研究"(BJFU2019JY117)。

大部分还缺少自主平台，优质研究成果较少，体育学科在线学习资源仍处于待发展阶段。2015年以后，天津体育学院、南京体育学院、哈尔滨体育学院等体育院校发布了MOOCs专题研究项目立项课题、"体育学堂"上线、MOOC课程建设项目公告等，平台包括的课程类型有体育公选类、体育理论类、体教专业类、运动科学专业类、健身健美等课程[4]。因此，我们更应该在SPOC教学模式盛行之下，将其引入到体育教学中，在教学实践过程中不断总结经验，不断完善建设体育课程在线学习资源。

一、SPOC大学排球课程教学方案设计

以"学生为中心"的教育理念强调对学习者的自我积极建构知识能力的培养，要求根据学生需求和主观能动驱动设计课程的教与学过程[5]。在学生已有知识背景下，强调学生在学习过程中的主动建构，并做出相应评价。其中，课程的关键知识点分级结构、学科特有的探究方式与进度等都应该以学生如何学得更好为核心进行设计和实施。对于基于SPOC教学模式的大学排球课程而言，以引导学生主动学习、实现自我知识建构、提高学习效率等为课程教学设计的核心问题。SPOC大学排球课程进行混合式教学过程设计方案如图1所示。

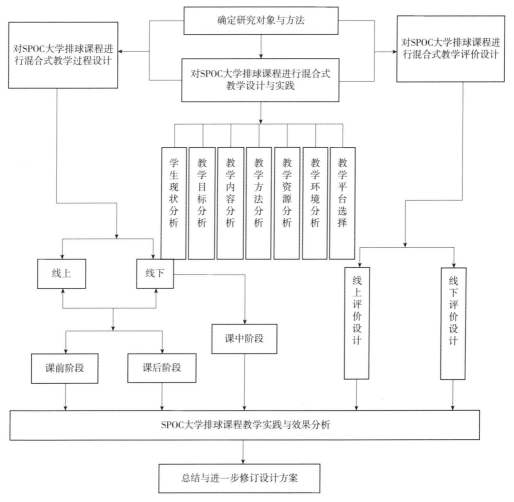

图1　SPOC大学排球课程教学设计方案

（一）明确课程目标

"大学排球"课程是一门以排球技术实践为主体，结合排球运动基本理论的综合性体育课程。在教学过程中融入体育文化素养教育元素。该课程的教学目的在于通过学习，使学生掌握一定的排球技术，对这项运动产生学习兴趣，增强体质，并培养他们团结协作、吃苦耐劳的精神。使学生了解排球运动基本内容的前提下，在学习中掌握排球的基本技巧，逐渐加强对这项运动的喜爱，进而养成终身锻炼的习惯。

（二）重组教学内容

教学内容包括教学过程中师生交互、达成教学目的的素材及信息，教材内容是其中的一部分。排球运动是在我国开展得比较普及的体育运动之一，深受大学生的喜爱。"大学排球"教学内容主要包括排球知识与技能、排球规则、体能提升和意志品质培养。为达到这一目的，在教学过程中可以利用SPOC教学方法，让学生观看排球技术教学，可以进行技术练习和上传练习视频进行技术评定，进一步改进技术动作，同时也可以观看比赛视频，了解重要规则、简单的裁判法和比赛的组织方法。在情感与态度方面，可以系统学习女排精神的产生背景和传承价值，采取线下课堂组织比赛的形式锻炼学生预先判断、灵活反应等心理素质，培养团结协作的品质，学会在团队中沟通与合作，敢于承担责任。

（三）完善教学资源

"大学排球"课程教学资源主要包括排球教材、技术案例、比赛视频、图片、教学课件等。在数字化教育形式下，教学资源要进行线上资源和线下资源建设。其中线上教学资源主要指自主建设的SOPC课程，根据学生的获取途径进行自主开发或有针对性筛选课程教学内容和拓展学习内容，用于课前、课后的学生自主学习。每个教学视频时长以5~10min为宜。作为拓展内容可以将一些精彩的排球比赛视频发布到线上学习平台，也可以把班级优秀的技术案例发至平台，供学生自主观看和进行技术模仿练习。为体现以学生为中心，强调教学过程的有效衔接与互补，需将SPOC课程与实体课堂在内容、场景上打通，结合学生特点及学业负担等进行设计和安排实现线上线下教学联动。充分发挥混合教学模式的优点。线下资源主要有教师示范、同伴锻炼效应、课堂氛围和教学环境等，教师要根据学生具体情况进行混合式设计与安排。

（四）选择合适的SPOC教学平台，充分结合线上与线下教学

教师可通过实际教学条件进行合理选择SPOC教学平台，主要取决于学校资源条件，如中国大学MOOC和学堂在线提供体育专业课免费学习，还有一些高校有属于自己的专属SPOC平台。如果高校没有条件，也可以通过QQ、微信群进行线上互动。

排球课程线上教学分为课前预习基本技术和课后延伸拓展两部分。在课前预习阶段，要求学生结合自身排球技术基础，自主选择合适的教学资源。学生通过平台互动可以实现师生交流、同伴交流。教师可以评价学生线上教学效果。线下教学过程主要是在课堂上进行提问、讨论、归纳与总结，以及课堂实际练习与纠正错误动作等。如果教师评价学生线上学习效果较好，线下课堂教学就可以有选择地引导学生进行深层次内容的学习或探究。

（五）优化教学多元评价体系

通过SPOC教学模式过程设计，学生可以根据教师线上线下教学安排进行课程学习，为了使学生能够更好地完成学习任务，教师需制定一个合理的学习评价标准。在评价主体上，更加强调学生的自评，注重发挥评价的教育功能，重视实施形成性评价，采用相对评价办法，增加过程评价在整体评价中的比重。

线上教学评定内容包括统计学生线上学习的情况，如学习时长、提交视频次数、参与讨论频次、线上交流与讨论状况等，线下教学采用课堂表现、技术评定、技术考核等多元

化教学评价，使教学评价更全面、更客观。线上线下相结合评价不仅有助于培养学生在线学习和课外锻炼习惯，而且可以转变原有评价中重结果轻过程的现象，从而使得考核结果更加全面、客观。

二、基于SPOC"大学排球"课程设计方案开发学期教学课例，不断改进和完善设计思路

将SPOC教学模式应用在排球教学活动中，以培养学生实践能力、创新思维能力、发现问题和解决问题能力等方面为教学指导思想来设计。通过结合SPOC教学模式的特点，使SPOC课堂教学能与传统课堂教学进行良好的结合，打破固有的教学模式，提升教学效果，为"互联网+教育"背景下新兴的教学模式发展提供一定的参考与借鉴。

（1）根据SPOC的"大学排球"课程设计方案，开发排球必修课教学课例，开发过程主要分为3部分：①教师负责设计排球课学习任务，学生可以通过线上平台采用不同的学习方法来完成学习任务，其中包括视频学习、技术练习、查阅材料等方式；②在课上，以学生为主体开展传统课堂教学，教师引导学生学习，组织学生进行分组讨论，学生通过讨论互动学习技术路线，展示个人技术，最后教师进行点评；③在课后巩固阶段，教师发布任务单，学生根据要求完成课后巩固练习并进行互评。教学模式设计如图2所示。

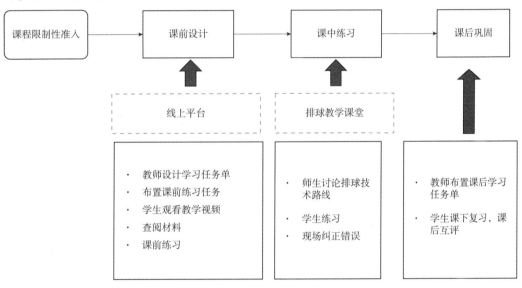

图2 "大学排球"课程SPOC教学实施流程

（2）教师在课前备课准备过程中分为线上、线下两个阶段，大学排球SPOC教学模式教师课前准备环节设计如图3所示。线上阶段主要负责制订学习计划、上传SPOC课程等，首先要确定学期"大学排球"课程教学目标，选择合适的教学资源，教学资源可通过MOOC网站进行选取，也可自己录制教学视频进行上传，还有些内容可以通过文字陈述的形式出现，也可采用制作PPT、短视频等形式出现，最终上传到SPOC平台上供学生自主学习。课后阶段主要为学习效果检验与知识巩固，教师负责设计单元测试、布置作业、线上评价等工作。教师要采取多样化教学手段与授课方式，丰富教学资源，应当多去了解学生的个性特征，有针对性地制订教学方案，合理地组织分组教学。

在高校排球教学中应用SPOC教学模式充分发挥了线上教学优势，打破了以教师为核心的课堂教学格局和受时间、空间限制的课堂教学传统，显著提高了教学示范的直观性和准确性，从而显著提高了线下教学效果。教师视角下SPOC教学模式设计如图4所示。

信息时代互联网+背景下，SPOC 环境下"大学排球"课程设计更加注重学生个性化发展，调动了学生学习自主性和积极性。碎片化的结构缩短了基础知识的学习时间，线上线下混合式教学使学生更快地完成排球知识的习得和直观性体验，提升了学生的学习能力，使学生在 SPOC 教学模式下真正了解排球的基础理论知识及具体排球动作技巧，在课程基础上掌握科学运动健身的方法，提高学生对运动的正确理解及感受能力，养成经常锻炼的习惯，为终身体育锻炼打下良好的基础。学生端 SPOC 教学模式设计如图 5 所示。学生课前阶段主要是自主学习、总结疑难点等；课中阶段主要为师生互动、探究、讲解、评价等内容，主要是面对面更加深入地进行学习；课后阶段学生则主要通过 SPOC 平台完成课后练习作业、参与小组讨论、巩固所学知识[6]。

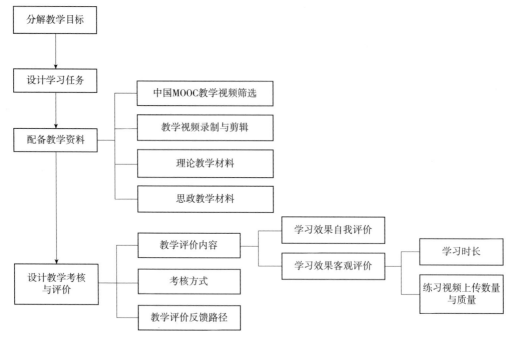

图 3　"大学排球"SPOC 教学模式教师课前准备环节设计

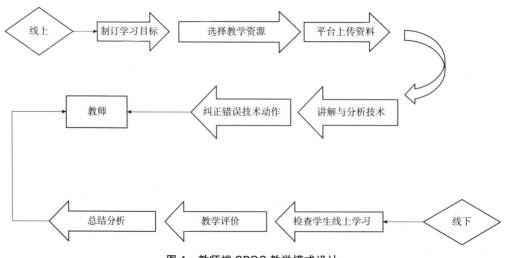

图 4　教师端 SPOC 教学模式设计

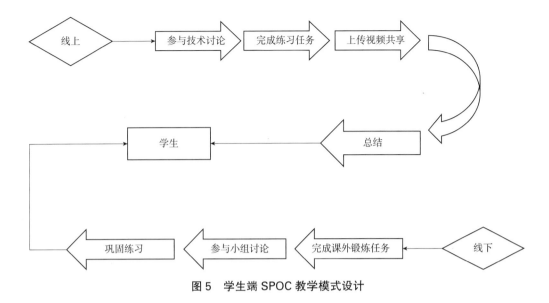

图 5　学生端 SPOC 教学模式设计

三、结　语

（1）SPOC 混合式教学模式为高校体育教育改革适应数字经济高速发展新形势提供了新范例。体育教师对"大学排球"课程资源进行整合，指导和促进学生完成线上学习知识主动建构，同时实现课堂教学延伸，更多地引导学生进行线上课前预习和练习。在线下课堂学习中提高了沟通效率，有目的地采用了针对性练习，学生进行分组研讨，教师为学生提供个别化指导，制定相对应的评价体系支撑，教学效果良好。

（2）SPOC"大学排球"课程创新了课堂教学模式，激发了广大体育教师的教学热情和课堂活力。整个设计与实施是一个复杂而又系统的工程，设计时需要多维度、多视角地进行综合考量与思考，全面整合，应与时俱进、多元开放，不断更新教学理念思想。

参考文献

[1]清华发布"学堂在线"大规模开放在线课程平台[J]. 现代教育技术，2013，23(11)：1.
[2]崔丽. 基于 SPOC 混合式教学模式的学校体育学课程研究[J]. 当代体育科技，2020，10(17)：177.
[3]陈然，杨成. SPOC 混合学习模式设计研究[J]. 中国远程教育(综合版)，2015，(5)：45.
[4]田佳鹏. SPOC 环境下"学校体育学"课程的设计研究[D]. 牡丹江师范学院，2019.
[5]梁丽军，刘爽，崔丽霞. "以学生为中心"理念下的管理学原理研究导向型教学模式探究[J]. 大学教育，2019(11)：41.
[6]刘玉红. 基于 SPOC 的翻转课堂模式在排球教学中的应用研究[J]. 教育现代化，2019，6(94)：247.

Research on mixed teaching design of *College Volleyball* Course based on SPOC

Man Changhui

(Department of physical education, Beijing Forestry University, Beijing　100083)

Abstract SPOC teaching has unique advantages, which can provide effective personalized learning support services for learners. However, the research and construction of SPOC teaching in sports field is still insufficient, and there are few high-quality research results. Therefore, this paper designs a mixed teaching scheme for SPOC *College volleyball* course, and develops corresponding lesson cases on the basis of the design scheme In order to improve and perfect the SPOC *College volleyball* curriculum design ideas, the teaching content and teaching methods, teaching resources and environment are comprehensively considered and considered from multi-dimensional and multi perspective.

Keywords SPOC teaching, *College Volleyball* course, online and offline, mixed teaching design

基于场地认知能力培养的风景园林设计教学探析

——以北京林业大学"校园中心绿地设计"课程为例

崔庆伟　郑　曦　于长明　许晓明

（北京林业大学园林学院，北京　100083）

摘要：通过观察、记录与解读现状信息形成充分的场地认知是所有规划设计实践的关键，也是园林设计教学的重要内容。以北京林业大学(风景)园林专业本科"校园中心绿地设计"课程为例，本文归纳了目前学生在训练过程中所存在场地认知能力缺失的若干表现并分析其主要成因，结合设计理论解读总结了场地认知能力培养的主要内容，并提出相应的教学改进措施。

关键词：风景园林；场地认知能力；设计教学；校园绿地

通过观察、记录与解读场地现状信息且形成充分的场地认知是一名合格设计师需要具备的基本能力，也是风景园林设计教学需要训练的重要内容。加强场地认知能力的培养对于帮助学生形成尊重场地的专业态度和基于场地开展设计的职业习惯具有重要意义。本文以北京林业大学(风景)园林专业本科"校园中心绿地设计"课程为例，初步探讨了目前学生在场地认知能力培养方面的一些不足及其原因，并提出相应的教学改进措施，以期促进园林设计教学质量的提升。

一、课程概况

"校园中心绿地设计"是北京林业大学园林学院本科风景园林设计课程体系的中小型附属绿地与花园设计模块经常练习的设计题目。以"功能、空间、图式"作为训练重点[1]，该课程旨在帮助学生熟悉完整的设计流程，建立功能导向的空间设计思维，以及夯实专业规范的设计表现技能。

设计地块是位于北京林业大学校园中心位置的一条东西向带状绿地——西起田家炳广场和银杏大道，东至第二教学楼；南北分别以主楼北侧道路和洋白蜡大道为界；地块范围内分布着综合楼、博物馆、实验楼与第二教学楼等办公科研教学建筑以及校医院(作拆除处理)、地下换热站、空调压缩机站等其他功能配套建筑，从而将场地划分成彼此连接的若干

作者简介：崔庆伟，北京市海淀区清华东路35号北京林业大学园林学院，讲师，492507484@qq.com；
　　　　　郑　曦，北京市海淀区清华东路35号北京林业大学园林学院，教授，zhengxi@bjfu.edu.cn；
　　　　　于长明，通讯作者，北京市海淀区清华东路35号北京林业大学园林学院，副教授，yuchangming@bjfu.edu.cn；
　　　　　许晓明，北京市海淀区清华东路35号北京林业大学园林学院，副教授，68000645@qq.com。
资助项目：北京林业大学教育教学研究项目"城乡基础设施规划雨课堂教学模式研究"（BJFU2018JY015）；
　　　　　北京林业大学教育教学研究重点项目"基于数字技术的风景园林图像化教学系列方法改革与综合案例库构建"（BJFU2018JYZD001）；
　　　　　北京林业大学教育教学研究项目"风景园林设计课程案例教学数据库建设研究"（BJFU2018JY014）。

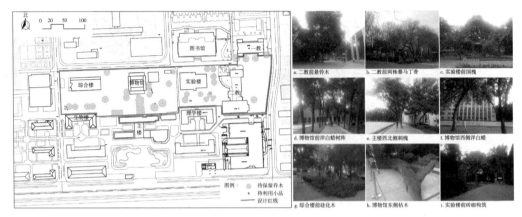

图1　设计地块范围与部分现状场地要素

建筑附属空间，设计面积共约4hm²（图1）。

二、问题描述

由于设计地块为校园空间，该题目有助于学生结合切身体验开展练习。经过4年以来参与该门课程5个学期的教学，笔者认为大多数学生最终能够按照课程要求，根据校园通行和户外活动等功能需求组织路网、塑造地形、配置植物和构建场地，从而初步掌握户外空间设计的基本技能。但如果进一步评判学生们的设计成果，笔者发现多数方案仍然浮于表面形式，显得过于随意主观，未能很好地贴合场地现实状况。具体表现为以下几个方面：

（一）无视现状植物构筑，未能作为设计条件加以利用

植物作为园林景观最为核心的要素组成，一直是风景园林设计训练的重点。该设计地块内存在数量众多、类型丰富的现状植被。按照作业要求，设计可以不考虑大多数现状植被，但必须保留较大规格的树木。这需要学生基于地形图将拟保留大树补充完整。然而教学观察发现，很少有学生认真完成此项工作——胸径超过40cm的高大乔木在许多方案平面图中并未标示抑或位置与实际不符，同时也鲜有方案认真考虑和充分利用高大乔木形成的植物空间。笔者随机挑选2017—2018年下学期某班85分以上的12份优秀学生作业进行统计，发现仅有1份作业准确画出博物馆前两排现状白蜡树阵并加以利用，其他作业均未涉及这一现状信息（图2）。

图2　校博物馆前场地学生设计成果示例

（二）无视竖向高程信息，未能结合空间塑造强化地形设计

竖向设计是风景园林师必须具备的核心能力，同样是风景园林设计课程的训练重点。该场地整体地势平坦，但局部仍存在竖向变化：综合楼入口广场与南部道路场地有近半米高差；标本馆南侧场地与东部绿地有约0.3m高差；以及新建地下换热站形成现状场地1m

左右高差。针对现状，学生需要思考其对于处理交通联系和营建空间场地构成怎样的限制抑或提供哪些契机，从而尝试在解决竖向问题过程中形成更加多样的设计。然而根据教学观察，学生们在练习过程中很少关注并主动回应这些问题，同样也很难提出更具创造性和趣味性的地形设计方案。

（三）无视不利干扰因素，未能通过空间布局进行有效避让

除了发现较为有利的现状条件，园林设计还需分析场地内的不利环境因素。该地块内较为明显的消极影响包括主楼对北侧绿地的遮蔽、东西干道由于建筑夹持形成的高楼风以及场地北侧空调压缩机房的剧烈噪声等。这些光照、风环境和噪声问题会很大程度影响人们使用场地的方式，也应成为现状分析的必要内容。但设计练习过程中，学生通常对这些不利因素视而不见，屡屡有人将安静休息场地布置在空调压缩机旁边！

通过上述现象可知：由于缺少经验，设计初学者对场地现状信息考虑不足是一种较为普遍的现象，笔者认为这是欠缺场地认知能力的一种表现——因为无法深入细致地观察分析场地，只能将其作为一张白纸全开展设计。如此一来，本应充分结合实际场地塑造空间的设计工作很容易演变成满足基本功能需求的平面或立体构成练习。而学生一旦养成这种忽视场地信息的设计习惯，将为其设计综合素养的提高埋下极大隐患。

三、理论思考

场地认知能力是指通过现场调查全面获取场地信息和深入感知场地特质的能力。场地认知是设计师开展场地分析和形成设计概念的基本前提，因此对"收集和分析场地信息寻找设计问题以及解决问题的途径"[2]具有重要作用（图3）。有学者曾指出：风景园林师应对设计任务首先要做的便是"侦查分析既有现况，识别其意义（meaning）和特征（identity），而设计的主要工作便是'释放（disengage）、展现（reveal）、强化（enhance）、解读（articulate）与调制（modulate）'场地的潜在可能性（potentials）"[3]。

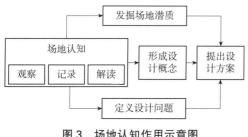

图3 场地认知作用示意图

所有优秀的设计师都十分强调场地认知的重要性，并据此形成充分尊重和利用场地条件进行设计的职业精神。清华大学朱育帆教授自称"场地型"设计师，其"三置论"思想重点探讨了不同设计条件下针对场地"原置"（即场地内原有现状信息）的不同处理方式。他认为"对于（原置）基本结构的判断是决策性的，而对潜力提升的判断和把握则要依靠设计师的功底和眼光"。[4]这种判断的眼光便是设计师场地认知能力培养的重要内容。此外，国内优秀景观事务所张唐景观在其项目介绍中也一再强调"现状永远是我们设计的基础"；葡萄牙建筑师西扎（Alvoro Siza）有句名言——"没有场地是沙漠（No site is a desert）"；美国建筑师和评论家茱莉亚·克则尼亚克（Julia Czerniak）也曾说："对景观的思考即是对场地的思考"。[5]

基于上述杰出设计师关于场地认知重要性的论述，笔者认为在设计教学的初始阶段努力引导学生开展"在地性"设计，有利于培养学生认真严谨的专业精神和务实理性的设计态度。具体可包括以下训练方面：

（一）观察体悟场地特质的能力

园林设计作为一门空间艺术创作行为，需要设计师通过实地观察建立场地的直观感知，而感知结果将在很大程度上影响下一步的设计构思与概念生成。因此，学会观

察和体悟场地是培养场地认知能力的重要方面。例如，哈佛大学设计课从始至终都以项目基地作为训练切入点以及设计的依据，并会要求学生在第一次场地调研过程中通过绘画表达自己对于一个空间或场景的主观感受，从而启发每个学生作为一个独立的、与众不同的个体设计师对于地段的感悟，及其对于景观设计中各种元素和形式的理解与运用[6]。

（二）全面准确记录场地信息的能力

除了直观感知，园林设计师需要具备基于场地踏勘快速记录和提取场地信息的能力。这包括梳理场地空间结构和要素组成，描绘现场重要的植物空间形态和竖向地形变化，以及记录人们使用场地的主要活动内容和行为方式等。许多优秀的设计师还会细致入微地记录场地内的建筑细部装饰、材质体量、光影变化和树木色彩姿态等，并可能以此作为设计推进的灵感来源。

（三）定义设计问题与发掘场地潜力的能力

观察和记录场地的目的是识别需要解决的设计问题和可以发掘的场地潜力。设计作为一种创造性解决问题的行为，如何定义场地问题是影响设计结果的关键。在实际项目中，设计问题并非只是"建立交通联系、提供活动场地"这么笼统，还有许多是基于场地认知产生的总体结构或空间细部处理问题，而这些问题多是建立在充分的场地认知基础上的。此外，在定义设计问题的同时主动识别场地内可资利用的有利条件，并据此发掘其空间利用潜在的可能，这也是场地认知能力的重要组成。

四、成因分析

为了更加客观全面地了解学生对场地认知训练的看法，笔者针对大三大四年级已经完成校园绿地设计题目的学生进行了问卷调查，共收集81份有效问卷（图4）。结果显示，只有不足15%的学生表示在设计过程中充分考虑和有效利用了场地现状大树，多数人考虑不充分，接近25%学生表示完全没考虑（实际比例应该更高）。当然，绝大部分学生认为在设计训练过程中有必要考虑利用现状大树资源，并认为充分观察、记录和分析场地现状信息有助于提高场地认知与设计能力。那么，导致同学们未能积极考虑场地大树等现状条件的原因有哪些呢？通过分析问卷收集到的50份学生反馈意见，笔者将其总结为以下几个方面：

（1）限制设计思路，增加作业难度。13份问卷表示设计概念、形式语言会和大树位置有冲突，比较难结合；过分考虑现状信息会对景观规划和功能设计产生较大限制或阻碍。另外有3份问卷表示作业时间太紧张，如果过多考虑现状会增加设计难度。

（2）老师没有强调，设计条件不清楚。10份问卷表示老师没做过多要求，允许不考虑现状，并认为老师在评图过程中并未强调现状信息的重要性，没有引导利用现状大树进行设计的理念，即使学生考虑了在评图中也没有给予回应。另有4份问卷表示不太清楚场地条件，提供的设计底图中没有太多详细信息。

（3）重视不够，经验不足，调研不充分。9份问卷认为自己并未形成尊重现状场地肌理、挖掘场地特性的设计思维；6份问卷认为场地调研不充分。另有4份问卷表示因为经验不足、能力不足，不知道怎么利用现状，所以更多时候是在盲目设计。

（4）懒得考虑，以为不重要。8份问卷表示根本顾不上，懒得考虑现状条件，第一次园设能够搞定其他问题已经很费劲了。

五、改进措施

基于上述教学实践过程中发现的学生场地认知能力训练不足的问题描述和原因分析，

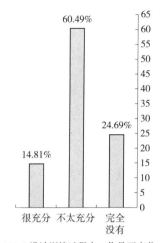
(a)3-1 设计训练过程中,你是否充分考虑和有效利用了场地现状大树?

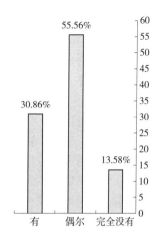
(b)3-2 指导老师是否积极引导和反复强调需要基于现状大树等场地条件进行方案设计?

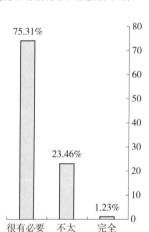
(d)3-3 你认为设计训练过程中,是否有必要充分利用场地现状大树?

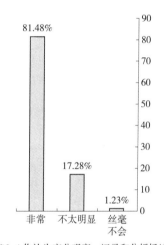
(d)3-4 你认为充分观察、记录和分析场地是否有助于提高场地认知与设计能力?

图4 学生问卷调查结果统计条形图

今后设计教学可以从以下几个方面加以改进:

（一）细化基础资料,强化场地调研

首先,课程老师需要提供更加翔实的场地现状地形图。目前该课程作业提供的基础图纸只有简单的建筑道路位置,缺少现状植被、竖向高程和构筑设施等场地信息。这在很大程度上导致学生忽略了现状条件着手设计。

其次,适度增加场地调研时间,使学生建立场地调研需贯穿设计始终的思想认识。目前该课程多安排一周时间进行场地调研和案例分析,并在第二周成果汇报之后迅速进入方案评图阶段。对于初学者而言,其实很难在一周时间里充分掌握场地调研方法,并形成深入全面的场地认知。如果调研阶段工作一带而过,很容易让学生误认为场地分析并非十分重要。

此外,可以通过不同方式的任务要求强化学生的场地感知。这包括基于场地认知进行自由创作,以及绘制场地现状透视图（钢笔速写或水彩画为佳）。前者注重个性化表达,后者强调专业性表达。

（二）深化案例解读,增加现场教学

通过案例解读向学生介绍优秀设计师如何基于场地认知生成设计方案。此外可增加现场教学环节，通过老师的现场解读帮助学生培养认知场地的方法和建立设计结合场地的思维方式。身处真实场地中间，学生可以在老师的引导下更加直观真切地体会场地内的植物形态、竖向变化、空间围合以及干扰因素，从而使其在设计过程中予以重视。

（三）加强评图引导，夯实成果表达

评图过程不断强化学生的场地意识。设计是否积极回应了现状条件带来的各种影响应成为评价方案好坏的重要标准。"你如何处理这棵现状大树的？""你通过什么方式消化的这块儿内外高差？""为什么不把标本馆立面露出来，而是藏了起来？"这些启发式的话语可以应用在老师与学生们探讨方案过程中，引导他们主动思考现状问题。

此外，最终提交的图纸成果需能够如实反映设计保留的现状场地信息。例如需要保留的臭椿、榆树等现状大树冠幅应为 8~10m，而非通常要求的 4~5m。此外还可要求学生基于前期绘制的现状透视图绘制相同角度的设计效果图，并通过前后对比评判设计方案的优劣好坏，等等。

参考文献

[1] 刘志成，郑曦. 全新的模式，全新的系统：北京林业大学园林学院风景园林设计课程教学模式改革探讨[J]. 风景园林，2015(7)：20-23.
[2] Meto J. Vroom. Lexicon of garden and landscape architecture[M]. Birkhäuser，2006：39.
[3] Marot S. On public space as landscape：landscape architecture in France [J]. NAi，Rotterdam. Architecture，urbanism，visual arts，1995：60.
[4] 朱育帆. 文化传承与"三置论"：尊重传统面向未来的风景园林设计方法论[J]. 中国园林，2007(11)：33-40.
[5] Czerniak J.，Looking back at landscapes urbanism：speculations on site [A]. Charles Waldheim ed. The Landscape Urbanism Reader[M]. Princeton Architectural Press，2006：106-107.
[6] 郑晓笛. 从中美3个实例看风景园林专业棕地设计课教学[J]. 中国园林，2009(9)：24-27.

Analysis of Landscape Design Teaching Based on Site Cognitive Ability Cultivation：Take the course of *Central Campus Green Space Design* for example

Cui Qingwei　Zheng Xi　Yu Changming

(School of Landscape Architecture，Beijing Forestry University，Beijing　100083)

Abstract　Forming sufficient site cognition through observation, recording and interpretation of the status quo is the key to all planning and design practices, and also an important part of landscape architectural design teaching activities. Taking the undergraduate design course of *Green Space Design in the Campus* of Beijing Forestry University as an example, this paper summarizes some design performances showing current students' lack of site cognitive ability in the training process, and summarizes the main aspects of the cultivation of site cognitive ability by combining design theory, and proposes corresponding teaching improvement measures.

Keywords　Landscape Architecture, site cognition, design teaching, campus

基于知识体系建构与教学方法创新的课程建设探讨

——以"当代中国公共政策分析"课程为例

陈 佳

(北京林业大学经济管理学院，北京　100083)

摘要：本文从课程知识体系建构、教学方法创新两方面探索三位一体课程建设目标的实现路径。"一体两翼"的知识结构展现全面而系统的知识体系综合图景，案例分析与情景模拟相融合的教学方法能够创设情境、引导学生主动思考，提升学生理论认知、问题分析和知识创新的能力。课程建设中，基础与前沿融合、理论与实践贯通，最终提高教学效果、实现育人功能。

关键词：知识体系建构；思维训练；能力培养；教学模式

21世纪以来，我国高等教育改革的进程不断加快，人才培养质量是实现高等教育内涵式发展与推动"双一流"建设的重要绩效指标。在教学新理念、新技术的冲击下，如何创新教学内容、方法与模式是培养"创新型、复合型、应用型人才"的突破口。本文以"当代中国公共政策分析"课程为例，从教学知识体系建构、教学方法创新等方面探讨如何实现知识创新、思维训练与能力培养的教学目标，为提高教学效果、实现育人功能找寻着力点和方向。

一、课程目标定位：知识创新、思维训练与能力培养

在知识爆炸、信息多元、新思想不断涌现更新的时代，大学课堂，尤其是与实践紧密结合的课程，教什么、怎么教是教师必须思考和实践的一个问题。相关的研究者和教育从业者曾提出大学教育体系应融合价值塑造、能力培养、人类核心知识获取为一体[1]；也有人提出大学课堂教学应以立德树人为中心，通过教知识、教能力、教智慧和教人格来引导和促进学生的健康成长[2]，即知识与能力成为大学教育的目标。

知识传授是课程教学最基本的功能，影响课程教学效果的首要因素是知识的有用性。公共政策理论知识嵌入于国家制度背景和发展实践，只有将知识与知识产生的情境紧密相连，在情境中呈现、在问题解决中传承与创新，才能激发学习者获得知识、提升能力的需要[3]。因此课程教学中，应以知识创新为目标，使学生在掌握基础知识的起点上尝试创造出新知识，产生知识存量到知识增量的转变。

教育的功能不仅在教，更在育。知识是教学的基础，能力培养是育人功能的核心，能架起知识与能力有效转换的桥梁则应是思维训练，强化学生的思维训练是实现教育价值的核心途经。结合"当代中国公共政策"课程特点和教学实践，课程建设着眼于知识创新、思

作者简介：陈　佳，北京市海淀区清华东路35号北京林业大学经济管理学院，副教授，chenjia2001@163.com。

资助项目：北京林业大学研究生优质核心课程建设项目"'公共政策分析'课程本土化知识体系构建与教学模式研究"(HXKC18007)；

北京林业大学研究生课程案例库建设项目"'政策评估与政策创新'课程案例库建设"(KCALK18002)。

维训练和能力培养3个维度,通过系统而深入的知识体系建构和研讨式教学,使学生掌握政策分析的理论与方法,培养学生学术思维能力,增强学生对理论模型的认识与理解;通过案例分析、情景模拟等教学方法,帮助学生建立政策现象感和识别政策问题的敏锐性,构建知识应用与转化的通道,提高学生分析问题和解决问题的能力;通过小组合作研究强化学术训练,增强学生团队合作意识和协调沟通能力,最终提高教学质量和效果。

二、教学内容设计:"一体两翼"的知识结构

公共政策学科是20世纪80年代中期为了满足国家治理的迫切需求、实现政府决策科学化与民主化、政策执行规范化和高效化而引进并逐步发展起来的。国内现有的教材基本都是国外教材的翻译与编写,介绍的都是源于欧美的知识体系、理论模型等,本土化知识体系薄弱,理论模型的适用性遭遇了挑战。同时,随着公共政策科学、政治学、社会学等软科学在我国的蓬勃发展,学术界涌现出了一批有前沿性、代表性的中国问题研究成果,但这些成果只成为学者推动进一步研究的基础,尚未被融入教材并作为一种新知识传递给学生。这种教学内容与科研成果相脱节的现象与问题既不利于学生对新知识的汲取,也不能更好地服务于理论与实践双轮驱动的思维训练,更不利于学科知识体系的可持续性发展。在课程建设中,尝试打破这一困境,坚持系统性、深入性和前沿性相结合的原则,将有代表性的学术研究成果融入教学体系中,构建公共政策分析本土化知识体系,形成"一体两翼"的知识结构(图1),强化和提升学生对理论知识的认知和掌握。

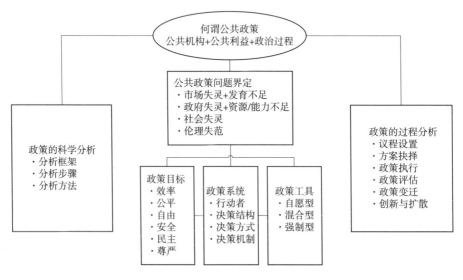

图1 "一体两翼"知识结构图

在知识结构中,"一体"指的是公共政策的主干内容,包括公共政策概述、政策问题界定、政策目标、政策系统、政策工具等知识模块,呈现"什么是公共政策—为什么需要政策介入—政策如何发挥作用(目标、行动者、工具)"的知识逻辑。"两翼"指的是"公共政策的科学分析"和"公共政策的过程分析"两个维度。公共政策是政府解决纷繁复杂的公共事务、提供优质高效的公共服务的直接体现。从应用导向来看,为了提出更好的解决办法,就需要运用多学科的知识、跨学科的分析方法来理解政策问题、提出政策方案、预测备选方案的结果等,这就是"政策的科学分析"知识模块的核心价值所在。例如,在应对新冠疫情时,政府部门和相关决策者就需要运用适当的政策分析框架和方法回答"要解决的问题是什么?""应采纳的行动方案是什么?""选择这种行动方案的结果是什么?""政策结

果是否有利于解决问题？""如果选择其他行动方案会出现什么结果？"等一系列问题，系统、科学地分析具体政策问题和方案以及政策影响和效果，以实现公共政策的科学性和问题解决的有效性。

"公共政策的过程分析"维度是理论知识生产与应用的重要部分，也是与公共管理实践紧密结合的环节。政策过程由一系列相互依赖、形成周期性循环的阶段组成，包括议程设置、方案抉择、政策执行、政策评估、政策变迁、政策创新与扩散等。政策过程研究具有鲜明的理论与实践双轮驱动的特征，既来源于对政策实践现象、过程的规律性认知，也用于指导实践，理解公共政策的运作过程和机制，帮助政府提高获取信息的质量，寻求更好的治理。但由于政治体制与制度安排的不同，各国的政策过程具有明显的差异性，因此"公共政策过程分析"维度是本土化理论知识生产与创新的核心载体，也是教学知识体系中呈现理论与实践、教学与科研相脱节的症结所在。

课程建设中，教师构建了"一体两翼"的知识结构，系统梳理公共政策学科的知识积累，展现全面而系统的知识体系；同时，又立足于中国治理的制度环境，注重融入公共政策研究领域的最新成果和本土化理论建构，帮助学生更好地理解和透视中国特色的公共政策过程。例如，在"政策创新与扩散"模块中，教师综合运用近3年的本土化研究成果描述和解释地方政府竞争性投身于社会治理与公共服务创新的动力机制，分析城市基层治理"结对竞赛"模式的影响因素，探讨当代中国地方政府政策创新的典型路径和机制等，为学生拓展研究视域、丰富理论知识图谱提供有效引导与支撑。

三、教学方法应用：案例分析与情景模拟相融合

教学方式与方法的选择直接影响教学目标的实现程度。基于课程知识体系特征、修课学生的知识基础与特点，教师设计了"理念+方法+实践"的教学思路、以"案例教学为主、辅以情景模拟"的教学方法，引导学生建立思考问题的系统性图景，学会运用理论知识解决实践中的问题，练就演绎与归纳相结合的思维方式。

（一）教学案例的选择

案例分析与情景模拟相融合的教学方法能够将典型案例进行情景再现，开展形象、生动、立体的体验式教学[4]，帮助学生进行理论知识迁移和运用，而如何选择适当的案例则是至关重要的一环。围绕"当代中国公共政策分析"课程的核心知识模块，教师根据教学内容的需要、案例的典型性、新颖性与可操作性等原则选择教学案例，真正发挥案例是教学目标的载体、服务于教学内容的功能定位。

课程建设中，教师将教学案例分为辅助课程知识讲解和专题知识应用两类。前者主要帮助学生建立政策问题现象感、发挥知识点导入、辅助知识讲授的功能。如，在公共政策目标模块中，教师创设"沪江大学教师分房"的案例情境，将修课学生分为若干组，分别扮演青年教师、中年教师和退休教师等不同群体，让学生从各自扮演角色的特征与需求出发，提出"认为公平合理的分配方案，并争取说服他人"。通过课堂分组讨论和小组之间的观点碰撞，引导学生基于情景模拟与案例分析，总结出认知和理解公平目标的3个维度——机会公平、过程公平和结果公平，加深学生对知识点的理解与掌握。

专题知识应用案例主要发挥强化知识运用能力训练的功能。教师围绕知识模块，通过原创或选编的方式构建了课程教学案例库，通过内容生动、领域多样的贴合中国公共政策实践的案例，引导学生灵活运用所学知识解决实际问题，培养学生的动手能力、创造能力、问题分析与解决能力，实现理论与实践相结合。部分专题知识应用案例见表1。

表1　部分课程教学案例

理论知识点	教学案例
理解公共政策实践与特点	择校变局(视频案例)
政策问题界定：市场维度	探访雪乡(视频案例)
	医疗卫生体制改革中的市场问题(文本案例)
政策问题界定：政府维度	吉林长生生物疫苗事件(文本案例)
	学前教育中市场失灵与政府缺位的反思(文本案例)
决策体制	防汛、开会，孰重要？(文本案例)
政策行动者：智库	新医改方案中的政策研究群体(文本案例)
政策工具	湖南嘉禾拆迁之痛(文本案例)
	李雷和韩梅梅买房记(文本案例)
议程设置	"孙志刚事件"引发的社会管理变革(文本案例)
	怒江：从开发到停建(视频案例)
方案抉择	古巴导弹危机(文本案例)
	"网约车"政策制定(文本案例)
政策执行	一梯之遥的高度——北京老旧小区增梯改造困境(文本案例)
	北京控烟(视频案例)
政策变迁	"异地高考"：利益冲突下政策议程设置的逻辑(文本案例)
政策创新与扩散	"街乡吹哨、部门报到"如何破解基层治理的困境？(文本案例)
	"河长制"的制度创新扩散(文本案例)

（二）教学方法的应用

第一，教学内容采取专题式教学，教师按照"问题呈现—理论教学—案例分析"的思路组织教学。具体来说，以经典案例现象导入，抛出政策问题；以核心文献阅读与研讨，掌握理论与模型；以案例作为知识应用载体，开展政策分析与讨论，强化知识运用。在讲授过程中，坚持问题导向的授课思路，即先描述政策问题，然后带着困惑讲授和讨论理论模型，并从中寻找解释、解决问题的理论原点。例如，在政策工具专题，教师以部分城市"发放消费券"作为导入案例，简要描述消费券的发放规模，抛出"为什么发放消费券而不是现金？""消费券如何发挥作用？"等问题，激发学生兴趣，让学生带着问题进入到理论知识的学习。在讲授政策工具理论模型后，教师引导学生分析"消费券是哪种类型的政策工具？""预期会发挥哪些作用？""消费券和发放现金，谁优？""消费券发放是否会带来其他需要避免的问题？"强化学生对知识的理解和运用。

第二，依托案例小组开展文献研讨和案例分析。知识创新、思维训练和能力培养是课程建设的定位和目标，而如何引导学生学习自主思维和合作研究、从理论的消费者升级为理论或实践的生产者则是实现目标的有效路径之一。教师将修课学生分为若干案例讨论小组，教学过程分为案例介绍、组内案例讨论、组间讨论结果分享、教师总结点评几个环节。首先，通过情景模拟、视频导入、教师介绍等方式提纲挈领地介绍一下案例的梗概；其次，围绕教师提出的相关问题，各个小组自主产生组织者和记录员，开展案例剖析和讨论，形成组内共识；再次，在分组讨论后，各组由一名同学介绍小组讨论情况和观点，教师则简要记录、归类观点，并引导小组间观点的讨论；最后，由教师进行案例分析点评，对案例分析过程和结果进行总结和答疑，并引导学生讨论案例启示。在议程设置模块，课程选取"孙志刚事件"案例开展多源流模型的知识运用，教师在点评与总结环节的情况如图2所示。

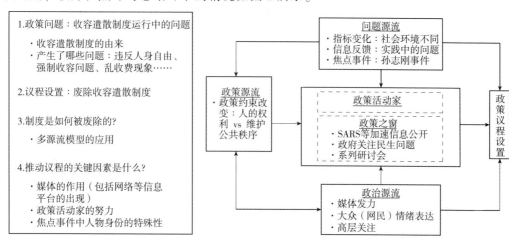

图 2 "孙志刚事件"案例分析点评与总结

此外，在教学手段上，教师注重多媒体的运用，通过视频案例、图片案例、纯文本案例，并适当结合情景模拟的方式，用多样化的教学手段激发学生思维，调动学习的积极性。教学过程中，教师注重师生间、小组之间的互动，提高知识认知和运用的效率和效果。

四、结　语

本文提出了"当代中国公共政策分析"课程建设目标为知识创新、思维训练和能力培养，从课程知识体系建构、教学方法设计应用两方面探索目标实现路径。"一体两翼"的知识结构展现全面而系统的知识体系综合图景，案例分析与情景模拟相融合的教学方法能够创设情境、引导学生主动思考，提升学生理论认知、问题分析和知识创新的能力。课程建设中，基础与前沿融合、理论与实践贯通，最终提高教学效果、实现育人功能。

参考文献

[1] 钱颖一. 论大学本科教育改革[J]. 清华大学教育研究，2011，32(1)：1-8，19.
[2] 龚一鸣. 大学课堂该教什么[J]. 中国大学教学，2019(2)：37-41.
[3] 张学敏，侯佛钢. 从理论到实践有多远？：专业学位研究生案例教学的知识转化机制探讨[J]. 现代大学教育，2020(1)：103-109.
[4] 陈佳，林震. "情景模拟+案例分析"教学法的构建与实施：以心理系"人力资源管理"课程为例[M]//黄国华. 探索. 构建. 创新：北京林业大学教育教学改革优秀论文选编. 北京：中国林业出版社，2018：267-271.

Research on curriculum construction based on knowledge system construction and teaching method innovation: taking *Public Policy Analysis in Contemporary China* for example

Chen Jia

(School of Economics & Management, Beijing Forestry University, Beijing 100083)

Abstract This paper discusses the realization path of curriculum construction from two aspects of curriculum knowledge system construction and teaching method innovation. The knowledge structure of "one body and two wings" presents a comprehensive and systematic picture of the knowledge system. The teaching method combining case analysis and scenario simulation can create a situation, guide students to think actively, and improve students' ability of theoretical cognition, problem analysis and knowledge innovation. In the course construction, the foundation and the frontier are integrated, and the theory and practice are connected, which will ultimately improve the teaching effect and realize the function of educating people.

Keywords knowledge system construction, thinking training, ability cultivation, teaching mode

提升"森林疗养"课程教学效果的策略探究

程小琴　姜　超　韩海荣

（北京林业大学生态与自然保护学院，北京　100083）

摘要： 森林疗养事业蓬勃兴起，将成为林业发展新业态、新方向，具有十分广阔的发展前景。根据"森林疗养"课程的理论特点和实际需求，结合近年来的教学经验，从教学内容、教学方法和教学效果等角度，对"森林疗养"课程开发的主要内容、方式和途径进行介绍。综合过去的教学经验，为发挥"森林疗养"课程特色，提出关于加强"森林疗养"课程建设的4点思考，以期为"森林疗养"课程的改革提供参考与借鉴。

关键词： 森林疗养；教学方法；教学质量

森林是人类的摇篮，森林为人类提供了良好环境、景观和游憩场所，对人体的身体和心理都具有较大的改善作用，当人们处于森林环境当中，可以放松身心、缓解压力、调节情绪、改善身体素质[1-3]。森林环境和人体健康的关系逐渐成为相关领域和学者的研究热点[4-5]。开发森林的疗养功能来增加国民的绿色福祉，是国际林业发展的新趋势。森林疗养是时代发展的潮流和趋势，契合我国国情与林情，是社会发展的必然需求。森林疗养不仅迎合现代人预防疾病、追求健康、崇尚自然的需求，更是把生态旅游、休闲运动与健康长寿有机结合，形成内涵丰富、功能突出、效益明显的全新产业模式。面向国家社会发展需求，在大学开设"森林疗养"课程是非常有必要的。"森林疗养"课程以森林疗养基地的建设及森林疗养实施方法为主线，以相应的知识和技能为重点，传授森林疗养的理论、方法和技术。通过本课程的学习，使学生能够比较全面和深入地了解森林疗养的基本概念和内涵、了解森林环境与人类健康的关系及其具体应用，掌握森林疗养的基本技能，重新认识森林的综合价值，协调人与森林的关系，为林业工作中复杂的社会、经济与生态诸问题提供理论、方法和技术指导。

一、教学内容

"森林疗养"课程是一门综合性课程，与植物学、树木学、土壤学、气象学、生态学、景观生态学、森林生态学、林业经济学等课程有密切的联系。因此，本门课程以"专业复合与先进技术并重"为课程建设内容，突出课程前沿性知识，扩大交叉学科知识面，增强交叉学科理论间的衔接和融合，共设置了6个专题，包括森林疗养的理论基础与内涵、森林疗法、森林疗养基地建设及认证、森林疗养基地空间景观设计、森林疗养课程设计、森林疗养师的职业素养。邀请领域内知名学者进行授课，并邀请北京市园林绿化局森林疗养专家

作者简介：程小琴，北京市海淀区清华东路35号北京林业大学生态与自然保护学院，副教授，cxq_200074@163.com；
　　　　　姜　超，北京市海淀区清华东路35号北京林业大学生态与自然保护学院，副教授，bjfujiang@163.com；
　　　　　韩海荣，北京市海淀区清华东路35号北京林业大学生态与自然保护学院，教授，hanhr@bjfu.edu.cn。
资助项目：北京林业大学课程思政教研教改专项课题"森林疗养"（2020KCSZ258）。

做专题报告，介绍目前国内外森林疗养研究中的前沿和热点问题，以及相关领域的研究进展。

二、教学方法

（一）由老师主导性到学生主导性转变

在课堂教学中鼓励和引导以学生为主导的专题汇报，针对国内外森林疗养研究中的热点问题进行讨论，例如森林资源对人体健康的作用机理、森林疗养基地规划与建设、智能技术在森林疗养发展中的应用、森林疗养乡土工艺的挖掘和技术的创新等。学生通过查阅文献等方式获取信息，在课堂上提出问题并讨论，以此激发学生主动思维能力、锻炼学生信息凝练能力、提高学生组织与表达能力。

（二）案例教学在"森林疗养"课程中应用

"森林疗养"课程是一门实践性较强的课程，仅采用传统的讲授式教学，教学效果不理想。案例教学通过选取当下研究的热点问题，对学生的讨论进行引导，激发学生探索兴趣，提高学生综合运用知识的能力，从而提升课堂教学的有效性[6-7]。森林疗养作为国际上林业发展的新趋势，在世界上多个国家已有较多研究和实践。以"四川洪雅县森林康养发展模式"为例，介绍了四川洪雅县森林康养基地的建设模式，以及取得的效果和存在的问题，并提出在森林疗养发展方面，洪雅县的森林疗养实践能够给我们带来怎样的思考和启示？按照一个案例90min左右计算：课上利用10min时间进行研究背景介绍，提出3个问题；各小组讨论30min；小组发言时间共计30min，提出本小组的问题及拟解决方案；根据学生展示和讨论情况进行总结，然后说明案例中提出的解决方案，点明其中的关键技术或方法，最后引导学生进一步思考提出的方案中尚有哪些进一步改进的可能，时间共计20min。通过本案例的教学，使学生认识到森林疗养对当地生态环境建设与管理的影响，掌握如何利用参与式、"SWOT"和"问题树"分析等方法有针对性地制订工作方案和解决问题，了解如何开展森林疗养，并尝试提出解决问题的意见和建议。

（三）积极调动学生"五感"，增强学生对森林疗养课程的认知

在针对城市林业专业学生开设的"森林疗养"课程上，笔者指导20多名大二学生进行了一次作业疗法——多肉组合盆栽。

课程目标：人们透过五官六感，接收自然界中存在的各种疗愈力量，不论是物种、形式、生态、物候变化，还是一个生命历程的演化，都会对身体机产生健康效益，抑或是心灵与之发生共鸣，进而达到身心灵全面地正向促进。透过陪伴或观察植物的成长过程，也能瞭望到生命是有周期性的，犹如花开花落，有生亦有死，也会有风灾、水灾、干旱或病虫害，犹如人生中的风险与挫折。透过植物生命，学习理解与接纳生命的不完美。课程所需材料见表1。操作步骤：①花盆的底孔覆盖纱布，防止土壤透过孔隙漏出来；②放置陶粒，增加土壤疏松透气；③放入适量土壤；④多肉种植构图；⑤填土，固定多肉植物；⑥调整植物高度，确保根系舒展；⑦铺面；⑧用气吹去除植物叶面灰尘；⑨浇水。设计搭配过程可以活化脑部运动，促进精细动作，提升美学感与立体创造力(图1)。参与课程的学生在进入课程前后均进行了问卷调查(图2)，问卷结果显示，参与者通过多肉组合盆栽体验活动促进了积极情绪(如生机勃勃、朝气蓬勃、放松、沉着冷静)，同时缓解了负面情绪(如焦急、急躁、有气无力、紧张、散漫)(图3)。

表 1　课程材料

植物	辅助材料	辅助工具
白鸟（*Mammillaria herrerae*）；子宝（*Gasteria gracilis*）；五十铃玉（*Fenestraria rhopalophylla*）；白月影（*Echeveria elegans*）；卧牛（*Gasteria armstrongii*）；小米星（*Crassula* 'Tom Thumb'）；火祭（*Crassula capitella*）；钱串（*Crassula perforata*）	白瓷盆；肉种植土；陶粒；硅藻土	多肉铲桶；园艺三件套；白瓷盆；气吹；铲桶；浇水喷壶（500ml）

(a)　　　　　　　　　(b)

图 1　作业疗法课程

*请根据第一感受填写

	完全没有	有一点点	稍有	有一些	相当多	特别多
沉着冷静	○	○	○	○	○	○
焦急、急躁	○	○	○	○	○	○
有气无力	○	○	○	○	○	○
朝气蓬勃	○	○	○	○	○	○
放松	○	○	○	○	○	○
紧张	○	○	○	○	○	○
散漫	○	○	○	○	○	○
生气勃勃	○	○	○	○	○	○

图 2　调查问卷

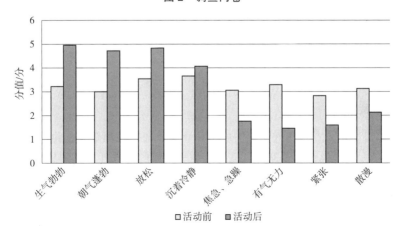

图 3　问卷分析

三、教学效果

"森林疗养"课程在教学中充分发挥学生学习的主动性,锻炼学生独立分析问题和解决问题的能力,激发学生的主动思维、锻炼学生动手技能、提高学生科研能力。2019年经学生组建团队,申报并获得北京林业大学大学生创新创业训练项目两项,分别是"油松植物挥发性有机物释放动态及其抑菌作用的研究"和"森林步道特性与游客评价及需求关系的研究"。在项目的实施过程中,项目组成员一起积极思考,团结合作,主动查阅大量的国内外文献,深入了解其研究进展,结合现有的研究方法,设计出项目可行的技术路线并提出一些具有创新性的意见。无论是野外调查还是室内样品分析及数据处理,项目组成员都能相互帮助,合作完成科研任务。

2018年暑期,6位学生组建了北京地区森林疗养项目调查与宣传小组,并就北京地区森林疗养项目和条件进行调查,实地调研了百望山森林公园、西山和八达岭国家森林公园的森林疗养环境因子及森林疗养发展模式(图4)。调研后同学们一致认为:"森林疗养关注人和森林的健康,是践行党的十九大生态文明绿色发展的民生福祉事业,也是实现习近平总书记'绿水青山就是金山银山'的理念,同时也是促进国有林场改革和国家公园改革的产业发展模式。通过开展森林疗养实践活动,可为森林疗养产业的可持续发展探路子,引导人们更好地享受森林福祉,提高身心健康水平,助推生态文明建设。"

(a)　　　　　　　　　　　　　(b)

图4　北京地区森林疗养调研

2019年暑期,8位学生组建"蜀林间"暑期实践队,实地考察四川玉屏山的森林康养资源与发展条件(图5)。"蜀林间"暑期实践队在实践过程中关注森林的美,探索林间的优良森林疗养资源,推广森林疗养这种兼顾改善生态与改善民生的最佳休憩方式。通过在龙泉驿和玉屏山等地的探访和体验,使学生们更加全面、系统地了解到四川森林康养的经营模式和相关内容:当学生们走过柳杉大道,白天能看到阳光透过树枝照射下来的光影,夜晚能看到满天的繁星;当学生们躺在林间大道上,听着森林瑜伽的音乐,放空自己;当学生们走进林边小屋,品上一杯清香四溢的白茶……这么多个瞬间,令学生们平静而又愉悦。本次实践活动,让每位同学对森林疗养产业都有了更直观的认知和新的思考,加深了对森林疗养的理解,同时也提升了个人素质及团队协作能力,使他们的身心都得到了锻炼。

四、课程展望

"森林疗养"课程自2016年开始成为城市林业专业选修课和全校公共选修课,力求将课程建设成既遵循大学生教育的普遍性,又突出林学教育的特殊性,且知识性与实践性并重、专业复合与先进技术并重的特色课程。学生能掌握课程相关基础知识,了解前沿理论和研究进展,提高了参与课堂讨论的积极性;学会查阅资料、动手操作、分析案例、运用案例,从而切实提高了学生分析和解决问题的能力。今后"森林疗养"课程还需进一步优化,具体内容为:①以"知识性与实践性并重"为课程建设导向,优化教学大纲与课程内容,精炼知

图5 "蜀林间"暑期实践队调研

识点、丰富实践类教学课时;②以"专业复合与先进技术并重"为课程建设内容,突出课程前沿性知识,扩大交叉学科知识面,增强交叉学科理论间的衔接和融合;③大力拓展多途径多样化授课模式,邀请领域内知名学者专家进行授课,鼓励和引导以学生为主导的专题汇报、案例分析等教学方式,促进教学与实践有机融合;④丰富完善课程教学资源,建立用于森林疗养课程教学必需的基本学习影像和可视化多媒体等多元化资料库。巩固"森林疗养"的基本理论与技术,重新认识和协调人与森林的关系,认识森林的生态功能与医学价值及其在生态文明建设中的作用,使学生能在未来的工作中将自己的专业与林业结合起来,为完成相关专业的工作,促进林业事业的发展奠定基础。

参考文献

[1] Bratman G N, Hamilton J P, Daily G C. The impacts of nature experience on human cognitive function and mental health[J]. Landscape and Urban Planning, 2015, 138: 41-50.

[2] Hartig T, Evans G W, Jamner L D, et al. Tracking restoration in natural and urban field settings[J]. Journal of Environmental Psychology, 2003, 23: 109-123.

[3] Park B J, Tsunetsugu Y, Kasetamni T, et al. The physiological effects of shinrin-yoku (taking in the forest atmosphere or forest bathing): evidence from field experiments in 24 forests across Japan[J]. Environmental Health and Preventive Medicine, 2010, 15: 18-26.

[4] Meyer K, Bürger-Arndt R. How forests foster human health-present state of research-based knowledge in the field of forests and human health[J]. International Forestry Review, 2014, 16(4): 421-446.

[5] Nilsson K, Sangster M, Gallis C, et al. Forests, Trees and Human Health [M]. Springer, Dordrecht, Holland, 2011.

[6] 王华荣. 案例教学:以案例教学推动大学课堂教学模式改革的实践与探索[J]. 中国大学教学, 2011, 4: 62-64.

[7] 王玉丽, 梁继业. 案例教学在大学教育中的重要作用[J]. 教育教学研究, 2019, 1: 11-12.

Research on strategies to improve the teaching effect of *Forest Therapy*

Cheng Xiaoqin　Jiang Chao　Han Hairong

(School of Ecology and Nature Conservation, Beijing Forestry University, Beijing　100083)

Abstract　The vigorous rise of forest therapy will become a new form and direction of forestry development, which has a very broad development prospect. According to the theoretical characteristics and practical needs of *Forest Therapy*, combined with the teaching experience in recent years, this paper introduces the main contents, methods and ways of developing the *Forest Therapy*, from the angles of teaching contents, teaching methods and teaching effects. Based on the past teaching experience, in order to give full play to the characteristics of *Forest Therapy*, this paper puts forward four thoughts on strengthening the construction of *Forest Therapy*, in order to provide reference for the reform of *Forest Therapy*.

Keywords　*Forest Therapy*, teaching method, teaching quality

暑期国际课程的教学探索与实践

——以"风景园林与当代城市化"课程为例

张晋石

(北京林业大学园林学院,北京 100083)

摘要:暑期国际课程是提高本科人才培养质量、增强高校国际竞争力的重要途径。本文在充分判读与理解暑期国际课程建设的必要性、创新性与系统性的基础上,以北京林业大学园林学院"风景园林与当代城市化"课程为例,对课程组织管理、主讲教师选聘、教学内容设计、课堂教学过程等环节进行总结,以期构建内容完整、特色鲜明的暑期国际课程,推进暑期国际课程教学方法与教学内容的改革与创新,为培养国际化创新型人才服务。

关键词:暑期国际课程;一流课程;课程建设;风景园林;城市化

2018年开始,北京林业大学开始设立暑期学期。2018年和2019年开设的暑期课程中,外籍教师主讲的全英文课程50余门,约占暑期所有课程的半数。开设暑期国际课程,是提高本科人才培养质量、增强高校国际竞争力的重要途径,是推进办学国际化进程、开拓国际视野、促进学术交流、深化开放办学理念的重要举措,在完善人才培养体系、丰富全英文课程、加强实践教学、为学生提供多元化选择等方面,发挥了较大作用。暑期国际课程实行全英文授课,学生有机会聆听国内外高水平教师授课,让学生体验世界一流教师资源的教学方法和学科前沿内容,也为广大教师提供一个全新的学习交流平台,推动教师创新教学方式方法,加强国际化教学合作。暑期国际课程还将扩大学校国际影响,对吸引更多国际知名院校与我校展开合作起到积极作用。

一、暑期国际课程的建设特征

(一)暑期国际课程的必要性

为实现我国从高等教育大国到高等教育强国的历史性跨越,2015年11月,国务院印发《统筹推进世界一流大学和一流学科建设总体方案》,提出建设世界一流大学和一流学科的目标。《统筹推进世界一流大学和一流学科建设总体方案》发布以来,教育部等相关部门又制定和发布了多份政策文件,如《关于加快建设高水平本科教育全面提高人才培养能力的意见》(2018)、《关于实施一流本科专业建设"双万计划"的通知》(2019)、《关于深化本科教育教学改革全面提高人才培养质量的意见》(2019)、《关于一流本科课程建设的实施意见》(2019)等,显示了我国推进构建一流学科建设、一流本科教育、一流专业建设以及一流课程建设等完整的高水平人才培养体系的发展趋向和建设路径。

人才培养国际化是衡量一所大学国际竞争力和社会贡献力的重要标志,具有国际一流知识结

作者简介:张晋石,北京市海淀区清华东路35号北京林业大学园林学院,副教授,zhangjinshi@bjfu.edu.cn。
资助项目:基于研究性思维培养的第六学期园林综合STUDIO课程教学改革与实践(BJFU2017JY011);
　　　　北京林业大学教育教学研究项目"风景园林新工科高层次人才培养模式探索与实践"
　　　　(BJFU2018JYZD003)。

构、拥有国际视野和国际化能力的"国际化人才"能在全球化竞争中更好地把握机遇并争取主动权。暑期国际课程通过引入一流国际教育师资,是推进高等教育国际化的一个重要步骤,为高校的国际化建设打下了坚实基础,从而推动一流本科课程、一流专业、一流学科的建设。

(二)暑期国际课程的创新性

暑期国际课程是适应高等教育国际化要求的一种创新性教学形式,可以实现与国际教学资源的对接和交流、拓展本科生的国际视野,提升本科人才培养质量。相比于春秋两季常规学期的课程,我校的暑期国际课程在授课时间、课程内容、教学方法、授课语言等方面均为课程的创新提供了充分的条件。①集中的教学时间:考虑到本科生的实习安排、课程内容的特点和外聘教师的日程,暑期学期是在一个统一的时间框架内(2周),由任课教师团队确定课程的具体开设时间,教学节奏较为集中紧凑。②前沿的教学内容:暑期国际课程的特色在于其国际性和前沿性。在立足于本校优秀课程资源的基础上,设置前沿的课程内容,向新兴领域和交叉领域拓展,加强学科之间的交叉、融合,可以让学生从前沿的视角审视原有知识,更好地培养高水平创新型人才。③多样的教学方法:外聘教师来自世界不同高校,在教学方法和教学手段上具有多样性,教与学的互动广泛而深入,不同的教学思路和教学模式也启发了教学改革的思路。④全英文的授课语言:国际课程采用全英文授课的方式,学生既可以学到专业课知识也能提高外语水平。

(三)暑期国际课程的系统性

在暑期时间,大学开放其教育资源,开设不在教学计划之内的选修课程,在此背景下,开展学生选课、课堂管理、成绩考核、教学评估、学分认定等环节,都有专门的管理办法,使得课程管理系统有序。此外,暑期国际课程也是专业课程体系中的一个节点,具有自己的特色及优势,并可以充分体现多样化和选择性。在本校课程体系的基础上,有针对性、有目的地开展国际课程的设置,组织好优质的国际课程资源,可以与原课程体系相互支持和协调,更好地确保一流专业、一流课程的高水平可持续运作,更有效地实施高等教育国际化战略。

二、"风景园林与当代城市化"的教学探索

为持续推进风景园林学一流学科建设、构建城乡人居生态环境交叉学科,2018—2019年,园林学院共推出5门暑期国际课程。"风景园林与当代城市化"是2019年暑期笔者与宾夕法尼亚大学设计学院风景园林系教授大卫·古弗尼尔(David Gouverneur)合作开设的一门风景园林学科的暑期国际课程,共计32学时,课程学分为2学分,由来自风景园林、园林、城乡规划3个专业的本科三、四年级等共计34名同学共同参与,授课语言为英文。教师团队带领同学,探讨城市景观框架的理论,课程每天安排不同主题,结合理论讲授、案例分析、讨论和适量的设计练习(图1)。在教学实践的各环节,任课教师积极尝试,在教学模式、课程内容和教学过程等方面进行了诸多探索与创新。

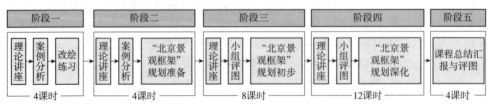

图1 《风景园林与当代城市化》课程教学阶段

(一)教学模式创新:中外教师合作教学

师资是教学质量的保证,在教师选聘环节上,应充分体现暑期课程的国际性和前沿性,

以开拓的国际视野、敏锐的洞悉力，聘请有国际影响力、学术水平高、教学经验丰富的知名教授，在给课程教学带来新鲜知识的同时，也能更加激发学生的积极性。

笔者一直讲授风景园林和园林专业的专业核心课程及相关课程，也曾在宾夕法尼亚大学做访问学者，对我校常规教学内容具有深入的把握，对美国同专业的教学师资、方式和内容也有一定程度的了解。宾夕法尼亚大学设计学院一直处于风景园林教育领域领先地位，在"生态设计""景观都市主义"等理论创造和实践推动方面具有全球影响。大卫·古弗尼尔教授在风景园林系及城市规划系讲授风景园林与城市设计方面课程。30多年来，凭借着前沿的研究方向、跨学科的教学模式和充沛的教学热情成为宾大最受欢迎的"必选"教授之一。

在教学准备和教学过程中，中外教师进行充分沟通，结合"校情、学情"共同制定教学大纲，确定教学内容和时间安排，就教学内容进行分工。通过共同联合授课（图2），加强中外教师之间、教师与学生之间的交流与了解，更好地实现了暑期国际课程的教学目标。

图2 "风景园林与当代城市化"中外教师合作授课（全英文）

（二）教学内容创新： 国际前沿理论与中国问题相融合

随着我国经济发展进入"新常态"，我国城市发展所面临的挑战如城市双修、公共空间更新、社区营建等也日益多元化，这些内容成为风景园林学科研究和实践的前沿领域。基于此，风景园林学科专业教学的发展在延续传统设计教学内容和方法的同时，逐渐向"利用前沿理论和技术应对现代化挑战"深入探索，成为促进学科发展、培养高质量人才的重要一面。

城市化带来的诸多问题也是国际风景园林行业的研究热点领域，产生的前沿理论成果多聚焦城市公共空间、生态、社会、基础设施、经济、形态等方面。"风景园林与当代城市化"课程本着"全球视野，本土行动"的准则，以国际前沿的理论、原则和专业实践该如何适应本土文化背景为主要思考起点，将前沿理论与中国问题进行融合，提高学生对城市公共空间的认识。北京的城市化进程在中国具有典型性和示范性，通过中外教师的协商，确定将北京作为课程的研究地块，把首都发展战略背景下如何构建"北京景观框架"作为课程研究成果目标，旨在结合前沿理论讲授、案例分析和设计练习帮助同学们更好地理解掌握课程内容。

（三）教学方法创新：多种方法引导学生投入教学过程

教学过程不是向学生简单地移植信息，课程教学采用比单纯讲授理论更为丰富的教学方法，让学生把所学课程内容跟已有知识关联起来、整合起来，才能使学生更好地掌握最新知识、激发研究兴趣、产生创新意识、具备创新能力。具体来说，《风景园林与当代城市化》在教学方法上采用了3个"相结合"：理论讲授和案例教学相结合、接受学习与发现学习相结合、双向互动与多向互动相结合(图3)。

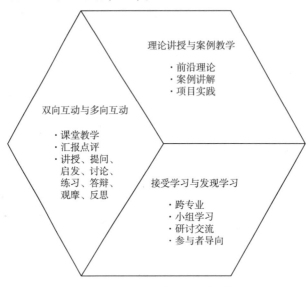

图3　多种方法引导学生投入教学过程

1. 理论讲授和案例教学相结合

理论讲授有利于学生在较短时间内掌握较多的学科前沿知识，通过确定学生必须掌握的知识内容或能力，按照一定的逻辑路线，强化讲授环节，将前沿理论和最新实践案例列入课程的主要内容。理论内容包括：可持续城市的定义，"城市景观框架"的原则、表现及构建，城市景观框架的系统形态和本土化构建，等等；案例部分以纽约、波士顿、威尼斯、北京等城市为例，作为理论讲授重要的实例支撑。教学形式采取讲授式、提问式、讨论式、启发式、引导式授课，在这个过程中，教师更多地发挥主导作用，将知识要点高效地呈现给学生。

2. 接受学习与发现学习相结合

理论讲授对于学生来说是接受学习，教师团队根据"基于问题和项目的学习理念"，提高和促进学生的发现学习能力。课程以"北京景观框架"为选题，目标是建立北京理想的公共空间框架，但研究的问题和内容具有不确定性和复杂性，也没有现成的答案，这是激发学生的学习积极性和主动性的重要来源，也为学习提供了理论联系实践的空间和情景；置身于具体的情境中，让学生经历一个涉及复杂情境下分析问题、探索解决问题并积累经验的过程。34个学生分成8组，每组都包含有风景园林、园林和城乡规划不同专业背景的学生，形成了跨专业交流，超越了原来以班级为单位的同专业分组而造成的知识局限性；通过小组工作的形式鼓励合作精神，培养学生交流、参与、组织管理和自我管理的能力。

"发现学习"阶段包括两个内容：一是城市速写照片的叙事性改绘，二是"寻找北京的景观框架"。城市照片的叙事性改绘通过拼贴、组合、增减等方式，构建出一条有关城市认知的完整线索，充分训练了学生敏锐的创造力和想象力，让同学们更加理解了城市独特性的含义。"寻找北京的景观框架"贯穿几乎整个课程，在北京市2500km²的面积范围内，按

1∶10000的比例打印卫星地图,并平均分成8份,每份图纸大小为1.25m×2.5m,对应的实际尺度为12.5km×25km,这是一个超大尺度的规划,带给所有同学前所未有的尺度体验,从更宏观的视角来认识和思考城市空间营造的意义。每组同学根据地块特征,从水文及地形、网格及肌理、开放空间及棕地、可达性及机动性、基础设施和生物多样性等方面进行1∶10000的总体分析和景观框架规划。这要求学生既能将新学习的城市设计知识学以致用,又能有效地利用和转化自身的风景园林规划设计技能。这一过程中,教师与同学不断地讨论、绘制、修改,制订了不同的规划概念和规划策略(图4)。

图4 "寻找北京的景观框架":从"接受学习"到"发现学习"

3. 双向互动与多向互动相结合

汇报评图是课程教学的一个重要环节,引入了国内外、校内外的评审嘉宾对学生课程成果进行点评。如果说课堂上体现的是教师与学生之间的双向互动,而汇报评图则体现了教学过程的多向互动。8组规划同学将地图拼接在一起,一幅完整的"北京景观框架"呈现出来。由学院教授、国外教授、政府代表组成的评审嘉宾,一起参与了评图过程。学生首先根据规划成果综合陈述,然后由评审专家提出问题和建议,小组同学对此进行解释、讨论,他组同学也同时反思自己的规划过程和思考问题的方法。这个过程中,突破了课堂上的教师与学生的双向交流,出现了教师、评审专家、本组、他组四方的思想交流与互动,给学生创造了进一步思考和学习的机会(图5)。

三、课程教学初试的思考

暑期国际课程建设是推进高等教育国际化的一个重要战略步骤,可以为高校的国际化建设打下坚实基础。暑期国际课程"风景园林与当代城市化"的教学过程和课程成果整体达到预期,遵循的方法科学有效,带给教师和学生们的是超出课程内容范畴的综合性启示。该课程所采用的教学模式、内容和方法在当代的风景园林教育领域具有一定的示范性和典型性。不过,对于教师本人来说,暑期课程还是首次,在课程内容设计方面也产生一些思

图 3 "北京景观框架"现场评图：从双向互动到多向互动

考，可以进一步完善和加强，希望通过不懈努力，在今后的暑期国际课程中更好地提高教学质量，在最基础的层面促进一流学科的建设。

（一）聚焦学科前沿，引领课程体系优化提升

暑期国际课程的生命力在于它的特色和优势，尤其是国际性和前沿性。国际课程是为培养国际化创新型人才服务的，一流的、前沿的暑期国际课程，会促进教师认真分析自身在专业发展、课程体系、教学实践的优劣势，深化知识体系研究，探索教学运作新模式，并有针对性、有目的地开展专业课程体系的优化和提升，真正达到培养高质量人才的目标。

（二）突出自身特色，提倡教学内容的本土化

面对当前以"全球视野、本土行动"为改革主旨的世界教育发展潮流，暑期国际课程的教学内容设计与研究对象选择上，应该结合我国社会经济发展的实际情况，着力探讨国际前沿的理论和实践在我国本土文化背景下的适应性，解决本土问题，与当地政府或社区合作，搭建更为科学的课程内容，推动暑期国际课程为中国高等教育、经济社会发展服务。

（三）授课内容科学，促进学科课程互相融合

暑期国际课程是达成教学目标的实质性工作，通过精心设计教学内容，对基础知识和前沿理论、经典话题和热点问题、国外经验和国内探索进行科学设置，并融入教学过程中，可以更好地推动学科内部和课程之间的交叉、融合，让学生在拓展学科知识的同时，建立起与其他课程之间联系的桥梁，实现课程协同，从而培养出高水平创新型人才。

四、结 语

暑期课程在我校刚实行两年，但其良好的效果已初现端倪，并展示出极大的潜力。作为一种较新的办学形式，暑期国际课程服务于教育国际化战略，与学科的实际情况结合。构建体系完整、特色鲜明的暑期国际课程体系，可以全面推进教学方法与教学内容的改革，为培养国际化创新型人才服务。

参考文献

[1] 刘献君. 学科交叉是建设世界一流学科的重要途径[J]. 高校教育管理, 2020, 14(1): 1-7, 28.
[2] 李丽匣, 卢冀伟, 孟庆有, 等. 中外高校暑期课程的对比及对国际化课程的启示[J]. 高教学刊, 2019(26): 1-4.
[3] 林杰, 洪晓楠. 论一流学科建设与一流本科教育的耦合整生: 基于学科、课程、专业一体化的视角[J]. 教育科学, 2019, 35(5): 61-66.
[4] 曾颖, 郑晓笛. 生态为基础的教学模式研究: 以美国宾夕法尼亚大学风景园林专业教育为例[J]. 建筑学报, 2017(6): 105-110.
[5] 方守恩, 曹文泽, 谢辉, 等. 推进世界一流大学和一流学科建设的思考与实践[J]. 中国高等教育, 2017(Z1): 18-23.
[6] 洪大用, 旋天颖, 张伟. 开办暑期学校提升教学国际性: 中国人民大学的探索[J]. 中国大学教学, 2010(2): 73-74.

Teaching Exploration and Practice of Summer International Course: Take the course of *Landscape Architecture and Contemporary Urbanization* as an example

Zhang Jinshi

(School of Landscape Architecture, Beijing Forestry University, Beijing 100083)

Abstract Summer international courses are an important way to improve the quality of undergraduate talent training and enhance the international competitiveness of universities. Based on the full interpretation and understanding of the necessity, groundbreaking and systemic nature of the summer international curriculum, this article takes the course "Landscape Architecture and Contemporary Urbanization" as an example, and discusses course organization and management, the selection and recruitment of lecturers, teaching content design, The classroom teaching process and other links are summarized in order to build a summer international course with complete content and distinctive characteristics, comprehensively promote the reform and innovation of summer international curriculum teaching methods and teaching content, and serve to cultivate international and innovative talents.

Keywords summer international courses, first-class courses, course construction, landscape architecture, urbanization

智能制造背景下的"木制品生产工艺学"实践教学改革

何正斌　赵小矛　伊松林　张帆　高俊

（北京林业大学材料科学与技术学院，北京　100083）

摘要：目前实践教学过程中多专注于学生手工操作能力的培养，缺乏对木制品从设计到制造全过程实践能力的培养，学生解决问题的能力有待提升。本教学改革通过智能制造软件和设备的引入，让学生基于软件平台进行木制品加工工艺的设计，将生成的加工代码引入到设备中，进行木制品生产，并在后期对该木制品的企业大规模生产进行工艺设计，重在锻炼学生对木制品工艺过程的设计和管理，而弱化了设备操作等活动，强化了学生对木制品生产过程中工艺设计的把握，学生学习激情和效果都大大提升，可为学生成为具有实践经验的高级技术管理人才奠定基础。

关键词：实践教学；智能制造；教学内容；课程讨论；课程考核

高等教育在各行各业人才培养方面发挥着重要作用，高校培养的学生不仅需要掌握扎实的专业理论知识，还应具备较强的应用理论知识解决问题的能力，进而为解决企业难题做出更大的贡献，推动行业发展。因此，培养学生学活理论知识，并利用所学理论知识解决问题的能力已成为当前本科教育的又一重要课题，也是将我国从"制造大国"变为"制造强国"的主要途径[1]。"木制品生产工艺学"是家具等木制品生产过程中最为重要的专业知识之一，其实践性强，不仅涉及材料、设备和加工工艺，还涉及很多降低生产成本和提高产品质量的法则[2]，是木材科学与工程及家具设计与制造专业学生的必修课程，其培养目标是为企业输送生产管理的高级技术人才，因此，其实践教学环节在培养学生发现并解决问题，以及实践能力的过程中显得尤为重要。目前，很多学者对相关方向的教学改革进行了积极探索，取得了较好的成果[3-6]。但当前的实践教学环节还停留在学生参观生产线或学生基于某加工设备对木制品的某一个工艺环节（如开榫、钻孔和刨平等）进行加工，参观过程中，学生通过对生产线的观看和提问，留下了一些木制品加工过程的印象；在动手制作木制品过程中，由于木制品加工对操作人员的熟练程度要求较高，学生只能粗略加工出一些部件，且安全性较差，这个过程中学生无法实现对木制品生产过程中的全局把握，更不能去发现和解决木制品生产过程中的问题。同时，随着行业的发展，智能制造的逐渐普及，行业对人才的需求发生了重大变化。为了解决现有的不足，培养行业需要的人才，本次教

作者简介：何正斌，北京市海淀区清华东路35号北京林业大学材料科学与技术学院，副教授，hzbbjfu@126.com；
　　　　　赵小矛，北京市海淀区清华东路35号北京林业大学材料科学与技术学院，副教授，zhao_x_m@163.com；
　　　　　伊松林，北京市海淀区清华东路35号北京林业大学材料科学与技术学院，教授，ysonglin@126.com；
　　　　　张　帆，北京市海淀区清华东路35号北京林业大学材料科学与技术学院，教授，zhangfan1976@163.com；
　　　　　高　俊，北京市海淀区清华东路35号北京林业大学材料科学与技术学院，硕士研究生，412514664@qq.com；
资助项目：北京林业大学"科教融合"项目"'生产线设计与改进'实践成果在木制品生产类课程改革中的应用初探"（BJFU2019KJRHJY008）；
　　　　　北京林业大学教育教学研究一般项目"'理论讲解-小组实践-总结创新'参与引导式教学模式的构建及其在家具制造类课程中的应用初探"（BJFU2019JY066）。

学改革将软件和设备应用于实践教学中，学生通过软件进行木制品加工工艺数据库的构建，并借助设备最终加工出精度较高的木制品，让学生经历从木制品设计到加工的全过程，进而让学生将所学的理论知识用于实践中，在实践中培养学生主动发现、分析和解决问题的能力，使学生更能适应行业发展的需求，为企业培养更多真正需要的人才。

一、"木制品生产工艺学"实践教学存在的不足

"木制品生产工艺学"实践教学需要学生根据理论课所学知识，进行木制品设计，并结合材料和设备，将所设计的木制品制造出来，同时基于木制品生产所需注重的原则，得出生产成本低和加工质量好的木制品加工工艺生产线。但由于木制品制造过程涉及的设备危险性较高且加工工艺比较复杂，对学生的操作能力要求较高。现有教学过程中，主要是通过实习参观或根据老师的指导，一步一步操作完成某一个木制品部件的加工，这个过程中学生能够对木制品实际生产过程进行了解且掌握某一个工艺环节（如开榫、钻孔和刨削等），但学生无法真正实现独立自主的设备加工，更无法掌握企业实际生产过程中所需要的从事生产线工艺管理的高级技术人才所具备的技能。现有的教学过程中存在一些不足，具体如下：

（一）教学内容与行业对人才的需求脱节

现有的实践教学过程中，为了提高学生的动手能力，大多是在老师的指导下，学生在设备上对特有的榫卯进行加工，最后以组为单位得到一个木制品或木制品模型（如椅子和柜子）。这个过程中，学生能够完成对木制品模型的基本加工，但受场地和教学时间的限制，以及学生由于缺乏大量的设备操作训练而较缺乏动手能力，学生加工出来的产品不管是加工精度还是完整性都无法达到一个商品的要求。同时，这种培养方式是基于一位操作工人的培养，而行业需要的是从事生产线工艺管理的高级技术人才，需要对特定木制品生产线进行管理和技术指导。所以当前的教学内容无法满足行业的需要，如果采用智能制造软件和设备，将制造难度大的工作交给设备，学生不仅能从整体去把握木制品生产流程，还能将所设计的产品制造出来，更能为他们的工作服务。

（二）教学方式重理论轻实践

现有教学过程中，除开很少的动手实践环节，主要是集中于学生基于所学知识，对所设计的木制品的生产工艺进行设计，列出对应的工艺路线图，老师再针对所设计的流程图进行修改和讲解，可以实现学生对整个生产流程的把握。但由于得到的工艺流程图是基于理论知识得到，脱离实际，学生无法将所设计的木制品按照工艺流程做出来，与企业实际生产有一段距离，实践环节严重不足。

（三）考核过程重结果轻过程

现有的考核过程中主要是通过学生提交的作业，考查学生设计的木制品和其相关的加工工艺流程，给出一个评价。对于制作过程来说，由于场地和时间的限制，学生只能几位同学为一组进行一个部件的加工，无法对每位学生的参与程度进行很好的量化考核，同时，也无法真正考核学生对木制品生产工艺流程的全面掌握情况。

二、"智能制造"在实践类课程教学中的实施

针对工艺类实践课程教学过程中操作设备的危险性较高，以及对学生的动手能力要求高，而学生对设备不熟练，加工效率低、精度低且危险性高的情况，现将智能制造软件和设备用于"木制品生产工艺学"课程实践教学过程中，用智能设备代替学生操作，学生主要专注于工艺和生产线的设计，以及数据库的建立。最后通过设备读取加工信息，将产品制造出来，让学生从设备操作中解放出来，为培养行业的高级管理人才打下基础。

（一）软件和设备的选择

现有的智能制造软件和设备很多，但由于资金和场地等条件限制，无法拥有真正的智能制造软件和设备，本教学改革通过将科研成果（即精雕软件和雕刻机的有机结合，实现实木家具的智能制造）应用到教学改革中，应用现有的条件，通过工艺改进，实现设备自动加工代替学生动手操作，解决学生操作技术不熟练的劣势。

（二）实践教学改革实施过程

为了实现学生在有限的学时内，完成木制品的设计和制造，最终得到市场上消费者能够接受的产品，教学过程包括：①老师采用案例引导式，以一个木制品的制造过程为例进行讲解，结合雕刻机和精雕软件，让学生掌握软件在构建木制品制造工艺数据库中的应用过程，然后以视频的方式向学生展示设备的操作过程，让学生基本掌握智能制造过程中加工数据库的建立和设备的运行；②学生基于已有的木制品结构和材料知识，完成木制品的造型和结构设计过程，使所设计的结构适合雕刻机加工；③学生基于精雕软件平台，在老师的指导下，完成能够在雕刻机上制造的加工程序，以及工艺流程图和工艺卡；④采用已有的夹具和设备，并将待加工部件的毛料放置在雕刻机上，通过调用加工程序，学生对零部件进行摆放，完成零部件的加工。

具体流程图如图1所示：学生设计木制品—得到零件图—基于软件设计加工路径并得到加工工艺—生成设备能识别的加工代码—学生根据工艺卡和加工代码在设备上对原材料进行加工—得到最后的零部件产品。

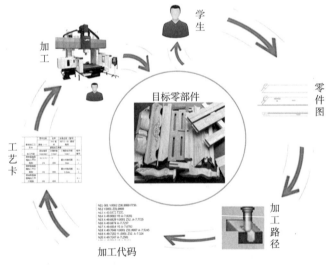

图1　木制品加工流程图

（三）课程的讨论

当学生通过设备完成所设计木制品的加工后，依次完成讨论。①总结分析，同学们分享实践中遇到的问题和解决办法，通过同学们互相讨论，共同找出共性的问题和解决方案；②方案改进，每位同学根据加工出来的木制品质量，去探讨木制品结构设计对加工过程的影响，加工工艺数据库的改进方案，以及如何从设计到制造的全局把握；③方案提升，由于本实践教学环节采用的设备和软件均在企业应用，且设计的木制品也是按照实际木制品大小生产出来的，所以最后让学生基于所学知识，从降低生产成本和提高产品质量的角度，去设计一条年产10万件此类木制品的生产线，给出所需要的设备、人工、材料，以及厂房的规划和工艺规程等。

(四)课程的考核

本次考核主要是过程考核,不仅关注学生最后生产出来的产品质量,还关注学生从木制品设计、原材料的选择、加工工艺的设计,以及后期生产线的设计结果,主要是考核学生对木制品生产过程全局把握情况,对是否成为高级技术管理人才而不是对某个局部的把握进行考核,引导学生从技术管理的层面去进行木制品的设计和加工。

三、结　语

针对现有实践教学中学生走马观花的参观或对某个木制品零部件的手工加工过程中学生无法真正全面了解木制品的制造过程等情况,以及设备安全性低、对学生手工操作能力要求较高导致的学生参与程度低等缺点,本次教学改革将智能制造科研成果引入到实践教学改革中,以价格低廉、容易获取且占地面积小的雕刻机为加工设备,结合精雕软件,让学生基于软件平台构建木制品加工代码,并采用雕刻机实现精确制造,学生将自己设计的木制品变成了加工精度非常高的产品。这个过程中,重在锻炼学生对木制品工艺过程的设计,而弱化了设备操作等活动。本次教学改革的改革效果有:①让学生基于软件进行木制品生产工艺的构建,学生能够对理论课学到的木质材料、木制品结构和加工工艺进行实践,并学习到设备能够加工的加工工艺,完成了从设计到制造的整个工艺流程的训练;②用智能化设备代替人工操作,削弱了对学生实际操作能力的依赖,使学生的更多精力用于木制品加工工艺的设计;③用设备代替人工操作,学生只需在停机状态下放置待加工部件,安全性大大提高;④设计的木制品按照市场上的产品进行设计和制作,学生的参与程度和学习激情大大提高,且在整个过程中更善于去发现问题和解决问题,同时通过全过程的训练,学生的全局思维进一步提升;⑤基于软件和设备的课程训练,更有利于为企业输送生产管理的高级技术人才而不是简简单单的操作工人,符合智能制造背景下的要求。总之,本教学实践弱化了学生操作设备的要求,强化了学生对木制品生产过程中工艺设计的把握,能为学生成为具有实践经验的高级技术管理人才奠定基础。

参考文献

[1] 刘学莘,林巧佳,宋魁彦.农林院校家具制造工艺学校内实践教学方法探究[J].吉林农业,2011(12):292-293.

[2] 何正斌,伊松林,赵小矛,等.参与引导式教学模式在"木制品生产工艺学"课程教学中的实践探索[J].中国林业教育,2020,38(1):40-45.

[3] 何正斌,伊松林,赵小矛.以企业需求为导向的"木制品生产工艺学"实践教学改革[J].家具,2018,39(3):74-76,94.

[4] 李宁.木制品生产工艺学课程教学改革方法探究[J].长江丛刊,2016(15):143-144.

[5] 官冬玲.《木制品装饰工艺》课程教学改革[J].湖南农机,2013,40(5):194-195.

[6] 杨琳,刘洪海,徐伟,等.木家具制造工艺学课程教学探讨与改革[J].轻工科技,2015,31(11):163-164,167.

Wood Products Manufacturing Technology Practical Teaching Reform under the Background of Intelligent Manufacturing

He Zhengbin Zhao Xiaomao Yi Songlin Gao Jun

(College of Materials Science and Technology, Beijing Forestry University, Beijing 100083)

Abstract At present, the practice teaching mainly focuses on the cultivation of students' manual operation ability, while the cultivation of students' practical ability from wood products designing to manufacturing, and the problem-solving ability needs to be improved. The intelligent manufacturing software and equipment were used in this teaching reform, and the wood manufacturing technology and manufacturing codes were designed based on the software, then wood products were manufactured by the intelligent equipment based on the manufacturing codes. Finally, the manufacturing technology that could be applied in the enterprise for mass production was achieved. This teaching reform mainly focused on training students for wood process design and management, and the equipment operation process was reduced. The students learning enthusiasm and effect were improved by this teaching reform, and this teaching reform could help students lay the foundation to be a senior technical management.

Keywords practical teaching, intelligent manufacturing, teaching content, curriculum discussion, curriculum assessment

新文科建设背景下英语专业人才培养方案的重构

南宫梅芳　　史宝辉　　姚晓东

（北京林业大学外语学院，北京　100083）

摘要：2019年，教育部提出"新文科"建设任务，这对于英语专业来说，既是挑战，也是机遇。我校英语专业在"新文科"和一流专业建设的目标指引下，对本科人才培养方案进行了全面重构，将人才培养与国家发展的需求相结合，教学内容与专业前沿相结合，制定了两个基础、两个体系、两项拔尖的全方位改革目标，旨在构建符合时代需求的集语言能力培养、知识体系建构、思想道德教育于一体的复合型人才培养方案。

关键词：新文科；国家标准；英语专业；培养方案

自2018年开始，教育部大力强调本科教育，陈宝生部长多次强调本科教育在国家发展战略中的重要位置。2018年5月24日，在北京召开的"2018年教育部产学合作协同育人项目对接会"上，教育部高等教育司司长吴岩指出："眼下，高等教育创新发展势在必行，要全面推'新工科、新医科、新农科、新文科'等建设，推出'卓越拔尖计划'2.0版，形成覆盖全部学科门类的中国特色、世界水平的一流本科专业集群，为2035年建成高等教育强国、实现中国教育现代化提供有力支撑。""新文科"这一理念最早是美国希拉姆学院在2017年提出的，将新技术融入到哲学、语言、文学等课程当中，给学生以综合性的教学。我国的高校"新文科"建设，有两个侧重点：一是"新"，二是"文科"。所谓"新"，是在新的形势下、新的时代背景下，采用新技术、新理念对教育进行改革。"文科"则强调的是大的学科背景，着重指出学科的交叉，成为大文科[1]。

建设新文科，培养"一精多会""一专多能"的国际化复合型人才，首先要淘汰"水课"、打造"金课"，要提高课程的高阶性、创新性和挑战度。同时加强英语专业内涵建设以及与其他相关学科专业的交叉融合。国家在新时代的需要和要求既是对我们专业建设的挑战，也是本科专业教育改革的大机遇。在此国家战略和专业标准的大背景和要求框架下，我们在认真调研、分析的基础上，结合我校、我院和本专业学生特色，在历年持续的教学研究和改革基础上，于2019年对我校英语专业人才培养方案进行了大规模全方位的调整，注重将人才培养与国家发展的需求相结合，教学内容与专业前沿相结合，制定了两个基础、两个体系、两项拔尖的改革目标，旨在构建符合时代需求的集语言能力、知识体系、思想道德教育于一体的复合型人才培养方案。

一、专业要求——语言训练与专业素质相结合的两个基础

坚持两个基础：即培养学生的语言能力基础以及外国语言、外国文学和文化等专业知

作者简介：南宫梅芳，北京市海淀区清华东路35号北京林业大学外语学院，教授，mf_nangong@bjfu.edu.cn；
　　　　　史宝辉，北京市海淀区清华东路35号北京林业大学外语学院，教授，baohuishi@163.com；
　　　　　姚晓东，北京市海淀区清华东路35号北京林业大学外语学院，教授，yaoxdd@126.com。
资助项目："英语专业文学文化类系列特色课程建设"（BJFU2020MS007）。

识基础,这两个基础可以说是英语专业的立身之本。以"人"为中心,是文科的最大特点。新文科不是对传统文科的否定和彻底颠覆,而是在传统文科基础上的拓展和深化。英语专业的国家标准首先要求"培养具有良好的综合素质,扎实的外语基本功和专业知识与能力,掌握相关专业知识。"那么对学生个人能力和素质的培养就是其他一切目标的基础。在制订培养方案之前,我们首先对北京外国语大学、北京师范大学、清华大学等一流学校和南京林业大学、浙江农林大学等兄弟院校的英语专业人才培养方案进行了调研。5份培养方案无一例外都非常重视专业听说读写译等基础课和语言学、文学文化等传统课程,尤其是大一学生的基础课几乎占到专业课程的100%。虽然课程名称略有不同,但对学生语言能力的重视是显而易见的。英美文学、语言学也是各校都开设的专业课程,当然,这些课程也是国家标准要求的必修课程。

但是,这些基础课究竟应该什么时候开设,开设多少学期、多少学时,5份培养方案给出了不同的答案:北京外国语大学、北京师范大学、清华大学的基础课比例明显小于南京林业大学、浙江农林大学。针对这个问题,我们对本校本专业学生进行了全覆盖的问卷调查,以深入了解本专业学生对目前正在使用的2015版培养方案和相关课程设置的感受。调查涉及英语专业4个年级,全部近200位同学。反馈总结如下:

(1)有些专业课程,例如语言学类课程开课较少,还可以增加扩展课程,以适应进一步深造的需要。

(2)高年级的技能类(即听说读写等)课程收效较小,上课缺勤现象较多。

(3)有些选修课难度太小,获得感和成就感较小。

针对这一反馈,我们认真研究了2015版的培养方案,得出以下结论:

(1)该培养方案特点是注重学生语言技能和专业基础的培养,因此在学生语言技能和专业基础知识等类课程的设置上给予了较多的倾斜:开课时间长,课时较多。其优势是强化学生的语言技能与专业基础。

(2)随着学生入校时英语平均水平的不断提高,也出现了明显的问题,主要包括:①必修的语言技能课占用学生大量时间;②专业课主题不够突出,课时相对较少,尤其是缺少提高学生学术和科研能力的课程;③选修课中的应试类(64学时)和商务类课程(192学时)与师生学术科研结合不够。

结合国家标准要求,在认真听取了每位老师的建议和意见后,我们认为技能课要有内容、有内涵,将技能训练融入深刻的文化内涵和专业知识内涵。因此,新版培养方案压缩了单纯的技能课课时,将高年级的技能训练融入专业课教学,主要做出如下改变(见表1)。

表1 新版培养方案的具体改变

课程	原开课学期数/学期	原开课学时数/学时	改革方案	新计划学时/学时
英语听力	6	192	2学期必修+2学期选修	128
英语口语	4	128	2学期必修+1学期演讲与辩论课	96
阅读、写作	6	256	减少普通读写课,增加学术论文读写	224
翻译(笔译+口译)	6	192	减少普通笔译课,增加文化、文学翻译	192
英国文学	4	128	减少英国文学选读,增加与生态批评相关的课程	128
美国文学	2	64	减少美国文学史与选读,增加小说研究	64

(续)

课程	原开课学期数/学期	原开课学时数/学时	改革方案	新计划学时/学时
普通语言学	1	64	拆分为不同的专题课程	96
商务类课程	3	192	全部取消，建议有需要的学生选修商务英语专业的相关课程	0
测试类课程	2	64	全部取消	0

新培养方案将语言技能类课程中应试类课程全部取消，将本专业教师力所不能及的课程全部取消，对于有这方面需求的学生，鼓励跨专业选修，比如商务类课程。同时，将基础听力、口语和阅读全部压缩到大一；从大二开始，鼓励专业课教师小班上课，要求学生阅读专业材料，同时将听力、口语表达与专业学习相结合，将技能训练与专业知识结合起来，将口语练习和写作训练与专业研究结合起来，使学生言/写之有物、言/写之有据。

二、课程设置——课程思政与学科前沿相结合的两个体系

文科注重教育中个体学习者人文精神的养成，同时也要看到的是，不同历史时期的教育目标不同，对文科的要求和侧重点也各不相同。"人类社会每一次重大跃进，人类文明每一次重大发展，都离不开哲学社会科学的知识变革和思想先导[2]。"而"新文科"的"新"字所彰显的就是新时代的人文精神。在今天这样一个大变革、大发展的时代，更需要有一个宽广的视角，需要将人才培养融入到世界和我国发展的大环境中去。培养"适应我国对外交流、国家与地方经济社会发展、各类涉外行业、外语教育与学术研究需要的各外语语种专业人才和复合型外语人才。"同时也要"根据自身办学实际和人才培养定位，适时进行调整和完善"。培养"具有正确的世界观、人生观和价值观，良好的道德品质，中国情怀和国际视野、社会责任感、人文与科学素养、合作精神、创新精神以及学科基本素养的人才[3]。"

在这个总体战略思路的指导下，我们认为必须在学生专业基础素质教育的基础上，充分发挥我校和我院的优势，服务国家战略的需求。在所调研的上述5所学校中，差别最大的就是专业课程的设置。总体上与该校的生源特点、师资力量和办学理念相关。比如北外和北师大语言学、文学等按不同研究方向开设了超过10门专业课，其他专业性较强的学校开设的语言学、文学课则较少细化。目前我校英语专业师资现有专职教师12人，其中教授5人，副教授5人，讲师2人。主讲基础课的教师4人(与下面的有重合)，语言学方向教师3人，文学方向教师3人，翻译方向教师3人。我们经过认真研究，将这12位老师分为基础课、语言学、文学文化、翻译4个教研团队，每个教研团队由本团队的教授作为团队负责人。以教研团队为单位，细化本团队相关课程计划、编写本团队相关课程的教学大纲，确定考核方式，做到每门课程都是本团队乃至整个专业课程体系中的有机一环，互相配合，相辅相成，无重复，无遗漏。

在此基础上，经过多次研讨论证，在认真研究新文科内涵和国标的基础上，结合我校师资、学生的特点，发扬我校优势，我们为现阶段的专业课教学制定了"两个特色"的课程设置方案，即"中国文化英文说"和"生态文学与生态批评"。前者培养和训练学生用英文讲述中国文化、传播中国文化的能力，后者则紧抓国际学科前沿，结合文学文化相关课程，培养学生在生态批评相关领域的研究素质。

（一）中国文化英文说

从教学和研究内容的角度来看，文科学生是当仁不让的中国文化的传承者和传播者，

对于外语专业来说，后者更为重要。"中国文化英文说"课程体系融合了"中国文化教育""英语话中华"和"课程思政"3个元素。首先是为低年级学生开设专门的中国文化系列课程："中国当代文化英语"和"中国古代文化英语"，一方面给英语专业学生补充中国文化知识，用英文讲授中国古代和现当代文化，弥补传统英语教学对中国文化系统讲授的欠缺，培养学生成为中国文化的传承者。更重要的是，训练学生学会用英语讲述中国故事，以英语为载体进行中华文化的传播，将自己的语言技能转化为传播中国文化的能力。

其次，在全部文化和翻译类课程中融入中英对比环节，起到课程思政的作用。教育部印发的《高等学校课程思政建设指导纲要》中明确指出："文学、历史学、哲学类专业课程要在课程教学中帮助学生掌握马克思主义世界观和方法论，从历史与现实、理论与实践等维度深刻理解习近平新时代中国特色社会主义思想。要结合专业知识教育引导学生深刻理解社会主义核心价值观，自觉弘扬中华优秀传统文化、革命文化、社会主义先进文化[4]。"相关课程包括"西方思想经典导读""英国国家社会与文化""英汉汉英笔译""英汉汉英口译""文化翻译""文学翻译"等课程。在文化类课堂中，为学生讲授和梳理西方文化、文学的同时，注意增补同时期相关的中国文化和文学在这些课程的讲授或习练中，有意识培养学生用英语讲述中国故事的能力；在翻译课堂上，从中国古典文学的翻译到现代中国话语的翻译，利用典型性的教学内容引导学生思考中西文化根源的不同，帮助学生理解中西文化诸方面在根源和发展趋势方面的异同，从而培养批判的视角，客观地看待西方文化发展的特点、优势和局限性。

"中国文化英文说"系列课程从客观上提高了学生的跨文化交际能力，同时又增强了学生传承弘扬中华优秀传统文化的责任感、使命感和"向世界说明中国"的能力。

（二）生态文学与生态批评

从国际上看，很多国家都非常注重外语教育。美国1958年的《国防教育法》首次将外语提高到与数学等科学同等重要的位置，之后在2004年、2006年、2011年多次出台国家层面的语言发展战略计划。日本在2013年发布了《应对全球化的英语教育改革实施计划》。经合组织OECD在2010年发布了《全球化背景下的世界语言——为更好地理解文化而学》。新文科的建设和发展对外语要求为"高等外语教育要主动服务国家战略发展、积极应对新科技革命挑战"。

教育对外开放在反向促进外语教育改革，新文科发展规划也促使我们必须放眼全球。教育和学术研究领域的全球化和国际化趋势已经势不可挡，任何学者、研究者都不可能自说自话、闭门造车，而是必须将专业教育、学科建设与全球大趋势和国际学科前沿结合起来。结合自身特点，我们将自己的特色与生态文明建设这个大战略相结合，在原有的生态文学研究基础上，深化和拓展生态文学与生态批评研究。这不仅是西方文化和文学领域的前沿领域，也符合国家要求和我校的办学特色。新文科的显著特征之一就是融合性。融合就是互动，融合就是创新，融合就是突破。所以，推进新文科建设，就是要着力打破院系专业之间、学科之间、学科与社会之间的壁垒，促进学科的融合发展，这是新文科建设的一个关键。对于我校的英语专业来说，我们在跨学科研究方面进行了较长时间的探索，本专业已经开设"生态文学选读"课程超过5年，出版了相关教材《文学里的生态》（北京大学出版社，2015）。在此基础上，我们利用本校优势平台，在校内举办了两届"生态文明建设中的跨学科研究与教育研讨会"，邀请校内相关领域的专家为我们新课程设置的合理性和可行性进行研究和论证。我们利用我校生态文明建设的丰厚积累，开发外语类人文领域的生态批评课程，提高学生生态文明素养，相关课程包括"英美文学里的生态"（本课程已上线慕课）"文学里的景观""文学里的科学技术""美国环境史"，形成一个在"英国文学""美国文学""文学理论与文学研究"等基础课程之上，集思辨、学术和科研的生态文明课程体系。这些课程相辅相成，不仅引导学生从生态批评的视角重读经典文本，深挖生态思想在经典中的表现方式和基本主题，同时注重培养学生养成把英语文化和英语文学作为学习批评全球生态意识和生态伦理的思考方式。

三、教育成果——学生技能与科研相结合的两项拔尖

正如吴岩在"第四届全国高等学校外语教育改革与发展高端论坛的现场报告"中所强调的，高等外语教育要主动服务国家战略发展、积极应对新科技革命挑战、全面融入高等教育强国建设[5]。新文科教育既面向长线的人才素质，又需要高水平人才的培养。国家标准对此有明确要求：外语类专业学生应具备外语运用能力、文学赏析能力、跨文化交流能力、思辨能力，以及一定的研究能力、创新能力、信息技术应用能力、自主学习能力和实践能力。因此在专业建设过程中，我们既要考虑人才的长线素质教育，同时又着力培养一些具有拔尖水平的学生，起到引领示范作用。同时，此次培养方案的改革力度比较大，又有一批新开课程，需要一些具有示范性的案例作为参考，检验改革的成效，一方面引领更多课程深化改革，另一方面为下一步的修订工作积累更多的依据。我们又制订了两项拔尖的计划，以使改革成果的某些部分具体化。这两项拔尖一是针对课程的拔尖，二是针对学生能力的拔尖。

在学生层面上，与团委和学生社团合作，建设第二课堂，利用各类竞赛等课外活动帮助学生提升语言技能和思辨能力，对学有余力的优秀学生进行拔尖提升，对语言能力强的学生鼓励和辅导他们参加演讲、辩论、写作、阅读等相关竞赛，在语言技能方面彰显实力。对有研究能力的优秀学生早发现早培养，安排教师鼓励和指导学生申报大学生创新项目、撰写科研论文等，学会将专业知识融会贯通，理论与实践相结合，学会发现问题、分析问题和解决问题的研究方法，创作出有思路、有个性、有一定创新点的毕业论文，并鼓励和辅导有潜力的学生在深度学习的基础上尝试发表学术论文。

在课程层面，着力打造一批优质课程。第一阶段主要建设两门在线课程"英语学习导论"和"英美文学里的生态"，目前均已在大学慕课平台上线，其中"英语学习导论"[6]已完成4轮在线开课，"英美文学里的生态"[7]已完成第3轮在线授课，均受到了广大学生的好评，尤其是在疫情期间，为助力在线教学起到了很大作用。同时，我们已经开始进行这两门课程的混合式教学模式探索，希望在下一步的课程建设中，以这两门课程为范例，打造更多的以教研团队为核心的精品课程。

外语教育一直是西方发达国家教育重要的关注点。外语教育要主动服务国家战略的发展。2018年召开的全国教育大会特别指出：要大力培养具有全球视野、通晓国际规则、熟练运用外语、精通中外谈判和沟通的国际化人才，要有针对性地培养"一带一路"等对外战略建设急需的懂外语的各类专业技术和管理人才等。对于这个目标，我们要做的工作还有很多。

四、反思与未来规划

阶段性的成果是继续进步的动力，是下一阶段的新的出发点。新文科这一概念是新时期为了适应国家战略、国际国内形势而提出的对教育的长远目标和要求，对其内涵的理解仍在不断深化和延展。在2019年主题为"高等教育现代化的难题与破解之道"的大学校长论坛上，对外经济贸易大学校长夏文斌认为新文科具有四大元素：一是服务国家战略和地方经济社会发展的需要；二是跨学科的交融和融合；三是高水平的人才培养体系；四是人文

精神的现代传承。对于这些目标元素的实现需要长远的体系化的规划。对于我们个体的学校和学院来说，围绕这些指导方向细化人才培养方案中方方面面的细节是落实新文科大外语任务的基础。对生源情况的细致掌握，对师资力量的不断提升是改革的必要条件；紧扣时代和国家需要，对课程的体系化和特色化设置是新文科改革的必由之路。人才培养方案的改革是一项永远在线的工作，这既是新文科建设的需要，也是英语专业的时代机遇。到目前为止，我们在人才培养方案改革过程中的各项举措已经取得了一些阶段性的成果，主要包括：

（1）两门在线慕课受到广泛欢迎和好评，除了本校和社会学习者外，分别被盐城师范学院和浙江农林大学选中，作为他们学校的学分课程。

（2）本教学团队于2019年被评为校级优秀教学育人团队。

（3）本专业于2019年新增校级教学名师1名，北京市教学名师1名。

（4）本专业学生2019年发表有相当水平的学术论文4篇。

（5）本专业学生2020年新获批国家级大学生创新项目2项，北京市级大学生创新项目1项，校级大学生创新项目2项。

但是，在改革过程中，我们也更清晰地认识到自身的不足，其中最大的问题是对新科技融合还远远不够，这一方面是因为师资力量还有待加强：我们12位专任教师中，有9位在40岁以上，平均年龄超过45岁。有不少教师对不断更新发展的教育科技掌握不够。但更重要的是，固有的知识体系和思想观念还有待继续突破。老教师在教学中的宝贵经验既是一笔丰厚的财富，同时也容易在教学中逐渐形成一些思维定式，在思考问题的时候不太容易突破自己的舒适地带。这一点尤其表现在课程设计、教学模式等方面的新科技融合。为了应对这些问题，我们已经采取了很多措施，以培训的方式加强教师队伍建设，同时，举办国际国内前沿讲座，提升和更新专业课教师的知识体系，结合学科前沿和全球形式及时更新教学内容。

外语既是一门语言，更是一种凝聚了文化和社会核心价值观的载体。熟练掌握一门外语能够赋予习得者走向世界、探索未知的勇气和技能，同时也必然在学习外国语言的过程中，接触到外国社会、文化、价值观、伦理观等人文内核。因此，英语教育绝不仅是语言技能的培养和提升，更是一种人文教育，具有深刻的人文社会科学的学科内涵。因此，办好英语专业，就不仅仅是培养具有高水平听说读写能力的专门人才，而是兼具语言能力和文化思辨与传播能力的复合型人才。培养方案的制订不是终点，而是起点，我们也将在实际的教学工作中不断总结、不断反思，不断修订，与时俱进，提升教师水平、提升教学水平，才能真正培养出符合时代和国家的需要，语言能力和素质过硬的，有特色、有思想的英语专业人才。

参考文献

[1] 习近平. 在哲学社会科学工作座谈会上的讲话[N]. 人民日报，2016-5-19.

[2] 教育部. 外国语言文学类教学质量国家标准[EB/OL]. https：//www.sohu.com/a/227935754_507486.

[3] 教育部. 高等学校课程思政建设指导纲要[EB/OL]. https：//mp.weixin.qq.com/s/X8j7kni_WT9K2tQ8mos-UA.

[4] 吴岩. 识变、应变、求变：新使命、大格局、新文科、大外语[EB/OL]. https：//mp.weixin.qq.com/s/vYjZ7o4AhpNVVQmASaMo2g.

[5] 教育部高等学校外国语言文学类专业教学指导委员会. 普通高等学校本科外国语言文学类专业教学指南[M]. 外语教学与研究出版社，2020.

[6] 张俊宗. 新文科：四个维度的解读[J]. 西北师范大学报(社会科学版)，2019(5)：13-17.

The Reconstruction of English Major Curriculum in the Trend of New Humanities Development

Nangong Meifang   Shi Baohui   Yao Xiaodong

(School of Foreign Languages, Beijing Forestry University, Beijing   100083)

Abstract   Since the Ministry of Education encouraged the development of New Humanities, English Major has been facing both challenges and opportunities. The English Department of BFU has been working on the curriculum of English major hoping to reconstruct it under the guidance of the New Humanities and first-class major requirements. Combining major education with national development strategy, teaching with advanced disciplinary progress, the English Department made a comprehensive plan for curriculum reform with three goals: two foundations, two course systems and two outstandings, in the purpose of construct a curriculum which cultivate students who are advanced in language capabilities, knowledge framework and morality.

Keywords   new humanities, national standard, English major, curriculum

课程思政

"有机化学实验"课程线上教学中思政元素渗透模式的探索及实践

杨悠笛

（北京林业大学理学院，北京 100083）

摘要： "有机化学实验"是高等农林院校林学类、生物类、环境类各专业学生的一门重要必修基础课，具有知识性强、实践性强的特点，与专业背景及日常生活息息相关。如何在线上授课过程中自然地融入思政元素，激发学生"不忘科学报国初心，牢记科技强国使命"的爱国主义情操，成为亟待解决的重要问题。利用启发式教学的方式，改革教学流程，提高参与度，引导学生积极参与课程讨论，能够加深学生对知识的理解认识，并有效提升学生独立思考能力，引导学生自主树立正确的人生观和价值观，守家国情怀初心，承科技报国使命，符合国家科技报国、民族复兴的人才需要。

关键词： 课程思政；有机化学实验；线上教学；启发式教学；教学改革

在疫情期间，我校在保障新冠疫情防控的头等大事的基础上，积极响应教育部"停课不停学"的要求，系统地开展了线上教学活动。这一特殊的大环境，也推动高校老师不断求新求变，提升信息化教学能力，逐步构建沟通性强、参与度高、代入感强的优质线上课堂。但在圆满完成线上教学任务的同时，如何自然而然地在教学设计中融入思政元素，激发学生"不忘科学报国初心，牢记科技强国使命"的爱国主义情操，成为这一阶段教学工作者亟待解决的重要问题[1-3]。

在"有机化学实验"课程线上教学中，如何通过借助线上的形式使学生们完成实验，提高参与度和体验感，是课程设计中的重点；如何在授课过程中渗入思政元素，增强学生的民族自尊心与自信心，激发学生坚定科技报国的信心和为科技强国奋力拼搏的决心，是课程设计中的难点。

一、"有机化学实验"课程概况

（一）"有机化学实验"课程主要内容

有机化学实验课程是一门重要的必修基础课，主要涉及基本有机实验操作、常用仪器性能和使用方法、有机物分离提纯及纯度测定的一般方法、有机合成技能等内容。主要授课对象为高等农林院校林学类、生物类、环境类各专业及工科类非化工专业。课程通过有机化学实验的一般知识，例如：乙酸乙酯的蒸馏、无水乙醇的制备、乙醇的蒸馏与分馏、油脂的提取及折射率的测定、乙酸乙酯的制备、水蒸气蒸馏提取八角茴香油、乙酰苯胺的制备，以及熔点和沸点的测定等部分内容的学习，促使学生掌握有机化学实验的基本操作方法、技能以及实验室安全知识，提高学生独立观察、思考、分析问题的能力，培养动手能力和解决问题的能力，为后续专业课程的学习奠定基础。

（二）"有机化学实验"线上教学特点

1. 授课过程存在较多的教学展示

由于线上课程缺少感性认识，虽在授课前要求学生预习，但学生对相关实验仪器均不

作者简介：杨悠笛，北京市海淀区清华东路35号北京林业大学理学院，讲师，yangyd@bjfu.edu.cn。

了解，缺少基础，在听课时仍然会感到一头雾水，教学效果不佳。因此，在该课程授课过程中，应尽可能多地引入教学展示。在前期准备阶段，广泛搜寻教学素材，寻求现象清晰的实验视频。在实验课之前，教师亦可提前将所需的仪器设备拍摄下来，将关键的实验步骤录制为视频在课上播放，或直接采用直播的方式，将整个实验过程展现在学生眼前，使学生有较为直观的感受，帮助学生加深对较为抽象的知识点的理解，加快知识的接受和掌握。同时辅助线上实验仿真平台，使学生身临其境地了解实验过程，培养其实践实操能力。

2. 课程设计需具有较强的实践性和参与度

在课程设计时，需结合学生线上学习的特点，提供尽可能多的互动设计，在系统讲授实验原理、实验方法的基础上，尽可能地提供如思考题、问答题、小组报告等多种形式的互动方式，提升学生的参与度。在授课阶段，充分调动学生情绪，引导学生参与到实验原理的思考、实验思路的设计、实验过程的理解，以及实验现象的分析各个环节。

3. 课程内容具有较强的可引申性

该课程所学内容贴近生活，且与学生专业结合紧密，涉及物质的合成、分离、提取等多个环节，可从课程内容出发，与学生的专业背景相结合，可引申至生活领域，为思政元素的渗透奠定了基础。

二、"有机化学实验"线上课程设计及思政元素的渗透

（一）"有机化学实验"线上课程前期准备及设计思路

1. 线上资源库的建立

在线上教学准备阶段，教师对前期资料整理过程中不难发现，网上相关内容的资源多且杂乱，往往不能符合该课程的实际要求。因此要求教师以丰富的网络资源为基础，建立起较为完整的素材库[4]，包括学生课前预习、课中辅助、课后复习、实践实操、交流扩展等多个部分，协助学生完成线上学习，加深对知识点的理解和认识。

2. 线上平台的建立

在传统教学活动中，老师的主要教学阵地就是一米见方的三尺讲台，对线上教学平台不甚了解。在疫情期间，教师尝试了腾讯会议、腾讯课堂、企业微信、钉钉、B站、Zoom等多个直播平台，对各平台的优缺点有较为直观的感受。在授课之前，教师需对使用平台进行测试并精简：腾讯课堂具有回放功能，讨论区可实现实时交流；腾讯会议延迟小，参会人员均可共享屏幕，交流更通畅。同时可以辅助使用雨课堂等平台，有效地加强师生沟通。在授课过程中，教师可以打开雨课堂的弹幕功能，引导学生随时通过弹幕表达观点，提升课堂参与度。某个知识点讲完后，教师可通过发送题目的形式，检查学生的学习情况，雨课堂平台能够对答题情况进行实时统计，及时了解学习进度。

3. 课程思政的融合

在线上线下混合式教学的过程中，由于教学渠道更加宽阔，因此对思政元素的渗透也更加有利。在线上教学的过程中，可以在课前给学生提供素材，引导学生将课本上所学知识引申到课外的案例，并以小组汇报的形式，进行细致的讨论。引导学生基于理论知识的学习，能从具体的问题出发，进行理智的分析探讨，表达观点，并以百折不挠、忠诚爱国的杰出科学家为榜样，树立科学报国、科学强国的民族自尊心和自信心。引导学生正确认识自己在时代洪流中的不可替代性，努力为中华民族的伟大复兴献出自己的力量[5]。

（二）"有机化学实验"线上课程思政元素结合点

"有机化学实验"课程与实际生活紧密联系，通过专业知识的讲授，能够充分发挥立德

树人的根本要义，在本课程之中也不乏可以挖掘的思政元素(图1)。

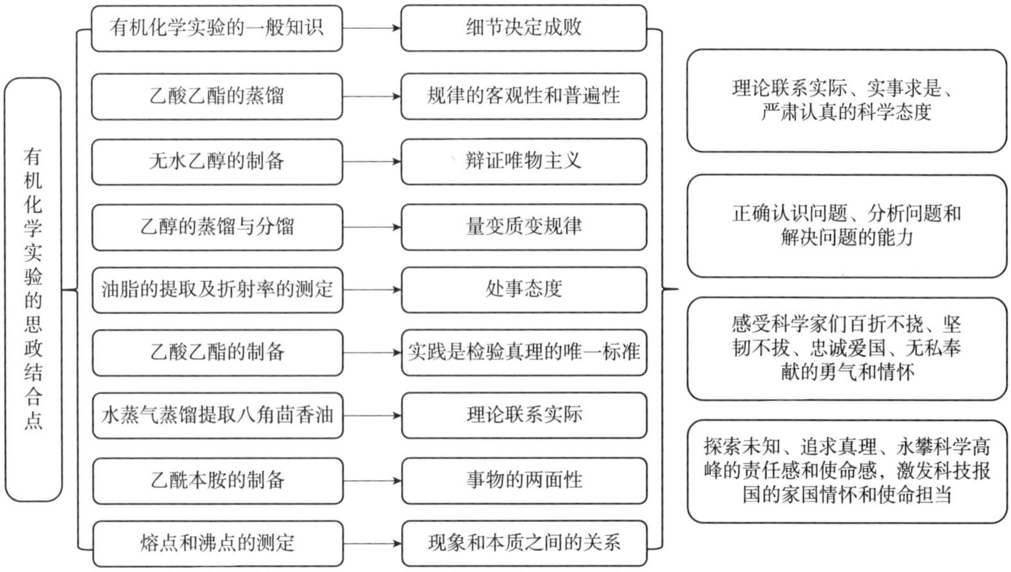

图 1　有机化学实验课程的思政结合点

思政结合点表：
- 有机化学实验的一般知识 → 细节决定成败
- 乙酸乙酯的蒸馏 → 规律的客观性和普遍性
- 无水乙醇的制备 → 辩证唯物主义
- 乙醇的蒸馏与分馏 → 量变质变规律
- 油脂的提取及折射率的测定 → 处事态度
- 乙酸乙酯的制备 → 实践是检验真理的唯一标准
- 水蒸气蒸馏提取八角茴香油 → 理论联系实际
- 乙酰苯胺的制备 → 事物的两面性
- 熔点和沸点的测定 → 现象和本质之间的关系

对应思政目标：
- 理论联系实际、实事求是、严肃认真的科学态度
- 正确认识问题、分析问题和解决问题的能力
- 感受科学家们百折不挠、坚韧不拔、忠诚爱国、无私奉献的勇气和情怀
- 探索未知、追求真理、永攀科学高峰的责任感和使命感，激发科技报国的家国情怀和使命担当

三、"有机化学实验"线上课程中思政元素渗透模式的探索与思考

《论语》中曾记载："不愤不启，不悱不发。举一隅而不以三隅反，则不复也。"启发式教育在于不把知识的结果直接告诉学生，而应该启发学生去思考，帮助学生自己发现和获取知识。启发式教育法能够激发学生学习的主观能动性，引导学生主动思考，经由自己的判断得出答案，从而实现知识的学习，进一步加深认识[6-7]。这种自然而然、水到渠成的方式，在思政元素的渗透过程中，显得尤为重要。由于青少年的心理发展还不够完善，以及其所处年龄的特殊性，青少年会对被强行灌输的思想教育尤为排斥，因此，选取合适的启发式教学方法，能够提升思政教育的有效性，引导学生自主反思，继而自然地在他们心中种下一颗思政的种子，将思想政治素养和高尚的道德情操潜移默化地有效传递给学生。

以"水蒸气蒸馏提取八角茴香油"这一实验为例。该实验旨在引导学生灵活运用水蒸气蒸馏的方法，实现对天然物质中的重要化学组分的高效提取，具有鲜明的北京林业大学学科特色。在授课过程中，首先详细介绍了水蒸气蒸馏操作要点，指导学生通过在线仿真平台进行实验操作，加深学生对该实验方法的认识了解。在有一个直观的感受之后，将学生分为若干小组，进行资料的整理查阅，并交流讨论，加深对天然物质中高值化学品的提取方式的认识，并以小组汇报的形式，向全班同学展示成果。

由于大学生年龄及心理的特殊性，在线上有机化学实验思政课程的设计上，应注意以下几点：

(1) 主动性和创造性相结合：引导学生查阅相关文献，主动整理归纳现阶段天然物质中化学成分提纯的方法，并总结技术瓶颈，引导学生主动查阅前沿文献，寻求攻克技术难题的方法。

(2) 外因与内因相结合：教师作为学生学习的外因，引导学生对提纯技术展开思考，激起学生的求知欲，鼓励学生大胆思考、自主探索，发挥求真的探索精神，养成实事求是、严肃认真的科学态度。

(3) 心理与认知协调发展：在对实验技术发展规律的总结和归纳的过程中，引导学生在巩固知识点、扩宽知识面的基础上，主动探索新技术，感受有机化学实验技术发展与时代发展的密切关系，体现以创新发展为核心的时代精神。此外，在讨论过程中，引导学生在讨论时自发了解在科技和学科的完善过程中，有无数的先行者一路披荆斩棘，为科学研究的发展及生产技术的革新不断地添砖加瓦，感受科学家们百折不挠、坚韧不拔、忠诚爱国、无私奉献的勇气和情怀，增强学生的民族自尊心、自信心，激发学生科学报国的情怀。

四、"有机化学实验"线上课程中思政元素渗透的代表性教学案例

（一）课前预习

课前使用网络教学辅助工具推送预习材料，利用在线精品课程、MOOC等在线课程网站、班级微信群等平台，向学生推送基础性强、可读性强的教学材料（课件、文章、视频、线上课程），引导学生对所需讲授的课程能够初步了解，明确学习的重点和难点。

（二）课堂演示及知识点的讲授

线上教学的过程中，教师可借助雨课堂的弹幕和投稿功能、随机提问等方式，对学生预习情况进行考查，起到前测的作用，从而便于教师把握教学进度，根据学情合理安排授课内容。对学生预习过程中存在较大争议及困惑的重点难点着重讲解。在教学过程中，还要兼顾实验实践类课程对学生动手能力的要求，不能一味地讲授理论知识，需尽可能地提高学生的参与度和实践性，可采用对实验环节直播或录播的方式进行授课，使学生对所学内容有较为直观的认识。如教师可提前录制油料作物提取过程的视频，或借助线上仿真实验室，明确水蒸气蒸馏装置的组成、使用方法、适用条件、注意事项等。

（三）知识的对比和归纳

引导学生基于课内所学知识，查阅天然物质提取技术的相关文献（索氏提取及水蒸气蒸馏），自主概括该实验方法的特点。学生在该环节能够准确地对该实验方法进行归纳整理，进一步加深了知识的学习。此后，引导学生独立、系统、准确地分析实验方法存在的缺陷和不足，在思考和讨论中建立起理论联系实际、实事求是、严肃认真的科学态度（图2）。

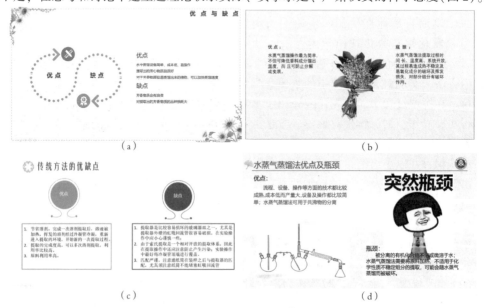

图2 学生对实验方法优缺点的概括总结实例

(四) 联系实际

在对大纲要求的实验方法有深入了解后，引导学生探究在生物原料中高值化学品的提取实验的类似相关操作中，是否能够对实验设计进行改进，以提高提取效率，降低反应能耗，实现绿色清洁、可持续发展的目的(图3)。在该环节中，学生能够自主对玫瑰精油、茶叶中的咖啡因等具体实例进行分析，提出实验改进和优化的解决方法，提高正确认识问题、分析问题和解决问题的能力。

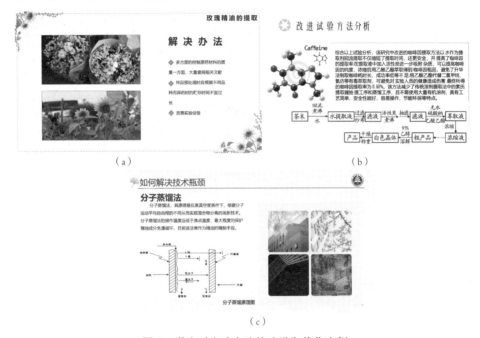

图3　学生对实验方法的改进和优化实例

(五) 升华主题

在对实验方法优化改进的思考过程中，引导学生利用网络资源，了解前沿科技，认识到我国科学发展的现状(图4)。引导学生体会科学发展的一般规律就是不断地在前人的研究基础上，一小步一小步地推进，使学生在该环节中，能够感受科学家们百折不挠、坚韧不拔、忠诚爱国、无私奉献的勇气和情怀，增强学生的民族自尊心、自信心。同时能够认识到，在某些领域中，我国的发展的确和世界发达国家还有一定的距离，以此激发学生科学报国的情怀。

图4　学生对我国及世界发达国家的
实验技术发展现状的总结实例

(六) 发散思维

引导学生基于本专业提出一定的思考：立足于当下，立足于自我，能够做出什么样的努力，在哪些方面能够有进一步的突破。课程不仅致力于培养学生探索未知、追求真理、永攀科学高峰的责任感和使命感，也进一步激发学生科技报国的家国情怀和使命担当。学生从个人专业出发，提出了不同的设想，如环境专业的学生提出在实验技术的发展中，应该注意资源的回收利用，尽可能地提高应用效率，降低能耗，减少污染。通过一系列的教学设计，学生在资料收集、小组讨论、归纳整理的过程中，认识到"科学靠两条腿走路，一是理论,一是实践,有时一条腿在前,有时另一条腿在前,但是只有使用两条腿,才能前进",认识到推动科技的发展和祖国的繁荣,是每个新时代的青年义不容辞的责任和义务(图5)。

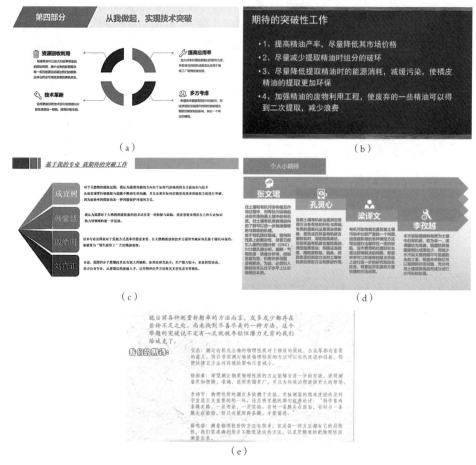

图 5 学生对"从我做起实现突破"的思考和讨论实例

(七)总结讨论

在各小组报告结束后,学生们积极讨论,现场气氛热烈,参与度高。侧面体现出学生对这一形式的思政课程设计接受度较高。

五、结　语

思想政治教育是中国精神文明建设的首要内容,课程思政不仅是思政课的首要任务,也是其他所有专业课应该始终贯彻的教育目标。思政教育的本质,还是在于在思想观念、政治观点、道德规范等方面对被教育者加以有目的、有计划、有组织的影响。其教育目的和受教育人群的特殊性,决定了思政教育的形式必须是自然而然、水到渠成的,一切生硬的灌输和强加的说教,往往都适得其反。

我们常说,教育就是一棵树摇动一棵树,一朵云推动一朵云,一个灵魂唤醒另一个灵魂。在思政教育的设计中,如何"唤醒另一个灵魂"显得更加重要。在教学活动中,需特别注意以下几点:一方面,教师需要将课本上的实验理论方法和实际相结合,引导学生基于所学的知识,独立自主地对学习内容进行归纳,同时调研研究前沿,在小组讨论和汇报的过程中,鼓励学生主动且自然地融入爱国主义、民族自豪感、科教兴国使命感和责任感等思政元素；另一方面，学生能够在教师的引导下，准确地、清晰地表达想法，能立足于本专业，立足于自身，给出客观的评价和期待，能独立思考，不人云亦云，具有思辨能力。引导学生自主地树立正确的人生观和价值观，体会科技报国的家国情怀和民族复兴的使命担当，从而更好地实现教学目的。

参考文献

[1] 胡敏华, 叶文峰, 袁明. 思政在高校有机化学实验课程中的有效性探索[J]. 云南化工, 2019, 46(4): 195-196.
[2] 朱敏. 在有机化学实验中渗透"课程思政"元素的探索与研究[J]. 广州化工, 2019, 47(6): 153-155.
[3] 李长安, 贾双珠. 基于"大思政"的有机化学实验"金课"建设[J]. 云南化工, 2020, 47(6): 192-193.
[4] 李玲玲, 兰泉, 查正根, 等. 有机化学实验线上课程之扬长避短教学设计与实践篇[J]. 大学化学, 2020, 35(5): 263-268.
[5] 赵卫光, 关英. 有机化学实验线上教学对科研素养的培养: 兴趣、"家中实验室"与化学思维培养[J]. 大学化学, 2020, 35(5): 256-262.
[6] 牛海波, 刘会玲, 李育新, 等. 问题启发式教学在应用型高校物理实验教学中的实践[J]. 创新教育研究, 2019, 7(6): 781-785.
[7] 韩洪兴. 问题启发式教学在应用型高校物理实验教学中的实践[J]. 高教学刊, 2020, 27: 84-86, 89.

Exploration and practice of the model of integrating ideological and political elements into the *Organic Chemistry Experiment* online course

Yang Youdi

(College of Science, Beijing Forestry University, Beijing 100083)

Abstract *Organic Chemistry Experiment* is an important required basic course for various majors in agricultural and forestry university, such as Forestry, Biology and Environment Engineering. This course is professional, knowledgeable and practical, which is closely related to the professional background and daily life of the students. How to naturally integrate ideological and political elements into the online course, how to inspire students' patriotic sentiment of "never forget the original intention of serving the country with science and keep in mind the mission of becoming a scientific and technological power", has become an important issue to be solved urgently. Heuristic teaching is used to reform the teaching process and significantly improves the students class participation. The new teaching model encourages students to participate in the class discussion actively. On one hand, it helps students to deepen the understanding of knowledge, and enhance the independent thinking ability, which guides students to set up the correct outlook on life and values. One the other hand, students are subtly influenced by the educational reform of integrating ideological and political elements into the course naturally. The course of *Organic Chemistry Experiment* has guided the students to keep the beginner's mind and serve the country through technological development, which accords with the national demand of cultivating high-quality talents.

Keywords ideological and political education, *Organic Chemistry Experiment*, online education, heuristic teaching, educational reform

"课程思政""新文科"及《中国教育现代化 2035》视野下的高等教育改革

武立红

（北京林业大学外语学院，北京　100083）

摘要：21 世纪，质量是高等教育发展的核心命题，中国教育从重数量转为重质量。近年来，新术语和指导性文件频频出现，如"课程思政""新文科"《中国教育现代化 2035》。本文对于这些新术语和纲领性文件的概念、内容、特点及其彼此之间的异同进行分析比较，并以浙江大学"通专跨"的育人体系改革和北京林业大学在"抗疫"期间远程在线教学变革为例进行阐述，以期为高校教师能够在急速变化的世界中更好地识变、应变、求变，尽早提升自己的职业能力和教学胜任力，为中国培养出更多符合新时代要求的人才。

关键词：课程思政；新文科；《中国教育现代化 2035》；高等教育改革

世界正处在急速变化之中，培养人才的高校不得不变。质量是 21 世纪高等教育发展的核心命题，中国教育从重数量转为重质量，开启了一个新时代。在最近几年，新术语和指导性文件如"课程思政""新文科"《中国教育现代化 2035》（以下简称"2035"）频频出现，指导高校的改革。这些新术语、新纲要具体内容是什么？它们有什么样的特点？它们之间有什么共同点和相融性？高校教师需要及时了解国家对教育的新思想和指导方针，把握好高等教育的发展大势，积极融入高校教育改革的浪潮之中，助力建设一流本科，培养高素质的人才。

一、"课程思政"的概念和特点

什么是"课程思政"？它有什么特点？"课程思政"怎样与专业课结合？如何上好"课程思政"？对于这些问题，很多教师知道了"课程思政"这个新名词，但是具体如何实施，仍不是很清楚，也没有太多的理论和方法的指导。为了落实教委和学校的教学指示，需要首先认真学习教育部网站上"教育评论"和"专题新闻"中与"课程思政"相关的报道，了解"课程思政"的概念和意义，同时也要学习其他高校所进行的"课程思政"，厘清"课程思政"之概念和特点。

2019 年 3 月 27 日，《光明日报》刊登专题报道《围绕立德树人根本任务，探索思政课程与课程思政有机结合》[1]，指出学校思想政治教育工作的开展，课堂是主渠道，课程是重要载体。"课程思政"是一种隐性教育，通过专业课程和专业课堂，将蕴含着思想政治教育的资源讲授给学生，以春风化雨润物无声的方式，实现思想和价值引领。在"课程思政"内容方面，教育部负责人就《关于深化新时代学校思想政治理论课改革创新的若干意见》答记者问时进一步明确了要坚持用习近平新时代中国特色社会主义思想铸魂育人，以政治认同、

作者简介：武立红，北京市海淀区清华东路 35 号北京林业大学外语学院，副教授，wlh0912@126.com。
资助项目：北京林业大学教育教学研究项目"'直播+教育'3.0 时代的教学研究"（BJFU2020JY062）；
　　　　　北京林业大学教育教学研究项目"新形势下英语专业培养方案的重构与建设"（2019JYZD016）。

家国情怀、道德修养、法治意识、文化素养为重点,以爱党、爱国、爱社会主义、爱人民、爱集体为主线[2]。思政课教师如何上好思政课,何磊指出,思政课应当"形质兼美",教师要牢牢抓住教学质量这条生命线,在"实、深、活、美"4个方面下功夫[3]。

2019年4月25日,为大力推动以"课程思政"为目标的课堂教学改革,切实把立德树人的根本任务贯穿到教学全过程,上海中医药大学教授张黎声为上海工程技术大学做了一场专题报告——"专业课程融入思政工作的教学设计理念与方法",报告中指出,指导课程思政工作的深入开展,要将"教师个人无意识的、片段化的、偶发性的思政教学转变为教研室课程文化的、有设计的、系统性的教学行为",以达到育人树人,提升育人质量的目的[4]。张教授特别强调,"课程思政"是"基因植入式"的教学实践,不能生搬硬套,应该让学生自然接受,在学习过程中产生情感共鸣,激发学生的学习内动力,有效促进学习和思政相融合。与此同时,杨华锋[5]、鲁家皓[6]、王炳林[7]、李赛强[8]等教师也指出,要加强"课程思政"建设,实现专业课程与思政工作的交相辉映,关键在于思政教师的积极性、主动性和创造性。高校思政教师必须始终理论联系实际,重视思政课的实践性特征,打通高校思政课堂与社会大课堂的隔阂,引导青年学生关心社会、关注民生,培养学生具有家国情怀、文化自信和社会责任感。

二、"新文科"及其引发的变革

教育部高教司吴岩在"高等学校专业设置与教学指导委员会第一次全体委员会"的讲话中,针对"新文科"指出:"我们一定要让新文科这个翅膀硬起来,中国高等教育飞得才能平衡、飞得高。"[9]由此可以推断,"新文科"的建设将成为今后我国高等教育所要着力推进的核心工作。

"新文科"[10],如何理解这个"新"字的意义与特点?它与传统文科有何差别?"新文科"是2017年由美国希拉姆学院率先提出的,指的是对传统文科进行学科重组,使文理交叉,即把新技术融入哲学、文学、语言等诸如此类的课程中,为学生提供综合性的跨学科学习。随着美国教育的改革,我国的"新文科"建设也很快开始启动了,2018年10月,初现端倪。南开大学中文系教授周志强指出:"'新文科'是一种融合趋势,是对传统的知识精细化、专业化和学科化分布的一次反拨。'新文科'的出现,就是一次新的科学技术与人文话题相融合,用新的科学成绩来研究人文社科领域过去存在的一些话题。尤其是过去放在社会学、精神和思想界来解决的问题,现在可以用科学进行新的解释。"高校人才培养要更多地为科学发展所考虑,因此,高等教育的管理模式亟待改革,打破原有的办学观念,打破专业壁垒,如人文社科内部及其与自然科学之间的壁垒,打破当前高校和科研制度管理行政化的禁锢,这样才能培养出跨学科的科学哲学家、科学思想家等新型人才。近年来,清华大学、中国人民大学、郑州大学等高校出现了人文科学实验班,有高校已开始探索在"新文科"思想指导下的新型学院式教学模式。

"新文科"建设的启动,是一种重大的变革,其影响也是全方位的。如何面对及应对"新文科"带来的挑战,是传统文科建设所要深入思考的问题。"新文科不仅仅是一个学科建设的问题,更是一种方法论;不仅仅是一个简单的新概念,更是一种新理念;不仅仅是对传统文科的外部改革,更是一种文科内部的自我革新。"[11]全球科技创新空前活跃,科技正重塑全球的生产生活。一些新现象、新领域,正有待文科专业去研究、解释;一些新技术、新平台带来的研究方法、研究工具,有待文科专业予以"回应"和互动。人工智能、虚拟现实等技术带来的不仅是"器"的改变,也在带来深层次的社会文化问题。要解决这些问题,需要多学科协同,把社会和技术的最新发展、行业对人才培养的最新要求引入教学过程[12]。

三、《中国教育现代化2035》的重要内容简述

2019年2月,《中国教育现代化2035》[13]印发。中共中央、国务院发出通知,要求各地区各部门结合实际认真贯彻落实。《2035》的内容包括5个部分:战略背景、总体思路、战略任务、实施路径和保障措施。为了推进中国教育的现代化,《2035》特别提出了8个"更加注重",即更加注重以德为先、全面发展、面向人人、终身学习、因材施教、知行合一、融合发展、共建共享。

《2035》聚焦教育发展的突出问题和薄弱环节,立足当前,着眼长远,重点部署了面向教育现代化的"十大战略任务",即:把学习贯彻习近平新时代中国特色社会主义思想作为首要任务,贯穿到教育改革发展全过程,落实到教育现代化各领域各环节;发展中国特色世界先进水平的优质教育;推动各级教育高水平高质量普及;实现基本公共教育服务均等化;构建服务全民的终身学习体系;提升一流人才培养与创新能力;建设高素质专业化创新型教师队伍;加快信息化时代教育变革;开创教育对外开放新格局;推进教育治理体系和治理能力现代化。

对高校教师而言,"十大战略任务"中的第二项任务"发展中国特色世界先进水平的优质教育"尤为重要,其内容丰富,涉及教育改革的全方位和全过程中各种要素,值得认真学习。仔细分析,这条中的内容可以分为7个层次:落实立德树人根本任务,开展理想信念教育,厚植爱国主义情怀;增强综合素质培养;完善教育质量标准体系;建立师资配备、生均拨款、教学设施设备的标准体系;利用现代信息技术丰富并创新课程形式、课程教材体系;创新人才培养方式,推行启发式、探究式、参与式、合作式等教学方式;推进校园文化建设、重视家庭教育和社会教育。

如何实现教育现代化,《2035》明确指出可以分4步:①总体规划,分区推进。国家教育现代化总体规划框架下,各地区教育现代化规划,形成一地一案、分区推进。②细化目标,分步推进。科学设计和进一步细化不同发展阶段、不同规划周期内的教育现代化发展目标和重点任务,有计划有步骤地推进教育现代化。③精准施策,统筹推进。完善区域教育发展协作机制和教育对口支援机制,深入实施东西部协作,不同地区协同推进教育现代化建设。④改革先行,系统推进。充分发挥基层特别是各级各类学校的积极性和创造性,鼓励大胆探索、积极改革创新,形成充满活力、富有效率、更加开放、有利于高质量发展的教育体制机制。

四、"课程思政""新文科"及《2035》之异同

教育兴则国家兴、教育强则国家强,教育是国之大计、党之大计。党的十八大以来,以习近平同志为核心的党中央高度重视教育事业,"为谁培养人,培养什么样的人,怎样培养人",是习近平总书记在北京大学师生座谈会上提出的教育命题。立德树人,思政课是主渠道,其他课程应与思政课同向同行,即进行"课程思政",形成协同效应。

"为谁培养人"涉及教育指导方针和人才培养的目标;"培养什么人"指的是人才培养的质量、人才通过学校的教育获得的能力和达到的水平;"怎样培养人"主要关系到教师、教学计划、教学内容和教学过程。"课程思政""新文科"及《2035》的共同聚焦点都是人才培养、教育质量和教育改革三大主题。思政教育主要关注的是"为谁培养人"和"培养什么人","新文科"解决的是"培养什么人"和"怎样培养人",《2035》更为宏观和抽象,包含了"为谁培养人""培养什么人"和"怎样培养人"的指导方针,它们既有交叉又有所不同。

"课程建设质量是影响高校人才培养的核心要素之一。""课程思政"是高校实施专业课

程有机融入思想政治教育元素的创新教育理念，是落实"立德树人"根本任务的重要载体。"[14]"课程思政"，主要是教师的个体行为，教师可以立即行动起来，在所授课程的教学目标设定、教学思路形成、课程内容选择、教学过程实施中融入思政理念，目的是将立德树人落实到每一门课程教学中。教师在日常的授课过程中，以润物无声的方式引导学生关心社会、关注民生，培养学生具有家国情怀、文化自信和社会责任，最终成为有理想有道德的社会主义建设者和接班人。

"新文科"是一次教育机构的重大变革，是教育体系全方位改革的一次突破。首先，要真正认识"新文科"的内涵和价值，才有可能将其落实到位。"新文科"的实施，需要整个学校的各学院各学科联合行动，打通学院和学科之间的壁垒，学生文理科交叉培养，相互融合，目的是要培养出跨学科的科学语言学家、科学人文学家、科学思想家等新型人才。这需要每个学校管理部门和各学院学科负责人共同商讨，如何从人文教育这一根本问题上来平衡其专业性、工具性与价值性，欲培养什么样的人才，制定系统的方案，在教育理念、学科设置、教学内容、教学方法等各方面明确定位，根据自己学校和学科的特点，研究讨论并调研其可行性，深化认识、凝聚共识，做好顶层设计，最后具体实施。

《2035》是中国第一个以教育现代化为主题的中长期战略规划，较"课程思政""新文科"而言，更具有长期性、全局性、战略性和指导性。《2035》是新时代推进教育现代化、建设教育强国的纲领性文件，它勾画出了未来中国教育发展的蓝图，系统描绘了教育现代化的战略愿景，阐明了教育现代化的战略目标、战略任务和实施路径。

《2035》的战略中包含了"思政"因素和"新文科"的改革思路，它们之间的关系是宏观与局部、抽象与具体、长期与近期的关系。《2035》在其"十大战略任务"中，明确强调了立德树人、理想信念、爱国主义情怀等问题，凸显了"思政入课堂"的重要性。"十大战略任务"中也指出要提升一流人才培养与创新能力，分类建设一批世界一流高等学校，建立完善的高等学校分类发展政策体系，引导高等学校科学定位、特色发展。优化人才培养结构，引导高等学校及时调整学科专业结构。加强创新人才特别是拔尖创新人才的培养，加大应用型、复合型、技术技能型人才培养比重。这正是"新文科"的改革思路，《2035》给予"新文科"战略方面的指导。

然而，《2035》突破了教育机构的范围，要求各级党委把教育改革发展纳入议事日程，协调动员社会各方面的力量推进教育现代化。在财政方面，要求完善教育现代化投入支撑体制，健全保证财政教育投入持续稳定增长的长效机制，完善多渠道教育经费筹措体制，支持和规范社会力量兴办教育。在落实机制方面，要求建立协同规划机制、健全跨部门统筹协调机制，建立教育发展监测评价机制和督导问责机制，全方位协同推进教育现代化。

五、浙江大学的"通专跨"和北京林业大学"抗疫"的在线授课

在全国高校中的教育改革中，浙江大学走在前列，为其他院校提供了很好的案例，将《2035》的指导方针与"课程思政""新文科"改革探索良好地结合，打破了专业壁垒，成为文理融合的典范，同时也是思政入课堂的典范，增强中华民族传统文化的自豪感。浙大校长吴朝晖表示，学校构建了"通专跨"的育人体系，充分发挥学科育人、科研育人、实践育人的作用，塑造协同育人网络生态，培育全面发展的时代新人。当唐诗、宋词遇上数据可视化，它们之间会产生怎样奇妙的"化学反应"？"我有柔情似水，亦有豪情万丈"——大数据勾勒出别具诗情的唐代女诗人群像；"草木皆有情，词即人生"——数以万计的宋词背后是曼妙缱绻的大千世界。浙大让传统文化在数字时代大放异彩，把深厚的文化自信通过网络传播开来。浙大计算机辅助设计与图形学国家重点实验室的理工科学生的数字化产品"数说

唐诗宋词"在新华网首发后成为"爆款",获评2019年教育部"全国高校网络教育优秀作品推选展示活动"三等奖。浙大教育改革为大学生打开了多种可能的天窗,为他们注入了进取的活力。这样的改革也让课程有了独特的观点、有了与众不同的风景,真正培养了一批具有创新思维和跨学科能力的新时代人才[15]。

在抗击新型冠状病毒肺炎期间,北京林业大学全体教师在学校党委的领导下,将《2035》"新文科"和"课程思政"精神体现在具体的行动中,展示了快速的识变、应变、求变。教务处处长黄国华对此在其发给学校教师的微信中进行了很好的阐述:

2020年2月17日星期一,北京林业大学251门次课程顺利在线开课,涉及学生16766人次,大规模在线教学真正落地开花,原本一个平平常常的日子,就这样写入了校史。虽然教室楼前"静悄悄",但线上学习"很热烈",老师们使出百般神通变身网络"主播""大咖",用腾讯课堂、腾讯会议、企业微信、慕课平台、校内网络教学综合平台、课程群等多种方式组织学生按时开课,组织线上授课、在线问答、师生研讨,教学效果良好,广大学生则以"弹幕""献花"等方式为老师们精彩的在线教学点赞。

为了能顺利在线授课,几乎每位老师做了不止一个方案,而且排好了顺序,第一方案、第二方案,直播、录播,实在不行,就用微信音频。一个个方案的背后,是课比天大,是他们对学生的教育尽责。当某"堂"卡掉,某"课"崩掉的时候,学校为老师们提供了"1+3+X"的平台与技术选择,老师自觉明智,为自己的顺利开课准备了至少两到三种方案,并做好了快捷切换的准备。一个伟大的变革就这样实现了,课堂变线上,老师变"网红",方式变灵活;学生学习热情没有变,教书育人初心没有变,教学质量没有变。正如一位老师在微信里所说:"隔离,隔开的是你我的距离,隔不断知识和教育。"大规模在线教学在北林成为了现实,一个浩大的变革就这样实现了。

北京林业大学的远程线上教学的顺利进行,离不开学校领导王洪元书记和安黎哲校长敏锐的判断和及时的决策,要求全校教师早做准备,并多次传达有关材料,给予具体指导。教务处的各位教师,1月26日开始制订延期开学方案,2月1日开始制订本科课程在线教学方案,一遍遍、一份份下达到各个学院,各学院书记和院长具体指导教师实施。同时,教务处以各种方式留下来腾讯公司的几名技术人员,他们从早上7点到深夜12点不断地回答学习远程授课教师们的各种疑问,指导其操作,为远程授课保驾护航。

简言之,《2035》为学校领导层对教育的发展和变革提供了长期性、全局性、战略性和指导性思路。"新文科"是教育体系全方位改革的一次突破,这需要学校管理部门和各学院学科负责人共同商讨,制订系统的方案,根据自己学校和学科的特点,研究讨论并调研其可行性,深化认识、凝聚共识,做好顶层设计,最后具体实施。"课程思政"体现在各位教师教学理念的确立、教学内容的选择和课堂教学过程中。

六、结 语

不远的未来,在《2035》的指导下,融入了"课程思政"和科技之力的"新文科"专业将不断出现,由此将为社会培养更多专业素养高、综合实力强的跨学科人才。高校教师需要识变、应变、求变,要了解当代教师的新使命、新文科、大格局,即对《2035》"新文科""课程思政"等最新改革发展的总体目标、总体思路、总体要求、总体标准、总体措施要学习领会其精神,并积极投身于教育改革之中。教师队伍的能力提升、观念转变是教育改革成功的关键。为党育才、为国育人是教师的初心与使命。各个学校应该及早布局,尽早培养一批适应当前教育改革发展要求的高水平大学教师。同时,每位教师也应该依据自身的兴趣和条件,选择一个交叉学科,尽早开始自学、听课、接受培训,不仅从理论上了解《2035》

"新文科""课程思政"的特点和要求,还要尽早提升自己的职业能力和教学胜任力,培养出更多符合新时代要求的人才。

参考文献

[1] 于向东. 围绕立德树人根本任务,探索思政课程与课程思政有机结合[N]. 光明日报,2019-03-27(6).
[2] 教育部负责人. 就《关于深化新时代学校思想政治理论课改革创新的若干意见》答记者问,努力培养德智体美劳全面发展的社会主义建设者和接班人[N/OL]. 中国教育报,2019-09-6. http://www.moe.gov.cn/jyb_xwfb/s271/201909/t20190906_397938.html.
[3] 何磊. 思政课当"形质兼美"[N/OL]. 人民日报,2019-09-25. http://www.moe.gov.cn/jyb_xwfb/s5148/201909/t20190925_400716.html.
[4] 张黎声. 专业课程融入思政工作的教学设计理念和方法[R/OL]. (2019-04-25). http://www.sues.edu.cn/8c/59/c17463a167001/page.htm.
[5] 杨华锋. 推动高校思想政治理论课改革创新[N/OL]. 光明日报,2019-04-01. http://www.moe.gov.cn/jyb_xwfb/s5148/201904/t20190401_376234.html.
[6] 鲁家皓. 加强"课程思政"建设,实现专业课程与思政工作的交相辉映[R/OL]. (2019-05-29). http://www.stiei.edu.cn/s/1/t/137/92/13/info37395.htm.
[7] 王炳林. 办好思想政治理论课关键在教师[N/OL]. 中国教育报,2019-03-26. http://www.moe.gov.cn/jyb_xwfb/s5148/201903/t20190326_375290.html.
[8] 李赛强. "课程思政"教学设计与实施[Z]. 北京林业大学讲座,2019-11-10.
[9] 吴岩. 在高等学校专业设置与教学指导委员会第一次全体委员会的讲话[Z/OL]. (2019-06-27). http://gjs.njit.edu.cn/info/1064/1599.htm.
[10] 王之康. 新文科:一场学科融合的盛宴[N/OL]. 中国科学报,2019-05-08. http://news.sciencenet.cn/htmlnews/2019/5/425983.shtm.
[11] 马世年. 新文科视野下中文学科的重构与革新[J]. 西北师大学报(社会科学版),2019(9):18-21.
[12] 夏振彬. 新文科:学科融合的未来路向[N/OL]. 广州日报,2019-05-21. http://guancha.gmw.cn/2019-05/21/content_32851307.htm.
[13] 中国教育现代化2035[Z/OL]. https://baike.baidu.com/item/中国教育现代化2035/23303200?fr=aladdin.
[14] 崔永光,韩春侠. 英语专业实施"课程思政"教学改革的可行性分析与实践研究:以专业核心课程"英语精读Ⅲ"为例[J]. 外语教育研究,2019(4):19-24.
[15] 培养什么人、怎样培养人、为谁培养人:高校思政课,浙大这样上[N/OL]. 浙江日报,2019-12-25. http://www.moe.gov.cn/s78/A13/moe_773/201912/t20191230_413998.html.

Higher Education Reform in the Light of Ideological and Political Education, New Liberal Arts and "2035"

Wu Li hong

(School of Foreign Languages, Beijing Forestry University, Beijing 100083)

Abstract In this century, quality is the core proposition of the development of higher education. China's education, switched from the emphasis on quantity to quality, opens a new era. In the past years, new terms and guidance documents frequently appear, such as "Ideological and Political Education", "New Liberal Arts", "China's Education Modernization 2035". This paper analyzes and compares the similarities and differences of their concepts, contents and characteristics, and expounds them with the examples of Zhejiang University's educational system reform and Beijing Forestry University's distance online teaching during the period of "fighting the epidemic", so as to help college teachers better understand, adapt to and seek changes in the rapidly changing world and improve their professional ability and teaching competence.

Keywords ideological and political education, new liberal arts, "China's education modernization 2035", higher education reform

"课程思政"在大学英语教学中的实践探析

——以"中国古代社会与文化"课程为例

陶嘉玮

（北京林业大学外语学院，北京 100083）

摘要： "立德树人"是教育的根本任务，全面实施"课程思政"正是落实这一任务的战略举措。本文在阐述了课程思政的内涵及其在外语教学中的外延的基础上，通过具体的教学实践，探讨了中国文化英文课程教学中课程思政教育的思路和方法，说明了在实际教学中，教师可以通过挖掘教学材料中的思政内容，拓宽教学视角，运用有效的教学方法，达成"立德树人"的教学目的。

关键词： 课程思政；英语教学；中国文化

2016年12月中共中央总书记、国家主席习近平在全国高校思想政治工作会议上指出："要用好课堂教学这个主渠道，思想政治理论课要坚持在改进中加强，提升思想政治教育亲和力和针对性，满足学生成长发展需求和期待，其他各门课都要守好一段渠、种好责任田，使各类课程与思想政治理论课同向同行，形成协同效应。"[1]2020年5月28日教育部印发的《高等学校课程思政建设指导纲要》提出：全面推荐课程思政建设是落实立德树人根本任务的战略举措[2]。"课程思政"是新时代赋予大学教师的教育担当和岗位责任。如何在传授专业知识的同时融入思想政治教育也成了广大教师所关注的问题。

一、"课程思政"的内涵

"课程思政"不同于高校的思政课程，"课程思政"是将思想教育融入大学各门类课程教学之中，强调的是将"立德树人"作为教育根本任务和目标的教育理念。也即在各门课程中寻求与思想政治教育间的关联和对学生进行思想教育的切入点，将思想教育通过润物细无声的渗透方式融于课堂教学中，在传授知识和培养能力的同时达到思想教育的目的，实现价值观的引领。"课程思政"的提出在原则上改变了以往单一的思政课程对大学生进行思想教育的局面，构建了多维度立体化的育人方式，对培养大学生正确三观的形成有着积极的影响，也迎合了社会对德才兼备人才的呼唤。

孔子曾说："志于道，据于德，依于仁，游于艺。"为学应先本而后末，由内及外，这样才能体用兼备，华实并茂。"课程思政"的导向校正了现代教育过分强调知识和技能，以及过分重视分数，却忽视道德教育而造成的"骛外遗内"的弊端。大学生不仅要具备良好的专业知识和技能，同时还要兼备优良的思想道德素质，成为一个对国家、对社会有贡献的人。

二、"课程思政"在外语教学中的外延

由于我国长期以来对英语学习的重视，当今大学生从小就学习英语，接受了大量有关

作者简介：陶嘉玮，北京市海淀区清华东路35号北京林业大学外语学院，副教授，jiaweitao@bjfu.edu.cn。

西方思想、文化以及价值观的信息，再加上社会环境复杂，青年人大多容易接受新鲜事物，容易对外来的西方文化不加辨别地全盘吸收，却频现对中华民族优良传统和优秀传统文化轻视的情况。因此，深入探索和挖掘各门课程与思政教育之间的联系，对学生进行品德教育，增强他们的家国情怀、社会责任、道德规范、人文精神等就显得尤为重要。

大学英语作为高校基础课程，具有受众广、学时多、周期长的特点，在对学生实现全程育人和全方位育人方面具有一定的优势。同时，大学英语授课内容丰富，可以与政治、经济、科技以及文化等多版块的内容进行融入，便于拓展大学英语课程在知识、技能和思想上的功能。通过反映我国治国理政思路、社会主义核心价值观及中华优秀文化经典等英文范例，在构建思政语境的同时培养学生的语言知识和技能。通过中西方文化对比引导学生增进对不同文化的理解，确立对中外文化异同的正确认识，培养学生尊重差异、分辨是非的能力。通过增加中华优秀传统文化、革命文化与社会主义核心价值观的输入与解读，增强学生的文化领悟能力，培养其家国情怀，提升其文化自信，帮助学生形成正确的三观。将思想政治教育融入大学英语的教学内容，对高校培养新时代中国特色社会主义建设需要的复合型人才有着广泛的重要影响。

三、"中国古代社会与文化"课程思政实践探索

习近平总书记在十九大报告中明确指出："在实现中华民族伟大复兴的道路上要坚定文化自信，以坚定文化自信为社会主义建设的指导方针，不断推动我国文化事业的创新发展。"所谓文化自信指的是一个国家和一个民族对自身所拥有的文化价值的肯定，不仅真实体现国家和民族的精神力量，还能够展示出一个民族在长期发展过程中所积淀的成果。

让青年学子们认识到中华优秀传统文化的博大精深，使其在继承中华优秀传统文化的基础上，增强文化自信，做中华文化的继承者和传播者也是时代赋予英语教学的新使命；引领大学生用外语讲好中国故事，是外语教师的责任担当。我校"中国古代社会与文化"课程的开设契合了时代的要求，符合教育部《完善中华优秀传统文化教育指导纲要》(2014)[3]的主旨思想。本文即以"中国古代社会与文化"课程为例，综合阐述"课程思政"在教学中的具体实践。

（一）以课本为基础，挖掘思政教育元素

我校"中国古代社会与文化"课程采用的教材是由我校外语学院教师编著、北大出版社出版的同名英文教材。主题涉及神话故事、哲学、科技、传统习俗及休闲文化等内容。从内容上看似比较容易挖掘思政元素，但要真正把思政落到实处也是要花一番心思的。为了让学生对中华传统文化有一个比较系统的能串成线的了解，笔者打破了课本原本的篇章次序，首先以盘古开天为先导，再以中国文化最具代表性的两大哲学体系——儒家思想和道家文化为主要切入点，以此将中华民族传统美德和孔子的教育理念相结合；然后将中华传统文化中的阴阳学说、五行学说、风水文化及其在都城设计上的应用与四合院文化相结合；最后从四大发明到四大名著再到琴棋书画，把中国人的智慧和对生活的态度条理清晰地呈现给学生，使其在学习中华传统文化的同时，激发起对民族文化的兴趣和热爱。

（二）合理组织"课程思政"教学形式，注重因材施教

为了激发学生对传统文化的兴趣，选择一种能激发学生主体意识、引发其思考和探究的教学模式尤为重要。为此，笔者在课堂上采用了"以任务为基础，以合作为手段，以学生为主体，以教师为主导，以输出为目的"的多维实践教学模式[4]。这种教学模式的教学组织特点是生生协作、师生互补、自学与导学相结合、课堂内外相互辅助。其目的在于充分发挥学生的主观能动性，最大程度地激发学生的自主学习意识。在具体的操作中，教师要在

课前按照相关的教学主题给学生布置学习任务，以加深他们对某一文化点的了解，拓宽他们的知识面，学生以小组的形式课下查阅资料，然后在课堂上进行主题演讲或话题辩论，完成实践语言与文化两个层面的学习成果输出。最终教师要对学生语言输出和文化观点表述进行归纳总结。通过这样的教学模式提高了学生的自主学习能力，不仅丰富了课堂内容，也调动了学生的学习兴趣，在培养其语言能力的同时也扩大了其文化知识。

（三）扩充教学内容，增加古今、中西文化对比

由于课本内容有限，为了更好地拓宽学生的文化知识，培养其思辨能力，授课内容基于课本但又不仅局限于课本，还要适时增加一些古今、中外文化及现象的对比。比如在讲授中国神话故事时，会让学生联想大一第一学期所涉及的希腊神话，通过对比从而深入理解中国神话故事中蕴含的勇敢奋斗、勤俭节约、自我牺牲等优秀的中华传统美德。在讲解四大发明时会启发学生列举新时代的高铁、扫码支付等"新四大发明"，以激发学生的民族自豪感。在介绍赵州桥不朽的独特建造工艺时，通过播放张海霞教授在北大讲坛上令人泣泪的"科技之痛"的演讲，宣扬中华民族伟大复兴不可或缺的"工匠精神"，唤醒学生们发愤图强、勇于创新的历史责任感和时代使命感。在讲解中国的节庆风俗时，对比青年学生喜闻乐道的西方节日，强化中国的民俗文化。另外，通过节选美国国家地理的《鸟瞰中国》，BBC的《中国故事》等英文纪录片中与课文相关的内容，将基于中国文化的内容自然而然地融入英语教学中，在培养学生语言能力的同时培育他们的文化自信，以期形成其文化自觉，实现英语教学与"课程思政"的融合，实现立德树人的目的。

（四）把控时事新闻，合理引入思政教育

长期以来，大部分大学生对时事政治不感兴趣，忽视思想政治学习。但是在信息时代，学生们有诸多的途径获取社会动态，了解社会问题。教师要利用这些时讯，以学生关切的现实问题为切入点，因势利导。2020年全球爆发了新冠疫情，所有学生感同身受；各国应对疫情的举措及其导致的结果，所有学生有目共睹。通过对这一事件的讨论，引导学生切实感受到社会主义制度的优越性，激发他们的爱国情怀。除此之外，可以根据时下发生的大事件或者新闻热点，引导学生去了知相关新闻内容，进行分享与讨论，探寻形成原因，帮助学生形成科学的价值导向。比如，疫情期间，通过轰动一时的"方方日记"，结合儒家思想的讲授，探讨仁爱之心、做人准则。在讲授古代科学技术章节时，引入"孟晚舟"事件，强化科技兴国、科技强国的理念，激发学生为实现中华民族伟大复兴的中国梦而努力学习的决心。

通过教学发现，相当多的学生在中国传统文化方面的知识相对比较贫乏，有些仅能提及为数不多的概念性词汇。事实证明，开设中国传统文化课程非常有必要，通过开设"中国古代社会与文化"英文课程，不仅使学生了解了中华传统文化的精髓，同时让他们学会了如何用得体、流畅的英语将中国的故事进行话语构建和表达，有效实现了语言与文化的输出。

四、结 语

思政教育无处不在，但在高校有效实现"课程思政"并不是一件一蹴而就的事情，需要教师们多维度地加以探索和实践，以便让课程思政教育的功能得到充分发挥，真正实现"立德树人"的教育目标。

参考文献

[1]习近平. 把思想政治工作贯穿教育教学全过程 开创我国高等教育事业发展新局面[N]. 人民日报，2016-12-09(1).

[2]教育部. 高等学校课程思政建设指导纲要 www. moe. gov. cn. 2020-06-01.
[3]教育部. 关于印发《完善中华优秀传统文化教育指导纲要》的通知. 教社科[2014]3号.
[4]陶嘉玮,曾清. 多维实践英语教学模式的实证性研究建构[J]. 高教学刊,2019(10):113-115.

Curriculum Ideological and Political Education in College English Teaching: A Case Study in *Society and Culture in Ancient China*

Tao Jiawei

(School of Foreign Languages, Beijing Forestry University, Beijng 100083)

Abstract Curriculum ideological and political education is a strategic measure to implement the education task of "cultivating morality and cultivating people". On the basis of expounding the connotation of ideological and political education and its influence in foreign language teaching, this paper discusses the ideas and practice of ideological and political education in English teaching, especially on Chinese culture teaching. It proves that the ideological and political elements of English courses can be fully explored and thus enhances the moral education function of English courses.

Keywords curriculum ideological and political education, English teaching, Chinese culture

"社会心理学"公共选修课课程思政建设

吴建平[1]　陈丽鸿[2]　田　浩[1]　金灿灿[1]

(1. 北京林业大学人文社会科学学院，北京　100083；2. 北京林业大学马克思主义学院，北京　100083)

摘要：本文探讨了在课堂教学过程中，把专业知识的学习、大学生人文素质的培养和思想政治教育融合进"社会心理学"课程教学目标中，将传授知识与价值观引领相结合，发挥大学课堂应有的育人功能。通过应用案例教学法、课堂小组讨论、读书报告、小组作业、过程式考核等课程思政教学方法和载体途径，拓展了学生思考问题和分析问题的视野，提高了学生的思辨能力、解决问题的能力，提高了学生学习本课程的获得感，达到了预期的教学效果。

关键词：社会心理学；课程思政；社会主义核心价值观；案例教学法

习近平总书记指出："通过教育，引导我国人民树立和坚持正确的历史观、民族观、国家观、文化观，增强做中国人的骨气和底气，培养高尚的道德情操和健康的生活情趣，提高审美和人文素养，促进人格完善、全面发展。"[1]"社会心理学"是一门理论和应用学科，是研究社会情境下的人的行为，包括社会角色、社会认知、社会态度、亲社会行为与反社会行为、社会偏见、社会影响、群体行为、人际沟通、亲密关系等，是与社会现实密切联系的一门课程。"社会心理学"是北京林业大学开设的一门公共选修课，已开课多年，作为一门公共选修课，受到不同专业学生喜欢。在中国，通识教育课程不仅要肩负起开拓学生知识视野、锻炼学生理性思维和学科融合创新能力，更要肩负起渗透思想政治教育，传播社会主义核心价值观的重要使命，以培育党和国家需要的人才[2]。在课堂教学过程中，把专业知识的学习、大学生人文素质的培养和思想政治教育融合进课程教学目标中，发挥大学课堂应有的育人功能，将传授知识与价值观引领相结合，助力学生全面发展。

一、思想政治教育与专业教育的有机衔接和融合

课程思政是依托或借助思想政治理论课、专业课、通识课等课程而开展的思想政治教育实践活动。课程思政是大思政理念，隐去思想政治教育理念在课程教学中的具体呈现[3]。在教学过程中，深入挖掘本课程所蕴含的育人元素，明确思想政治教育的融入点和映射点，把社会主义核心价值观、生态文明理论、可持续性发展理念、中国优秀的传统文化等思想政治教育内容有机带入课堂教学，融合进课程教学体系中，将思想政治教育与专业教育有机衔接(见表1)。

作者简介：吴建平，北京市海淀区清华东路35号北京林业大学人文社会科学学院，教　授，wujianping05@foxmail.com；
　　　　　陈丽鸿，北京市海淀区清华东路35号北京林业大学马克思主义学院，教　授，chenlh_1023@126.com；
　　　　　田　浩，北京市海淀区清华东路35号北京林业大学人文社会科学学院，副教授，tianhaoxx@163.com；
　　　　　金灿灿，北京市海淀区清华东路35号北京林业大学人文社会科学学院，教　授，jcctxdy@163.com。
资助项目：北京林业大学课程思政教研教改专项课题"'社会心理学'公共选修课课程思政建设"(2019KCSZ069)。

（一）培养学生用马克思主义的立场、观点和方法看待和分析社会问题

第1章社会心理学概论的讲解，从社会心理学发展的历程，到探讨马克思关于人的本质和人与社会的关系，培养学生树立正确的世界观、人生观和价值观，培养学生的辩证思维和科学文化精神。用辩证唯物主义的观点和唯物辩证法的方法认识和分析中国当下存在的社会问题，用社会心理建设促进对社会问题的治理。第2章社会认知的学习中，培养学生从心理、道德、社会等不同角度进行思考，如官员的腐败行为、群体负面情绪等，分析网络舆情的从众心理效应。

（二）把社会主义核心价值观有机带入课程内容教学

在课堂教学过程中，把爱国、敬业、诚信、友善、法治、平等、和谐、文明等社会主义核心价值观有机带入课程内容教学中，倡导社会主流价值观。在第3章讲解社会偏见，分析中国社会的阶层、地区、职业偏见，融入平等、自由、公正的社会主义核心价值观。结合全球流行的 COVID-19 病毒引起的地区偏见和民族歧视进行课堂讨论分析。第8章人际沟通，通过小组活动使学生体验到积极的人际互动沟通的过程，诚信、友善的人际交往方式，不以自我为中心、和谐相处获得的广阔社交空间。

表1 "社会心理学"公共选修课教学内容课程思政融入点

教学章节	课程思政融入点
第一章 社会心理学概论	推荐读书书目，一学期一本书，培养学生的辩证思维和人文素养。如《敬畏生命》《菊与刀》《乡土中国》《绝非偶然》《吾国吾民》《人类简史》《人的宗教》《乌合之众》《向伪心理学说不》《爱的艺术》等
第二章 社会认知和社会态度	积极社会心态建设。培养学生用辩证唯物主义的观点分析中国当下存在的社会问题，如官员的腐败行为、群体负面情绪等。用社会心理建设促进对社会问题的治理
第三章 自我	自我定义的文化潜意识，了解中国文化对中国人国民性格、自我认知的影响，中国人家国情怀的品质和爱国思想的文化根源
第四章 刻板印象、偏见和歧视	社会主流价值观的融入：分析中国的阶层、地区、职业偏见，正确认识社会现象，融入平等、自由、公正的社会主义核心价值观，倡导主流价值观。讨论 COVID-19 病毒引起的地区偏见和民族歧视
第五章 亲社会行为	融入中国传统文化的善行和感恩，理解"仁者爱人""知恩图报"的儒家文化思想
第六章 反社会行为	案例教学课堂讨论，引导学生从心理、道德和法律等不同角度进行辩证分析
第七章 社会影响	说服策略对思政教育的有效性，分析网络舆情的从众心理效应
第八章 人际沟通	通过小组活动使学生体验到积极的人际互动沟通的过程，诚信、友善的人际交往方式，不以自我为中心、和谐相处获得的广阔社交空间
第九章 亲密关系	课堂讨论当代大学生如何树立正确的爱情观、婚姻观。以秦晋之好的中国历史典故分析择偶中的陪衬人心理效应
第十章 社会心理学与人类的可持续未来	结合习近平总书记提出的"两山理论"，讨论践行生态文明的社会心理策略、社会责任感，培养学生保护环境、建设美丽中国的责任意义。把北京林业大学老一辈林业人关君蔚、沈国舫先生的家国情怀、社会担当和艰苦奋斗精神引入大学生的课堂讨论环节

（三）课堂教学中润物细无声学习中国传统文化

培养学生对中国传统文化的历史自豪感，树立文化自信、制度自信、追求美好生活的社会主义道路自信。第3章的题为自我，分析自我定义的文化潜意识，了解中国文化对中国人国民性格、自我认知的影响，探求中国人家国情怀的品质和爱国思想的文化根源。第5章亲社会行为的分析讨论中，融入中国传统文化的善行和感恩，理解"仁者爱人""知恩图报"的儒家文化思想。引导学生接受中华传统文化教育。

案例教学以2019年COVID-19新冠病毒蔓延全球为背景，来自全国各省（自治区、直辖市）人民组成的援鄂医疗队，让学生体会中国人抗击疫情体现出的团结精神和民族凝聚力。引入中国天眼、神舟飞船、载人航天、蛟龙号深海探测器、雪龙号极地考察船等引领世界科技发展的创造发明，展示我国科技发展潜力，凸显民族自豪感、自信心和爱国热情。

（四）践行生态文明，培养学生的可持续发展理念

结合习近平总书记提出的"两山理论"，探讨践行生态文明，环境问题治理的心理学途径、国家企业和个人的社会责任，培养学生保护环境、建设美丽中国的责任意识。第10章社会心理学与人类的可持续未来的探讨中，把可持续性发展与环境保护教育融合进课程教学体系中，探讨生态文明建设的社会心理策略，培养学生的环境保护意识和社会责任感，将来走入社会以可持续发展的理念制定政策和服务社会。同时引入案例教学——《巴黎气候协定》的实施，中国肩负全球气候治理的大国责任，展现中国的担当精神。把北京林业大学老一辈林业人关君蔚、沈国舫等先生的家国情怀、社会担当和艰苦奋斗的敬业奉献精神引入大学生的课堂讨论，丰富课程思政教学资源。

二、课程思政教学方法研究与实践探索

"社会心理学"公共选修课探索了案例教学法、课堂小组讨论、读书报告、小组作业、过程式考核等课程思政教学方法和载体途径，并在课堂教学中加以应用。"将道德意蕴、智慧激发、审美趣味等元素注入包括现实空间和虚拟空间在内的各类活动场域，发挥环境育人的作用"。[4]

（一）案例教学法

结合教学内容，使用特定的案例并指导学生提前阅读，课堂组织学生开展讨论，形成互动。利用以问题为导向、案例式、启发式的教学方式，创建教学情境，启发学生思考。如亲社会行为这一章，结合旁观者效应这个知识点，分析"小悦悦"事件，让学生参与课堂教学活动，引导学生从心理、道德和法律等不同的角度分析社会现象，分析网络舆情的裹挟从众效应，培养学生的独立思辨能力。

（二）课堂小组讨论

结合学生关注的问题，在课堂上发起话题讨论，如亲密关系这一章，结合大学生异性交往，树立正确的恋爱观主题，采用小组讨论的方式，激发学生的学习兴趣。

（三）读书报告

任课教师推荐读书书单，书单以社会心理学、哲学、社会学领域的专著为主。选课学生每人1学期读1本书，手写读书报告，培养学生的历史观和哲学思辨能力，提升学生的人文素质修养。已有推荐阅读书目30多册。

（四）小组作业

通过组建学习实践小组，基于全校公选课的特色，加强不同专业、不同年级选课学生的互动和交流。

（五）过程式考核

课程考核采用过程式考核，平时考核包括小组作业、小组户外绿色生活体验、出勤、读书报告、课堂讨论发言、随堂小论文等。平时成绩占40%，期末考核占60%。平时成绩体现学生的思想政治表现。

三、课程思政教学研究实践成效

在实践教学活动中，经过心理学专业教师和思政课老师的研讨和教学活动，探索本课程内容与思想政治教育内容的有机融入点，挖掘本课程的思想政治教育资源和功能，确定初步的教学方案和教学方法，并在课堂教学活动中展开。按照"社会心理学B"课程思政教学大纲的初稿，进行学期的教学任务，落实课程思政育人的教学成效，在教学活动中评估教学效果，进一步完善修正课程思政教学大纲。总结归纳"社会心理学B"课程思政融入点（表1）和映射点，完善课程教学的新方法，最终形成一份新修订的课程教学大纲。通过教学实践活动，将社会心理学知识的学习与思想政治理论课内容有机融合、融会贯通，拓展了学生思考问题和分析问题的视野，提高了学生的思辨能力与解决问题的能力。培养学生的主流价值观，提升学生的人文素养，提高了学生学习本课程的获得感，达到了预期的教学效果。

参考文献

[1] 本书编写组. 习近平总书记教育重要论述讲义[M]. 北京：高等教育出版社，2020：184-187.
[2] 焦连志. "课程思政"理念指导下的高校"课程思政"建设实践探索[J]. 成都中医药大学学报（教育科学版），2018，20(4)：71-74.
[3] 赵继伟. "课程思政"：涵义、理念、问题与对策[J]. 湖北经济学院学报，2019，17(2)：114-119.
[4] 教育部课题组. 深入学习习近平关于教育的重要论述[M]. 北京：人民教育出版社，2019：127-128.

Social Psychology Public Elective Course Ideological and Political Construction

Wu Jianping[1]　Chen Lihong[2]　Tian Hao[1]　Jing Cancan[1]

(1. College of Humanities and Social Sciences, Beijing Forestry University, Beijing　100083;
2. School of Marxism, Beijing Forestry University, Beijing　100083)

Abstract　This article discusses about merging ideological and political education, professional knowledge and cultivating college students' humanistic qualities into the teaching goals of the "Social Psychology" course in the classroom teaching process, combining impart knowledge with value guidance, and giving full play to the education role of college classrooms. Through the application of case teaching method, classroom group discussion, reading report, group work, process assessment and other courses of ideological and political teaching methods, students have expanded their vision of thinking and analyzing problems, improved their ability to thinking and solving problems. The course improved the students' sense of gain and achieved the expected teaching effect.

Keywords　*Social Psychology*, curriculum ideology, socialist core values, case teaching method

"果品营养保健与品评"课程思政的探索与实践

侯智霞　孙永江

（北京林业大学林学院，北京　100083）

摘要：本文针对北京林业大学公共选修课"果品营养保健与品评"的课程特点，分析了该课程的专业能力培养目标与思政目标及其相互融合的优势；从激发师生的家国情怀、民族自豪感、责任感，以及利用辩证唯物主义思维方式去理解科学和发展问题的能力培养等方面，解析了课程思政与专业知识讲授之间的融入点；探索和实践了以信息化载体、典型实例、课堂讨论、考核方法调整等多方面的教育方法和载体途径的思政改革措施；在师生评教、家国情怀建立、思想认识层次提升等多方面获得了优良的实践效果，为自然科学类全校公选通识课程的思政改革深化提供了有益参考。

关键词：果品营养保健与品评；课程思政；融合；教育方法；载体途径

一、开展课程思政的意义和必要性

习近平总书记在全国高校思想政治工作会议上的强调："高校思想政治工作要坚持把立德树人作为中心环节，把思想政治工作贯穿教育教学全过程，实现全程育人、全方位育人，努力开创我国高等教育事业发展新局面。"[1]为高校广泛的专业课程教育教学改革指明了方向。

"果品营养保健与品评"开设于2007年，作为全校公共选修课，是为拓宽学生的知识面，体现相关学科的交叉与渗透，为培养高素质复合型人才而设置的自然科学类通识教育课程。课程24学时，1.5学分。教授对象为全校选课学生，覆盖学校所有专业大一至大四的学生，受众面广。其中每次选课约三分之二为大一和大二年级的同学，正处于树立人生观、价值观和世界观的最关键时期，思政内容的融入对于社会主义合格人才的培养具有重要作用。

（一）课程的知识和能力目标

"果品营养保健与品评"是在综合果树学、经济林栽培学、营养保健学、食品加工学、传统中医药学等研究成果的基础上，就主要果类经济林树种的资源分类及分布、品质形成和评价要素、营养价值、保健作用、食用禁忌等方面进行讲授。使学生从资源分布、栽培生产、品质鉴评、食用保健功效、开发利用等各方面了解果类经济林木的特性及综合发展和利用状况，同时对果品的消费和利用加以引导。

（二）课程的思政目标

课程思政是将高校思想政治教育融入专业课程，将爱国主义和社会主义核心价值观教育结合到专业知识传授的各个环节[2-3]，润物无声地实现立德树人，春风化雨般地使学生受到教育和启迪，潜移默化地激发同学们的热爱祖国、热爱中华传统文化的情怀，提高民族

作者简介：侯智霞，北京市海淀区清华东路35号北京林业大学林学院，副教授，hzxn2004@163.com；
　　　　孙永江，北京市海淀区清华东路35号北京林业大学林学院，讲师，sunyongjiang12@163.com。
资助项目：北京林业大学课程思政教研教改专项课题项目（2020KCSZ008）。

自信心和自豪感，进而树立正确的人生观、价值观和世界观，建立辩证唯物主义的科学思维方式，提升对传统文化的继承和发展，以及对生活的激情和热爱。

二、课程思政教育的融入点

"果品营养保健与品评"课程引入课程思政理念有其自身的优势。

（一）课程内容涉及历史悠久的中华文化积淀

几千年来，人类与果品相随相伴，休戚相关。人类在认识和改造自然的过程中，从果品中挖掘出了众多的天然食物和药物，得以休生养息，防病治病，并凝结成"药食同源"的智慧，创造出了灿烂的中华食疗文化，其中蕴含着人民在认识自然改造自然中的勤劳智慧和勇气。课程学习过程中，能够激发同学们对中华文明的热爱。

（二）课程内容涉及广袤的果树物种资源储备

我国地大物博，是世界最大的果树原产中心之一，世界上的多种果树源自我国。果品资源种类、分布及发展和利用的历史能够激发同学们对我国神圣国土和资源的崇敬和热爱。

（三）课程内容具有与时俱进的专业发展特色

健康长寿始终是人们追求的目标。随着社会发展和人民生活的不断提高，回归自然、喜爱绿色食品的生活理念以及祖国传统医学研究的深入，使果品营养和药用价值及保健功效的开发利用得到了促进；同时，果品的营养、食疗、药用与保健已成为现代高品质生活不可或缺的一部分。作为当代大学生尤其是林业院校的大学生，加强对这些知识的深入了解和把握可以激发自身对本专业发展以及对生活的热爱，也增加了融入社会、为社会服务的结合点。

三、课程专业内容与思政元素融合的设计和实践

从掌握学生的思想动态、课程内容的协调、教案设计、过程实施、总结反思等方面，围绕以下几个思政融合点进行了探索和实践。

（一）激发爱国主义情怀

将我国果树资源种类丰富和分布广博，及其在世界物种资源中的地位和作用等方面融入授课内容，激发同学的爱国情怀。在绪论讲授中，首先了解同学们对于果品和果树种类及食用价值的认知。由日常的果品种类和消费习惯入手，引导同学们认识到我国果树资源的丰富，我国是世界最大果树原生中心。世界果树约有60科，我国栽培利用的果树分属58科，可占世界果树资源种类的97%左右。使同学们充满对祖国丰富资源的自豪感。讲到我国果品产业的发展历程，使其充分认识到我国果品产量和面积均居世界首位的优势，也认识到果品单产及果品的出口贸易单价与在竞争中仍需加强的现实，能够激发同学们对进一步提高我国果品综合实力的责任感和激情。

（二）激发对中华文明的自豪和热爱

将我国历史悠久的果品利用文化、中华医药、饮食文明等知识融入与果品保健作用相关的授课内容中，激发同学们对中华文明的自豪和热爱。我国古代劳动人民很早就有以果品做食物和药物的习惯。国家卫监局公布的101种药食同源植物目录中近40%为果品或与果品直接相关[4]。我国历代本草文献所载具治疗作用的食物中，根据其治疗功能归为23类，其中列出的日常瓜果就有90多种[4]。这些都是人们在长期的生产、生活和劳动实践中凝集出的智慧结晶，其中不乏在各类用途的果品疗效发现过程中的种种艰辛、奋斗和奉献精神的体现。不仅能够激发同学们对中华文明的自豪和热爱，也能使同学们在学习过程中体会到凝聚这些成就的不易，会倍加珍惜和传承这种人类文明，并增加他们对生活的热爱，

不仅可以将知识用于自己的生活，还会增加为人民服务的激情，提升自身的社会融入感。

（三）提升辩证唯物主义思维的应用能力

将果品自然属性及其相生相克的特点融入到果品营养和保健价值利用的相关授课内容中，提升同学们利用辩证唯物主义思维方式分析问题的能力。果品的温凉寒热属性与其所分布的地域环境以及成熟的气候时期紧密相关，而该果品的属性应与人体的寒热燥湿、季节的更迭相适应而辩证食用。往往寒性与热性的果品相辅相成，比如榴莲的温热与山竹的寒凉；比如民间用荔枝果皮熬水解荔枝果肉的温热；又比如课程内容中多处讲到果品的止咳功效，仔细归纳可以知道其实不同的果品所针对的是不同缘起的"咳"，梨可以止咳，主要针对热咳，而柑橘的止咳，针对的却可能是虚劳和受寒而致的咳嗽；等等。类似这样的信息，不一而足。这其中的民间智慧不仅让人惊讶这是经历了多少实践才得以获得，而且提醒同学们要用辩证和发展的态度对待事物，这也是万事万物中存在的客观规律。

（四）提升对所学专业及生活的热爱和激情

将我国对"药食两用""新食品原料"等的相关政策措施等融入果品资源开发及保健价值挖掘和利用等相关授课内容，可激发同学们对国家推进行业发展的引导和力度的理解，使其充满对未来生活的期待，以及对所学专业及生活的热爱和激情。

四、课程思政的教育方法和载体途径

基于本课程选课人数多、课时少的特点，课程改革实施过程中主要采用了以下几种教育方法和载体途径：

（一）信息化载体

利用授课教师多年来教学和科研方面积累的与该课程相关的视频、图片、数据等资料，结合相关国情和资源资讯、数据库等信息平台，以及抖音、秒懂视频等快捷的信息传播和获取途径，把思政教育相关内容有机渗透到专业知识的讲授过程中。

（二）典型实例

选取典型果品的营养保健利用的实例，将其发展、利用的历史过程及传统，功效价值，产品开发过程及发展状况等信息融入课程讲授过程，以思政信息提振学生价值观。例如，在讲到"梨的保健价值"时，引用"梨膏糖"来历，引入魏征用药和煮梨汁为母亲疗病的故事，不仅使同学们很容易就能认识梨的润肺、止咳、平喘功效，且能感悟到中华孝悌文化传承。讲到中华老字号"上海梨膏糖"的传奇故事，不仅能使同学收获到梨的保健功效，还能感悟到长久以来劳动人们为中华传统果品保健文化的传承和发扬光大所做的努力和贡献，以及国家政策支持对传统文化发展的重要作用，从而提升同学们对当今国家政策优势和对地方特色产业巨大扶持力度的认识，激发起爱国和创业的激情。

（三）课堂讨论

改变以教师讲授为主的填鸭式传统教学方式，利用"参与式"和"启发式"教学方法[5]，引导同学们积极参与到课程学习中来，培养学生自主学习、勇于探索的能力，使其在实践中实现个人价值。课上布置以"中华特色果品、家乡果品知多少"为主题的讨论，采取课前10min的方式课堂分享，并作为平时成绩加分项。这不仅可丰富同学们对大量小众果品的认识，激发对中华特色果品的自豪感，同时激发同学们关心家乡、热爱家乡的情感。每次课程布置到讨论题时，大家都非常踊跃地选择自己喜爱的果品。比如有同学讲到自己家乡的"拐枣"，经过两周左右的准备，激情澎湃地讲述给全体同学时说道："这种野果子伴着自己长大，却直到现在才意识到'它'不仅是家乡的宝贝，也是我们国家的宝贝。"那种对家乡自豪感油然而生。另外，在同学分享"非洲茱萸"的果品特性时，有同学提出："在咱们国家是不是能发现像这样甜度高的资源？"这也是一种潜意识的爱国精神的体现。

（四）考核方式调整

强化过程性及思政感悟相关考核内容。该课程考核评价分为 2 个部分，即平时成绩和期末成绩，分别占 30% 和 70%。平时成绩包括出勤、学习态度、PPT 果品展示交流分享和讨论等，期末成绩则是以"家乡特色野生果品保健利用状况"为核心，布置课程论文，对该果品的基本属性、营养保健价值、果品开发和利用现状、在家乡发展中存在的问题等多方面进行综述，在此基础上增加"我能为其发展做些什么？"的思政讨论。考核方式的调整旨在加强同学们对果品资源、食疗保健及开发利用的认识和挖掘，加深对故乡以及对果品行业的热爱。

五、课程思政的实践效果

（一）开课多年深受师生好评

该课程连续开设 13 年，教学评价优秀。每次开课限选 180 人，连续多年春秋季开课，选课人数总是达到上限。目前选修过该课程的学生已经将近 4000 人。同学们热情选课，是对该课程教学效果的认可和对老师授课积极性的鼓舞。

（二）由对果品的认识提升到对国土的热爱

课程教师讲授基本理论和知识，学生讨论改变了以教师为主的教学方式，积极鼓励学生参与，形成了教师与同学共同努力完成的教学体系。每次授课共 24 学时，大家涉猎到的果品保健信息量逐渐增大，一学期下来，同学们至少可以接触到 50 种以上的果品，其中有教师详细讲授的 8~10 种大宗果品，以及同学们积极搜集整理的大量小众特色果品。每每因为这不同的 50 多种果品的生长和分布特点，加之对其各自特色营养保健功能的分析讨论，进一步激发同学们由认识一种果品，到关注一个地区，再到爱上一方热土的激情，这无疑是对大家热爱生活、热爱家乡、热爱我们这个伟大国家的一次次洗礼。

（三）由对果品的热爱提升到对生活的热爱

每次上课会建立果品营养保健课程的交流群，在群里，时常会见到大家对于某种果品问题的热烈讨论，从"在哪？"到"有啥用处？"再到"想去那看看。"，等等。同学们也会在课程感受中提及"开始上课时大家口头禅是'什么果子好吃？'，到课程后期的'哪种果品有什么营养？'，'有什么价值？'，再到'怎样才能让好的环境下产出这些果品？'"。并且，每次课程总会收获一批果品爱好者朋友，课程之后，还不时地发来信息，分享某日获取的奇特果品的信息。这其实也是对于本课程的重大收获，能够使大家对于果品的科学消费变成一种潜意识行为，这本身也是对生活的一种热爱。

六、结　语

高等院校是培养德智体美劳全面发展的社会主义建设者和接班人的重要阵地。作为全校公共选修课，承担着拓宽学生知识面、提升综合素质的重要作用。"果品营养保健与品评"课程思政教学模式的探索和实践，对于如何把思政元素融入自然科学类通识性全校选修课程的教学，提出了具有林学特色的解决方案，不仅提升了该课程的思政效果，也可为类似课程的教学提供有益参考。该课程改革体现了思政教育的价值理念与专业知识的有机结合，充分激发了同学们由对"果品知识"学习兴趣的提升向"家国情怀"的凝聚，为综合提升大学生知识体系和道德情操，使其更好地实现自身价值和社会价值奠定了基础。

参考文献

[1] 张烁. 习近平在全国高校思想政治工作会议上强调：把思想政治工作贯穿教育教学全过程开创我国高等教育事业发展新局面[N]. 人民日报, 2016-12-09.
[2] 田鸿芬, 付洪. 课程思政：高校专业课教学融入思想政治教育的实践路径[J]. 未来与发展, 2018(4)：99-103.
[3] 李晓灿, 倪志英. 高等农林院校深入推进课程思政的思考[J]. 教育教学论坛. 2019(42)：30-31.
[4] 药食同源目录大全(2019最新版), https：//www.cn-healthcare.com/articlewm/20200105/content-1081278.html. 2020-9-26.
[5] 侯智霞, 刘勇, 徐程扬. "城市种苗学"课程教学体系建设的探索[J]. 中国林业教育, 2019, 37(3)：47-51.

Exploration and practice of the Ideological and Political Constructionof "Evaluation of Nutritional and Health Care Value of Fruit"

Zhi Xiahou   Yong Jiangsun

(College of Forestry, Beijing Forestry University, Beijing 100083)

Abstract   Based on the characteristics of the public elective course "Evaluation of Nutritional and Health Care Value of Fruit" in Beijing Forestry University, this paper analyzes the professional ability training objectives and ideological and political objectives of the course and the advantages of their mutual integration. From the aspects of stimulating teachers and students' patriotism, national pride and sense of responsibility, as well as cultivating their ability to understand science and development by using the Dialectical Materialismmode of thinking, this paper analyzes the integration points between the Ideological and Political Construction and professional knowledge teaching. It has explored and practiced the ideological and political reform measures in many aspects, such as the information carrier, typical examples, classroom discussion, and the adjustment of assessment methods. It has obtained good practical effects in teachers and students' evaluation of teaching, the establishment of patriotism, the promotion of ideological awareness and so on, which provides a useful reference for the deepening of the ideological and political reform of the natural science general education courses in the school.

Keywords   *Evaluation of the Nutritional and Health Care Value of Fruit*, ideological and political construction, mutual integration, education method, carrier approach

电类专业课程思政教育的融入探索

——以"电路"课程为例

文 剑

(北京林业大学工学院，北京 100083)

摘要：本文针对电类专业课程的具体教学内容和知识结构特点，研究课程思政教育融入电类专业课程中的策略和具体实施方法。以"电路"课程为例，介绍了如何深入挖掘电类课程蕴含的思政资源，优化教学设计，完善课程标准，丰富教学模式及以成果为导向的全方位培养和过程评价方法，实现专业类课程从教学向教育的转变，在知识传授的过程中实现价值观引领。在电类专业基础课程的课程思政教育具体实施上进行了初步的探索。

关键词：课程思政；专业思政；电路课程；电类专业基础课程；教学改革

习近平总书记继2016年在全国高校思想政治会议上提出："各类课程与思想政治理论课同向同行，形成协同效应。"[1]之后，于2019年再次指出："要坚持显性教育和隐性教育相统一，挖掘其他课程和教学方式中蕴含的思想政治教育资源，实现全员全程全方位育人"，"要坚持价值性和知识性相统一，寓价值观引导于知识传授之中"。教育部部长陈宝生进一步强调了课程思政、专业思政的问题，指出对大学生思想言行和成长影响最大的因素是专业课教师，他强调："高校要明确所有课程的育人要素和责任，推动每一位专业课老师制定开展课程思政教学设计，做到课程门门有思政，教师人人讲育人。"

电类专业基础课程是多数工科专业的理论基础课，在学生的学业中起到至关重要的作用。相关的专业课教师需要有意识地去了解思想政治教育工作中的薄弱点，在知识传授的基础上，注重能力培养和价值塑造；同时结合电类专业课程的自身特点，深入挖掘课程蕴含的思政资源，将课程教学从专业知识维度拓展至人文、素养等多维度，润物无声地实现专业课程的育人功能。

本文以"电路"课程为例，探寻电类专业基础课程如何结合自身的特点与课程思政环节进行有效融合；介绍了课程教学设计，包括教学大纲和教案的修订，课堂教学过程中课程思政教育理念的渗透以及需要注意的问题；探究电类专业基础课程思政教育的具体开展模式和方法。

一、"电路"课程的特点以及学生的特点

"电路"课程为主的电类专业课是自动化、电气、电子等诸多数理工科专业开设的学科必修基础课程。开课时间一般在第二学期或第三学期，是学生了解专业的窗口。课程涉及的知识理论和实践能力培养对后续专业课程，如"模拟电子技术""数字电子技术""单片机原理技术"和"自动控制原理"等课程的学习起到基础性作用。"电路"课程传统教学过程多以知识和技能传授为主，素质教育不足。通过讲授线性电阻电路、动态电路、正弦稳态电路等相关理论知识，培养学生在实际工程中电路问题的初步分析和计算的能力。

作者简介：文 剑，北京市海淀区清华东路35号北京林业大学工学院，副教授，wenjian@bjfu.edu.cn。
资助项目：北京林业大学教育教学改革项目"面向工程教育专业认证的电路课程教学改革研究"(BJFU2018JY050)。

"电路"课程面对的是刚进入大学不久的学生，他们尚未形成系统的专业思维，实践动手能力较弱，学习的主观能动性和信心不足。在课程知识传授的同时，如何激发学生对专业领域的学习兴趣，从思想上植入学习专业知识的信念和决心，引导学生平滑过渡至大学的专业课学习，消除学生对后续课程学习的恐惧是授课教师需要面临的主要问题之一。

二、"电路"课程融入思政教育的策略

"课程思政"指"课程承载思政"与"思政寓于课程"。深入地挖掘和应用电路知识体系中丰富的思政教育元素，有利于在课程教学过程中实现对思政育人元素的认同，与思政课程有机协同，潜移默化地影响学生，提高学生的自主能动性，实现知识传授、育人功能与价值观教育的同频共振[2]。结合"电路"课程自身的知识结构特点，本文主要从以下3个方面进行思政元素的筛选和引入：

（一）增强爱国热情，树立理想信念

教学过程中注重时代性和学科前沿的发展，结合电路教学内容和具有时效性的案例讲解，采用问题导入和课堂讨论的方法，引导学生查阅文献深入了解。如当下"半导体芯片产业核心技术的竞争热点""美国对中兴、华为的制裁事件"，等。激发学生的自主学习兴趣。讲解芯片设计和制造产业中电子电路技术的发展，如"我国华为海思、紫光展锐在芯片设计中地位和不足之处""芯片制造领域的中微半导体7nm蚀刻机商用的意义"，等。启发学生思考美国在核心技术遏制中国的背景原因和电子电路核心技术的重要性，使学生意识到国际形势的严峻性，增强学生爱国热情，切身感受作为当代大学生的社会责任。

（二）培养敬业精神，提升职业素养

通过分享优秀科研工作者对科研、技术业务的不畏艰辛、刻苦钻研、追求卓越的工作态度和拼搏精神，如华为海思的何庭波团队和航天科技的北斗导航团队，学习他们对专业的热爱、对技术的坚持和以专业为天职的精神，让学生切身感悟敬业精神，培养学生的专业认同感，提高职业素养。在言传的基础上，授课教师也可利用自身事例作为学生身教的示范。在日常言谈举止中潜移默化地影响学生。教学过程中严格要求管理，制定规范的作业、实验要求和电路分析、解题方法，培养学生严谨的求学态度和专业精神。

（三）开展诚信教育，坚持科学求真

开展诚实守信、科学求真教育，将实事求是的科学精神贯穿于专业学习的每一个环节。通过引入汉芯一号造假事件对中国整个芯片行业的发展的影响，讲述学术不端害人害己的反面例子。教育学生诚实守信，科学无捷径，来不得半点虚假。在实际课程学习中，作业和实验报告要坚持"原创"，坚决杜绝抄袭，学会用多种方法提升问题解决能力。通过讲述特斯拉发明交流电的事迹，鼓励学生不惧权威，敢于质疑和主动思考，提升专业学习的自信心。

三、"电路"课程思政教学设计以及具体实现措施

课程思政不能简单地将思想政治教育强加在专业教学过程中，不是仅依靠几个事例、故事就完成了"课程思政"。课程思政教育应符合"电路"专业课程的特点，充分挖掘理论课程中的思政元素，合理设计，将思政教育有机融入教学的全过程。在知识传授的过程中注重价值引领，引导学生用辩证思维学习专业理论知识，为专业知识的掌握和创新提供可持续发展的源动力，提升学生的职业素养和专业精神。

（一）"电路"课程思政教学设计与融入措施

为了更好地保证课程思政融入的教学效果，需要深入挖掘专业课程的德育内涵和元素，明确课程思政教学目标，做好教学设计，创新教学方法，充分发挥专业课程育人功能。对

"电路"课程的思政教学融入和设计改进,主要从整合优化思政资源教学、完善课程标准、丰富教学模式和综合考核评价4个方面同时着手。

1. 整合优化设计思政资源教学

在课程设计中考虑电路的专业理论知识的连续性和传承性的特点,充分挖掘电路课程知识体系中的思政教育资源,有效整合优化设计。通过电路发展简史、历史人物的讲解,凝练工匠精神,逐层渗透地培养学生科研求真、爱岗敬业的专业信念;结合当下热点如半导体产业的问题,激发学生爱国热情,鼓励他们扎实学好专业知识,以担负振兴中国电子产业的重任。根据"电路"课程的理论体系可以进行思政教育的部分融入点见表1。

表1 "电路"课程教育思政教学部分融入点设计

课程知识点	思政融入点	授课形式	思政教学预期
基尔霍夫定律	基尔霍夫	教师讲解	通过事迹了解电路发展历史和科学家的科研探索精神
电路的基本作用,电能转换和信号传输	我国电力发展情况与世界地位	观看视频、教师讲解	了解我国电力行业的发展历程,激发学生专业学习热情和爱国情怀
戴维南、诺顿定理	土耳其Arikan教授论文与5G;钻石切面与F22隐形飞机;三元流动理论与喷气式发动机	教师提问、课堂讨论	了解科学理论知识对实际生产以及生活的影响和制约,引导学生构建自己的知识体系,树立学生理想信念和专业精神
运算放大电路,半导体存储器	汉芯事件中兴、华为事件	观看视频、教师讲解、课堂讨论	了解和认识我国集成电路发展现状和不足,开展诚信教育;坚持科学求真;认识掌握核心技术的重要性,鼓励学生自主创新
正弦交流电路	特斯拉	教师讲解	通过科学家的科研探索精神激发学生学习热情
三相交流电路的分析计算	工厂供电,家用电路,中性点	观看视频、教师讲解、课堂讨论	用电安全教育,使学生了解到专业知识的不扎实、不严谨可能造成的直接危害,培养敬业精神,提高职业素养
电路知识总复习	华为事件,任正非访问高校,促进产学研	教师讲解、课堂讨论	了解基础研究与商业应用之间的关系,高校以树立灯塔为己任,教育引领社会

2. 完善课程标准,注重成果导向

课程标准是教师进行课程教学的主要依据,也是衡量课程质量的准则[3]。按照工程教育认证要求,以成果为导向的原则,在原有"电路"课程标准的基础上,结合思政教育的内涵,增加创新能力,职业素养和安全教育的培养。对思政部分内容以课堂讨论、实验准则和实验报告等过程考核加以落实,逐步建立以专业知识为体,思政教育为魂的课程体系。在知识传授的过程中,注重价值引领,提升学生的创新能力、职业素养、安全意识以及社会责任担当。

3. 丰富教学模式,注重教学效果

改进教学模式,充分利用线上教学平台"MOOC""雨课堂"等教学手段,开展线上教育与线下教育相结合的教学模式。改变以往单向传输的说教方式,变知识推送为问题探讨。提前上传教学大纲、教学课件、视频资源等至网络平台,学生课前通过网络预习,课堂内

采用专题引导式的教学方法，进行答疑和课堂讨论，引发学生思考和深入探索，在课后及时复习、总结归纳。结合学科和当下流行的思政元素，注重实际教学效果，逐步培养学生科学的思维方式和专业精神，引导学生学以致用，鼓励学生自主创新，自主构建专业知识体系。

4. 综合考核方式，全方位评价

考核评价是课程教学实施效果的重要保障措施，教学过程中采用"多元化"的考核方式，增加思政部分考核，提高过程能力考核在成绩中的比例，充分调动学生的积极性。通过课堂讨论、课程以及实验的调研论文、教师评价、学生互评和自评等多方面的过程评价方法，对学生理论知识、实际能力和综合素质进行全面考核。充分发挥学生的自主性和创造性，促进思政思想在"电路"课程中的有机融入、转化和运用，使教学质量得以显著提高，从而实现"价值塑造、能力培养、知识传授"三位一体化教学。

（二）实施过程中需要注意的问题

课程思政不等于思政课程，需要在专业知识传授中合理融入思政元素，做有温度的专业教育[4]。具体实施过程中，需注意：①课程思政关键在教师。首先应明确授课教师是教育实施的主体，也是课程教学质量的负责人，教师应不断增强个人的思想意识和道德文化水平，切实将思政教育融入教师的言行、教学内容、教学素材、学习任务与师生关系之中，润物无声、潜移默化地影响学生。②课程建设的效果要以学生的实际能力培养为检验评判标准，教育活动的根本目的在于培养高质量的人才。课程思政的效果，最终应以学生的实际获得感和能力的提高为评判准则。思政内容应紧密结合时代特点和学科前沿技术发展，并将学生的思政教育产出纳入课程标准和过程考核进行综合评判，激发学生的学习积极性，提高自主学习和创新能力。

四、结　语

本文以"电路"课程为例，介绍了电类专业课程融入思政教育的目的、策略，教学设计和具体实施措施，以及实施过程中需要注意的问题。在教学过程中应结合电类专业的知识体系的连续性和传承性的特点，充分挖掘课程蕴含的思政教学资源，逐层渗透地培养和树立学生科研求真、爱岗敬业的专业精神，树立理想信念。在知识学习的基础上注重价值观引领，坚持以成果为导向，将思政教育环节的产出纳入课程综合考核评判中，实现价值塑造、知识传授和能力培养的全方位立德树人。

参考文献

[1] 习近平. 把思想政治工作贯穿教育教学全过程，开创我国高等教育事业发展新局面[N]. 人民日报，2016-12-09（1）.

[2] 周素华，魏英，王一群，等. 电类基础课课程思政中社会主义核心价值观教育的教学探索[J]. 中国大学教学，2019（10）：41-44.

[3] 蔡翠翠，王本有. "电路与电子技术"课程思政教学的改革与实践[J]. 计算机时代，2020（8）：125-127.

[4] 周立斌，王希艳，曹佳琪. 高校"课程思政"建设规律、原则与要点探索[J]. 高教学刊，2020（25）：179-182.

Exploration into the Integration of Ideological and Political Education in Electrical Courses: Take *Electrical Circuit Course* for Example

Wen Jian

(College of Technology, Beijing Forestry University, Beijing 100083)

Abstract Aiming at the specific teaching content and the characteristics of knowledge structure of the basic course of electrical specialty, this paper studies the strategies and specific implementation methods of integrating ideological and political education into the basic course of electrical specialty. With "Electrical Circuit" course as an example, this paper introduces how to dig deeper into the electricity class foundation course of education resources, optimize teaching design, perfecting the curriculum standard, rich teaching model and results oriented comprehensive training evaluation method and process, in order to realize the professional courses to education, from teaching in knowledge at the same time realize values leading. This paper makes a beneficial exploration on the concrete implementation of the curriculum ideological and political education of the basic courses of electrical specialty.

Keywords Courses for Ideological and Political Education, professional ideological and political education, *Electrical Circuit* course, courses for electrical majors, the teaching reform

外语教学课程思政：融入中国传统文化的公共英语课程建设研究

朱红梅　李　芝　卢晓敏

（北京林业大学外语学院，北京　100083）

摘要：传承本国文化是我国教育事业最为重要的职责之一，最能体现课程思政的现实意义。外语院校肩负着促进优秀中国传统文化的译介与传播的重任。北京林业大学外语学院在新一轮公共英语课程改革过程中，专门开辟了中国文化板块英语教学系列，讲授中国古代社会与文化英文教程、中国古典诗文译读、中国现当代文学英译选读、英语话北京等体现中国传统文化的英文课程，并拓展到我校的留学生课程。其目的是充分发挥课程思政功能，让学生在学习过程中深入了解优秀中国传统文化，并能正确运用规范英文阐释中国文化概念，助力"中国文化走出去"国家战略，实现课程思政在外语教学领域的作用。

关键词：课程思政；公共英语教学；中国传统文化；跨文化交流

一、研究背景

中华传统文化是中华文明成果根本的创造力，是华夏民族历史上道德传承、多种文化思想、精神观念形态的宝贵遗产。我国政府和教育部门向来重视优秀传统文化的传承与传播。2010年7月，国务院印发了《国家中长期教育改革和发展规划纲要（2010—2020）》，为今后10年的教育改革和发展提供了长期规划目标。在涉及高等教育领域的发展前景时，纲要指出，高等教育需要"积极推进文化传播，弘扬优秀传统文化，发展先进文化。"[1] 2017年1月，中共中央办公厅、国务院办公厅印发了《关于实施中华优秀传统文化传承发展工程的意见》[2]，其中在高等教育领域里要求推动高校开设中华优秀传统文化必修课，在哲学社会科学及相关学科专业和课程中增加中华优秀传统文化的内容，开设中华文化公开课，抓好传统文化教育成果展示活动，推动中外文化交流互鉴，加强对外文化交流合作，创新人文交流方式，丰富文化交流内容，不断提高文化交流水平。这为广大高等教育机构指出了新的方向和要求，是我校中国文化英语教学模块建设这一议题产生的时代背景。

作为高等院校人文研究的重要部门，外语院系不仅应该负有文科专业的文化研究任务，还因具有外语语言能力的优势，有着肩负起对外传播中华优秀传统文化的责任。这一目标的实现意味着急需采取有效措施，在教学内容和教学方法上深化教学改革，实现跨文化传播，以英语这一世界性的语言为媒介，弘扬本国优秀传统文化。英语教学要按照国家社会与经济发展的需要和高等教育改革的方向确定改革方向和研究主题，同时还要遵循循序渐进、分层推进的原则，在高等教育的不同阶段，针对不同专业的学生群体进行中国文化译介与传播教育，研究如何在我校公共英语教学中融入中华传统文化、实现传统文化的英语

作者简介：朱红梅，北京市海淀区清华东路35号北京林业大学外语学院，副教授，bjfumay@163.com；
　　　　　李　芝，北京市海淀区清华东路35号北京林业大学外语学院，教授，bfsulizhi@126.com；
　　　　　卢晓敏，北京市海淀区清华东路35号北京林业大学外语学院，副教授，lucrialu@163.com。
资助项目：北京林业大学研究生课程建设项目"新时期'中国语言文化与翻译'课程教学改革研究"（JXGG2019）；中央高校基本科研业务费专项"本硕博英语一条龙教育体系研究"（2015ZCQ-WY-01）

教学从一般知识到挖掘思想观念和人文精神的深度探索，中国传统文化的发扬光大和对外传播，把课程思政切实渗透到教学和科研中。

二、中国文化与大学英语课程改革

目前我校外语学院已为本科生开展了大学英语必修课"英语话中华"课程，启动了以"英语话中华"和"中国典籍英译赏读"系列教材为核心的公共英语和研究生英语教学体系[3]，编写了《中国当代社会与文化英文教程》[4]《中国古代社会与文化英文教程》[5]《中国典籍英译析读》[6]等专用教材，已经具备了一定的教学基础。在新的历史时期，需要我们进一步适应新形势下我校双一流建设的需求，遵循《北京林业大学深化本科教育教学改革总体方案》[7]的指示精神，继续拓展中国文化在公共英语教学中所占比例，增强课程的多样性，持续推动中国传统文化在外语教学中的深入渗透。

自2018级起，除了第一年级大学英语必修课中的《中国当代社会与文化英文教程》的讲授之外，北京林业大学外语学院在新一轮公共英语课程改革过程中，专门开辟了中国文化板块英语教学系列，"讲授中国古代社会与文化英文教程""中国古典诗文译读""中国现当代文学英译选读""英语话北京"等体现中国传统文化的英文课程，并拓展到我校的留学生英文课程，目的是让学生在学习过程中深入了解优秀中国传统文化，并能正确运用规范英文阐释中国文化概念，助力"中国文化走出去"的国家战略。

中国文化板块的英语教学所开设的4门课程，是为二、三年级本科生所开设的一门文化通识课程，是大学英语提高阶段的英语类限选课。自2018级开始，每位全日制本科生必须选修其中一门课程，完成2学分。这是我校新一轮大学英语教改模块化课程建设的一部分，与其他3个模块（西方文化模块、学术英语模块、实用英语模块）相辅相成，共同促进我校本科生人才培养的质量提升。

三、中国文化英文课程概况与细则

我校新一轮大学英语教学改革中，中国文化板块所列课程是在教务处和外语学院共同协商下，根据我校英语教学的既有基础，以及一线教师的专业特长选定的课程，在英语教学学科范围内极力体现中国文化的认知与传播。课程板块综合情况见表1。

表1 大学英语中国文化模块限选课目录

序号	课程名称	学时	学分	教学重点
1	中国古代社会与文化	32	2	中国古代社会历史文化英文导读
2	中国古典文学英译导读	32	2	中国古典文史哲经典文本英译阅读
3	中国现当代文学英译赏读	32	2	中国现当代经典文学文本英译鉴赏
4	英语话北京	32	2	北京历史文化旅游英文译介

按照2018年级新的大学英语教学计划，本板块课程自2019年秋季学期开始实施，每学期同时开设4门课程，向二年级本科生开放选课。学生可以根据自己的兴趣和需求，选修其中1门中国文化课程。4门课程的具体情况如下：

（一）中国古代社会与文化课程

本课程要求学生通过对中国古代社会历史文化等方面知识的学习，能够掌握相关的英语表达方式。课程内容包括中国古代神话、教育、科技、传统风俗、琴棋书画、传统美德、国粹精华等。教学目的是培养学生在跨文化交际过程中，以规范、流畅的英文表达方式对外介绍、宣传中华民族的悠久历史和文化传统，用英语讲述中国故事，展示中国风采，让世界了解中国，增强中华文化的国际影响力。

（二）中国古典文学英译导读

学生通过对中国古典文学典籍选篇及其英译本的学习，更深入地了解传统文化和国学典籍，内容包括以四书五经、老庄著作为代表的儒道哲学，以《史记》为代表的中国历史，以"四大名著"、唐诗宋词元曲为代表的中国古典文学。本课程在讲授中国典籍英译文本的基础上，引导学生从跨文化的视角审视中西文化，能够运用所学的中国社会文化知识及相关的英语表达方式，进行跨文化交流，弘扬中华民族文化，让世界了解中国传统文化与中国古典文学。

（三）中国现当代文学英译赏读

本课程通过对中国现当代文学英译的赏析，培养学生的中英文翻译能力，注重提高学生对中国现当代文学的欣赏水平、文化修养、审美能力和英语实际运用能力，选译内容包括中国现当代经典作家鲁迅、老舍、朱自清、林语堂、钱钟书、莫言等作家的名篇。本课程根据一定的教学需要，利用多媒体教学手段进行整合，从提高学生学习英语的兴趣入手，从而达到促进其翻译能力的发展。通过赏析使学生了解中国现当代文学发展的基本脉络、重要作家及其作品、表现手段和美学特征。充分进行语言翻译实践，激发学生对文学文化的学习兴趣，培养学生跨文化交际能力。

（四）英语话北京

本课程以弘扬中国传统文化，增强中华文化的国际影响力，提升中国人民的文化自信为教学目的。通过对北京城的历史变迁、皇家文化、宣南文化、胡同与四合院文化、戏曲文化、京味文学与京师文化、生态与森林文化，以及北京人与北京精神等项内容的介绍和相关英语表达方式的训练，提高学生"用英语讲好北京故事、展现北京风采、弘扬北京文化"的能力，帮助学生在跨文化交际中能够熟练运用所学北京历史文化知识，以规范、流畅的英文表达方式对外宣传和介绍首都北京的历史文化传统，展现今日北京之风貌，增强中华文化的国际影响力。

以上4门课程的设立，目标是在我校"英语话中华"大学英语必修课的基础上，按照《北京林业大学深化本科教育教学改革总体方案》的指示精神，在我校新一轮大学英语改革中，把中华优秀传统文化融入到英语教学中，以实现传统文化的英语教学从一般知识到挖掘思想观念和人文精神的深度探索，尤其是对中国古典文学英译课程的导入，以促进中国文化的发扬光大和对外传播。目前限选课已实现了两个学期的教学，2019年秋季为线下教学，2020年春季为线上教学，效果良好，受到师生的普遍好评与欢迎。

四、结　语

公共英语教学中融入中国优秀文化，是新时期实现民族振兴、文化自信的重要举措。本文所论述的英语教学中的中国文化，是以中华优秀传统文化蕴含的思想观念、人文精神、道德规范，结合时代要求继承创新，重点是中国文化经典的英译与现代阐释，推动高校学生对中国优秀传统文化的认识，并在英语教学中学习优秀传统文化的对外传播。

习近平总书记在2017年10月党的十九大报告中号召："深入挖掘中华优秀传统文化蕴含的思想观念、人文精神、道德规范，结合时代要求继承创新，让中华文化展现出永久魅力和时代风采。"[8]为此，2019年8月，中共中央办公厅、国务院办公厅印发了《关于深化新时代学校思想政治理论课改革创新的若干意见》，"坚持问题导向和目标导向相结合，注重推动思政课建设内涵式发展，全面提升学生思想政治理论素养，实现知、情、意、行的统一"。[9]高校课程建设应该秉持正确方向，根据自身课程特点，不断拓宽思政内涵，形意结合,打造金课,助力新时期社会主义建设人才的培养。

正是本着这种精神,公共英语教学中的中国文化建构与课程改革显得更加具有时代意义。用英语学习的视角审视中西文化,能够运用所学的中国社会文化知识及相关的英语表达方式,进行跨文化交流,弘扬中华民族文化,让世界了解中国传统文化与中华文明和而不同的宏伟气魄,为建设和谐共生的人类共同体做出自己的一份贡献。

参考文献

[1] 教育部. 国家中长期教育改革和发展规划纲要(2010-2020)[M]. 北京:人民出版社,2010:5.
[2] 教育部. 完善中华优秀传统文化教育指导纲要[EB/OL]. (2014-03-26)[2017-11-08]. http://www.moe.edu.cn/publicfiles/business/htmlfiles/moe/s7061/201404/166543.html.
[3] 朱红梅,李芝. 从"英语话中华"到"典籍英译赏读":中国文化英语教学体系建构[M]//黄国华. 探索、构建、创新:北京林业大学2017年教育教学改革优秀论文选编. 北京:中国林业出版社,2017:121-125.
[4] 訾缨、朱红梅. 中国古代社会与文化英文教程[M]. 北京:北京大学出版社,2015.
[5] 訾缨、李芝. 中国当代社会与文化英文教程[M]. 北京:北京大学出版社,2015.
[6] 李芝、朱红梅、卢晓敏,等. 中国典籍英译析读[M]. 北京:知识产权出版社,2017.
[7] 北京林业大学深化本科教育教学改革总体方案[EB/OL]. (2018-04-16)[2018-11-08]. http://dzb.bjfu.edu.cn/docs/2018-06/20180615180946219144.pdf.
[8] 习近平. 决胜全面建成小康社会夺取新时代中国特色社会主义伟大胜利:在中国共产党第十九次全国代表大会上的报告[EB/OL]. (2017-10-27)[2018-11-08]. http://news.xinhuanet.com/politics/19cpcnc/2017-10/27/c_1121867529.htm.
[9] 中共中央办公厅、国务院办公厅印发《关于深化新时代学校思想政治理论课改革创新的若干意见》[EB/OL]. (2019-08-14)[2020-09-10]. http://www.xinhuanet.com/politics/2019-08/14/c_1124876294.htm.

Ideological orientation in foreign language education: Incorporating traditional Chinese culture into college English teaching

Zhu Hongmei　Li Zhi　Lu Xiaomin

(School of Foreign Languages, Beijing Forestry University, Beijing　100083)

Abstract　Chinese educators are the major promoters of Chinese cultural legacy, and foreign language schools should take the responsibility of introducing traditional Chinese culture to the world so as to incorporate ideological education into English teaching. In the college English reform starting from 2018, School of Foreign Languages of Beijing Forestry University has established a series of English courses focused on Chinese culture such as ancient Chinese society and culture, classical Chinese literature, modern Chinese literature, and reading Beijing in English. Such courses will be taught to undergraduates as well as graduates from abroad so as to enhance their understanding of traditional Chinese culture and help them improve their interpretation of Chinese culture concepts into prompt English, thus promoting Chinese culture to embrace the world and be embraced by the world and put ideological education into foreign language curriculum.

Keywords　ideological education, college English teaching, traditional Chinese culture, cross-cultural communication

后疫情时代马克思主义政治经济学的育人功能及其实践路径

杨 哲

（北京林业大学马克思主义学院，北京 100083）

摘要：马克思主义政治经济学是高校育人和思政教学的必修内容。本文基于课程思政的整体格局、后疫情时代的新变化和思政课程的创新实践，探索了其发挥育人功能的必要性、重要性和可行性。首先从教育教学体系的不同维度分析了马克思主义政治经济学育人工作面临的边缘化、割裂化、过度学术化挑战；其次基于后疫情时代的实践、理论和主体需求，论证了马克思主义政治经济学应承担的三大育人功能；最后结合"三题一课"教学模式在原理课中的创新应用，提出了以回答"三个为什么"为设计原则的马克思主义政治经济学育人实践路径。

关键词：马克思主义政治经济学；后疫情时代；"三题一课"教学模式；育人功能；实践路径

马克思主义政治经济学是马克思主义的重要组成部分，也是高校马克思主义基本原理教学中的必修课。2020年8月16日，《求是》杂志发表了习近平总书记在十八届中央政治局集体学习马克思主义政治经济学时的重要讲话，明确指出要不断开拓当代中国马克思主义政治经济学新境界，也为高校育人工作提出了新要求。如何更好地发挥马克思主义政治经济学的育人功能，本文将从课程思政的整体格局、后疫情时代的客观需求和思政课程的独特作用出发，结合"三题一课"教学模式在马克思主义基本原理概论（以下简称"原理"）课程教学实践中的应用，探讨马克思主义政治经济学发挥思政育人功能的必要性、重要性及可行性。

一、课程思政格局中马克思主义政治经济学育人的挑战

马克思主义政治经济学是由马克思和恩格斯创立并由后继者不断发展的政治经济学说。恩格斯盛赞无产阶级政党的"全部理论来自对政治经济学的研究"，列宁直接指出"使马克思的理论得到最深刻、最全面、最详尽的证明和运用的是他的经济学说"。然而近年来，在高等教育和思政教学中出现了马克思主义政治经济学被边缘化、割裂化、过度学术化的情况，显然与课程思政大格局下的育人要求相背，显示了当前高校加强马克思主义政治经济学育人功能的必要性。

（一）高等教育体系中的边缘化困境

马克思主义政治经济学在高等教育体系中的地位曾经历过阶段性变化。改革开放之前，马克思主义政治经济学是当之无愧的显学，西方经济学曾被普遍视为资产阶级庸俗经济学

作者简介：杨 哲，北京市海淀区清华东路35号北京林业大学马克思主义学院，副教授，ruc_yz@163.com。

资助项目：北京林业大学2020年教育教学研究一般项目"'三题一课'教学理念在马克思主义基本原理教学中的创新应用研究"（BJFU2020JY094）；

北京林业大学马克思主义理论基本问题研究资助项目"现代性语境下历史虚无主义批判的方法论研究"（BLMY201801）；

北京市教育工会关于全国和北京高校"青教赛"获奖教师所在团队一次性教学科研专项支持。

而受到排斥。改革开放之后，西方经济学逐渐被译介至中国，相关的讲座、课程、教材陆续增多。20世纪90年代以来，苏东剧变使世界社会主义运动暂处低潮，我国由计划经济转向社会主义市场经济体制，这对马克思主义政治经济学的基本原理提出了新的时代任务。一些学者存在理论脱离实践的做法，甚至公开提出马克思主义政治经济学过时论，学生面对纷繁复杂的经济现象陷入迷茫或漠不关心，种种因素导致近年来西方经济学在高校大有"喧宾夺主"之势。著名经济学家卫兴华先生就明确指出："在社会主义中国的大地上，马克思主义政治经济学被边缘化，显然是不正常和不合理的。"因此，当前高校马克思主义政治经济学育人的第一个挑战是重视不足。

（二）思政课程体系中的割裂化问题

目前高校开展马克思主义政治经济学教育除了依托相关学科的专业课程，另一主渠道就是思政理论课，其中明确涉及该内容的课程有本科生必修课"马克思主义基本原理概论""毛泽东思想和中国特色社会主义理论体系概论"，硕士生必修课"中国特色社会主义理论与实践研究"和博士生必修课"中国马克思主义与当代"，少于思政课总数的一半。上述课程对马克思主义政治经济学的教学内容呈现出3个特点：一是篇幅"少"，如《毛泽东思想和中国特色社会主义理论体系概论》教材共14章40节，仅用"建设现代化经济体系"一节的篇幅专门论述中国特色社会主义经济发展理论与实践。二是关联"散"，围绕马克思主义政治经济学，本科生5门思政课之间协同不充分，本硕博三阶段思政课之间递进不连贯。三是源头"淡"，除了原理课程，几乎其他课程都未聚焦马克思主义政治经济学的理论源头，即马克思、恩格斯本人的政治经济学创建和研究，难免给学生造成学习认知上的偏差和轻视。因此，当前高校马克思主义政治经济学教育的第二个挑战是合力不强。

（三）原理教学体系中的过度学术化倾向

高校思政课中涉及马克思主义政治经济学的教学内容最多、理论难度最高的课程当属"马克思主义基本原理概论"，教材共计7章，专设两章讲解（第四至五章）。在逻辑上，上承马克思主义哲学（第一至三章），下接科学社会主义学说（第六至七章）；在内容上，将资本主义的史料数据、经济学的知识概念、历史观的规律原理、辩证法的方法原则紧密结合。对教师教学能力和学生学习能力提出了较高要求，在当前有限的教学时间中教师多采用从概念到概念的教学逻辑以保证教学内容的学术性和严谨性，一定程度上弱化甚至忽略了马克思主义理论的时代背景和理论联系实际的实践逻辑，理论的"高冷范"遮蔽了"烟火气"。因此，当前高校马克思主义政治经济学教育的第三个挑战是现实性不够。

上述现状使得马克思主义政治经济学在高校似乎成为远离学术中心、高居象牙之塔的"冷门"课程；在当前课程思政和思政课程同向同行的育人工作中，更是成为了让学生感到疏离、难以挖掘育人元素、急需教学创新的"硬骨头"。

二、后疫情时代马克思主义政治经济学的育人功能

马克思主义政治经济学需要走进青年，而最新的世情国情也催生了青年走进马克思主义政治经济学的迫切需要。新冠肺炎疫情的爆发对传统的线下教学活动带来了巨大挑战，而疫情至今并未完全消失，随时可能因人口流动或季节因素而小规模发生，社会生活进入后疫情时代。这对高等教育的目标、内容和方式都提出了新要求。对此马克思主义政治经济学可重点发挥三大育人功能，显示了当前高校加强马克思主义政治经济学育人功能的重要性。

（一）回应实践难题，培育学生现实关怀

马克思、恩格斯最早于19世纪30年代末便通过不同的路径开始经济学研究，从他们

创建政治经济学的时代到今天，人类经济实践日益呈现出"不变"与"变"的复杂辩证图景，也对马克思主义政治经济学提出了新时代的实践难题：在宏观层面，经济全球化的主题没有变，但国家间经济竞争呈现出新特点。当前国际金融危机受到全球疫情的影响，许多资本主义国家经济持续低迷，失业问题、两极分化严重，社会矛盾加深，一些资本主义国家为转移国内经济压力，在国际范围内不断挑起争端，中国正面临着以美国为首的西方世界在经济、科技领域的冲击。在中观层面，中国经济发展的根本目的没有变，但生命健康日益凸显为矛盾主要方面。此次新冠肺炎疫情不仅暂时打乱了正常的经济生产生活，更加凸显了保持经济发展与保障人民健康平衡共赢的关系问题，为我们深化以人民为中心的发展思想和推进新发展理念提供了深刻案例。在微观层面，青年群体的经济角色没有变，经济生活的参与渠道更加多元。高校学生尽管尚未进入职场或承担家庭主要经济责任，但网络化、信息化的生活方式使得他们比过去任何一代人的消费体验都要丰富繁杂，蕴含了创新创业、经济革新的后浪力量。因此，马克思主义政治经济学的首要育人功能就是直面如何参与经济生活、如何辨析经济现象、如何把握经济规律的青年之问，培育学生以经济的眼光掌握马克思主义，以经济的方式解释世界、改变世界。

（二）深化理论课题，构建学生整体视野

在当前高校教学体系和学术话语中，青年学生和马克思主义政治经济学是存在距离的，突出表现为前者对后者狭义化、表面化和中立化的解读方式：学生或将马克思主义政治经济学在理论形态上约等于经济学，在文本形态上约等于《资本论》，误以为学习马克思主义政治经济学就是搞经济研究、就是读《资本论》；或将马克思主义政治经济学理解为货币理论、财富理论、经济危机理论的拼盘，看不到其中的哲学变革、辩证方法和共产主义指向；抑或直接忽略其中的"政治"立场，无视其与资产阶级古典经济学和西方经济学的根本区别。对此，马克思主义政治经济学的育人功能应明辨学生的理论误读，为学生构建整体性的理论视野：一是从资本主义不同阶段的时代背景包括马恩二人的著述生涯中，看待政治经济学的产生和发展；二是在马克思主义哲学、政治经济学和科学社会主义的体系结构中，明确政治经济学的定位和价值；三是在社会主义经济探索和创新的历程中，理解政治经济学的实践品格与人民立场。

（三）满足主体需求，提供学生价值导向

2020年爆发的新冠肺炎疫情改变了传统的学习体验。首先是学生亲身经历和见证了中西方不同国家、不同道路的抗疫事实，对其原有的经济认知形成巨大冲击，产生了强烈的学习需求。其次是大量社会案例涌现，如何让其融入教材、走进课堂、贴近学生成为教学创新的重要抓手。最后线上教学方式为学生营造了完全不同于线下实体课堂的空间感和情境感，学生在线上学习时可直接搜索各种网络资源补充或验证教学内容，一定程度上激发了学生对授课主题的参与度。

在从2017年秋季学期持续至今的跨专业学生调研中，被问及原理课程中最感兴趣的内容，往年更多学生关注马克思主义是否过时、辩证法如何用、共产主义能否实现等话题，详见图1(a)；而2020年春季学期以来的调研数据发生变化，接近半数学生对"资本主义怎么剥削人""中国有没有经济危机""资本主义是否灭亡"等表示出学习兴趣，详见图1(b)。这些兴趣背后是"资本主义是什么""资本主义怎么样""资本主义何处去"的根本问题。而对这些问题的回答，正如习近平总书记指出："各种经济学理论五花八门，但我们政治经济学的根本只能是马克思主义政治经济学，而不能是别的什么经济理论。"马克思主义政治经济学的育人工作不是搞数据、建模型，不是为资本主义培养懂经济学的人，而是引导学生形成对我国经济制度的信心、对社会主义道路的信念、对共产主义前途的信仰。

图 1　原理课程学生最感兴趣的学习专题和实践选题（按照马克思主义 3 个组成部分归类）**比重**

三、"三题一课"教学模式下马克思主义政治经济学的育人实践路径

挖掘教材体系中马克思主义政治经济学的育人要素，关键在于建立理论与学生、与实践的紧密关联。这对"三题一课"教学模式提供了较大可行性，即将热点话题、理论问题、教材专题相融汇，把学生想要听的、老师应该讲的、教材重点讲的相统一，把线上和线下教学模式相结合，用相对有限的课堂时间，达到给学生留下一个答案的教学目标。结合教师在原理课教学中的具体实践，"三题一课"教学模式下马克思主义政治经济学的育人实践路径应围绕"三个为什么"进行教学设计：第一步是优化理论输出逻辑，旨在回答马克思主义政治经济学"为什么对"的理论问题；第二步是贯穿现实问题意识，旨在回答马克思主义政治经济学"为什么能"的实践问题；第三步是明确价值引导取向，旨在回答马克思主义政治经济学"为什么好"的评价问题。

（一）优化理论输出逻辑

原理教材专设两章详细讲授马克思主义政治经济学，上承唯物史观关于人类社会的发展规律，下启社会主义的发展及其规律，符合马克思主义理论和实践的双重发展逻辑，具有极强的严谨性和科学性（图 2）。但由于篇幅有限及其提纲挈领的编写定位，教材并未对章节之间的过渡进行较多着墨，如人类社会的一般规律在什么历史背景和理论需求下被应用于资本主义的特殊社会形态（从第三章到第四章的过渡）、资本主义的基本矛盾和发展趋势如何孕育出社会主义的高级社会形态（从第五章到第六章的过渡），这就要求细化马克思主义政治经济学的"前因"和"后果"。第四章侧重从横切面对资本主义经济制度、政治制度和意识形态的本质进行理论分析，第五章侧重从纵剖面对 200 年来资本主义的过去、现状和未来进行历史梳理。事实上资本主义的发展不是如此截然二分的过程，如何将理论分析与历史梳理交织融合，尤其是针对不同时代特征和发展阶段的新变化、新挑战做出回应，需要深化马克思主义政治经济学的"时代性"和"解释力"。马克思主义政治经济学不同于自然科学，后者的教学内容之间具有不以个人意志为转移的客观联系，不能随意编织重组教学逻辑；前者的教学内容之间是相对发散的理论场域，教学逻辑不具有唯一性，因此从教材逻辑向教学逻辑的转化，要落脚到优化马克思主义政治经济学的"输出逻辑"（图 3）。

（二）贯穿现实问题意识

马克思主义政治经济学发挥育人功能应将明确的现实问题意识贯穿教学全程，以从问题到问题的讲授取代从概念到概念的讲授。首先是创设一个情境。政治经济学作为透视资本主义的解剖刀，就是要回答资本主义"是什么、怎么了、何处去"的现实问题。后疫情时代云端课堂或者线上-线下双线合一的教学方式成为常态，学生可以在听课过程中随时借助云观影（如《摩登时代》《监守自盗》《华尔街之狼》《监视资本主义》）或者在线搜集分析数据的手段，在沉浸式教学体验中"穿越"进而"解剖"资本主义的经济状况。其次是用好一个案例。如果说 2008 年全球金融危机已经和"00 后"学生的生活体验略有疏离，今年的"抗疫"

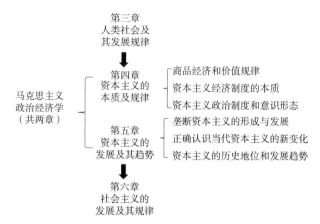

图 2　2018 版《马克思主义基本原理概论》中马克思主义政治经济学相关内容的教材逻辑

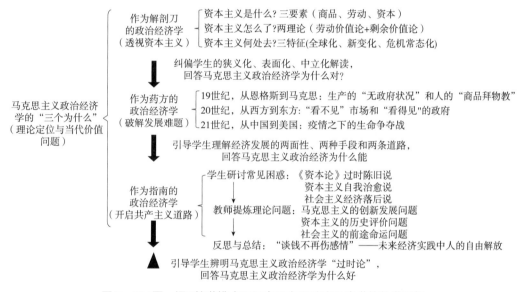

图 3　"三题一课"教学模式下马克思主义政治经济学的教学逻辑

事实就构成了对当前学生群体最有效的教学案例,尤其是中美不同抗疫道路,可以作为资本主义和社会主义面对经济发展与保障生命这一辩证关系的两种不同回答——以资本为中心还是以人民为中心。最后是输出一个答案。面对马克思主义政治经济学过时了、《资本论》过时了的声音,教师不能回避或者弱化答案。马克思主义政治经济学作为破解资本主义经济发展难题的药方,为人类社会的经济发展指明了公有制的生产方式和按劳进而按需的分配方式,今天社会主义合规律性、合目的性和高度组织性的生产与分配,已经充分表明了社会主义道路和制度的优越性,以事实证明了马克思主义政治经济学"为什么能"。

（三）明确价值立场取向

马克思、恩格斯从 19 世纪资本主义经济状况的基本事实出发,依据辩证唯物主义和历史唯物主义的世界观和方法论,批判继承英国古典政治经济学的思想成果,深入研究人类历史上的经济活动,揭示了人类社会尤其是资本主义社会的经济规律。和同时代的其他经济学说不同,马克思主义政治经济学不是只见物不见人的数据分析、模型搭建,而是字里行间都渗透着对人的关注,这里的"人"不是脱离历史与阶级的纯粹理性人,而是现实的、感性的人。在马克思和恩格斯笔下,他们可能叫作工人、产业后备军或无产阶级,而在今天,他们叫作"人民"。正如马克思所说,在未来社会"生产将以所有人的富裕为目的",经济生产与发展是为了人民,这是马克思主义政治经济学的根本立场。如果说"发展"是马克思主义政治经济学的显性逻辑,那么"人民"则是马克思主义政治经济学的隐性主题。马克思主义政治经济学教学的逻辑归宿,一定是指向人的自由解放实践,马克思政治经济学为什么好的根本问题才能获得入脑、入心的回答,才能为推动科学理论的时代化、大众化、生活化提供源头活水,从而真正开拓马克思主义政治经济学新境界。

参考文献

[1] 马克思,恩格斯. 马克思恩格斯选集:第1卷[M]. 北京:人民出版社,2012.
[2] 马克思. 政治经济学批判:第一分册[M]//马克思,恩格斯. 马克思恩格斯文集:第2卷. 北京:人民出版社,2009:596.
[3] 列宁. 卡尔·马克思,列宁选集:第2卷[M]. 北京:人民出版社,2012:428.
[4] 习近平. 不断开拓当代中国马克思主义政治经济学新境界[J]. 求是,2020(16).
[5] 卫兴华. 对当前高校经济学教学与研究现状的一些看法[J]. 高校理论战线,2007(8):25-30.

The cultivating function and its practical approach of Marxist political economy in the post-era of COVID-19 outbreak

Yang Zhe

(School of Marxism, Beijing Forestry University, Beijing 100083)

Abstract Marxist political economy is a compulsory course in universities and ideological and political education. Based on the pattern of curricular ideological and political education, new changes in post-era of COVID-19 outbreak and the innovative practices of ideological and political course, this thesis pays attention to the necessity, importance and feasibility of Marxist political economy's cultivating function. Firstly, it analyzes three challenges of Marxist political economy's education. Secondly, it points out three basic functions Marxist political economy should perform in cultivating university students. Finally, combined with the innovative practices of "Topic-Issue-Subject in one lesson" teaching mode(TIS mode for short) it puts forward a practical approach of Marxist political economy in cultivating university students.

Keywords Marxist political economy, post-era of COVID-19 outbreak, "Topic-Issue-Subject in one lesson" teaching mode, cultivating function, practical approach

产品设计专业"专业设计考察"课程改革实践

陈净莲　石　洁

（北京林业大学艺术设计学院，北京　100083）

摘要： "专业设计考察"是北京林业大学产品设计专业教学活动的重要环节，通过该课程，扩大了学生的专业视野，增强了学生理论联系实践的能力，培养了创新思维。为了提高教学效果，本文对"专业设计考察"课程的教学内容和教学模式进行改革，对教学内容进行了梳理和优化；探索了参观考察和企业设计实训相结合的特色教学模式，发挥了校外教学实习基地的作用。课程实施证明，该课程的改革与探索，增强了学生创新能力和实践能力的培养，同时，该课程也是爱国主义教育和集体凝聚力培养的生动课堂。

关键词： 产品设计；专业考察；教学改革；设计实训

"专业设计考察"是北京林业大学产品设计专业教学活动的重要环节。课程的目的，是通过对我国制造业和工业设计产业发达地区的工业企业、工业设计公司的考察，扩大学生专业视野，加深学生对在校学习的理论知识的理解，增强学生理论联系实践的能力，推动创新设计人才培养。

本文在对产品设计专业课程教学改革长期探索的基础上，通过对"专业设计考察"的教学内容进行优化，对课程的教学模式进行创新，充分发挥了校外教学实习基地的作用，增加了企业设计实训的环节，通过课程的实施，取得了良好的教学效果。课程在拓宽学生的知识面、培养创新思维的同时，使学生能更深入地了解产品设计与技术及市场的关系，获得实践能力、分析问题和解决问题的能力、团队协作能力等综合能力的充分训练。

一、"专业设计考察"课程的背景和现状

（一）课程背景

产品设计专业教育的重要方向，是培养融合科技与艺术的复合型创新工业设计人才，提升设计水平与能力，推进中国制造向中国创造转变。因此，在人才培养的方向上，既要重视人文艺术修养的培养，也要注意工程技术能力的训练，要充分了解和利用学科发展的前沿技术成果，将行业发展的新技术、新材料、新工艺应用于设计中；同时，注重培养学生理论与设计实践相结合的能力，提升专业能力和综合素养。

（二）课程现状和问题

"专业设计考察"是产品设计专业的一门专业必修课，安排在大二年级结束后的暑假期间，其内容为对珠三角或长三角地区的工业企业、工业设计公司进行设计考察，了解产品

作者简介：陈净莲，北京市海淀区清华东路35号北京林业大学艺术设计学院，副教授，chenjl@bjfu.edu.cn；
　　　　　石　洁，北京市海淀区清华东路35号北京林业大学艺术设计学院，副教授，yiran0689@163.com。
资助项目：北京林业大学课程思政教研教改专项课题（2020KCSZ270）；
　　　　　北京林业大学科研反哺人才培养研究生课程教学改革项目资助（JXGG19023）。

生产的工作流程和产品设计在企业中的位置及意义。该课程可以弥补课堂教学的不足，帮助学生拓宽知识面、拓展思维。课程实施以来，通过考察，学生加深了对专业的了解，实践能力得到提升。经过长期反复的课程实践，该课程逐步建立了成熟的考察路线和管理制度，然而，课程的教学质量问题却日渐突出。课程关注的重点已经从确保考察安全、顺利地开展，转向更高效、全面地开展。当前课程存在的问题主要体现在：

1. 学生的主动性不足

由于以往实践的内容主要由教师决定，因此在实践过程中，学生常常仅能跟随教师完成指定的参观考察内容[1]，而不能主动思考，在与企业、设计公司的交流互动环节中也缺乏学习的积极主动性，考察座谈会最后很容易变成教师与企业设计师之间的交流。因此，我们应该在课程的实施中，充分发挥学生的主动意识，让学生适当参与考察的组织工作、行程的制订，在出行前充分了解考察的意义、目的和具体内容，这样在考察中才能变"被动"为"主动"。

2. "边游边学"，考察的深度有待于提高

"专业设计考察"课程开设在暑假期间，又是京外实习环节，学生很容易抱有将京外实习当作外出旅游的心态，对专业考察的期望是"边游边学"，甚至"游"大于"学"。在以往的实践环节中，往往对工厂、企业的参观仅限于表面、粗浅的了解，而不能深入思考，发掘设计与技术和市场的深层次关系。这样，考察就局限于形式，无法达到预定的课程训练目标。

二、课程内容改革探索

"专业设计考察"是产品设计专业重要的实践环节。实践教学的价值，不仅在于使学生学到专业知识，更在于将这种专业知识运用于设计、技术、市场的各个层面中[2]。为了使学生获得这种专业知识运用能力、创新思维，我们要对课程内容进行改革探索。

（一）提高课程定位，优化课程内容

对于产品设计专业来说，实践是培养创新思维的重要手段。因此，本课程应在原有的定位上进行提高[1]，将以了解设计行业的现状、拓宽知识面的内容，提高为对学生设计方法、设计能力、设计思维的综合训练。通过课程内容的探索，将内容进行优化：在3周的时间里，其中2周的时间穿插进行工业和家具企业考察、设计公司考察、设计城和展览馆参观，最后1周是集中的设计课程培训和企业实训。

考察路线集中在我国工业设计最发达的珠三角地区，包含广州、佛山、深圳三地，参与单位共计18个，在充实的行程中，体现"泛"中有"精"。"泛"指的是保证参观素材的量，达到开拓视野的目的；"精"指的是带有浓厚的专业特色，用不同的活动形式引发学生的个性化思考。具体内容和安排见表1。

表1 "专业设计考察"实习内容

序号	考察对象	考察内容	企业	数量
1	工业和家具企业	参观、座谈	明阳新能源投资控股集团	5
			创维集团有限公司	
			斯蒂罗兰家居有限公司	
			上品宅配家居股份有限公司	
			格米莱电器科技有限公司	

(续)

序号	考察对象	考察内容	企业	数量
2	设计公司	参观、设计师分享案例	深圳浪尖设计集团	5
			广州原子设计公司	
			深圳洛可可设计公司	
			米朗设计公司	
			简佳几何设计公司	
3	设计城和展览馆	参观	广东工业设计城	3
			深圳创新材料馆	
			深圳工业展览馆	
4	设计师培训	材料和工艺培训	广东新宝集团	1
5	设计实训	设计项目实训	红象设计公司	4
			乐卡尼设计公司	
			米朗设计公司	
			古今设计公司	
合计				18

在考察行程的制订中，充分发挥学生的主观能动性，让学生积极参与，查找感兴趣的项目和地点，并参与到考察行程的安排中[1]。指导教师从合理性、安全性的角度出发，对学生的建议进行合理安排，并且将考察行程、目的和内容进行详细的介绍。这样，使学生从"被动"变为"主动"，激发了学习的兴趣。

（二）考察内容简介

1. 工业和家具企业、设计公司的考察

作为"专业设计考察"课程的重要内容，对工业、家具企业和设计公司的考察所占比重较大。考察单位是在原有考察单位的基础上，结合教学计划中对了解企业生产、产品设计程序和培养创新思维的要求设立的，其中有全球排名前列的新能源企业明阳集团和创维集团。学生通过对这些大型企业、设计公司的参观考察，形成了对我国制造业的直观了解，例如，在创维集团的考察行程中，学生通过对电视机生产流水线的参观、设计总监分享创新理念和案例、座谈会，深入了解了企业的创新能力和创新精神，并且深刻体会到"创新驱动设计、设计赋能创新"的理念，特别是对具体的产品设计中如何将创新与人们对物质精神生活的需求结合起来，有了深层次的理解。

在参观考察环节，还对5家著名设计公司进行了考察，其中包括国家工业设计中心浪尖集团和洛可可集团、广东省工业设计中心广州原子设计公司。设计公司创始人、设计总监、家具协会秘书长等设计界的大师，分别做了精彩的讲座，讲座的主题包括"创新理念""产品营销策略""人性化关怀""结构与工艺"等，内容丰富多彩，学生纷纷表示受益匪浅。在座谈环节，学生积极思考、争先恐后地提问，和企业形成良好互动。图1为参观考察和座谈环节。

2. 设计城和展览馆参观

展会、博物馆的参观是对企业和设计公司考察的补充。在"专业设计考察"课程中，安排了广东工业设计城展馆、深圳创新材料博物馆、深圳工业展览馆的参观。通过对展会、博物馆的参观，同学们的专业知识得到补充。其中，深圳创新材料博物馆是我国最大的创

(a) (b) (c)

图 1　参观考察和座谈环节

新材料解决方案服务平台，材料展厅展示了 10000 多种材料解决方案，对博物馆的参观使同学们对材料、加工工艺和产品造型的关系有了更充分的理解。

3. 设计师培训及设计实训

这个环节在最后 1 周集中进行，包含半天的设计师培训，以及以小组为单位的企业设计实训。培训由企业的设计师实施，主要内容是材料、结构和工艺。学生在设计中往往更关心产品的形态和审美，而忽略作为产品设计落地的重要因素：材料、结构和工艺的可实现性。而设计师培训是对课堂教学的拓展。企业设计实训则以学生小组团队为单位，以参加企业实际项目的形式开展。

三、"专业设计考察"课程教学模式探索——设计实训

（一）教学活动简介及特色

企业设计实训的特色教学活动是"专业设计考察"课程在教学形式上的一次全新尝试。设计实训以学生实训小组进入不同的设计企业、企业导师指导实训、企业导师和校内教师联合点评的形式，开展为期一周的设计实训。设计实训的目的，是利用企业的资源优势，结合企业的课题需要，开展务实的、具有专业特色的设计方法改革，加强学生设计实践能力、创新思维的培养。

（二）流程及组织形式

在设计实训中，在校外实习基地——广东工业设计城进行，学生以小组形式进入设计城园区的 4 个设计公司，进行实际设计项目的训练。实训流程如图 2 所示：

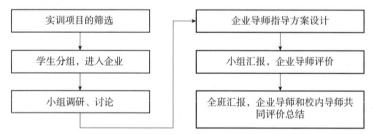

图 2　设计实训流程

设计实训采用项目驱动模式。通过对实训项目的实施，同学们对设计专题进行研究性学习和设计实践，最终以小组形式汇报实训成果，并研讨交流、相互学习。在这种模式下，学生不再是知识的被动接受者，而是积极主动的实践者和建构者[3]。设计实训中的重点环节是：实训项目的导入、指导和评价。

1. 实训项目的导入

"专业设计考察"课程中，实训项目的设计除了要满足设计理论和方法综合运用的要求，还强调创新设计思维的培养。另外，由于实训项目与企业的设计实题相结合，可以利用企业的资源优势[4]，着眼于社会的热点问题和需求，并且能贴近材料和工艺的发展前沿。在设计实训中，设计公司选择当前的实际项目作为实训主题，经过与实习指导老师共同筛选，

最后确定4个主题："多功能休闲椅""厨房消毒刀架""加湿器""多功能箱包"。学生自由选题，以小组形式分别进入不同的设计公司进行实训。

2. 实训项目的指导和评价

项目的指导主要由企业中经验丰富的设计师承担。在项目的指导过程中，引导学生积极主动地参与项目的整个流程，提高学生发现问题、分析问题解决问题的能力，激发学生的参与热情。首先，由于企业设计师具有丰富的实际项目经验，能够从需求、审美等方面给出指导意见，其次，产品设计方案的实施，不仅要考虑造型，也必须考虑产品的结构可实现性和生产成本，这恰好是在校内的理论课学习中欠缺的一环。设计实训的指导也有工艺、结构工程师的参与，为学生设计方案的可实现性提供了充分的保障，使学生造型、材料、结构和工艺的多方面技能得到训练。在项目指导过程中，利用互动式的教学方法，鼓励学生提出问题，与学生探讨式地解决问题。组织学生分组讨论，完成设计调研报告；在方案的审查过程中，企业导师与学生面对面讨论，充分交流。

设计实训的评价主要包括：一是小组评价，在设计方案的组内评价环节，由学生展示，企业导师进行评价；二是全班设计评价，各组在组内评价的基础上进行方案的优化，举行全班范围内的汇报，企业导师和校内导师联合点评。通过这一任务，学生不仅对自己感兴趣的设计专题进行了较深入地研究性学习，同时也收获了其他同学的探索和思考。图3为实训指导和评价环节。

四、教学效果

在"专业设计考察"课程中，通过对教学内容的优化和对教学模式的创新和探索，为产品设计专业的本科生教学提供了良好的实践训练的基础，能够提升产品设计专业学生的综合竞争力，在2019年暑假的"专业设计考察"课程中，收到良好的教学效果。同学们的专业知识得到扩展，加深了对产品设计应用领域和结构、工艺、材料的理解，激发了学生的学习热情，专业技能得到很大提升。在企业实训环节结束返校后，实训小组对实训成果进行了进一步的设计深化和完善，并且申报设计成果和参加设计竞赛，其中"多功能休闲椅""厨房消毒刀架"两个设计小组提交了实用新型专利申请书。实际项目的参与过程中，学生提高了学习兴趣，获得了成就感，为将来的专业学习打下实践基础。

图3 实训指导和评价环节

"专业设计考察"课程同时也是爱国主义教育和集体凝聚力培养的生动课堂，同学们参观了我国处于行业领先低位的高新技术企业，如新能源企业阳明集团、电视机制造企业创维集团，不仅开拓了视野，对"中国创造"和"中国创新"充满了自豪感，更坚定了为"中国创新"的美好明天而努力学习的决心。在考察中，同学们将课程与班级的暑期社会实践任务进行结合，积极认真参与到各个环节中，收到了很好的教学效果。全班同学分成照片组、视频组、采访组、文案组、推送组、成果汇报组，每个小组成员各司其职，分工合作，积极参与，每天的实习结束后整理照片、剪视频、写实习总结，高效完成了实习任务，也增强了集体凝聚力。在设计实训环节中，学生以小组形式参与企业实践项目，团队合作、协调的能力也得到了充分锻炼。

参考文献

[1] 孙漪南. 环境设计专业"艺术实践"课程改革探索[M]//黄国华. 打造金课成就卓越北京林业大学教育教学改革优秀论文选编. 北京：中国林业出版社，2018，12：61-65.

[2] 潘海涵，汤智. 大学实践教学体系的再设计[J]. 中国高教研究，2012(2)：104-106.

[3] 乔熠. 任务驱动模式在设计考察课程中的教学实践[J]. 西部皮革，2020，7：53-54.

[4] 张帆，门宇雯. 案例与互动式教学方法在家具设计专业教学中的应用[M]//黄国华. 秉烛者的思考与时间：北京林业大学教学改革研究文集（下）. 北京：中国林业出版社，2015：428-432.

Course Reform of *Practice of Product Design*

Chen Jinglian   Shi Jie

(College of Arts and Design, Beijing Forestry University, Beijing　100083)

Abstract　The course *Practice* is an important part of teaching activities for product design major of Beijing Forestry University. This course can expand students' professional vision, improve students' ability to connect theory with practice and cultivate their creative capabilities. In order to improve the teaching perfonnance, this paper discussed the reform of content and teaching mode of the course. It optimized the teaching content and exploresd the characteristic teaching mode that combines investigations with design training. The off-campus teaching practice base also played a role in the course. The implementation of the course proves that the reform and exploration of the course have strengthened the students' creative and practical abilities. At the same time, the course is also an activity for patriotism education and teamwork training.

Keywords　product design, *Practice of Product Design*, course reform, design training

时·空维度的思考与融入

——"园林植物景观规划"课程教学模式探索

胡 楠　王培严　董 丽

（北京林业大学园林学院，北京　100083）

摘要：植物作为园林中唯一的活体要素，无论在时间或空间上均具有多维变化的特征，然而目前的园林植物景观规划课程教学内容主要存在于静止的时间维度与二维的空间维度，使学生对于园林植物的时空特征认知较为局限。由此提出了基于"时·空"维度思考与体验的课程教学模式改革措施：完善教学内容，补充对植物景观历时性与空间性的研究与分析；创新教学方法，将工作模型、虚拟现实技术、实景体验应用于课程教学中；优化考核方式，引导学生探索开放式成果形式。

关键词：风景园林；园林植物；规划与设计；教学模式

一、教学现状

"园林植物景观规划"是北京林业大学园林学院风景园林与园林专业10个教学班的专业必修课程，旨在培养学生掌握城市植物景观规划与设计的理论基础与实践能力，提升学生对于植物景观科学性与艺术性的认识。课程主要历经了3个阶段的发展[1]，课程内容、教学教法、考核方式、教学条件等各方面均不断发展完善，在全国开设相关课程的百余所院校中发挥重要的引领与示范作用。

"园林植物景观规划"课程以课堂教学为主、实践教学为辅，课堂教学主要为理论课程讲授，实践教学包含了以户外实习、自主调研与成果汇报为主的调研实践环节，以案例教学、课程设计辅导、设计竞赛参与为主的课程设计环节（图1）。

"园林植物景观规划"课程的设置结合了风景园林学科的专业特点与行业需求，旨在培养学生具备综合的专业素养（图2），传统的教学模式对于学生理论知识与表现能力的提升产生了积极作用。然而当学生面临真实的场地时依旧难以将图纸内容联系实际。园林植物作为园林中唯一的活体要素，在时间与空间维度表现出的变化特征相比其他园林要素更为显著，在课程教学中应引起足够重视。以下从教学内容、教学方法、考核方式探索课程教学中时空维度的思考与融入。

作者简介：胡　楠，北京市海淀区清华东路35号北京林业大学园林学院，讲师，942066661@qq.com；
　　　　　王培严，北京市海淀区清华东路35号北京林业大学园林学院，博士后，imasder1115@gmail.com；
　　　　　董　丽，北京市海淀区清华东路35号北京林业大学园林学院，教授，dongli@bjfu.edu.cn。
资助项目：中央高校基本科研业务费专项资金资助项目"北京皇家园林内廷花园植物种类考证及植物造景研究"（BLX201941）；
　　　　　国家自然科学基金资助项目"基于历史典籍考证与多模型构建的清代北京皇家园林植物造景研究"（52008022）；
　　　　　北京林业大学精品课程建设项目"园林植物景观规划"（BJFU2018JPK002）；
　　　　　北京林业大学教育教学研究项目"基于2019版教学计划调整的植物景观规划设计等三门课程的教学体系完善研究"（BJFU2020MS009）。

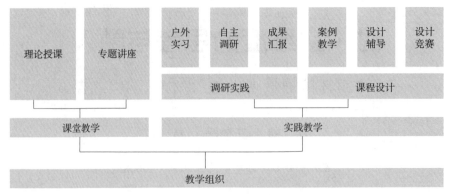

图1 "园林植物景观规划"课程的教学组织结构

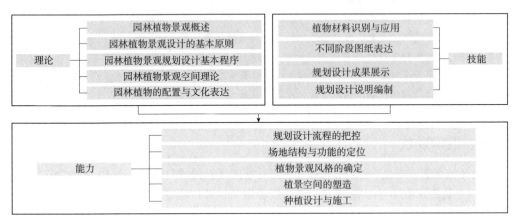

图2 "园林植物景观规划"课程的培养目标

二、教学内容的时空历变

"园林植物景观规划"课程主要有理论基础、调研实践、课程设计环节。其中理论基础内容主要有园林植物景观概述、园林植物景观规划与设计的基本原则、园林植物景观规划与设计的程序、园林植物景观空间与文化等。调研实践主要围绕理论基础内容开展实习教学、自主调研以及调研成果汇报。课程设计主要结合理论基础与调研实践开展以学生为主导的自主式规划与设计，教师与学生共同探讨规划与设计内容。"时·空"维度能够融入于教学内容的多个环节中。

（一）增加经典园林植物景观实例的时空研究

"研今必习古，无古不成今"，中西方传统园林有很多优秀实例值得我们去研究，特别是根据历史典籍记载对于时空变换的解读，将帮助我们深入理解植物景观规划与设计的根本内涵。理论基础教学可结合现有的国内外案例库资源[2]，选择1~2个经典案例进行深层剖析，逐渐积累形成植物景观的时间案例库与空间案例库（图3）。

（二）增加实践调研的对比研究

课程实践调研对象主要为北京的综合性公园，不同学期实践调研对象不同，学生仅能够对眼前所见的景观进行瞬时性的记录[3]。实践调研环节可结合历届调研成果增加植物景观在时间与空间层面的对比研究过程，帮助学生在实景空间里加深对植物景观时空变换的直接理解。

三、教学方法的身临其境

"园林植物景观规划"课程以理论基础教学为前提，融合了调研实践学习环节与课程设

(a) 20世纪初的慈宁宫花园咸若馆　　　　　　(b) 2018年的慈宁宫花园咸若馆

(c) 20世纪20年代的　(d) 2018年的御花园延晖阁　(e) 1920—1923年的　(f) 2006年的建福宫
　　御花园延晖阁　　　　　　　　　　　　　　　建福宫花园延春阁　　花园延春阁

图3　植物景观时间案例库

注：图3(a)(c)(e)引自参考文献[6]，图3(f)引自参考文献[7]，其他图片为作者自绘或自摄。

计学习环节，创造了课内与课外、课上与线上、理论与实践多样化的教学方式，提升了学生的积极性。理论基础部分的学习以课堂授课、线上学习、专题公开讲座为主，调研实践学习主要为自主调研与成果汇报，课程设计学习主要为案例教学、课程设计辅导等。综合来看，现有教学方法以理论基础讲授为前提，融合了实习讲解与设计探讨等形式。创新教学方法能够更直观地引导学生感受植物景观的时空特征。

（一）平面式案例向模型式案例转化

目前案例讲解主要应用幻灯片以图片形式输出，无论是平面图纸还是立面图纸均无法将时空维度的植物景观向学生完整呈现，而专业绘图软件的发展为案例呈现方式带来了新的可能，如(草图大师3D模型软件)SketchUp、(3D可视化软件)Lumion均可以将平面图纸转化为三维场景，并能够通过场景叠加形成历时变化的图像，使讲授内容更具有画面感和时空感。

（二）借助虚拟现实技术实现实景体验

"园林植物景观规划"课程的设计实践环节目前主要通过草图形式绘制平面、立面图纸，学生对于植物景观空间结构、场所尺度、平面立面转化的把控能力无法在这一过程中有明显的提升。虚拟现实技术的空间体验特征能够将教师与学生共同置身于不同的时空场景中[4-5]，能够在相互探讨中迅速提升时空感知，进而提升教学效果。

（三）创造实操环境

作为专业基础课程，现阶段的实习课程已经引导学生进入真实的植物景观建成环境中去观察并模拟植物景观的自然生长状态。在此基础上，产学研一体化的教学平台建设为学生创造了更多的实操环境，未来教学实习用地的启用将为学生提供感受植物景观设计全过程的宝贵机会，不仅能够将个人的设计方案落地建成，还能够长期观测并记录植物景观的生长变化，真正实现理论与实践相结合(图4)。

（a）根据植物生长变化进行移栽　　　　（b）根据植物生长变化进行修剪

图4　园林植物景观规划课程实操意向

四、考核方式的求同存异

"园林植物景观规划"课程现阶段的考核方式有日常考勤、调研汇报、规划与设计。其中调研汇报让学生使用投影形式将调研成果进行展示，规划与设计考核以图纸形式提交。现阶段的考核方式对学生理解并掌握课程内容仍有局限性。在此基础上，应在保证作业基本图纸内容之上鼓励学生去探索多样的作品表现形式。

（一）虚拟模型

鼓励小组合作形式，对规划设计场地的植物景观以场景动画、虚拟动画的动态模拟形式进行展示，这不仅能够促使学生去研究植物景观变化的基本规律，也能够在完成课程任务的过程中加深对植物景观时间与空间维度的认知。

（二）实体模型

与"园林植物景观规划"课程并行开展的园林设计、园林建筑设计、园林工程设计课程均已陆续尝试探索实体模型在课程教学中的应用，学生将自己的平面作品以实体模型呈现，一方面培养了基本动手能力，另一方面也能在模型制作过程中对于园林各要素的尺度协调、空间塑造产生深刻的印象(图5)。

（a）设计尺度植物景观实体模型　　　　（b）规划尺度植物景观实体模型

图5　园林植物景观规划实体模型意向

五、结　语

传统的课程教学模式为课程教学奠定了坚实的基础，新时代赋予了风景园林人更多的责任与使命，先进技术的发展为课程教学带来了更多的可能性，为解决"园林植物景观规划"课程中学生对时空特征认知局限的问题打开了突破口。新时代需要教师在创新发展的浪潮中不断吐故纳新、加强研究的深度与广度，带领并鼓励学生开展探索式学习，以创造更高效的教学效果。

参考文献

[1] 董丽. 北林园林学院植物景观领域发展概况及思考[J]. 风景园林，2012(4)：83-84.
[2] 王美仙. "园林植物景观规划"课程在线案例资源建设初探[J]. 中国林业教育，2016，34(1)：40-43.
[3] 李冠衡，郝培尧，尹豪，等. "植物景观规划设计"课程室外实践教学环节的设计：以北京林业大学园林学院为例[J]. 中国林业教育，2016，34(2)：54-57.
[4] 李慧，何伟，钟誉嘉. 三维模型在"园林植物景观规划"课程教学中的应用[J]. 中国林业教育，2018，36(5)：66-70.
[5] 孙漪南，李方正，李雄. VR技术在城市绿化设计中的应用：以风景园林为例[J]. 中国城市林业，2017，15(2)：55-58.
[6] 单霁翔. 故宫藏影：西洋镜里的皇家建筑[M]. 北京：故宫出版社，2014：143，199，212.
[7] (英)潘謇著. 建福宫：在紫禁城重建一座花园[M]. 上海：上海人民出版社，2013：71.

Thinking and integration of time and space dimension: Exploring the teaching mode of *Landscape Plant Planning*

Hu Nan　Wang Peiyan　Dong Li

(College of Landscape Architecture, Beijing Forestry University, Beijing　100083)

Abstract　As the only living element in landscape architecture, plants have the characteristics of multi-dimensional changes in both time and space. However, the current teaching content of *Landscape Plant Planning* mainly exists in the static time dimension and two-dimensional space dimension, which limits students' cognition of space-time characteristics of landscape plants. Therefore, the paper puts forward the reform measures of teaching mode based on the thinking and experience of "time and space" dimension: improving the teaching content, supplementing the research and analysis of the diachronic and spatial nature of plant landscape; innovating the teaching methods, applying the working model, virtual reality technology and real experience in the course teaching; optimizing the assessment methods, guiding students to explore the open achievement form.

Keywords　landscape architecture, landscape plant, planning and design, teaching mode

经济管理类本科生毕业去向选择及影响因素研究

张 洋　杜 燕　朱禹萌　吴成亮

（北京林业大学经济管理学院，北京　100083）

摘要： 高校扩招以来，学生毕业去向的选择成为社会的关注问题。针对这一问题，本文研究通过方差分析对北京某高校2017级经济管理类本科生毕业去向选择及影响因素进行分析研究。研究结果表明，本科毕业生的政治面貌、英语四级分数、担任学生干部情况对毕业去向选择有负向影响，家庭困难程度对毕业去向选择正向影响；家庭贫困程度越高的毕业生越倾向于就业，党员毕业生倾向于出国深造，英语四级成绩高和有学生干部经历的毕业生更倾向于出国。学校应当根据学生的实际情况建立与之相符的人才培养方案，及时更新专业培养计划，针对性指导学生进行职业生涯规划。

关键词： 毕业去向选择；方差分析；多元回归

一、引　言

党的十九大报告指出，就业是最大的民生，要坚持就业优先战略和积极就业政策，实现更高质量和更充分就业[1]。建设教育强国是中华民族伟大复兴的基础工程，必须把教育事业放在优先位置，加快教育现代化，办好人民满意的教育。本科生作为国家宝贵的人才资源，能否成功就业不仅关系到公众对国家高等教育的信心，还关系到国家经济和社会的可持续发展。因此，在新时代下，引导大学生做好合理的毕业去向选择，成为了高校思想政治教育的重要课题。据教育部统计，近年来我国高校毕业生规模逐年攀升，2020年将再创新高，达874万人。随着互联网、大数据的信息冲击，本科生就业去向的选择更加多样化。疫情的突发给高校就业工作带来招聘形式变化、信息平台建设欠缺、学生焦虑情绪增加等困难和挑战，高校毕业生"稳就业"的任务目标受到影响，使得加强就业引导工作更为必要[2]。

经济管理类专业以培养掌握现代经济管理基本理论和技能、从事综合及部门经济管理高级人才为目标，为社会输送大量经济管理类专业人才、为劳动力市场输送大量的人力资源，一方面缓解了我国人才"相对紧缺"的状况，另一方面为毕业生的就业问题减少了不小的压力[3]。

作者简介：张　洋，北京市海淀区清华东路35号北京林业大学经济管理学院，副教授，yangzhang@bjfu.edu.cn；
　　　　　杜　燕，北京市海淀区清华东路35号北京林业大学经济管理学院，学生，18710151469@163.com；
　　　　　朱禹萌，北京市海淀区清华东路35号北京林业大学经济管理学院，学生，13167337789@163.com；
　　　　　吴成亮，北京市海淀区清华东路35号北京林业大学经济管理学院，副教授，wubjfu@163.com。
资助项目：北京林业大学研究生课程建设项目"房地产金融实验教学研究"（JXGG2023）；
　　　　　北京林业大学研究生课程建设项目"社会调查与研究方法"（JXGG2024）。

国内外学者对本科生毕业的去向问题也十分关注，从理论与实践等不同角度进行了较为全面的讨论。我国高校本科毕业生的去向一般分为3种，即出国、就业和读研，也有研究将出国和读研统一称为继续深造。通常而言，出国深造是本科生毕业的重要去向之一。为了追求更优质的高等教育资源，出国深造大多选择发达国家[4]。更深层次，白娟和梁红静对大学毕业生毕业出国深造的原因进行了调查和深入分析，并针对此问题，从一些层面上提出了相关建议[5-6]。

大多数学者研究方法也各不相同，蒋承利用"2012年首都高校学生发展调查"数据，从毕业去向、就业地点和行业3个方面定量分析大学生就业预期与实际情况的匹配程度[7]。庄严采用路径分析方法定量分析了自我概念对大学生毕业去向的影响[8]。徐远火通过因子分析找到影响学生毕业去向的主要影响因素[3]。何宜庆基于结构方程模型的当代大学生毕业去向选择行为研究，运用结构方程模型，对毕业生择业行为的影响因素及其路径给出了分析，建议并就当前的教育、就业与创业等存在的不足之处提出对策[9]。张佳采用共识性质性研究方法，通过访谈，分析了大学生的毕业去向选择及受到的影响因素[1]。高瑞用层次分析法，从综合效用最大化的角度进行研究，得出主观因素对大学生毕业去向的选择起着重要作用的结论[10]。孙怡帆研究根据我国某高水平大学2010—2015届本科生行政数据，使用机器学习领域的Lasso-Logisitic算法，构建了毕业生去向的预测模型[4]。

现有研究对本科生毕业去向选择的研究方法多样化，但是关于经济管理类专业的本科毕业生去向研究较少，并且较少研究使用回归拟合的数学方法。因此，本研究拟开展针对经济管理类本科毕业生的毕业去向研究。

为了配合北京某高校经济管理类专业2015版人才培养方案的修订，也为了帮助经济管理类专业的在校学生了解毕业去向的影响因素，本文研究的具体目标为：一是研究和讨论经济管理学院本科生毕业去向选择的影响因素；二是做初步的相关分析，分别讨论毕业去向选择与性别、生源地、政治面貌、学生干部、考取证书、实习经历、家庭情况的相关关系；三是分析得出影响毕业选择规划的显著性影响因素，提出毕业去向选择的数学模型，分析其显著性与参数的显示意义；四是根据上述的分析和讨论，提出一些建议。

二、变量设计与数据分析

（一）变量设计

马莉萍从地区城市级别的视角出发，揭示了家庭背景对大学生毕业去向有显著影响[11]；此外，林曾的研究发现本科获得的成绩和综合能力是影响个体毕业去向的两个最重要的因素[12]；孟大虎通过实证研究检验人力资本投资与大学生就业的关系后发现：那些能够积极影响求职结果的人力资本变量，例如职业资格证书、兼职经历等并不一定在决定就业质量方面起到积极作用[13]。陈成文和孟大虎等的研究都发现了学习成绩对就业机会获得的显著影响[13-14]。根据上述文献综述，可以发现毕业去向选择和这些因素可能存在较高相关性。

基于学者的研究结论，本研究确定了研究变量，并设计了调查问卷。调查问卷包含学生基本信息、就业意向和基础能力三大部分，共设置了9个问题。其中，毕业生基本信息部分包括性别、生源地、政治面貌；就业意向部分涉及保研、考研、创业、求职内容；基础能力主要围绕英语四级分数、学生干部经历、考取证书量、学习实践经历、挂科数、家庭是否困难方面展开。本文变量及变量说明见表1。

表 1　变量及变量说明

变量类型	变量		定义	说明
因变量	y	毕业去向选择	出国=0；保研=1；考研=2；创业=3；京内求职=4；京外求职=5	
自变量	x_1	性别	性别男=1；女=0	
	x_2	生源	生源北京=1；非北京=0	
	x_3	政治面貌	党员(含预备)=2；团员=1；群众=0	
	x_4	英语四级分数		英语四级满分710
	x_5	学生干部	无=0；班级干部=1；社团干部=2	考取证书：按证书数量计
	x_6	证书数量		
	x_7	实习经历	有=1；无=0	
	x_8	挂科数		目前仍挂科数
	x_9	家庭困难	是=1；否=0	

（二）数据来源与分析

根据研究目标，本研究面向北京某高校经济管理学院2017级本科生毕业生发放问卷，通过QQ群、微信群进行针对性发放，保证了问卷调查对象的一致性和数据可信度。问卷中的毕业去向包括：出国留学、保研、考研、求职。值得特别注意的是，本次调研的时点是大三下学期，这个时间节点优势在于本科毕业生毕业去向相对比较明确，另外一个优势是没有受到实际情况的干扰。这个时间点学生完全是根据自身情况来决定自己的毕业选择意向的，而不是根据自身情况和现实反馈来进行选择的。这样可以尽可能避免现实因素对毕业去向选择的影响。本次共发放问卷584份，为保证样本选取的准确性，剔除统计不完全的数据，经过对该数据的缺失值处理，最后有效统计样本数为493份，有效使用率为84.4%。在选定样本以后，样本数据进行相关性分析及相应的处理。数据的描述性统计见表2。

表 2　数据描述

	变量	样本量	均值	标准差	最小值	最大值
x_1	性别	493	0.2008	0.4010	0	1
x_2	生源	493	0.0791	0.2702	0	1
x_3	政治面貌	493	1.1826	0.4719	0	2
x_4	四级分数	493	513.8195	63.5282	0	697
x_5	学生干部	493	1.2840	0.8997	0	2
x_6	证书数量	493	0.8945	0.9738	0	5
x_7	实习经历	493	0.5314	0.4995	0	1
x_8	挂科数	493	0.2312	1.0817	0	19
x_9	家庭困难	493	0.5882	0.2355	0	1
y	就业意向	493	1.7809	1.2674	0	6

表2中，性别均值为0.2008，说明本样本中女生占比较高，这与调查对象经济管理专业偏向于文科且女生较多有关，符合高校经济管理类专业的现实情况。样本数据中本科生英语四级分数均值513.8，最高分为697，英语四级及格线为425，说明超过一半学生英语四级分数高于及格线；家庭困难均值为0.588，偏向于1，说明家庭困难人数过半；挂科数的均值为0.23，最大值为19，表明有个别毕业生成绩不佳。

三、基于方差分析的毕业去向选择的影响因素识别

相关系数最早由统计学家卡尔·皮尔逊设计的统计指标,用以反映变量之间相关关系密切程度。相关系数热力图可反映两个变量之间的相互关系。因此,为初步探讨变量之间的相关了解,本文做了相关系数热力图,相关系数热力图如图1所示。

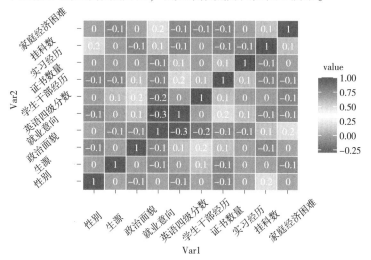

图1 相关系数热力图

从相关系数热力图可知,变量之间相关变量都较小,其中相关系数最大的是就业意向和政治面貌,但仅为-0.3。由于各变量之间的相关系数较低,所以本数据不适合做因子分析和主成分分析,因此采用方差分析进步探讨。

方差分析是一种数据编码,适用于非连续数据分析,以及在不同水平是否有显著差异,初步探讨正向和负向的关系。从本质上讲,方差分析也是一种假设检验,它通过对实验数据的波动性进行分析、分解,然后将某影响因素下各组实验数据间可能存在的系统性波动与随机波动加以比较,据此推断各总体均值之间是否存在显著性差异[15]。多因素方差分析用来研究两个或两个以上控制变量是否对观测变量产生显著影响,目的在于通过数据研究观测变量与多个控制变量是否具有显著相关关系,并找出对该观测变量有显著影响的控制变量、各控制变量之间的交互作用,以及控制变量显著影响的最佳水平等[16]。本研究对问卷数据进行方差分析,分析结果见表3。

表3 对于就业选择的方差分析

变量		统计量	自由度	F(df1,	df2)	F值	P值
x_1	性别	L	0.0202	1	1	278	5.6100	0.0186 e
x_2	生源地	L	0.0023	1	1	278	0.6300	0.4280 e
x_3	政治面貌	L	0.0194	2	2	278	2.7000	0.0688 e
x_4	英语四级分数	L	0.9429	196	196	278	1.3400	0.0131 e
x_5	学生干部	L	0.0213	2	2	278	2.9600	0.0536 e
x_6	证书数量	L	0.0087	5	5	278	0.4800	0.7885 e
x_7	实习经历	L	0.0034	1	1	278	0.9400	0.3340 e

(续)

	变量	统计量	自由度	F(df1,	df2)	F 值	P 值
x_8	挂科数	L	0.0505	5	5	278	2.8100	0.0172 e
x_9	家庭困难	L	0.0233	1	1	278	6.4900	0.0114 e

W = Wilks'lambda　　L = Lawley-Hotelling trace
P = Pillai's trace　　R = Roy's largest root

利用方差分析去研究影响因素对于就业去向选择的差异性,由于样本是离散型数据,所以选取 L 统计量(有时称为 Lawley-Hotelling 跟踪)。从表3可以看出:对于生源地、政治面貌、学生干部、证书数量、实习经历英全部均不会表现出显著性($p>0.05$),意味着这些影响因素对于就业选择均表现出一致性,并没有差异性。而性别、英语四级分数、挂科数、家庭困难对就业去向选择(y)影响显著($p\leqslant0.05$)。

四、基于回归拟合的毕业去向选择的影响因素分析

(一)回归分析

方差分析是对于各因素的效用水平之间差异的判断,但只能说明不同变量对 y 的影响效用,不能分析其因果关系,也没有确定的模型能够精确衡量具体影响效用的大小。因此,本文通过建立多元回归模型,来确定影响效用的具体程度。结合 2020 年经济管理学院本科生就业去向调查表的数据,对就业去向的选择的影响因素进行回归分析,得到的数据见表4。

表 4　模型整体检验表

	方差	自由度	均方差
模型	124.6531	9	13.8503
残差	665.6876	483	1.3782
整体	790.3408	492	1.6064
样本量 493	F(9, 483)= 10.05	P 值 0.0000	
调整 R^2 值 0.1420	标准误 1.174	R^2 值 0.1577	

从表4整体检验可知,将影响因素作为自变量,而将毕业去向选择作为因变量进行回归分析,从上表可以看出,模型 R^2 值为 0.1420,$F=10.05$,且 Prob>F = 0.0000,$p<0.05$,说明整体模型显著。

表 5　系数检验表

	变量	系数	标准误.	T 检验	P 值	[95% 置信区间]	
x_1	性别	-0.2253	0.1357	-1.6600	0.0980	-0.4920	0.0410
x_2	生源	-0.2836	0.1984	-1.4300	0.1530	-0.6730	0.1060
x_3	政治面貌	-0.2579	0.1165	-2.2100	0.0270	-0.4870	-0.0290
x_4	英语四级分数	-0.0055	0.0009	-6.3200	0.0000	-0.0070	-0.0040
x_5	学生干部	-0.1641	0.0606	-2.7100	0.0070	-0.2830	-0.0450
x_6	证书数量	-0.0200	0.0567	-0.3500	0.7240	-0.1310	0.0910

(续)

	变量	系数	标准误.	T检验	P值	[95% 置信区间]	
x_7	实习经历	-0.0883	0.1076	-0.8200	0.4120	-0.3000	0.1230
x_8	挂科数	0.0561	0.0506	1.1100	0.2680	-0.0430	0.1550
x_9	家庭困难	0.7524	0.2281	3.3000	0.0010	0.3040	1.2000
	常数	5.2092	0.4634	11.2400	0.0000	4.2990	6.1200

从表5系数检验表可以看出，在显著性水平 $a=0.05$ 的情况下，政治面貌(x_3)、四级分数(x_4)、学生干部(x_5)、家庭困难(x_9)这4个因素的通过 t 检验($p<0.05$)，说明这4个因素对于就业去向选择具有显著性，其余因素与毕业去向选择不显著。因此得出回归模型：

$$y = -0.258x_3 - 0.006x_4 - 0.164x_5 + 0.752x_9$$

由回归模型可以得出，政治面貌(x_3)对毕业去向选择(y)呈负向影响，当 x_3 每增加1个单位，则 y 减少0.258个单位；英语四级分数(x_4)对毕业去向选择(y)呈负向影响，当 x_4 每增加1个单位，则 y 减少0.006个单位；学生干部(x_5)对毕业去向选择(y)呈负向影响，当 x_5 每增加1个单位，则 y 减少0.164个单位；家庭困难(x_9)对毕业去向选择(y)呈正向影响，当 x_9 每增加1个单位，则 y 增加0.752个单位。

（二）回归拟合

为了更加直观分析政治面貌、英语四级分数、学生干部、家庭困难这4个变量的影响趋势和拟合程度，基于以上回归系数，可得图2四个回归拟合图。

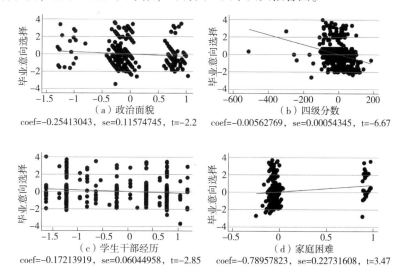

图2 回归拟合图

由以上得出图2四个回归拟合图得出：图2(a)中，政治面貌(x_3)每增加1个单位，则毕业去向选择(y)减少0.254。说明政治面貌趋向于党员，毕业去向选择更趋向于出国。这意味着政治面貌越向党员靠拢，则就业意向越趋向于考研、保研和出国深造；图2(b)中，四级分数(x_4)每增加1个单位，则毕业去向选择(y)减少0.056；说明英语四级分数越高，毕业去向选择更趋向0(出国)；图2(c)中，学生干部经历(x_5)每增加1个单位，则毕业去向选择(y)减少0.172。说明学生干部经历越趋向于1(经历过学生干部)，学生毕业去向选择更趋向0(出国);图 2(d)中,家庭困难(x_9)每增加 1 个单位,则毕业去向选择(y)减少 0.79。说明学生越趋于家庭困难,毕业去向选择更趋向于更高值(京内求职=4,京外求职=5)。

五、结　语

本研究通过相关系数、方差分析以及回归拟分析,得到以下结论:

(1)本科毕业生的政治面貌、英语四级分数、担任学生干部情况、家庭困难程度对毕业去向选择有显著影响。其中,政治面貌、英语四级分数、担任学生干部情况对本科毕业生的毕业去向选择有负向影响;家庭困难程度对本科毕业生的毕业去向选择有正向影响。

(2)政治面貌为党员(含预备)的经管类本科生的毕业去向趋向于继续深造;英语四级成绩越高和有学生干部经历的毕业生更倾向于出国;而家庭贫困程度越高的毕业生倾向于就业。

据此,研究建议高校应当根据学生的实际情况建立符合学生实际情况的人才培养方案、及时进行专业设置、及时了解学生的毕业需求,帮助学生及时进行职业生涯规划。

参考文献

[1]张佳. 大学生毕业去向选择及影响因素的质性研究[J]. 新西部,2018(18):113-114.

[2]陈建帮. 抗击疫情形势下对大学生就业引导工作的思考[J]. 中国大学生就业,2020(6):38-42,53.

[3]徐远火,黄文竹,危红. 地方高校大学生毕业去向选择行为研究:以南充 N 大学为例[J]. 西华师范大学学报(哲学社会科学版),2017(1):107-112.

[4]孙怡帆,潘昆峰,孙正阳,等. 大学生毕业去向预测的思路与方法:基于机器学习算法的尝试[J]. 教育学术月刊,2019(1):25-35.

[5]白娟,王京芳. 大学生毕业去向选择的调查[J]. 大学教育,2014(11):107-109.

[6]梁红静,韩苏芸,石友香. 浅析 90 后大学生毕业去向选择问题[J]. 中国市场,2014(26):163-164.

[7]蒋承,范皑皑,张恬. 大学生就业预期匹配程度研究:以北京市为例[J]. 高等教育研究,2014,35(3):34-39.

[8]庄严,张春辉,陈士良,等. 自我概念对大学生毕业去向的影响分析[J]. 数理医药学杂志,2016,29(7):1104-1106.

[9]何宜庆,白彩全,陈昶,等. 基于结构方程模型的当代大学生毕业去向选择行为研究[J]. 数学的实践与认识,2015,45(3):22-29.

[10]高瑞. 大学生毕业去向选择的数学模型[J]. 中国科技信息,2010(19):148-149,153.

[11]马莉萍,刘彦林. 大学教育如何促进地区代际流动?:对大学生生源地、院校地和就业地城市级别的实证研究[J]. 华东师范大学学报(教育科学版),2018,36(5):51-59,167.

[12]林曾,蔡蔚萍. 影响本科生毕业去向的因素:基于 W 大学 2014 届本科毕业生的实证分析[J]. 江汉论坛,2016(10):128-134.

[13]孟大虎,苏丽锋,李璐. 人力资本与大学生的就业实现和就业质量:基于问卷数据的实证分析[J]. 人口与经济,2012(3):19-26.

[14]陈成文,汪希. 就业储备对大学毕业生就业的影响:基于 2009 届大学毕业生的实证研究[J]. 高等教育研究,2009(10):90-95.

[15]戴金辉,袁靖. 单因素方差分析与多元线性回归分析检验方法的比较[J]. 统计与决策,2016(9):23-26.

[16]武松,潘发明. SPSS 统计分析大全[M]. 北京:清华大学出版社,2017:79-103.

Research on the choice of graduation destination and influencing factors of economic management undergraduates

Zhang Yang Du Yan Zhu Yumeng Wu Chengliang

(School of Economics and Management, Beijing Forestry University, Beijing 100083)

Abstract Since the expansion of college enrollment, the choice of students'graduation destination has become a concern of the society. In response to this problem, the study analyzed and studied the graduation destination and influencing factors of 2017 economic management undergraduates from a university in Beijing through analysis of variance. The research results show that the political outlook of undergraduates, grade four scores, and their status as student leaders have a negative impact on the choice of graduation destination, and the degree of family difficulty has a positive impact on the choice of graduation destination; the higher the degree of family poverty, the graduates tend to be employed , Party member graduates tend to go abroad for further studies, graduates with high grades in grade 4 and student leaders are more likely to go abroad. The school shall establish a talent training plan in line with the actual situation of the students according to the actual situation of the students, update the professional training plan in a timely manner, and guide the students in their career planning.

Keywords   graduation choice, analysis of variance, multiple regression

面向工程教育认证的"数据挖掘"思政教育研究与探索

王新阳　陈志泊　韩慧　崔晓晖

（北京林业大学信息学院，北京　100083）

摘要：思想政治教育是深入贯彻党中央、国务院关于高等教育立德树人根本任务的重要保证。随着大数据、人工智能等计算机技术对人类社会各方面影响的不断深入，对于计算机专业人才的思政教育则显得愈发重要和迫切。当前广泛推动的工程教育认证为计算机等工程类专业人才的培养建立了基本理论框架和实践规范，因此，在工程教育认证背景下的思想政治教育具有扎实的理论基础和广泛的实践意义，并且为思政教育的切实执行提供了必要的机制保障。同时，鉴于数据挖掘课程在人工智能、大数据分析等应用领域的重要基础地位以及与现实生活的密切联系，非常有必要探讨在工程教育认证背景下数据挖掘课程的思政教育建设有关问题。

关键词：工程教育认证；思政教育；数据挖掘；案例贯穿法

　　高等学校教育的核心任务不仅在于向学生传授领域专业知识，更重要的是塑造学生的人格品质和精神内涵，达到立德树人的目的。中共中央、国务院在《关于加强和改进新形势下高校思想政治工作的意见》提出："高校应该在立德树人根本任务的基础上，把思想政治工作贯穿教育教学全过程，把思想价值引领贯穿教育教学全过程和各环节，形成教书育人、科研育人、实践育人、管理育人、服务育人、文化育人、组织育人长效机制。"[1-2]近年来，互联网、大数据以及人工智能等计算机技术快速发展，给人类社会生活、科技等各方面带来了深远的影响。相应的，该领域对于计算机专业人才的要求则越来越高，这不仅体现在专业知识和技能水平上，思想道德素养的提升也显得愈发重要。因此，许多教育工作者从不同课程和视角陆续提出了计算机专业思政教育的思路和方法，为计算机技术发展和人才培养提供了与时俱进的思想保障[3-8]。与此同时，为了培养适应新时代社会主义现代化建设需要的、德智体美劳全面发展的复合型工程技术人才，以及为了实现新工科建设背景下对于持续深化工程教育改革的目标[9]，近年来针对高等教育机构工程类专业开展的工程教育认证从基础理论知识、实践操作技能、思想道德素质等各个培养环节和方面均作出了明确的指导和规范化要求，形成了工程教育的指导性方针和一整套完备、自洽的教育理论[10]。因此，非常有必要在工程教育认证体系下探索思政教育的理论框架和方法。

一、思政教育的必要性

　　"数据挖掘"是一门基于数据科学和理论以及相应算法发现海量数据内在规律进而实现数据分析和预测的课程。该课程的很多知识源于现实世界的高度抽象，并被广泛应用

作者简介：王新阳，北京市海淀区清华东路35号北京林业大学信息学院，讲师，wxyyuppie@bjfu.edu.cn；
　　　　　陈志泊，北京市海淀区清华东路35号北京林业大学信息学院，教授，zhibo@bjfu.edu.cn；
　　　　　韩　慧，北京市海淀区清华东路35号北京林业大学信息学院，副教授，hanhuie@126.com；
　　　　　崔晓晖，北京市海淀区清华东路35号北京林业大学信息学院，副教授，cuixiaohui@bjfu.edu.cn。
资助项目：北京林业大学教学改革项目"课程思政教研教改专项课题'数据挖掘'"（2020KCSZ204）。

于解决各类实际问题，是一门与现实生活紧密联系的课程。例如，"数据挖掘"中的神经网络、分类、聚类等算法通过不断的大量计算发现数据的规律模式，类似于生活中通过不断反复学习掌握某一领域的知识；关联规则算法通过发现频繁项集找到两个对象之间的关系，类似于生活中通过梳理千丝万缕的线索建立两个事物之间的关系，而不能只停留在表面现象；主成分分析法通过将多个维度的数据映射到较少维度上以进行数据压缩，进而降低数据分析复杂程度的做法，在实际生活中也有"抓住事物的主要矛盾，解决主要问题"的类似做法。可以看到，"数据挖掘"不仅涉及数学、编程、算法等理论和技术，还融入了很多对于现实世界的高度抽象和哲学性思考，内容丰富，涉及面广，蕴含了很多生活常识和人生道理，有非常多的思政教育切入点。因此，本课程很适合开展思政教育。

二、思想政治教育的融入点

"数据挖掘"课程内容非常丰富，包括数据预处理、分类、聚类、关联规则、神经网络、贝叶斯网络、粗糙集、统计分析等。目前本课程思政教育结合点覆盖了数据挖掘中的基本理论章节，各部分思政教育融入点设计如下。

（一）绪论

绪论部分主要介绍数据挖掘的基本概念、适用对象、主要技术、知识发现过程以及主要应用领域。在介绍该部分内容时，通过案例讨论和分析，说明数据挖掘在解决实际问题中的必要性和重要性，引起学生的思考，激发学生的学习兴趣。例如，通过举例说明数据挖掘在犯罪行为分析、电信诈骗检测等方面的应用，告诉学生要提高日常生活中的安全防范意识，并树立成为良好的执法守法公民的道德观；通过啤酒与尿布的经典案例，让学生建立起以实际数据作为决策的科学依据的基本素养，要坚持实事求是的原则，不能仅靠感觉做出判断；通过数据挖掘算法的实现过程，引导学生明白"格物致知"的道理，要想掌握更多的知识和规律，必须通过大量刻苦学习以及不断的训练，并需要用实际数据来验证自己的猜测和理论，引导学生将数据科学理念扩展到解决实际问题中。

（二）数据预处理

该部分主要讲授数据预处理的基本概念、过程和方法，包括数据规范化描述指标、数据度量参数以及基本的数据预处理方法，如数字化、数据清理（空缺值补充、消噪）、数据变换、数据压缩等。数据预处理为数据挖掘过程提供了干净、准确、简洁的数据，提高了数据挖掘的效率和准确性，是数据挖掘中非常重要的环节。通过这一切入点，引导学生在日常生活中要养成良好的行为习惯，让学生明白做任何事都要提前充分准备，提高工作和学习效率最好的捷径就是养成规律的作息和保持整齐的环境。另外，通过数据压缩等内容的介绍，让学生掌握在面对生活中繁复纷杂的情况时应该学会抓住主要矛盾、解决主要问题的方法。

（三）数据分类、线性回归、神经网络

该部分内容都可以归为人工智能中的机器学习范畴，其最主要的特点是大部分技术采用了迭代式的优化算法，通过不断优化相关参数进而将评价函数变为最优，迭代过程在计算机的高速运算下执行成千上万次甚至更多，最终得到相对最优解。以此为切入点，引导学生明白要获取某方面的知识，必须经过反复不断的学习和训练过程，明白在学习过程中具备坚持不懈、百折不挠品质的重要性。这些算法同时还具有另一个共性，即都是在有监督下的学习过程，而非完全自主化学习，需要进行人为的数据标识，学习的结果依赖于标记数据的种类和质量，很容易受个人行为偏好的影响，进而影响数据分析结果的准确性和公正性。这种人工干预的学习过程，很容易被滥用于社会经济生活中的各个方面，比如银行为用户被打上等级标签、网络平台通过精准分析恶意制订有区别的定价策略等。通过在授课过程中解析这些案例，经过学生充分讨论，帮助学生树立正确的技术伦理观念，鼓励学生利用所学技术服务国家，造福人类。

（四）数据聚类

数据聚类算法属于一种非监督式学习，主要讲授 K-Means、层次聚类算法等。不同于前面的监督式学习过程，数据聚类算法是一种完全自主化的学习算法，不需要预先定义类别属性，通过不断迭代学习和反复选择分类中心的方法最终确定一种稳定的分类结果，该结果更多取决于数据的分布情况。根据聚类算法的这一特性，引导学生认识到选择好的群体和学习榜样的重要性，应该积极向身边的优秀群体靠近，远离不良人群，避免受到不良影响和干扰，也就是所谓的"物以类聚，人以群分""近朱者赤，近墨者黑"。此外，还可以通过目前很多人沉迷的短视频 APP 为例，说明这些软件都是通过自主分析使用者的行为习惯，划分用户行为模式类型以实现用户喜好视频内容的智能推荐，会进一步强化用户既有的行为习惯，因此要告诫学生不能沉迷于已有经验或环境，应该经常换种思维方式或习惯，帮助自己更全面看待问题，并且要有意识地摆脱不良习惯和癖好。

（五）关联规则

关联规则部分主要讲授基于频繁项发现数据项之间关系的基本原理和常见算法，包括 Apriori 算法和 FP-growth 算法。关联规则算法擅长通过大量计算发现表面看起来并没有直接联系的事物之间的关系。基于这一切入点，引导学生建立数据科学观，对于生活中遇到的各种情况，不应该被事物的表面现象迷惑，更不能急于作出结论，而是需要在大量调研获得充分数据的基础上，经过仔细分析、深入挖掘才能作出准确、全面的判断。

通过以上思政融入点介绍可以看到，每一部分教学内容都有相应的思政要点与之相对应，由此可以得到教学内容与思政要点之间的对应矩阵（表1）。

表1　教学内容与思政要点对应矩阵

教学理论	思政案例	唯物观	爱国精神	思想道德	社会伦理	理想信念	……
绪论	金融诈骗、犯罪行为分析、客户分析、疾病诊断……		√	√	√		……
数据预处理	养成良好的生活习惯，提高工作效率；抓住主要矛盾，研究主要问题……	√		√		√	……
数据分类	实际生活中的决策过程；通过不断学习形成经验，为决策和判断提供依据……	√		√		√	……
数据聚类	"物以类聚，人以群分""近朱者赤，近墨者黑"……			√	√	√	……
关联规则	啤酒与尿布、面包与鸡蛋……	√					……
线性回归	主成分分析、聚类分析与爱国情怀；判别分析与服务社会经济发展的能力；线性回归分析与疾病诊断；判别分析与服务社会经济发展的能力……	√	√	√			……
神经网络	反复学习，不断优化；客观看待事物规律，实事求是……	√		√		√	……

三、教育方法和载体途径

课程思政教育最重要的作用是通过将专业理论知识与思政点融合起来向学生传授正确的人生观、价值观，进而达到在潜移默化中影响学生、教育学生的目的，因此就需要设计一种学生乐于接受、善于接受的教育方式，实现思政教育效果的最大化。由于数据挖掘课程大部分内容都是艰涩、抽象的数学公式或算法过程，为了提高学生对知识点的理解能力和深度，本项目拟采用案例贯穿法进行教学，让学生通过具体、形象的生活实例加深对相关知识的理解，并能够融会贯通应用于解决实际问题。

（一）以案例贯穿为驱动的教学

案例贯穿教学是一种在讲解相应知识点时将某一具体典型案例的求解方法作为示范贯穿于整个授课过程中，通过具体可见的形象化步骤帮助学生理解授课内容中的实现细节和抽象公式的教学方法，有利于加深学生对所学知识的理解。案例贯穿教学法在问题引入、分析求解、实现过程各个环节都紧紧围绕着所设计的案例进行，形成问题求解链条，能够有效培养学生解决问题的系统性思维能力，并将相应能力迁移到解决其他问题上来。例如，在讲解分类算法部分时，通常需要介绍衡量分类效果的3个重要指标：精确度、查全率和查准率。这3个指标分别从3个不同角度对分类的结果进行评价，相互之间既有区别又有联系，仅通过公式很难在短时间内深刻理解，并且也容易混淆各个概念。此时，可以通过引入图形形状分类的简单例子，来说明每个概念的物理意义以及计算方法。图1以正方形分类为例，说明了3个指标的实际含义和计算方法，直观易懂，学生就会很容易将自己的理解迁移到其他类似问题的求解中。此外，还可以通过比较查全率和查准率两个概念的异同，让学生明白这两个指标是相互制约的，引导学生在面对很多重要选择时，如何做出取舍。

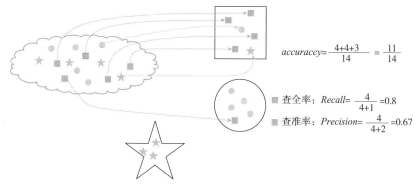

图1　通过具体实例说明评价分类算法的3个指标

再比如，在讲解决策树ID3等具体分类算法时，要重点介绍其分类的实现过程，让学生知道这一类算法是通过训练集的不断迭代学习获得分类模式，然后就可以对新的数据进行类别判断和预测。由此引导学生明白要想获得某一个领域的专业知识，成为专家，就必须经过大量刻苦的练习和不断学习，始终保持持续学习和自我完善的精神动力。

（二）直观体验与实战操作相结合

数据挖掘的知识内容大部分都很抽象、复杂，单纯的知识讲解很容易让学生陷入迷茫，也会极大打击学生的学习热情和积极性，学习效果也会大打折扣。要想在有限的课堂时间内实现教学效果的最大化，就必须对所要讲授的知识进行再加工、再展示。根据学生接受知识的规律和特点，最有效的办法就是将晦涩难懂的知识具体化、形象化。可以使用的载体工具包括课件PPT、动画、视频等多媒体，在讲授课程的时候通过边讲解边观摩的方式加深学生对相关知识的印象和理解。在线课堂等远程学习平台和技术的兴起也为学生提供了更多的选择，通过线上、线下相结合的方式让课程的教育活动延续到课堂以外。考虑到"数据挖掘"课程本身需要代码编程加以实现的特点，还可以通过案例代码讲解和实操编写代码的方式加强学生的实际动手能力，反向促进学生对相应思政教学内容的认识。此外，为了培养学生解决实际问题的能力和意识，还可以让学生积极参与科研课题，通过科研项目的磨练让学生尽快掌握相关知识的应用方法，做到"学以致用"。

（三）多角度的考核与评价机制以及动态效果反馈机制

1. 多角度的考核与评价机制

思政教育内容的考查无法仅通过试卷考试作出客观评价，也无法体现学生的学习效果。因此，除了传统的考核方式以外，还应该在更多其他环节设置评价标准，不仅要体现出对学生所掌握专业知识的考核，还要体现出学生实际操作能力和认识水平的提升。因此需要从课堂、课后、实验、考试等各个环节予以考查。

（1）考核方式

课程从多个环节进行考核，课程的最终总成绩计算公式如下：

$$S = 0.6 \times C_1 + (0.1 \times C_2 + 0.1 \times C_3) + (0.04 \times C_4 + 0.12 \times C_5 + 0.04 \times C_6)$$

在以上成绩计算公式中，期末试卷成绩 C_1 占60%，平时课堂表现成绩 C_2 占10%，平时作业成绩 C_3 占10%，实验结果正确性 C_4 占4%，实验报告成绩 C_5 占12%，实验参与度成绩 C_6 占4%。各环节成绩的评分标准如下。

（2）评分标准

①平时考核评分标准

课堂情况及作业成绩评分标准见表2。

表2 课堂情况及作业成绩评分标准

评分标准	20分	14分	10分	6分
课堂表现（权重0.5）	回答问题和讨论积极	回答问题和讨论良好	回答问题和讨论一般	回答问题和讨论次数较少
平时作业（权重0.5）	正确率高	正确率较高	正确率良好	正确率一般

实验成绩评分标准见表3。

表3 实验成绩评分标准

评分标准	20分	15分	10分
结果正确性（权重0.2）	程序运行结果完全正确	程序运行结果基本正确	程序运行结果部分正确
分析报告（权重0.6）	熟练运用所学知识，进行算法的实现、分析及优化	较为熟练运用所学知识，进行算法的实现和分析	具备运用所学知识进行算法实现的基本能力
参与表达（权重0.2）	思路清晰，能够准确流畅地表述个人观点	能够准确表述个人观点，但缺乏条理	表述逻辑性差，缺乏条理

②期末考试评分标准

按期末考试的标准答案、评分标准百分制评分，总评后折算。

2. 动态效果反馈机制

为了实现对培养效果的可追踪、可评价，结合工程教育专业认证的要求，还应该对本课程教学目标的完成情况进行考查，即数据挖掘的课程目标达成度。如果将本门课程目标

的达成度记为 $P_{i,j}$，则可将达成度计算公式定义如下：

$$P_{i,j} = \frac{\sum_l (a_l^{i,j} \times S_l^{i,j})}{\sum_l a_l^{i,j}}$$

其中，$a_l^{i,j}$ 是本门课程第 l 项考核环节对第 i 项毕业要求中第 j 个指标点的支撑权重，该权重值大于 0，由课程考核环节对指标点的支撑程度决定，该考核环节对其支撑的各个指标点的权重之和为 1，即 $\sum_{i,j}(a_l^{i,j}) = 1$；$S_l^{i,j}$ 是本门课程第 l 项考核环节对第 i 项毕业要求中第 j 个指标点的实际支撑程度，由该考核环节中支撑该指标点的样本学生实际考核平均分与额定满分的比值计算得出，如以下公式所示，其中 $E_l^{i,j}$ 代表实际考核平均分、$F_l^{i,j}$ 代表额定满分。

$$S_l^{i,j} = \frac{E_l^{i,j}}{F_l^{i,j}}$$

以"数据分类"知识模块为例，表 4 列出了所包含知识点与毕业要求指标点的对应关系。

表 4 "数据分类"知识模块中知识点与毕业要求指标点的对应关系

知识点		毕业要求					
		3.3 创新意识	6.2 职业操守与法律责任	7 持续发展	8 职业规范	9.1 团队合作	12 终身学习
数据分类	评价指标	√			√		
	ID3 决策树		√			√	√
	C4.5 决策树			√		√	√
	支持向量机	√		√	√		
	近邻分类		√		√	√	

以毕业要求为导向的课程目标达成度的计算使得思政教育更具可实施性，与思政要点对应矩阵一起形成了思政培养的立体化体系，也进一步加强了思政教育与专业知识的深度融合、相互促进和发展。

四、结 语

本文通过思政要点对应矩阵和知识点与毕业要求指标点关系矩阵共同构建了数据挖掘思政教育横、纵向立体化机制，并依托课程的系统化评价机制和动态反馈机制，保证了学生素养的全面培养和学习效果的客观评价，是解决当前思政教育缺乏系统性、可衡量性的一次有益尝试。

参考文献

[1] 习近平主持召开学校思想政治理论课教师座谈会强调：用新时代中国特色社会主义思想铸魂育人，贯彻党的教育方针落实立德树人根本任务[N]. 人民日报，2019-3-19.
[2] 教育部课题组. 深入学习习近平关于教育的重要论述[M]：人民出版社，2019.
[3] 刘丽珏，阳春华，陈白帆，等. 人工智能课程中的思政教育探索与实践 [J]. 计算机教育，2020(8)：63-66.
[4] 臧睦君，柳婵娟，刘通，等. 人工智能专业的课程思政探索[J]. 计算机教育，2020(8)：67-69，74.
[5] 洪雷. 数据挖掘技术在思政教育管理中的应用[D]. 武汉：中南民族大学，2010.
[6] 刘伟，胡为，李小智，等. 算法分析与设计课程思政教学研究与实践 [J]. 计算机教育，2020(8)：70-74.

[7] 夏小云, 李绍燕, 朱蓉, 等. 新工科背景下计算机类课程思政教学研究与实践[J]. 计算机教育, 2020(8): 75-78.
[8] 赖英旭, 刘静, 杨震, 等. 信息安全专业的专业思政体系构建方法[J]. 计算机教育, 2020(8): 46-49.
[9] 蒋宗礼. 新工科建设背景下的计算机类专业改革[J]. 中国大学教学, 2017(8): 34-39.
[10] 杨毅刚, 王伟楠, 孟斌. 以提升解决"复杂工程问题"能力为目标的工程教育培养模式改进研究[J]. 高等工程教育研究, 2017(4): 63-67.

Research and exploration of *Data Mining* ideological and political education for engineering education certification

Wang Xinyang　Chen Zhibo　Han Hui　Cui Xiaohui

(School of Information Science and Technology, Beijing Forestry University, Beijing　100083)

Abstract　Ideological and political education is an important guarantee for the in-depth implementation of the Party Central Committee and the State Council's fundamental task of establishing morality and fostering people in higher education. As computer technologies such as big data and artificial intelligence have a deepening impact on all aspects of human society, ideological and political education for computer professionals has become more important and urgent. The currently widely promoted engineering education certification has established a basic theoretical framework and practical norms for the training of engineering professionals such as computers, which therefore sets a solid theoretical foundation and extensive practical significance for ideological and political education in the context of engineering education certification, and provides necessary mechanism guarantee for the practical implementation of ideological and political education. At the same time, in view of the important foundational status of *Data Mining* course in artificial intelligence, big data analysis and other application fields, as well as the close connection with real life, it is very necessary to discuss issues related to the construction of ideological and political education of *Data Mining* course in the context of engineering education certification.

Keywords　engineering education certification, ideological and political education, *Data Mining*, case penetration method

思政教育与"食品免疫学"结合教学新思考

许美玉

(北京林业大学生物科学与技术学院,北京 100083)

摘要:根据"食品免疫学"课程内容特点,将思政教育与"食品免疫学"知识点紧密结合,推进思政教育改革。将科学技术人才观教育、纪律与法制教育,集体主义教育、国防教育及我国社会主义主要矛盾转化教育等思政教育内容与"食品免疫学"课程相应教学内容相结合的教学方法,不仅有助于学生理解和掌握"食品免疫学"课程的内容与知识点,还有益于学生理解和接受相关思政教育内容,从而帮助学生树立正确的世界观、价值观和人生观。

关键词:食品免疫学;思政教育;结合

习近平总书记在全国高校思想政治工作会议上指出,要坚持把立德树人作为中心环节,把思想政治工作贯穿教育教学全过程,实现全程育人、全方位育人,努力开创我国高等教育事业发展新局面;思想政治工作必须围绕学生、关照学生、服务学生,不断提高学生思想水平、政治觉悟、道德品质、文化素养,让学生成为德才兼备、全面发展的人才;做好高校思想政治工作,要用好课堂教学这个主渠道,使各类课程与思想政治理论课同向同行,形成协同效应[1]。"食品免疫学"是食品科学与工程专业学生的专业选修课,在深刻理解和分析该课程的知识点基础上,将相对应的思想政治教育内容融入到教学中,将两者有机联系起来,不仅有利于学生理解和掌握"食品免疫学"教学内容,也使学生易于接受相对应的思想政治教育,进而更好地帮助学生成长和全面发展。

一、"科学技术人才观教育"与"免疫细胞"教学内容相结合

习近平新时代中国特色社会主义思想中的"科学技术人才观"认为,应该从多维度、多层次理解科技人才,人才是第一资源,牢牢把握集聚人才大举措,营造优良的人才环境[2]。免疫细胞是免疫系统中的"人才",也应该从多维度、多层次理解。从机体免疫防御体系分析,免疫细胞可分为两大类:第一大类是在机体的第一防御体系中发挥主要作用的免疫细胞,包括吞噬细胞、自然杀伤细胞、B1细胞等;第二大类是在机体的第二防御体系中发挥主要作用的免疫细胞,包括T淋巴细胞和B淋巴细胞等。从免疫功能来看,不同的免疫细胞执行免疫功能的方式不同。单核巨噬细胞吞噬和杀伤抗原,把抗原提呈至T淋巴细胞,合成、分泌各种活性因子;T淋巴细胞主要通过诱导细胞免疫应答和协助B细胞活化诱导体液免疫应答而最终清除抗原[3-4]。另外,免疫细胞是免疫系统中的第一资源,中性粒细胞、单核巨噬细胞等免疫细胞的聚集是机体抗感染的主要力量。机体若要拥有能够有效发挥免疫效应的免疫细胞,必须要营造适合免疫细胞成熟活化的环境。例如,只有营造含有一定量的胸腺素的胸腺微环境,才能使T淋巴细胞成熟,最终成为可有效发挥功能的免疫

作者简介:许美玉,北京市清华东路35号北京林业大学生物科学与技术学院,副教授,xumeiyu@bjfu.edu.cn。
资助项目:北京林业大学课程思政教研教改专项课题(2019KCSZ039)。

细胞[3-4]。通过这两方面内容的融合讲解，使学生们进一步了解习近平新时代科学技术人才观内涵，掌握科学技术人才观精髓，为成为国家所需要的真正人才而努力。

二、"纪律与法制教育"与"抗原与抗体"教学内容相结合

"纪律与法制教育"包括宪法及有关法律常识和法规的教育，以及知法守法、维护社会稳定、运用法律武器进行自我保护和抵制违法乱纪行为的教育[5]。与此相似的是，机体的免疫系统，也存在"纪律与法制"，只有"知法守法""维护社会稳定""运用法律武器进行自我保护和抵制违法乱纪行为"才能维持机体健康。例如，在免疫系统中，T淋巴细胞要清除抗原，首先必须识别抗原，而抗原提呈细胞只有严格按照机体所固有的"法规"，才能使抗原被T淋巴细胞识别。首先抗原被抗原提呈细胞识别，并与其细胞膜上MHC分子相结合，以"MHC-抗原肽复合物"这种特殊的形式出现时，抗原才能被T淋巴细胞识别[3-4]。T细胞识别抗原后启动免疫应答，转变为效应性T细胞，并分泌细胞因子或颗粒酶等活性物质清除侵入机体内的抗原[3-4]。机体的免疫系统，只有严格按照机体固有的"法规"将抗原提呈给T淋巴细胞时，T细胞才能被活化进而诱导细胞免疫应答反应的发生，最终产生颗粒酶等"武器"。利用这些"法律武器"就能够消灭抗原进行自我保护。另一方面，机体若被外来病原性抗原侵袭时，如果机体严格按照发生体液免疫应答的"法规"使B细胞活化、增殖和分化为浆细胞[3-4]，利用浆细胞分泌的抗体，最终能够抵制病原性抗原而保护自己。通过这两方面内容的融合讲解，让学生树立起社会主义民主法制观念，培养学生自觉遵纪守法、勇于同违法现象作斗争的意识，服从国家和集体的统一意志并具有高度的组织性和纪律性。

三、"集体主义教育"与"免疫应答"教学内容相结合

"集体主义"教育包括集体成员之间团结协作的教育，正确处理个人与集体、国家利益关系的教育，以集体主义为导向的人生价值观的教育，培养学生的大爱思想，使他们学会爱国、爱社会、爱他人、爱自己，树立大公无私的品质，树立献身社会主义现代化建设事业的理想信念[6-7]。这部分思想政治教育内容可与"免疫应答"内容相结合进行教学改革。免疫应答分为细胞免疫应答和体液免疫应答。在细胞免疫应答中，T淋巴细胞在抗原提呈细胞的帮助下识别并结合抗原，并经过增殖分化转变为效应性TH细胞，而效应性TH细胞通过分泌细胞因子活化单核巨噬细胞，增强单核巨噬细胞的吞噬杀伤能力，使单核巨噬细胞顺利地清除抗原[3-4]。在细胞免疫应答体系中，只有T淋巴细胞、抗原提呈细胞及单核巨噬细胞等免疫细胞相互帮助，相互扶持，团结协作，才能清除抗原物质，保持外周免疫器官"大集体"以及机体"国家"的稳定与健康。在体液免疫应答中，当抗原进入机体时，B淋巴细胞不顾生命危险分化为浆细胞，分泌具有抵抗抗原作用的抗体，最终为保持体内微环境稳定献出宝贵的生命[3-4]，具有爱国、爱社会的大公无私的品质。通过这两方面内容的融合讲解，教育学生学会关心社会，关心理解他人，维护集体荣誉，为社会的公益事业贡献力量。

四、"国防教育"与"天然免疫"教学内容相结合

实现中华民族伟大复兴是中华民族近代以来最伟大的梦想，寄托着中国人民振兴中华、强国富民的共同夙愿，"中国梦"的实现必须有强大的国防[8-9]。新时代大学生是祖国未来的建设者，也是祖国安全的捍卫者和实现"中国梦"的重要国防力量[8-9]。当代大学生必须树立居安思危的国防忧患和勇于担当的国防责任意识，高度重视高等学校基本军事训练。国防教育部分主要包括维护国家主权和领土完整的教育。如果把一个人的机体比作一个国家，免疫系统是这个国家的国防力量，而当代大学生就可以比作免疫细胞。在机体的免疫中，天然免疫屏

障是抵御外来有害物质的第一道防线[3-4]。天然免疫屏障是由皮肤屏障和黏膜屏障组成，机体皮肤和黏膜结构完整是天然免疫屏障作用的根本，而活化的免疫细胞是清除外源性抗原的关键[3-4]。同理，当代大学生必须通过基本军事训练，具有随时可以应战能力才能得到活化，才能抵御和清除外来入侵。通过这两方面内容的融合讲解，增强学生的国防意识和国家安全意识，使学生努力提高基本的军事素质和技能，为捍卫祖国的尊严、独立和统一而奋斗。

五、"我国社会主义主要矛盾转化教育"与"淋巴细胞发生与发展"教学内容相结合

为坚持辩证唯物主义和历史唯物主义的方法论，从我国发展的客观实际出发，中共中央总书记习近平在党的十九大报告中做出我国社会主要矛盾已经转化的政治论断，指出我国社会主要矛盾已经转化为人民日益增长的美好生活需要和不平衡不充分的发展之间的矛盾[10]。矛盾是不断发展变化的，中国社会主要矛盾会受到国内经济发展、国际政治形势等诸多因素的变化而发生转化，是社会阶段性发展的客观反映[11]。同理，免疫系统中淋巴细胞发生发展的不同阶段的主要矛盾也不断发生变化。以T淋巴细胞为例，在T淋巴细胞的产生阶段的主要矛盾是在骨髓如何由多能干细胞转化为淋巴细胞前体细胞；在胸腺成熟期的主要矛盾是如何躲避周围的巨噬细胞而不被吞噬，顺利地从胸腺的皮质区到达髓质区；在成熟后期的主要矛盾是，当遇到抗原时如何活化增殖分化，并转变为效应性T淋巴细胞以消灭抗原[3-4]。通过这两方面内容的融合讲解，使学生更好地理解党的十九大关于社会主要矛盾变化的重大论断，认识到"我国社会主义主要矛盾转化"反映了我国社会主义发展的客观实际，丰富和发展了马克思主义矛盾学说，是党的重大理论创新成果。

六、结 语

深入理解分析"食品免疫学"的教学内容，将科学技术人才观教育、纪律与法制教育、集体主义教育、国防教育及我国社会主义主要矛盾转化教育等思政教育内容与"免疫细胞""抗原与抗体""免疫应答""天然免疫"和"淋巴细胞发生与发展"等教学内容相结合，进行课程思政教学改革的探索，不仅有利于学生理解和掌握食品免疫学课程的知识点，更有助于学生树立正确的价值观、人生观、世界观，还有利于培养学生正确的思维方式和行为方式，对高等学校培养具有社会主义核心价值观的人才具有重要意义。

参考文献

[1]习近平在全国高校思想政治工作会议上的讲话精神[N].央视网，2016-12-8.
[2]《自然辩证法概论》教学大纲编写课题组．自然辩证法概论[M]．北京：高等教育出版社，2018．
[3]牛天贵，贺稚非．食品免疫学[M]．北京：中国农业大学出版社，2013．
[4]贺稚非，车会莲，霍乃蕊．食品免疫学[M]．北京：中国农业大学出版社，2018．
[5]程超．论大学生纪律法制意识培养和教育途径[J]．才智，2019，2：184-185．
[6]岳刚．浅谈教育理想在教育实践中的运用[J]．科学咨询/科技管理，2019，38(657)：109-110．
[7]王陞佳．别忽视了理想信念教育[N]．海口日报，2019-11-20：1-2．
[8]沈洁．"中国梦"背景下加强大学生国防教育的路径选择[J]．开封教育学院学报，2019，39(9)：211-213．
[9]高翔翔．普通高等学校国防教育存在的问题与对策研究[J]．教育现代化杂志，2019，75：152-155．
[10]《中国特色社会主义理论与实践研究》课题组．中国特色社会主义理论与实践研究[M]．北京：高等教育出版社，2018．
[11]沈克印．论新时代中国社会主要矛盾与体育产业供给侧改革[J]．体育学研究，2019，5：56-64．

A study on the teaching with integration of *Food Immunology* and ideological and Political Education

Xu Meiyu

(College of Biological Sciences and Technology, Beijing Forestry University, Beijing 100083)

Abstract In order to promote the reform of ideological and political education, the focus is on the reform of ideological and political education. According to the characteristics of the course of *Food Immunology*, the contents are combined with ideological and political education contents. Such as, "immune cell" and "education of scientific and technological talents view", "antigen and antibody" and "discipline and legal education", "immune response" and "collectivism education", "natural immunity" and "national defense education", as well as "lymphocyte generation and development" and "education of main contradiction transformation of socialism in China". The integrated teaching of *Food Immunology* and ideological and political education is not only helpful for students to understand and master the contents and knowledge points of *Food Immunology*, but also helpful for students to understand and accept the relevant ideological and political education contents, so as to help students establish a correct world outlook, values and outlook on life.

Keywords *Food Immunology*, ideological and political education, integration

疫情新常态下本科生创新实验室的安全管理工作探讨

张浩林　韩莹莹　袁峥嵘　高福利　翁　强

（北京林业大学生物科学与技术学院，北京　100083）

摘要：本科生创新实验室是培养本科生创新能力的主要场所。本科生创新实验室的安全是高校实验室安全管理中的重要一环，如何保证本科生创新实验室在疫情新常态下的安全运转是实验室负责人和本科生创新团队指导教师要考虑的主要问题。本文通过分析本科生创新实验室安全管理现状，提出实验室制度建设、管理运行和安全环境方面所面临的主要问题。针对这些问题，通过激励专职教师积极参与管理、加强实验室"导师-本科生"创新团队安全文化建设、增强师生应急处理能力、增加实验室基础设施投入，从而保证本科生创新实验室安全工作的顺利开展。

关键词：实验室安全；本科生创新实验室；疫情新常态

2020年春节，一场突如其来的新冠肺炎疫情，给中国以及世界蒙上了一层阴影。伴随着疫情的扩散，以及"战疫"斗争的全面打响，各行各业响应以习近平总书记为核心的党中央及政府的号召，纷纷加入"战疫"斗争。经过全社会的共同努力，我国在世界抗击新冠肺炎疫情方面做出了巨大贡献，并取得了瞩目的成效。虽然目前世界其他一些国家仍陷于疫情防控的泥淖之中，但是中国社会已经进入疫情常态下的正常运转阶段。

在2020年8月底，伴随着北京高校的强力复学，高校的本科生与研究生分批次返校，原本安静的校园也逐渐热闹起来。随着教学工作逐渐进入正轨，高校师生已经开始进入正常上课状态。同时，由于长达半年多时间的科研训练工作无法开展，承担大学生创新创业项目的本科生科研团队成员对于实验项目的尽快推进具有迫切的愿景。在疫情常态化的新形势下，如何实现本科生创新实验室的开放与日常管理，保障实验室的安全运行，顺利推进大学生创新创业项目的正常开展，提高本科生的科研素质，是本科教学中面临的一系列重要问题。

一、本科生创新实验室安全管理的必要性

高校实验室是促进高等教育事业蓬勃发展的重要支撑之一，是培养学生知识应用能力、动手实践能力和科研素质养成的主要场所。然而，随着高校实验室数量的增多，实验室使

作者简介：张浩林，北京市海淀区清华东路35号北京林业大学生物科学与技术学院，讲师，haolinzhang@ bjfu.edu.cn；
　　　　　韩莹莹，北京市海淀区清华东路35号北京林业大学生物科学与技术学院，副教授，thinkinghyy@ bjfu.edu.cn；
　　　　　袁峥嵘，北京市海淀区清华东路35号北京林业大学生物科学与技术学院，副教授，zryuan@ bjfu.edu.cn；
　　　　　高福利，北京市海淀区清华东路35号北京林业大学生物科学与技术学院，实验师，fuligao@ bjfu.edu.cn；
　　　　　翁　强，北京市海淀区清华东路35号北京林业大学生物科学与技术学院，教授，qiangweng@ bjfu.edu.cn。
资助项目：北京林业大学教育教学改革项目"基于VR与APP平台构建网络化、数字化'免疫学实验'课程的探索"（BJFU2019JY041）；
　　　　　北京林业大学教育教学改革项目"基于科教融合理念培养生物类创新创业人才的探索与实践"（BJFU2019KJRHJY001）。

用程度增高，高校内发生的安全事故也在随之增多[1]。近年来，包括北京高校在内的多所大学发生了重大实验室安全事故，造成了包括学生在内的人身伤亡以及高校财产损失，同时也对高校的发展造成了负面的社会影响。实验室安全已然成为全国各所高校安全的重要一环。

在2018年新时代全国高等学校本科教育工作会议中，教育部陈宝生部长提出："高等教育要'以本为本'，把本科教育放在人才培养的核心地位、教育教学的基础地位、新时代教育发展的前沿地位。"为了提高本科教育质量，推进中国高校向世界一流本科教育迈进，本科生创新能力的培养是必不可缺的环节。本科生创新实验室作为专门针对本科生科研训练的开放性实验室，是培养本科生科研素养的重要场所。然而与传统的教学实验室相比，创新实验室人员流动大与管理情形复杂等问题增加了实验室内安全隐患。因此，这种开放性质的本科生创新实验室的安全管理已经成为高校实验室管理工作的重点之一，如何有效地对本科生创新实验室进行安全管理，是保障学生安全和实验室正常运行的重要课题。

二、本科生创新实验室安全管理现状分析

（一）本科生创新实验室的制度建设现状

在高校实验室管理过程中，实验室管理的制度建设包括校级、院级和实验室内部制度建设。实验室管理的制度建设的具体内容包括实验室日常管理制度建设、学生准入制度建设、实验仪器的使用与管理制度建设、实验药品的购买与使用制度建设、实验废物处理制度建设等[2]。以北京林业大学为例，目前，在北京林业大学校级管理层面，学校已经成立了实验室安全工作领导小组，并在该领导小组的领导下，分别设立了制度机制组、条件保障组、风险评估组、安全教育组和职能调整组（图1）。制度机制组通过联系校内多个管理部门建立了实验室安全管理工作方案、规章制度、相关责任体系、运行机制和应急预案等多项安全制度，并将考核奖惩内容纳入教职工考核评价体系和学生管理体系中。同时，院级单位在校级规章制度的基础上，通过院级教职工代表大会及其委员会进一步修订与完善学院内部实验室安全管理的奖惩制度。这些管理制度的建立旨在通过实验室安全的评价考核与个人利益挂钩，激发实验室安全相关责任人的内生动力。这些制度内容完善，出发点合理；然而，在制度的具体实施层面因为涉及相关部门较多，仍面临制度执行与部门衔接不畅等问题。同时，虽然高校在校级和院级单位建立了实验室安全管理制度，但在制度落实的"最后一公里"依然存在诸多问题。比如，在实验室单位使用层面，依旧面临实验室内部管理具体章程的缺失或不完善的问题。由于本科生创新实验室出入学生人员多，涉及指导教师人数也较多，因此，目前本科生创新实验室多为多名教师共用同一实验室的局面。本科生创新实验室内部缺乏详细的统一管理章程，容易引发内部管理冲突以及学生成员矛盾，从而进一步造成本科生创新实验室安全隐患增多的现象。

（二）本科生创新实验室的管理运行机制现状

通过分析近些年来高校实验室安全事故原因，人为因素占比高达98%，其中管理粗放和安全意识淡薄是引发高校实验室安全事故的主要原因，而管理粗放和安全意识淡薄的问题也是本科生创新实验室的管理运行过程中所面临的两个主要问题[3-4]。在管理方面，因为本科生进行大学生创新实验训练多在课余时间，而这些课余时间多与非工作时间重合，这就造成了在实验室运转期间，实验指导教师或实验室管理老师位置缺失。虽然在部分实验室，研究生成为实验室监管缺失的补充，但是这种通过学生进行管理缺失补位的方法仍然存在安全隐患问题。在安全意识层面，本科学生虽然经过学校或学院的安全培训，通过了实验室准入机制的考核，但是这些本科学生在科研实验方面仍处于新手阶段，实践经验少，

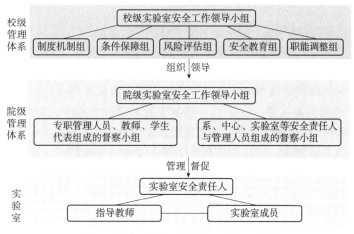

图 1 校院(系)实验室管理组织架构图

对实验操作的安全性评估能力不足,从而引发对部分实验操作后果意识不到位等情况,进而引发实验室安全隐患事件发生。

(三)本科生创新实验室的安全环境建设现状

安全的实验环境是本科生在创新实验室安全开展的科研训练的基本保障。在疫情常态化的条件下,如何给学生提供一个安全的工作环境考验着管理人员的能力。除了在实验室进行进入登记、人流管控和日常消毒清洁外,实验室设备和药品安全也是实验室环境安全的重要组成部分。目前,本科生创新实验室资助力度薄弱,实验室设备相对陈旧,从而给学生实验带来一定安全隐患。另外,由于本科生创新实验室学生使用次数和频度较高,导致设备的折旧率高。同时,因为本科学生实践动手能力较弱,在开放实验过程中由于学生操作不熟练导致的反复试剂制备造成试剂和耗材的消耗。除此之外,实验室的药品管理、药品使用安全以及实验废弃物的处理也是本科生创新实验室管理过程中要面临的重要问题。

三、新常态下本科生创新实验室管理模式探讨

针对以上实验室安全管理中"最后一公里"的问题,特别是本科生创新实验室的安全管理问题,笔者拟提出以下解决方案。

(一)提高专职教师参与实验室管理的积极性

在本科生创新实验室管理工作中,学生利用课余时间进行科研实验与实验室管理教师的休息时间冲突的问题是其中的主要矛盾之一,也是容易引发实验室安全事件的原因之一[5]。在具体的实验过程中,因为没有指导教师的现场指导或者在本科学生进行实验操作遇到问题时因没有合适求助对象(注:研究生可能存在指导不到位的情况),本科学生容易进行错误操作,从而造成实验室安全隐患。因此,为了激励专职指导教师在课余时间或者休息时间能够及时监督学生的实验操作过程,高校可以进一步细化实验室管理的奖惩细则,针对指导教师利用休息时间监督管理本科学生实验设置一定额外奖励,同时鼓励新进教师或在校居住教师参与到假期/休息日的本科生创新开放实验室的管理工作中。反之,对于出现于假期/休息日的本科生创新实验室安全事件,追究当日值班教师的责任,以确保值班制度的贯彻执行。另外,在日常实验室管理中,实验室的共同教师应当一起协商,共同建立针对实验室内部的书面管理规定,从而约束与规范实验室学生的日常行为。通过设置休息日轮流值班管理机制以及实验室内部管理规定,既能够保证本科生创新实验室的安全运行,同时也能够进一步促进本科生科研培养,提高本科生的课外教学质量,推动高校的本科生

教育工作。

(二) 加强"导师-本科生"创新团队安全管理文化建设

布拉德利安全文化曲线能够揭示团队管理制度和伤害率之间的关系。从布拉德利安全文化曲线(图2)来看,随着从个人本能进化为团队成员互助管理,事故伤害率显著下降[3]。因此,为了最大程度降低事故伤害率,必须形成完善的团队管理文化,通过团队内部成员的力量降低安全事故的发生率。在本科生创新实验室管理过程中,如何加强"导师-本科生"创新团队的管理文化是指导教师的工作重点,也是保证实验室安全运行的有效措施。在本科生创新团队管理过程中,指导教师在给予学生专业指导的同时,也需要注重本科生创新团队的建设。在本科生创新团队的早期建设过程中(比如大二上学期),指导教师应该强调实验室纪律,注重规范学生基本的实验操作与实验仪器使用,从而在起始阶段上规范学生的行为。在本科生创新团队的中后期建设过程中(比如大二下学期和大三学年阶段),指导教师应该注重强调团队集体荣誉,注意高年级学生与低年级学生之间的摩擦冲突,增强学生对创新实验室的归属感,从而使学生能够在思想上与心理上热爱实验室及团队,进而在潜移默化的行为中承担起保障实验室安全的责任。

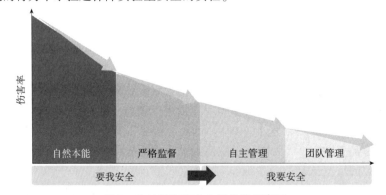

图2 布拉德利安全文化曲线示意图

(三) 强化师生实验室突发事件应急处理能力

通过激励教师在假日等休息时间监管实验室运行以及通过平日加强团队管理文化建设提高学生的安全意识,这两项措施能够在一定程度上保证实验室的安全运行。然而,人总有疏忽之时。在实验室运行过程中如若突发安全事故,如何尽量减少事故损失和影响考验着实验室负责人、相关指导教师和学生的临场处理能力。为了强化师生实验室突发事件应急处理能力,实验室师生应该进行内部培训,模拟不同类型实验的突发事件出现情况,在平日锻炼师生的临场处理能力。通过这些模拟训练,能够增强师生对突发事件的应变能力,从而使师生更好地应对安全事故,减少实验室及学校的损失。

(四) 增加本科生创新实验室的设施建设投入

为了给本科生创造安全的实验环境,在疫情常态化的条件下,开放性创新实验室应当做好实验室准入登记制度,同时管控实验室内人员密度,定期进行实验室清洁消毒工作,从而降低疫情传播风险。同时,实验室负责人对实验室内的仪器应该定期检查,确保仪器能够正常运转。对于老旧或存在安全风险的仪器,学校应当增加本科生创新实验室的设施建设投入,出资更换新型安全实验设备,从而为学生提供安全的实验环境[6]。

四、结 语

本科生创新实验室的安全是高校实验室安全管理中的重要一环。要确保疫情新常态下本科生创新实验室的安全运行,除了学校与院系进行制度建设和监管之外,作为安全管理的"最后一公里",本科生创新实验室的师生应该发挥积极能动性,营造和谐的实验室安全文化范围,加强人员安全意识,从而全方位避免实验室安全事故的发生。

参考文献

[1] 程前,金磊,龙绛雪. 循环制度模式下本科生创新实验室的安全管理[J]. 广州化工,2018,46(10):164-166.

[2] 虞靖彬,段自超. 高校实验室安全管理体系建设[J]. 教育教学论坛,2019(8):12-15.

[3] 谭小平,李会芳,师琳. 新形势下高校实验室安全管理运行机制的完善[J]. 实验技术与管理,2020,37(9):294-297,305.

[4] 孙永军,肖雪峰,孙文全,等. 本科生创新实验室安全管理对策的研究[J]. 化工管理,2020(4):60-62.

[5] 张希栋,张群利,狄海廷,等. 高校实验室安全运行体系构建与探索[J]. 广东化工,2020,47(17):250-251.

[6] 李娟丽. 浅谈高校开放式实验室的管理[J]. 杨凌职业技术学院学报,2020,19(3):58-61.

Discussion on safety management of undergraduate innovative laboratory under thenew normal situation during COVID-19 pandemics

Zhang Haolin Han Yingying Yuan Zhengrong Gao Fuli Weng Qiang

(College of Biological Science and Technology, Beijing Forestry University, Beijing 100083)

Abstract Undergraduate innovation laboratory is the main place to cultivate undergraduate innovation ability. The safety of undergraduate innovation laboratory is an important part of laboratory safety management in universities. How to ensure the safety of undergraduate innovation laboratory under the new normal situation during epidemic pneumonia is the main problem that laboratory leaders and undergraduate innovation team instructors should consider. By analyzing the current situation of safety management of undergraduate innovative laboratory, the main problems in laboratory system construction, management operation and safety environment are proposed. In order to solve these problems, we should encourage full-time teachers to actively participate in the management, strengthen the safety culture construction of the"mentor-undergraduates"innovation team, enhance the emergency handling ability of teachers and students, and increase the investment in laboratory infrastructure, so as to ensure the safety of undergraduate innovation laboratory while it is running.

Keywords laboratory safety, undergraduate innovative laboratory, new normal during COVID-19 pandemics

各类课程间如何实现"立德树人"同频共振?

——基于"课程思政"改革的实证分析

张名扬　王恒愉

(北京林业大学经济管理学院，北京　100083)

摘要："课程思政"是将思政教育融入所有课程的教学中，充分挖掘不同课程中的德育元素，实现各类课程同向而行的大思政格局。本文以国内高等院校学生为研究对象进行问卷调查，共收到2738份，覆盖83所高校，其中包含41所世界一流大学。基于建构主义的学习理论和教育的交往起源论，运用回归的方法研究师生关系感知、专业教育和"课程思政"绩效之间的关系。通过对"课程思政"影响因素的分析，为各类课程间如何实现"立德树人"同频共振提出建议。

关键词：课程思政；专业教育；协同思政；回归分析法

一、引　言

2020年教育部印发了《高等学校课程思政建设指导纲要》，提出课程思政建设要在所有高校、所有学科专业全面推进。原因是课程思政是落实立德树人根本任务的理念创新和实践创新，其建设核心是：课程门门有思政，教师人人讲育人，所有课堂都要成为育人的主渠道。这是高等教育价值的理性回归，引入可以培养大学生理想信念、价值取向、社会责任、政治信仰的相关内容，实现知识传授与价值引领的有效结合，可以全面提高大学生缘事析理、明辨是非的能力，让学生成为全面发展、德才兼备的高素质人才。

课程思政是一种教育理念，是对包括思想政治理论课在内的所有课程的要求。意味着将高校思想政治教育的"主渠道"从思政课延伸扩展为全部课程，意味着所有课程都要"守好一段渠，种好责任田"。但教师如何结合自身课程特点做好课程思政还有待进一步的探讨。

本文将结合构建主义学习理论和教育的交往起源论，结合不同性别、年级、专业学生的特点，采用回归的方法从情感和理性两个角度出发，探讨课程思政中教育工作的效果影响，以及影响的路径机制，以帮助教师和学校更好地提升课程思政绩效。

二、文献综述

根据建构主义学习理论，学习是一个内部和外部互动的过程。学生接受思想政治教育在本质上也是一个学习的过程，不仅受到自身特质的影响，也受到外部因素的影响。唐仕钧认为教师的综合素质、学生的价值取向和思政教育的方式在思政教育中影响着大学生核心价值观的养成[1]；植文选认为高校对于思政教育的认识、社会环境和教学管理机制对思

作者简介：张名扬，北京市海淀区清华东路35号北京林业大学经济管理学院，讲师，mingyangzhang@bjfu.edu.cn；
王恒愉，北京市海淀区清华东路35号北京林业大学经济管理学院，本科生，18600562899@163.com。
资助项目：北京林业大学教育教学改革项目"专业课程如何协同思想政治理论课做好课堂思政"（BJFU2019JY038）；
国家自然科学基金"闪购模式下供应链的定价与库存策略研究"（71901027）。

政教育的实效性具有影响[2];朱俊奇等人从话语体系、情感认同、传播方式、需求心理、师资管理等多个方面和层次入手,对社会主义核心价值观教育的影响因素进行分析[3]。由此可以得出,教师的教学内容、教学方法、教学态度、教师的素质以及学生的需求和情感认同都会对思想政治教育产生影响。

综上发现,"课程思政"绩效的水平不仅受到学生个体之间差异的影响,也会受到教师行为态度以及在此过程中师生关系类型的影响。关于"课程思政"的相关研究,部分学者从不同切入点对"课程思政"进行了理论层面的剖析与阐述,但在研究方法上,多数选择思辨方法,在研究内容上,较少有学者深入探究"课程思政"绩效的影响因素以及影响因素的作用发挥机制。

因此,本文综合以往研究和构建主义学习理论,从情感和理性两个角度出发,分别选取一个有代表性的影响因素,即师生关系感知和专业教育质量进行分析,以期较为全面地研究对"课程思政"绩效产生影响的因素以及因素发挥的具体机制,从而为专业课程更好地协同思政课程做好育人工作提出科学的建议。

三、问题和模型描述

(一)研究问题与假设

综述文献发现,专业教育的教学情况以及师生关系感知均与"课程思政"改革的绩效密切相关,且专业教育质量与师生关系感知之间也存在着相互作用关系。本研究基于上述要素,提出下列研究问题:第一,师生关系和专业教育分别是教师对学生的情感、理性投入,两者之间的关系如何?师生关系和专业教育是否影响思政教育?如果有影响,师生关系和专业教育是否存在联合作用机制?第二,根据以上不同因素的综合影响,以及结合当代学生的特质,专业教育应怎样更好地协同思政课程进行思想政治教育工作?

根据以上分析与内容,本研究提出如下假设:

H1:师生关系质量越高,教育任务越容易实现,专业教育质量越高

H2:师生关系和专业教育对"课程思政"绩效有显著影响

H3:师生关系和专业教育会彼此增强对"课程思政"绩效的积极影响作用

(二)数据和变量说明

本研究以高校在校学生为研究对象,调查问卷来源多样化,既涵盖经济发达城市,又包括经济欠发达地区;既有本科院校,又有高职院校;累计收到全国83所高校的问卷数据,42所双一流院校覆盖41所。累计发放问卷2738份,回收率94.63%。

四、分析结果

(一)师生关系感知和专业教育质量之间的关系

从统计结果来看(表1),在没有控制(模型1)和控制(模型2)个人背景与教育背景的两种情况下,师生关系中的亲密度、深度和主动性感知能显著影响学生对于专业教育认可的概率。假设H1被验证。

表1 学生对专业教育质量认可的 Logit 回归模型

	模型1	模型2
	专业教育	专业教育
师生关系		
亲密度	0.024*(0.013)	0.027**(0.013)
深度	0.035**(0.015)	0.030**(0.015)

（续）

	模型 1	模型 2
主动性	0.045*** (0.013)	0.040*** (0.013)
其他控制变量		
性别		0.005(0.017)
年级		0.003(0.006)
专业类型		−0.015(0.016)
成绩排名		−0.006(0.008)
政治面貌		0.003(0.013)
关注时政		0.007(0.019)
阅读习惯		0.017(0.020)
学生对于思政教育的态度		0.041** (0.020)
教师对于思政教育的态度		0.044** (0.017)
常数项	0.479*** (0.045)	0.438*** (0.077)
调整后 R^2	0.028	0.032
样本量	2591	2591

注：1. ( )内为标准误。

2. $^{*}P<0.1$，$^{**}P<0.05$，$^{***}P<0.01$。

（二）师生关系感知、专业教育对"课程思政"绩效的影响作用

本研究采用逐步回归法分析师生关系感知、专业教育及其联合作用对"课程思政"绩效的影响。研究结果发现，接受高质量专业教育的学生感知到的"课程思政"绩效显著高于没有认可专业教育的学生，师生关系的亲密度感知、深度感知和主动性感知越高，"课程思政"绩效越高，说明师生关系的亲密度、深度、主动性感知能显著提高"课程思政"绩效。假设 H2 被验证。

师生关系深度与专业教育的交互系数为正，说明接受越高质量专业教育的学生，师生关系深度感知越强，"课程思政"绩效水平越高，即专业教育和师生关系深度会彼此增强对"课程思政"绩效的影响效应。换言之，对于师生关系深度感知良好的师生群体，高质量的专业教育可以对"课程思政"绩效带来更积极的影响。另外师生关系主动性感知与专业教育的交互系数为负，说明接受高质量专业教育的学生，师生关系主动性感知越高，"课程思政"绩效水平越低，即高质量的专业教育和师生关系主动性感知会彼此削弱对"课程思政"绩效的影响作用，同时也暗含着对于师生关系主动性低的师生群体，可以通过提高专业教学质量来提升"课程思政"绩效水平。接着，又分别将绩效评价的 4 个维度单独作为因变量进行验证（模型 7~9），研究结果基本一致，假设 H3 被部分验证（表2）。

（三）如何构建和谐的师生关系

本研究采用回归的方法研究影响师生关系的因素。结果表明，在个人特征方面，教师的学术修养、教育背景和责任感都对师生关系有显著的正向影响，教师的外在形象对师生关系有显著的负向影响；在教学内容方面，教师经常讲述自身经历，能够显著提升师生关系，而经常讲述娱乐八卦则会显著降低师生关系；在教学方式方面，双向互动式和学生参与式能够显著提高师生关系，而教师向学生的单向讲授式则会显著负向影响师生关系。又分别对师生关系的 3 个维度进行进一步验证（模型 11~13），结果表明这一结论具有稳定性（表3）。

表 2 师生关系感知、专业教育对"课程思政"绩效的影响

	模型 3	"课程思政"绩效 模型 4	模型 5	思政效果 模型 6	课堂质量 模型 7	德育情况 模型 8	积极影响 模型 9
专业教育	0.34***(0.037)	0.193***(0.031)	0.190***(0.033)	0.140***(0.043)	0.238***(0.041)	0.171***(0.041)	0.212***(0.039)
师生关系							
亲密度		0.084***(0.021)	0.085***(0.021)	0.074***(0.027)	0.087***(0.026)	0.083***(0.026)	0.096***(0.025)
深度		0.439***(0.024)	0.443***(0.024)	0.390***(0.032)	0.364***(0.030)	0.483***(0.030)	0.536***(0.029)
主动性		0.148***(0.021)	0.146***(0.021)	0.184***(0.028)	0.210***(0.027)	0.114***(0.027)	0.076***(0.026)
交互项							
专业教育*亲密度			0.058(0.049)	0.055(0.065)	0.122*(0.062)	0.100(0.061)	-0.046(0.059)
专业教育*深度			0.127*(0.057)	0.113(0.075)	0.115(0.072)	0.139*(0.071)	0.139*(0.069)
专业教育*主动性			-0.143**(0.053)	-0.092(0.070)	-0.122*(0.067)	-0.237***(0.066)	-0.124*(0.064)
其他控制变量							
男生	-0.017(0.31)	0.043(0.026)	0.042(0.026)	-0.001(0.035)	0.027(0.033)	0.052(0.033)	0.089***(0.032)
大一	-0.001(0.012)	-0.018*(0.010)	-0.018*(0.010)	-0.032**(0.013)	-0.042**(0.013)	-0.002(0.013)	0.005(0.012)
文史财经类	-0.054*(0.030)	-0.025(0.026)	-0.027(0.026)	-0.036(0.034)	-0.008(0.032)	-0.027(0.032)	-0.037(0.031)

（续）

	"课程思政"绩效			思政效果	课堂质量	德育情况	积极影响
	模型3	模型4	模型5	模型6	模型7	模型8	模型9
成绩排名	0.017(0.015)	-0.046***(0.013)	-0.047***(0.013)	-0.053***(0.017)	-0.059***(0.016)	-0.026(0.016)	-0.050***(0.016)
政治面貌	-0.084***(0.025)	-0.050*(0.021)	-0.049*(0.021)	-0.039(0.028)	-0.053**(0.026)	-0.032(0.026)	-0.075***(0.025)
关注时政	0.222***(0.036)	0.055*(0.030)	0.055*(0.030)	0.099**(0.040)	0.079**(0.038)	0.030(0.038)	0.013(0.037)
阅读习惯	0.090**(0.038)	-0.002(0.032)	-0.003(0.032)	-0.017(0.042)	-0.016(0.041)	0.024(0.040)	-0.002(0.039)
学生对于思政教育的态度	0.315***(0.038)	0.254***(0.032)	0.260***(0.032)	0.335***(0.042)	0.267***(0.040)	0.195***(0.040)	0.245***(0.039)
教师对于思政教育的态度	0.338***(0.033)	0.291***(0.028)	0.292***(0.028)	0.385***(0.037)	0.432***(0.035)	0.243***(0.035)	0.110***(0.034)
常数项	2.627***(0.125)	0.726***(0.122)	0.717***(0.123)	0.733***(0.163)	0.610***(0.155)	0.697***(0.154)	0.828***(0.149)
调整后的R^2	0.161	0.406	0.407	0.295	0.327	0.291	0.314
δR^2		0.245	0.001				
样本量	2591	2591	2591	2591	2591	2591	2591

注：1. ( )内为标准误。
2. * $P<0.1$，** $P<0.05$，*** $P<0.01$。

表 3 教学各环节对师生关系的影响

		师生关系 模型 10	师生关系亲密度 模型 11	师生关系深度 模型 12	师生关系主动性 模型 13
教师个人特征	学术修养	0.112**(0.053)	0.122*(0.067)	0.193***(0.055)	0.023(0.069)
	言谈举止	0.012(0.037)	0.052(0.046)	0.031(0.038)	-0.047(0.048)
	外在形象	-0.069**(0.025)	-0.041(0.032)	-0.116***(0.026)	-0.051(0.033)
	性格	0.038(0.028)	0.045*(0.035)	0.060**(0.029)	0.009(0.037)
	教育背景	0.090***(0.026)	0.057(0.032)	0.101***(0.027)	0.111***(0.033)
	责任感	0.088**(0.030)	0.042(0.038)	0.150***(0.032)	0.071*(0.040)
	是否担任学校职务	0.012(0.043)	-0.019(0.055)	-0.037(0.045)	0.091(0.056)
教学内容	由课堂教学引申的国家时政热点	0.034(0.037)	-0.027(0.046)	0.050(0.038)	0.077(0.047)
	娱乐八卦	-0.106***(0.032)	-0.086**(0.040)	-0.144***(0.33)	-0.089**(0.041)
	自身经历	0.138***(0.030)	0.075**(0.038)	0.191***(0.031)	0.146***(0.039)
	不希望出现与课堂无关的内容	-0.029(0.041)	-0.063(0.052)	-0.035(0.043)	0.011(0.053)
教学方式	单向讲授式	-0.115***(0.028)	-0.123***(0.035)	-0.080**(0.029)	-0.142***(0.036)
	双向互动式	0.188***(0.034)	0.169***(0.043)	0.198***(0.035)	0/918***(0.044)
	学生参与讲授	0.090***(0.028)	0.092**(0.035)	0.071**(0.029)	0.109***(0.036)
	视频教育式	-0.034(0.026)	-0.033(0.032)	-0.037(0.027)	-0.033(0.033)
	控制变量	Yes	Yes	Yes	Yes
	常数项	2.672***(0.114)	3.021***(0.144)	2.624***(0.119)	2.374***(0.148)
	调整后的 R^2	0.185	0.100	0.179	0.173
	样本量	2591	2591	2591	2591

注：由于篇幅限制，本表控制变量省略。

五、结　语

（一）结论

本研究选取师生关系感知和专业教育质量作为研究指标，旨在从情感和理性两方面探究影响"课程思政"绩效的因素，得出各因素对"课程思政"改革绩效的深层影响机理，结论如下：

第一，师生关系对专业教育质量认可性具有显著正向影响。本研究从亲密度、深度和主动性3个维度来衡量师生关系，结果表明，师生关系越好，学生对于专业教育质量的认可度就越高。

第二，"课程思政"改革绩效受师生关系和专业教育质量的影响。师生关系越好，学生越容易认可老师在思想方面的教育与引导；而专业教育是学生以及教师最基本的任务，这一基本任务的高质量完成为学生接受思想政治方面的教育以及老师进行"立德树人"教育上打下坚实的基础。

第三，对"课程思政"改革绩效进行分析，发现专业教育质量与师生关系的主动性感知互相削弱，而与师生关系的深度感知互相增强。说明教师可以结合实际情况，通过师生关系和专业教育质量的结合来更好地实现思想政治教育，这对于教师提升"课程思政"改革绩效具有较强的指导意义。

（二）启示

要实现教育效果的真正落实，教师要注重和学生的关系构建。尤其是结合思政教育的特性，更是需要师生之间通过深度交流来实现。那么单纯基于理性视角的知识传授就难以满足需要，基于感性视角的师生关系就显得尤为重要。

学校方面在这一过程中也发挥着至关重要的作用，需要在战略上重视"课程思政"改革的作用，将"课程思政"的内涵融入课程设置、教师培养等全过程，并且通过具体的计划、考核指标来促进"课程思政"改革的落实。

另外，"课程思政"改革过程中应该充分考虑学生之间的异质性，针对不同的学生设置不同的教学计划，从而提高"课程思政"改革的有效性和合理性。

综上所述，"课程思政"改革的落实与绩效的提升需要学生、教师和学校三方的共同努力，需要从师生关系和专业教育两方面共同发力，最终建成具有中国特色的思想政治教育体系。

参考文献

[1]唐仕钧.论高校思政教学中大学生核心价值观的培养[J].教育与职业，2015(29)：48-50.

[2]植文选.关于影响高职思政课教学实效性因素的分析[J].职教论坛，2012(2)：40-42.

[3]朱俊奇，田甜.社会主义核心价值观教育的影响因素及模式创新研究：基于35所高校5000名学生"思政课"学习意愿的调查分析[J].思想政治教育研究，2017，33(3)：7-13.

How to realize the resonance of moral education among various curricula: An empirical analysis based on the reform of ideological and political education

Zhang Mingyang　Wang Hengyu

(School of Economics and Management, Beijing Forestry University, Beijing　100083)

Abstract　"Ideological and Political Education" is to integrate Civics and Politics education into the teaching of all courses, fully exploit the elements of moral education in different courses, and realize the big Civics and Politics pattern of all kinds of courses moving in the same direction. In this paper, a total of 2,738 questionnaires were received from 83 universities, including 41 world-class universities, with students from domestic universities as the target audience. Based on the constructivist theory of learning and the theory of the origin of communication in education, a regression approach is used to study the relationship between teacher-student relationship perception, professional education and the performance of "Ideological and Political Education". Through the analysis of the influencing factors of "Ideological and Political Education", suggestions were made on how to realize the resonance of "Virtue and Education" among various curricula.

Keywords　ideological and political education, professional education, collaborative thinking, regression analysis

高校安保队伍建设的研究与实践

杨 程

（北京林业大学保卫处，北京 100083）

摘要：近年来，国际国内形势发生深刻变革，高校面临的安保任务日益繁重，安全保卫队伍人员流动性增大，急需通过加强培训来提高保卫干部的个人能力和业务素质。本文从现状入手，以北京高校保卫队伍培训为例，简要分析保卫队伍培训面临的问题及改进方向。

关键词：安全保卫；队伍建设；研究

一、高校安保队伍现状

当前国际形势复杂多变，我国改革开放进入深水期，高校校园内敌对势力的破坏活动、刑事犯罪、治安灾害事故等时有发生；从安全保卫队伍自身来说，高校轮岗机制的出现，导致保卫队伍人员流动频繁，职业素质降低，这些都是安全保卫工作出现的新情况、新问题。要认识好、解决好这些问题，就要加强保卫队伍人员的建设，提高保卫队伍人员的专业能力和素质。

二、提高高校安全保卫队伍的对策

（一）加强培训是提高高校安保队伍专业能力和素质的重要手段

北京高校保卫学会一直十分重视对于安全保卫队伍的培训工作，学会第七届理事会更是将培训工作作为工作重点来抓，确立了"围绕主线、立足实际、着眼世界、拓宽视野"的培训工作思路。围绕主线，就是要始终围绕创建"平安校园"这一条主线。立足实际，就是要立足高校安全稳定工作的实际，分门别类进行培训，既要开展治安、交通、消防方面的培训，也要开展网络技术、危机管理等方面的培训，培训的对象也要兼顾保卫处长、科长以及保卫干部等方面。着眼世界，就是在培训内容上不仅要有国内高校的先进经验，也要适当加入国外世界一流高校在校园安全管理理念的内容。拓宽视野，就是指增加一些时事与政策方面的培训内容。

从2012年开始，北京高校安保学会共举办保卫处负责人培训班5期，专项业务培训班2期，新入职保卫干部培训班1期，共有1000多人次参加了学习和培训。根据参加培训的人员不同，确定培训内容及学时。面向保卫处负责人的培训，倾向于介绍国际国内安全稳定形势及热点问题分析、十八大及十八届五中全会辅导报告、国家宗教政策与防范校园宗教渗透问题、高校消防安全管理与火灾隐患排查整治、高校暴恐事件预防与处置、高校突发应急事件处置、校园周边治安防范、校园安全管理工作研究、大学生犯罪心理分析与预防、高校"平安校园"建设工作交流等内容。至于专项业务培训则先举办了政保干部和消防干部的培训班，侧重于各领域的形势、法规介绍，日常问题的分析研判方面，政保培训单

作者简介：杨程，北京市海淀区清华东路35号北京林业大学保卫处，助理研究员，dianyi0825@sina.com。

资助项目：北京高教保卫学会研究课题"安全保卫队伍教育培训工作研究"

独介绍了隐蔽战线的敌情分析，消防培训增加了消防检查实践和逃生演练环节。新入职保卫干部培训班则和公安部门合作，借用公安部门已有的新入职保卫干部培训课程，并加入对高校保卫工作介绍及保卫干部的素质要求内容。而且，已举办的各期培训班都增加了高校交流和小组讨论环节，推广某些高校的先进经验，提供专门的高校间经验交流时间，受到广大参加培训人员的好评。

（二）正确确定培训内容是提高高校安保队伍专业能力的有效方法

（1）培训内容要注重时效性与针对性。学习党的各次全会精神，以全会精神为指导，了解保卫干部的需求，分层次制订培训内容。面向保卫部门负责人，就要介绍宏观的情况，形势政策讲座要紧跟国际国内大局；民族宗教问题要了解历史，掌握国家政策；校园反恐及突发事件处置要更新手段，促进信息交流和共享；知道校园消防、治安管理的重点部位及改进措施。面向负责不同任务的保卫干部，要考虑他们的工作性质及工作内容，介绍相应的法律法规，规划不同的培训内容。

（2）培训课时中设置分组讨论和高校经验介绍环节。根据培训对象的不同，安排不同的讨论题目和交流内容，尽量贴近培训对象的日常工作，并在集体培训时间中，抽出时间请每小组派代表与大家分享讨论结果。参与培训的学员都表示，这种形式很好，有助于大家将培训内容消化吸收，还能和其他高校的同行分享日常工作的教训、经验，可以解决工作中遇到的问题和难点，学习其他高校的好的办法。

（3）增加实际操作及体验内容。像消防这种需要日常检查及逃生演练的工作，由专业人员带领培训对象进行实地检查，对照工作中的检查方法，查漏补缺，发现平时忽略的问题，以后进行消防检查时，就能有的放矢。设置模拟逃生环境和逃生器具，让保卫干部都亲自感受一次，以便遇到险情时，能有效指挥逃生，挽救生命。

（4）利用保卫学会企业理事这个平台，设置企业新技术介绍板块。由企业的技术人员介绍他们最新的研发成果及应用，帮助保卫干部开拓视野，寻找适合自己学校的安全管理方案及系统。

三、培训的问题与难点

几年培训下来，北京高教保卫学会基本形成了"1+2+1"培训模式，即每年举办一期保卫处长培训班，2期保卫干部专项培训班，1期新入职保卫干部培训班。虽然取得了一定的成绩，培训的实际操作过程中，也发现了一些问题。

（一）培训缺乏约束和激励机制

安全保卫队伍的教育培训基本上是由教育主管部门主办，保卫学会承办的模式。每次培训都会强调上课纪律，有事一定要请假，但是一直没有严格考勤。有些同志对培训工作认识不足、重视不够、兴致不高。有些年龄偏大的干部不思进取，觉得快退休了学也无用，参加培训是年轻人的事。加之保卫工作的特殊性，学校一出现安全稳定相关问题，就要求保卫干部回去处理，这些都在一定程度上影响教育培训的效果。举办培训是为了提升安全保卫干部的业务能力，与干部任用和职务晋升等并没有直接关系，造成参加培训全凭自觉与兴趣，工作忙成了不参加培训或者不保证出勤率的借口。

（二）培训课程及形式单一

目前的培训课程多以课堂教学为主，课程侧重拓展干部的视野，介绍性、宏观的内容比较多，对于实际问题的处理讲授的不多；尽管增加了讨论交流环节，还缺乏实践考察内容。参加培训的保卫干部仅仅是短暂脱离工作，在一个集中的地方听了一场又一场讲座、报告，学到的知识理论大于实践。课程设置大多从岗位需求出发，所有人接受同样内容的培训，忽视了保卫干部的个人需求，没有满足保卫干部"缺什么，补什么"的要求。

（三）缺乏科学的培训质量评估体系和考核制度

每次培训，对保卫干部来说，仅仅就是获取了更多的信息，参加了一次上级主管部门组织的培训班，培训的结果从干部素质、能力定性等方面没有一个较为准确且相对统一的衡量标准，不能说明保卫干部通过培训得到业务能力或理论素质的提升。因此，当前的干部教育培训基本上都没有制定严格的干部教育培训考核制度，也没有赏罚分明的奖惩措施。这必然导致难以对干部严格要求，也难以调动其学习积极性。

（四）师资队伍难以保障

从北京高教保卫学会已经举办的培训来看，没有一支专业优质的师资队伍，往往是根据课程设置来选择老师。优势是有北京高校及相关业务部门广大的专家、领导作为支撑，劣势也是专家、领导日常业务繁忙，需要预约时间，不见得能请到。并且，有些理论讲述过多，联系实际不够；有些有丰富的工作经验，无法上升到理论层面传授给参训保卫干部，真正能满足要求的高水平教师难觅。

四、安全保卫队伍教育培训的改进方向

（一）理顺脉络，建立健全培训体系

1. 做好培训课程开发与建设

学会针对高校保卫工作实际，深入一线调查研究，整理和制订出一系列符合高校保卫工作实际情况以及保卫干部成长的理论和技能培训课程内容，并在保卫工作中推行。注重培训内容时效性与针对性，提升培训质量。教学内容突出重点，教学形式多样化、现代化。可以适当增加案例式、模拟式教学，使保卫干部在用中学，提高保卫干部的实际工作能力。根据安全保卫干部因工作领域和履行职责的不同而呈现出需求的差异性，重视教学模式层次化需求，实现层次化教学模式，进而提高培训质量。在统一的课程设置里，适当开设一些选修课，实现岗位需求和个人需求的有机结合，满足不同参训人员的需要。通过课程开发与建设，逐渐提高保卫干部学习热情和学习兴趣，从而有效提高安全管理队伍素质，加强安全保卫队伍人才建设。

2. 组织开展高量高质的培训工作

提高培训频率，由于原来1年1~2次提高到1季度1次。大规模、多渠道、高质量、突出重点的培训是提升培训质量的重要保障。培训要做到地毯式全覆盖，无死角。增设考察环节，特别是针对近年来出现的新的、突出的安保问题，选择安全保卫工作成绩突出、特点鲜明的高校进行实地考察，交流学习经验，搭建共享平台。考察技防安防企业，学习了解前沿技术手段。

3. 做好培训师资队伍的建设

一方面，要继续坚持从高校、上级主管部门请专家、领导来讲课的策略，有意识地以同样的课程内容请不同的专家、领导来讲授，对比发现更适合给安全保卫队伍进行培训的教师，建立教师库。另一方面，可以从安全保卫队伍内部选拔有经验有能力的干部担任培训教师，保卫干部自己更了解自己需要学习什么，其在工作中的经验也更具有推广价值。

4. 建立学习培训考试考核制度

建立培训结束后的结业考试制度，针对培训内容，考查安全保卫干部参加培训的效果。建议高校考核领导干部时，将是否参加培训、培训时间纳入考核范围，并把考核结果作为干部聘用、职务晋升的依据之一，促进干部积极参加培训，加强理论素质和业务能力的培养。

5. 把关行业门槛，提升培训约束力

积极寻求上级业务主管部门的支持与合作，将高校保卫干部培训工作与行业培训工作相结合，使参加培训的保卫干部既提升了理论水平和业务能力，又取得了行业从业资格，减少重复培训带来的人力、财力、物力的浪费，增强培训的实效性。

6. 寻求各高校对安全保卫队伍培训工作的支持

安全保卫队伍教育培训是干部教育培训中的一环，不能因为工作性质特殊，减少甚至剥夺安全保卫干部参加培训的权利。应与高校沟通，不仅要支持安全保卫干部参加培训，而且要支持负责安全保卫任务的领导参加培训，从日常繁重的工作中脱身出来，通过培训，提高领导能力、科学决策能力和组织协调能力。

参考文献

[1] 方伟. 改革创新干部培训工作加强领导干部能力建设[J]. 行政与法(吉林省行政学院学报)，2004(9)：69-71.
[2] 刘彬让，王雄. 干部教育培训过程质量管理体系构建的实践与思考[J]. 继续教育研究，2015(3)：78-80.
[3] 赵耀. 干部培训需求调查分析及对策：以J省X市为例[J]. 中共南京市委党校学报，2012(1)：80-84.
[4] 张武鉴. 关于干部培训工作的几点思考[J]. 广西民族学院学报(哲学社会科学版)，2001(S1)：38-42.
[5] 贺丽芳. 关于国有企业领导干部培训模式的分析与创新[J]. 内蒙古科技与经济，2015(5)：33-34.
[6] 成长群. 增强干部教育培训工作针对性与实效性措施探索[J]. 学周刊，2015(10)：222-223.
[7] 杨俊一. 转型中的中国干部培训模式[J]. 中共中央党校学报，2009，13(6)：92-94.
[8] 肖小华. 论干部教育培训功能的有限性及对策[J]. 北京石油管理干部学院学报，2014，21(03)：53-55，58.
[9] 乔珍明. 论新形势下创新干部培训工作方法的着力点：以广西贺州市委党校为例[J]. 广西社会主义学院学报，2014，25(3)：109-112.
[10] 郭丽娟. 教育干部培训规律的认识与思考[J]. 国家教育行政学院学报，2011(10)：72-75，8.
[11] 周玉玲. 高校中层干部教育培训的难点及其突破[J]. 学校党建与思想教育，2014(24)：69-70.

Research and Practice of Security Team Construction in Higher Education Organizations

Yang Cheng

(Security Department, Beijing Forestry University, Beijing 100083)

Abstract In recent years, the international and domestic situations have undergone profound changes, the security tasks faced by universities have become increasingly severe, the turnover of security team personnel has increased, and it is urgent to improve the personal ability and service quality of security cadres by strengthening training.This paper takes current situation, takes the training of security team in Beijing universities as an example and briefly analyses the problems faced by the training of security team and its improvement direction.

Keywords safety and security, team construction, research

高校教学实验室安全准入制度建设探索

齐 磊　尹大伟

（北京林业大学教务处，北京　100083）

摘要： 教学实验室安全准入制度是实验室安全管理的重要内容，是实验室安全管理发展的必然要求。高校教学实验室快速发展的过程中，面临规模不断扩大、任务不断加重、安全压力陡增的实际情况，对实验室的安全管理提出了新的要求和更高挑战。根据国内外实验室安全管理发展研究，安全准入制度建设是实验室安全管理发展的必然要求，成为了实验室安全管理的首道重要防线。围绕教学实验室安全准入制度建设，探索准入制度建设、安全教育机制、实施方法、制度保障等，为高校教学实验室安全准入制度建设提供参考。

关键词： 实验室；安全准入；信息化

一、引　言

教学实验室是进行教学实践、科研创新、人才培养和服务社会的重要基地，是高校"双一流"建设的基本条件。近年来，高校教学实验室（以下简称"实验室"）的规模迅速扩大，实验教学、创新训练和科研任务不断加重，加之多危险源、高危险性，使实验室成为了高校安全事故多发的场地。实验室安全准入制度是实验室安全管理体系的重要内容，是实验室安全管理发展的必然要求，更是高校改革从"重建设轻管理"向"建设管理并重"转变的客观需要。近几年随着高等教育的发展，落实"以本为本"根本任务，会有更多的本科生参与大学生创新项目、学科竞赛等创新研究项目，实验室安全工作压力增大，实验室的安全准入制度成为一项重要的工作。

二、高校实验室安全准入制度发展现状

实验室安全一贯是各高校重点关注的工作，但是近年来安全事故仍有频发势态，有研究分析表明，绝大多数的事故是由实验人员违反操作规程或管理疏忽等人为因素引发[1-3]。《教育部办公厅关于加强高校教学实验室安全工作的通知》的首条要求就是强调实验室安全红线意识，重视人的安全底线思维。显然，实验室相关人员的安全教育、培训是高校实验室安全管理的重要任务，实现的根本途径是建立实验室安全准入制度。

（一）国外发展现状

欧洲众多高等学府设置强制性及非强制性的实验室安全课程，学生需要接受学校或学院安排的安全训练，考试合格后进入实验室[4]。新加坡高校实行了实验室安全准入制度，所有进入实验室的师生都需要经过相应模块的安全培训，并要通过相应的安全考试[5]。日本高校也建立有严格的实验室安全与环保教育培训，学生、教师均要经过严格的安全培训和考核，

作者简介：齐　磊，北京市海淀区清华东路35号北京林业大学教务处，助理研究员，qilei@bjfu.edu.cn；
　　　　　尹大伟，北京市海淀区清华东路35号北京林业大学教务处，副研究员，yindawei@bjfu.edu.cn。
资助项目：北京市本科教学改革创新项目"人工智能背景下的行业特色高校教学改革"（201910022004）。

构成全成员实验室安全准入制度[6-7]。美国高校在 20 世纪 90 年代已建立高校安全管理系统，宗旨是"预防为主，防患于未然"，故建有十分严格的安全准入制度，对于不同类型人员必须接受哪些安全培训项目、强制培训级别、考试通过级别等都有规定，并已形成立体式安全准入制度，从线上线下的安全培训、制度学习、实验培训、应急演练等多方面入手[8]。

（二）国内发展现状

国内高校对实验室安全准入制度的研究起步相对较晚，推行范围并不广泛。2012 年以前，极少部分高校开始推行实验室安全准入制度，如清华大学、吉林大学、北京化工大学等高校开始尝试通过建立实验室安全考试系统来进行培训和考核；天津大学、香港理工、浙江大学将安全教育编写成教材纳入课程体系，以教学形式开展教育培训[9-11]。

近年来，党中央、国务院对安全生产高度重视，教育部根据中央精神，对高校实验室安全也提出了具体要求。随着我国高校改革的深入，实验室安全问题逐渐凸显，因此，国内高校开始关注到实验室安全准入制度的重要性，开展相关的研究探索与建设实践。

三、高校实验室安全准入制度推广问题

目前我国高校的实验室使用频率愈加频繁，各种设备仪器使用逐渐变多，高校的实验室安全事故也时有发生，保障实验室教学和科研工作安全稳定运行成为急需解决的问题。由于我国实验室安全准入制度起步较晚，在研究过程当中处于理论阶段，随着当前在教学当中推崇以人为本的新型教育教学理论问题。在授课过程当中，很多高校提出实验室安全准入的重要性，并且推行试点工作，让学生在学习过程当中将安全教育纳入到教学过程当中，采取授课的形式使学生通过考核来开展学习。但是由于在推广过程当中，安全准入制度的强制性不足，最重要的因素是"人"不会像机器程序一样严格按照规则运行。例如学生不重视实验室安全准入原则的重要性，在学习过程当中轻视疏忽，而实验室安全准入原则也未纳入到考试和考核当中，实验室管理人员没有进行有效监管，所以实验室安全准入原则在推广过程当中受到一定的局限和影响。

四、实验室安全准入体系的研究

根据国内高校在发展过程中针对实验室安全准入制度的创新应用，不断完善实验室安全准入的相关流程，使师生能够在实践操作过程中具备安全观念。所以为了建立科学有效的实验室安全准入体系，通过结合大学的具体实践来进行教育的拓展，通过阐述、演示实验室准入制度，利用信息技术手段多渠道推广宣传实验室安全准入信息，让每位学生和教师了解实验室安全准则，从而确保高校实验室能够更加安全。

（一）建立实验室安全准入制度

高校在开展实验室安全准入制度时，要通过吸取西方国家的实验室安全准入制度的相关原则，通过在实验领域设立各类规章制度和规范策略，使师生能够了解实验室安全规章制度的重要性。实验室准入制度具体包含了实验室安全和知识学习，以及所签订的安全承诺书和责任书等相关文件，通过在实验室操作过程当中明确各项规范，设立各类专业知识说明。例如各仪器的操作规范流程和实验室应急策略，使实验室安全责任制度变得更加具体和明确，从而为实验室安全工作奠定良好的基础。通过设立层层签订的责任制度，并且结合责任事项使实验室安全工作能够落到实处。

（二）实验室安全准入制度的实施方法

随着我国科学技术的逐步发展，实验室安全准入制度可在实施过程中，通过集中培训和笔试以及发放准入证的模式来实施安全准入制度，相关部门也可以通过采用现代信息

技术实施网络报名和网络认证的形式，将实验室安全知识落实到具体个人，从而有效地提高实验室准入的防范意识，将实验室知识纳入到日常的考核过程当中，使每位学生通过学习和探索将实验室准入条件与专业课程相互结合，从而形成正确的学习观念。当前高校大部分学生为"95后"和"00后"，学生对新鲜事物的接受能力较强，所以教师在日常教学培训当中，可以通过开放性的事物引导学生利用网络来进行主动的学习，使学生通过乐于尝试实验室来掌握实验室的各项规范制度，从而提高学生的安全意识和自我保护能力，让学生在培训和自主学习中掌握实验室安全准入制度。

（三）实验室安全准入制度的约束门槛

为有效强化实验室安全准入的效率，制定硬性的管理规定，使学生通过实验室安全考试的及格线，让学生在实验室开展必要的实验。例如本科生如果未通过考试，则不能够进入选课环节，不能够参加奖学金的评选；而新的职工教师如果未能通过则不能够签发相应的教师资格证。通过制度的约束，使师生重视实验室准入制度，树立正确的实验室安全观念。

（四）实验室安全准入考试系统的开发和完善

实验室安全准入系统是师生遵守实验室安全准入要求的必要环节。掌握实验室安全准入的相关细则，提升实验室安全准入的科学性和高效性，制定切实可行的实验室安全培训考试系统，系统要包含题库管理、学生信息、试卷维护、考试成绩、统计系统完善等各个功能。例如当学生在网课学习过程中，利用练习的形式在线学习自己所需要完善的知识点，并且通过网络题库自主地设计模拟题，在通过自测之后得出相应的答案，及时地针对错题来进行纠错和巩固。学生在开展网上考试时，考试系统的管理员要根据学生专业配置相应的考试试卷，学生在一定时间内提交所需回答的问题，并通过系统设定的评价方式给予相应的分数。

（五）搭建实验室安全信息化管理平台

完善实验室安全准入制度的同时要强化实验室安全知识与口试系统，使该系统能够参与到每位学生的考试当中；强化学生对于实验室安全准入制度的认知能力，使学生在日常生活中可通过手机和电脑参加培训和考试；让每位学生在学习中掌握实验室安全准入制度，提升学生对安全知识的掌握效率，加深对于实验室安全准入制度的认知效率。通过完善准入系统，筛选建立多种习题类型，制定多元的考评体系，各专业的学生参与考试，分配相应专业的试题，依托准入系统更好地开展实验室安全准入制度的学习。

（六）开展实验室安全准入制度的专项研究

根据实际，强化实验室安全准入的相关规定，设立实验室安全工作项目，将实验室准入条例作为专项，给予重点性的支持和引导。通过开展专项性的研究，将实验室安全标准规范研究和实验室安全准入制度研究形成科学、系统、规范的研究成果。通过逐步地推广实验室准入研究成果，应用到同类实验室当中，提高实验室准入制度实施的高效性。

五、实施实验室安全准入制度的理性思考

（一）建立知识库是实施安全准入制度的前提

利用知识培训的形式让实验室安全准入原则能够深入到教职工以及学生的内心，通过具有针对性的制度导入引导每位学生在学习的过程当中了解安全准入制度的重要性；并且设计相应的系统培训内容，健全知识习题库，使安全准入制度能够明确自身的前提和基础。让每位学生在学习过程中了解实验室的重点危险源，让学生了解安全知识库或高校实验室安全管理的各项知识内容，明确学生学习思路的同时，让学生了解在实验室当中的化学物品以及压力瓶和特种设备的安全防护知识。教师在健全安全准入制度知识库时，要借鉴西方国家的知识库特点，通过利用通用性的专业知识，培养学生的基础知识和专业知识，让

学生在实践操作过程中针对重点学习的内容有所了解。所以教师通过健全安全知识库中的习题，利用多选、单选以及填空的形式来培养学生的判断和知识掌握能力，让学生在学习的过程当中突破薄弱环节，树立正确的学习观念和良好的学习思路。

（二）实施分层次准入是实施安全准入制度的保障

在创新实验室安全准入原则时要根据实验室的主体以及准入的对象进行分层次的管理，从而有效地强化实验室准入制度。实施的科学性和高效性在分等级时，通过学校层级、院校层级以及实验室层级来划分。学校层级作为最基础的准入原则是以学校群体为单位开展全校范围内的安全常识培训，使每位学生或教师在学习过程中了解各项规章制度。而院校级作为中等层次的准入级别，可以发展具有专业化和人性化的科研探究形式，进行有针对性的实验室安全知识操作培训。实验级准入可以结合人才的学科背景以及研究领域来实施有针对性的引导，除了对个人安全准入以外，还可以将各类物品的使用和防范意识纳入到安全培训考核当中，使制度建设得更加完善，增强实验室安全准入制度的完善性。

（三）对教师进行安全准入是做好实验室安全工作的前提

在开展实验室安全准入条例过程中，要针对参与对象实施有针对性的区别引导。由于教师为人师表，是教授学生、引导学生的主体力量，教师的专业性对于实验室安全准入制度建设有着至关重要的影响，所以要强化教师安全准入的相关理念，并在实验室探索中掌握一定的操作要领，从而更好地引导学生、帮助学生树立正确的学习观念，使学生能够以教师作为楷模，积极地顺应学校和教师的要求，对于实验室安全准入原则有全面性的了解和探索，因此教师要对实验室安全准入原则进行深入性的探究。学校有关领导也要加强对广大教师实施科学性的培训和引导，让每位教师都能够了解安全准入制度对于学校发展以及学生成长的重要性。相关部门要明确教师所承担的教育责任以及相应的义务，针对实验室人员进行明确的教学培训工作，例如在实验室搞科研时可以通过对实验事项以其安全状况进行申报，制订相应的预案，做好安全工作。

（四）开设实验室安全课程是实施安全准入制度的拓展

落实实验室安全准入制度培训和引导，让"安全理念"牢固树立。借助网络资源以及线上的安全讲座，让学校人员在学习的过程当中，了解自己所欠缺的实验室安全准入知识，并且随着当前实验室安全准入制度不断地完善。各高校在开发安全基础课程时，要根据实验室安全知识以及学生的专业内容来实施必修课的融合，并且采取独立性的学分管理制度，使每位学生都要懂得只有掌握安全知识，才能够有资格进入到实验室开展探究工作。高校通过开设实验室安全课程培育体系，能够提高学生在学习过程当中的专业性，使学生通过了解安全准入制度，深化自身的学习思想。

创新实验室安全准入教育，让"安全意识"深植人心。建立"首堂课讲安全"制度，根据各实验室条件、课程内容，将安全知识编入实验课程的首堂授课内容，具有很强的针对性、专业性、强制性。教师编写课程安全内容时，先要学习所有的安全制度、操作规范等安全知识；学生学习安全理论知识，通过实验操作实践，达到加强安全意识、强化安全技能、提升安全素质的目的。

（五）建设信息化平台是实施安全准入制度的有效途径

随着我国信息技术的逐步发展，实验室安全准入制度也要依靠信息化技术逐步地进行优化和提升，有关部门要将实验室安全学习与考试平台相互结合，利用线上线下的模式来引导教职工和学生了解实验室安全准入的规章制度。领导发挥带头作用，积极组织师生通过网络学习，完成相应的课时，并且颁发准入证书，依托信息化平台及时了解当前实验室发展现状以及发展趋势。要利用物联网技术建设实验室智能门禁感应系统，通过学生面部识别，审核学生实验室安全准入资格，从而提高实验室准入的智能化。

参考文献

［1］秦锋，黄强，袁久洪. 高校实验室安全事件的原因浅析与管理对策［J］. 实验室研究与探索，2017，36（3）：302-306.

［2］张海峰，张帆，刘一. 高校实验室安全教育存在的问题与对策［J］. 实验技术与管理，2017，34（9）：243-247.

［3］贺锦，乐远，赵艳娥，等. 构建规范化实验室安全培训体系的探索与实践［J］. 中国现代教育装备，2016（15）：15-18.

［4］唐勉. 高校实验室安全准入制度建设研究［J］. 西南科技大学学报（哲学社会科学版），2017，34（2）：103-106.

［5］郑晓东，赵月琴. 新加坡大学实验室管理及实验队伍建设情况调研［J］. 实验技术与管理，2011，28（9）：168-171.

［6］田德美，夏伟. 美国犹他大学化学实验室管理及借鉴［J］. 实验技术与管理，2017，34（7）：262-265.

［7］蓝蔚青，谢晶，陈江华，等. 日本高校实验室建设与管理工作启示［J］. 实验室研究与探索，2017，36（8）：255-258.

［8］Kapin J M. Beyond chemical safety：an integrated approach to laboratory safety management［J］. Chemical Health & Safety，1999，6（4）：20-22.

［9］张琳，郭英姿，许栋明，等. 实验室安全准入制度的实践与探索［J］. 实验技术与管理，2016，33（5）：227-229.

［10］郭万喜，高惠玲，唐岚，等. 高校实验室安全准入制度的实践与探索［J］. 实验技术与管理，2013，30（3）：198-200.

［11］袁哲，李鹏，徐飞. 高校实验室安全准入模式的探索［J］. 高教研究与实践，2016，35（2）：71-75，79.

Discussion onSafety Access System Construction in University Teaching Laboratories

Qi Lei　　Yin DaWei

（Dean's Office，Beijing Forestry University，Beijing　100083）

Abstract　Teaching laboratory safety access system is an important part of laboratory safety management and an inevitable requirement for the development of laboratory safety management. In the process of the rapid development of teaching laboratories in universities, they are faced with the continuous expansion of scale, the increasing tasks and the sudden increase of safety pressure, which puts forward new requirements and higher challenges to the safety management of laboratories. According to the research on the development of laboratory safety management, the establishment of safety access system is an inevitable requirement for the development of laboratory safety management and has become the first important line of defense for laboratory safety management. Centering on the construction of the safety access system of teaching laboratories, this paper explores the construction of the safety access system, safety education mechanism, implementation method and system guarantee, etc. , so as to provide reference for the construction of the safety access system of teaching laboratories in universities.

Keywords　laboratory, security access system, informatization

课程思政视角下大学生创新训练项目指导模式新探讨

张 静 纪宝明 平晓燕

（北京林业大学草业与草原学院，北京　100083）

摘要：在课程思政理念下，探索高校创新教育有利于形成协同育人效应，符合未来人才培养的目标和要求。本文以大学生创新实践教育为研究视角，通过问卷调查发现当前创新训练项目主要存在思想认识不足、选题与专业或个人兴趣不匹配、教师指导方式单一、考核评价体系不足等薄弱环节或短板等问题，就此探讨高校课程思政教育存在的意义和必要性，并结合理论与实践，针对性地提出大学生创新训练项目与课程思政相融合的教学实践模式，以期推动创新教育与课程思政的有效融合，全面提升大学生的综合素质。

关键词：课程思政；创新训练项目；高校；指导模式

一、大学生创新训练项目融入思政教育的意义

大学生创新训练计划是教育部实施本科教学工程的重要组成部分，是一种综合性的课程改革。该项目旨在支持本科生以项目为载体进行创新活动，学生在发现问题、提出问题、分析问题、解决问题的过程中，能够逐步激发创新意识，培养创新思维，提高创新实践能力。除了创新精神和实践能力的提升之外，大学生创新项目对培养学生严谨的科学态度、团队协作精神以及综合心理素质的全面发展均具有重要作用[1-2]。推进创新教育，培养创新型人才也是时代发展的需要。课程思政则是思想政治教育在高等教育领域的新表达，是一种"大思政"理念，是"隐性思想政治教育"理念在专业课、通识课教学中的具体体现。课程思政是一种课程观，是以"立德树人"为中心环节，把高校思想政治工作贯穿教育教学全过程，实现全程育人、全方位育人的"大思政"教育格局，从而实现立德树人、润物无声，达到事半功倍的效果。在大学生创新实践活动中融入课程思政的教育理念，一方面，思政教育的新思路、新方法为创新教育课程优化提供可能，能够指导教师从思想品德、心理素质等方面为学生制订个性化的创新素养培育方案，引导学生追求真理、与时俱进、实事求是、团队协作的科研作风，全面提高大学生的综合竞争力。另一方面，在创新教育的改革和发展中融入思政教育也是思想政治教育发展完善的逻辑必然[3]。思政教育的目的在于引领高校大学生树立正确的世界观、价值观和人生观，在提倡创新教育的社会背景下，有效融合思政教育和创新教育不仅可以大幅提升思政工作的实效性，同时还创新了思政工作的方式。因此，将思政元素与创新教育有机结合，是挖掘和实现课程更深层次育人功能的一次新的改革探索与尝试。

作者简介：张　静，北京市海淀区清华东路35号北京林业大学草业与草原学院，讲师，zhangjing_2019@bjfu.edu.cn；
　　　　　纪宝明，北京市海淀区清华东路35号北京林业大学草业与草原学院，教授，baomingji@bjfu.edu.cn；
　　　　　平晓燕，北京市海淀区清华东路35号北京林业大学草业与草原学院，副教授，ibcas2011@163.com。
资助项目：北京林业大学教育教学研究项目"大学生创新训练项目指导模式的新探讨"（BJFU2020JY108）。

二、大学生创新训练项目融入思政教育的必要性

创新是民族振兴、国家富强的动力，也是社会不断发展、不断进步的根本源泉。随着现代信息技术的飞速发展，高校教育在人才培养过程中既要重视基础理论教育，更要注重对大学生创新意识和创造能力的培养，创新教育已成为高校教育的重要目标之一。其中，国家和省、校级创新训练项目是提高大学生创新能力的有效途径，已成为高等学校对大学生进行素质教育的重要组成部分。与传统的教育模式不同，大学生创新训练项目是在学生掌握一定专业基础知识与基本技能的基础上开展的科学实践活动。本科生个人或团队在导师指导下，自主完成创新性研究项目的调研、设计、立项、实施、结题、成果交流等工作，教育部和各高校会提供足够的专项资金支持。大学生创新训练项目的实施，对构建大学生科技创新能力培养体系、提高大学生科技创新素质具有十分重要的意义。

近年来，大学生创新训练项目取得了一定的成绩，在培养大学生创新意识和实践操作能力、培育团队协作精神、磨炼不畏困难的意志品质等方面取得一定成效[4]，但由于起步晚、经验不足等原因，在项目的具体实施过程中还存在一些问题。通过调研，我们总结发现存在以下不足：

（一）对大学生创新训练项目的思想认识不足

以大学生创新训练项目为依托对本科生科研创新能力培养体系的构建起到巨大的推动作用，在各种本科生科研创新能力培养方式中具有绝对优势。然而，部分高校对创新训练项目的教育改革重视不够，认为创新实践课不是核心课程，在人、财、物等方面缺乏相应的保障，仅是为了完成任务而进行申报，立项后也没有认真执行，过于重视形式而忽视了对大学生创新品质的培养。此外，大学生参加创新项目也存在一定的功利性，过于注重形式或者成果产出而忽略了个人创新实践能力的培养。本课程教研组曾发放了 115 份关于"大学生创新训练项目"的调查问卷，结果表明，45.2%的大学生参加大学生创新训练项目的最主要目的是想获得科研经历，从而有利于获得奖学金、出国留学的机会等。在项目实施过程中，这种过分追求价值利益的思想影响着大学生正确价值观念的形成，直接影响他们的就业理念。

（二）选题与所学专业或个人兴趣不匹配

科学的选题是保证大学生创新训练项目成功申报及实施的关键。根据大学生创新项目申报指南，项目选题应以社会需求为导向，结合当今科研热点问题，以学生兴趣为出发点，同时紧密结合学科专业知识，能够体现较强的创新理念和现实价值。但是调研结果显示，67.8%的受访者的项目来自指导老师的课题，其次是根据个人或团队的研究兴趣进行的选题占26.1%。大学生创新训练项目一般是针对大二下学期的学生，受到专业知识掌握不足、知识体系框架比较凌乱等因素的制约，依托指导教师的科研项目有利于学生能够快速开展研究工作，也比较容易出成果。尽管导师的课题与自身学科知识紧密相关，大都是针对专业领域中的课题进行的研究（占74.8%），但是有些选题并不是学生的兴趣所在，如此会大大削减大学生对科学研究的兴趣和好奇心，不利于大学生科技创新思维和自主创新能力的培养。

（三）指导教师的培养方式刻板或者单一

指导教师在大学生创新训练项目的实施过程中发挥着重要的作用，对大学生创新能力的培养起着关键作用。尽管大学生是创新训练项目的实施主体，但是大多数本科生（占67.8%）在参加大学生创新训练项目之前没有参加过相关的科研工作，尚缺乏创新性科研活动的实践经验，因此需要指导教师投入大量的时间和精力进行指导。受传统教育模式和高校职称评定的影响，大部分指导教师把主要精力放在了对研究生的培养上，对本科生的指导多为知识点的讲解和灌输，缺乏直接的沟通和交流，忽略了对大学生科研思维过程和科

研方法的培养。而且在项目的具体执行过程中经常会出现研究生指导本科生的情况（占73.9%），由此导致对本科生的指导不能保质保量，这在一定程度上不利于大学生综合素质及实践能力的提高。

（四）考核评价体系不足

为了鼓励大学生积极完成创新训练项目，各高校均建立了相应的评价体系。但是基于调研，我们发现该项目的评价体系更多地重视申报和结题，却忽略了大学生在实践过程中的收获，这导致学生把过多的精力放在了最后的论文发表、专利申请、获奖等方面。有些学生甚至为了追求数量，还会出现抄袭他人成果、弄虚作假的现象，完全违背了实事求是的科研精神。

三、大学生创新训练项目融入思政教育的探索与实践

近年来，全国高校都普遍重视大学生创新教育和思政教育，如何将思政教育有效融入创新实践活动的各个环节，提升高校思想政治教育与创新教育协同育人的实效性，是新时代高校教师面临的一个重要难题[5]。作者近两年曾参与指导2项校级大学生创新实践训练计划项目，就本科生在创新实践活动中同时融入思政教育的元素进行了相关教育改革探索并进行总结（表1），以期为今后大学生创新实践教育提供借鉴。

表1 "大学生创新训练项目"课程思政元素挖掘归纳列表

环节	指导措施	思政元素融入点
选题	指导学生结合理论课学习和实验课实践，寻找自己感兴趣的方向；指导学生查阅文献，及时了解国内外最新研究进展；针对学生自身特点，指导学生确定难易适中、切实可行的研究课题	准确把握国家需求，符合专业发展方向，坚持科研创新，打破思维定式，引导学生树立较强的问题意识和社会价值
组建团队	综合考虑不同学生的知识储备、兴趣方向和组织领导能力等综合素质，确保团队成员能够优势互补、团结互助	培育大学生明确分工与团结协作的意识，加强沟通协调，塑造良好的团队合作精神
实施方案撰写	采用集中讨论、独立撰写的方式，确保每一位组员都能参与到项目申请书的撰写过程中，充分调动每位组员的积极性	引导学生善于发现问题，保持敏锐的创新思维意识，破除既定的理论束缚，寻求项目的创新点。同时积极引导组员各抒己见，理论联系实际，明确项目特色和工作重点
项目实施	及时跟进项目进度，洞察学生遇到的各种困难，耐心答疑解惑。积极鼓励学生勇于探索，要用发展的眼光看待各种意想不到的问题，针对新问题及时调整研究方案	磨炼学生不畏困难、迎难而上的意志品质。以创新为核心，引导学生做好随时调整研究计划的心理准备，具备完善工作方案的素质。培养团队创新意识和实事求是的科研作风，通过实践验证创新项目的可行性
项目结题	指导学生根据研究内容和研究结果撰写结题报告，多次探讨结题报告的合理性，重点培养学生数据分析能力、逻辑思维能力和科技论文写作能力	倡导"兴趣驱动，主动实践，重在过程"的评价体系，积极引导学生注重创新思维和实践体验等方面的收获，培养创新意识和实践能力，树立远大理想与个人发展的长远计划，将来在实现个人价值的同时能够成为有社会价值的人

经过一年的探索和实践，作者所指导的2项创新实践训练计划项目均顺利结题，研究成果达到了预期目标，已发表中文核心论文1篇，在投SCI论文1篇。项目组成员综合素质

得到了极大提升，不仅开拓了学术视野，培养了科研创新意识与实践能力，更重要的是磨炼了学生的意志，增强了团队协作意识，帮助学生树立远大理想和长远规划。在今年的研究生入学考试中，2名本科生（其中1名是来自西藏的少数民族学生）均以优秀的表现被中科院的研究所录取。

四、结 语

大学生创新训练计划是落实课堂教育与实践教育相结合、培养创新型高素质人才的有效途径之一，是素质教育的深化。实施课程思政则是新时代高校落实立德树人根本任务、形成全方位多层次育人的创新举措，在高素质创新人才培养方面的作用应当引起更多的关注。在未来的教学中，需要不断加强课程思政教育在创新教育中的探索与实践，从而实现思想政治教育与创新教育的协同发展。

参考文献

[1] 吴迪，郑志学，郭嵩，等."大学生创新训练项目"存在的问题及建议[J]. 中国校外教育，2015，21：118-19.

[2] 洪博，李文静，林宇，等. 以大学生创新项目为依托培养大学生科研创新能力[J]. 药学教育，36(1)：28-31.

[3] 丁伟. 课程思政视角下的创新创业教育课程建设[J]. 东华大学学报，2018，18(4)：242-246.

[4] 韦龙明，王丹，田晗钰，等. 将思政教育与大学生创新教育融合实践探索[J]. 教育现代化，2019，21：27-29.

[5] 李森威，张妍，马天博，等. 大学生创新创业训练计划项目课程思政建设探讨[J]. 科技教育，2020，3：133-135.

A New Discussion on the guidance mode of college students'innovation training program from the perspective of Ideological and Political Education

Zhang Jing　Ji Baoming　Ping Xiaoyan

(School of Grassland Science, Beijing Forestry University, Beijing　100083)

Abstract　Exploring innovative education in colleges and universities is conducive to the formation of synergetic education effect from the perspective of ideological and political education, which is in line with the goals and requirements of future talent training. Based on questionnaires, we found that there are many questions in ideological understanding, topic selection, teacher guidance, and evaluation systems. The paper discussed the significance and necessity of the existence of ideological and political education in colleges and universities, and put forward the targeted ideological and political teaching practice mode, so as to promote the effective integration of innovative education and ideological and political education, and comprehensively improve the comprehensive quality of college students.

Keywords　ideological and political education, innovation training program, colleges and universities, guidance mode

课程思政视域下"人体工程学"课程的改革实践研究

宋莎莎　柯清　张帆　常乐

（北京林业大学材料科学与技术学院，北京　100083）

摘要："课程思政"是加强学生思政教育、培养社会主义人才的重要途径，所以将思想政治教育引入课程教学中是高校立德树人的根本。"人体工程学"课程作为艺术设计专业的科学技术知识体系的重要组成部分，是培养学生设计能力和综合训练的核心课程。它既是一门主干的专业理论课，也是学生积淀专业知识、培养理论联系实践能力、提高科学素质的重要课程，旨在实现学生知识、能力与素质的协调发展。学生们通过理论学习、调研、设计实践等环节，将人体工程学相关理论知识落实到实践应用当中。如何将思政元素贯穿教学的全过程，使本课程德技双修，需要每一位任课教师进行深入思考和研究。

关键词：课程思政；人体工程学；课程改革

"人体工程学"又称人机工程学、人类工效学。是一门研究人与某一系统中各要素之间相互作用及其规律，研究"人-机-环境"之间的相互作用关系的"以人为中心"的综合性交叉学科，其最终目标是让人的效率、健康、舒适度等达到最优[1]。该课程既是一门主干的专业理论课，也是学生学习其他专业知识如家具设计、室内设计、环境设计、工业工程等的敲门砖，是学生积淀专业知识、培养实践能力、提高科学素养的重要课程。

"人体工程学"课程涉及心理学、生理学、美学、工程技术、建筑环境等多门学科内容，它作为学习艺术设计等各类专业知识的重要组成部分，一直在培养学生的专业态度，是这类学科的必修课程和专业核心课程。人体工程学的研究和应用范围十分广泛，并且它直接关系到人与机器、人与环境、机器与环境的协作关系，为与我们息息相关的环境、家居、建筑等产品设计提供十分关键的设计依据。

一、课程思政的重要性

"课程思政"作为一种教学理念，更是一种思维方式，它要求教师在专业教育教学中，把思政教育也作为重要的学科目标，对学生进行有意识、有目的、有实际效果的思政教育。它不是一门特定的课程，更不能生搬硬套。"课程思政"需要有好的课程建设，要针对专业学科的优势进行教育实践，同时在教学内容和教学方法上进行有机结合，把社会主义核心价值观等思政教育核心作为精神指引融入到专业课中的价值观和文化基因中。

作者简介：宋莎莎，北京市海淀区清华东路 35 号北京林业大学材料科学与技术学院，讲师，songrui_1688@126.com；
　　　　　柯　清，北京市海淀区清华东路 35 号北京林业大学材料科学与技术学院，讲师，kq1113@bjfu.edu.cn；
　　　　　张　帆，北京市海淀区清华东路 35 号北京林业大学材料科学与技术学院，教授，zhangfan1976@163.com；
　　　　　常　乐，北京市海淀区清华东路 35 号北京林业大学材料科学与技术学院，讲师，changle@bjfu.edu.cn。
资助项目：北京林业大学教育教学研究项目"基于多元智能理论的人体工程学教学改革与实践研究"（BJFU2019JY067）；
　　　　　北京林业大学教育教学改革项目"人体工程学课程思政教育改革与探索"（2019KCSZ054）。

二、思政教育在人体工程学课程教学中实施的必要性

（一）社会主义人才培养的需要

党的十八大以来，习近平总书记就高等学校"培养什么人、怎样培养人、为谁培养人"这一根本性问题进行了深刻的论述。习近平总书记指出："要用好课堂教学这个主渠道，提升思想政治教育的针对性和亲和力，在做好各类课程的同时，将思想政治理论与其同向同行，形成协同效应。"[2]一个国家，教育是国之大计、党之大计，高等院校肩负着为党和国家输送人才的责任，所以，高校应该深入贯彻习近平总书记关于教育的重要论述和落实立德树人根本任务的战略举措，深化教育教学改革，发挥课程的育人作用，真正将课程思政元素融入每一门课，认真培养社会主义人才。

（二）是解决教育首要问题的重要举措

教育的首要问题是"培养什么人"，教育工作的根本任务是为社会主义培养建设者和接班人。高等院校为社会培养出的人才，在专业方面精益求精的同时，也应该具有较高的道德修养，避免德才不匹配的情况。将思政教育融入专业课中，将所有的课程都作为育人主渠道，在发挥学科专业优势的同时，挖掘"思政资源"，潜移默化地实现全方位育人[3]。我们教育学生从小热爱祖国、热爱家人，而在高等教育中，更不能忘记学校要培养的是什么样的人。在教学工作中，要不断明确，"思政课程"的融合不仅是培养人才的途径，更是教育本身的重要内容。

（三）当前人体工程学课程教学中存在的问题

1. 课程教学脱离应用背景

人体工程学是一门应用领域十分广泛的课程，是很多其他专业课程的教学设置中非常必要的一环。但就目前的课程教学情况发现，该课程经常被作为一门单纯的理论课程来处理，对于实践的要求不高，加之课程课时的限制，往往教学的内容灌输使学生还未能真正理解和运用，缺少理论和实践相结合的机会，最终导致学生在学过之后仍不知如何运用课程知识进行实际操作。

2. 不同专业的教学内容相同

作为一门交叉学科，人体工程学在家具设计、工业设计、环境设计、室内设计等不同的学科领域都有不同的教学重点，不同专业的学生对于人体工程学知识的使用侧重和方法也是不同的。而在教学过程中往往忽略其中的区别，没有根据专业的不同来调整教学模式和知识重点，做不到因材施教、因科施教，这样往往会影响学习效果。

因此，对于人体工程学的课程改革是必要的。在传输知识的同时，尽可能丰富学习形式，多加入实践内容，避免课程知识太浮于表面，同时结合学科特色将思政元素融入教学，深化完善教学方式，这些都是需要深入研究和实践的。

三、课程教学方式改革

（一）构建课堂模块化、多维互动教学模式

人体工程学模块化教学模式，围绕"人-机（产品）-环境"的主题，构建课堂模块化教学模式并充分运用现代教学手段。教学过程中增加老师与学生的交流和沟通，主动激发学生的学习自主性和学习兴趣。多维互动主要包括体验式互动教学、案例式互动教学、线上线下混合式互动教学、讨论式互动教学等方式，让学生不止动眼、动耳，更要动嘴、动脑、动手。

（二）强化实验教学环节

人体工程学中的很多公式、数据，都是在大量的实验后得出的，所以课程应该进行一些相关实验，充分利用实验设备，鼓励学生自己动手、自己发现问题。例如加入一些眼动实验、分析家具结构等，让学生将理论转化为实际的能力。有效地变被动为主动学习，真正达到学以致用的效果。

（三）体验式教学

在人体工程学的各章节课程安排中，都可以将经典案例作为课程内容的引入点，使学生身临其境，思考如果自己面对此情境的解决方案、在解决过程中应用人体工程学中的哪些影响因素。例如在人体尺寸部分章节的学习中，可以让同学们分别测量自己的身体尺寸，计算合理的百分位和标准差。通过布置任务的方法，要求学生从人体工程学角度出发进行思考和设计，最后在班级中进行讨论，使每个学生都能参与到课堂活动中，加深学生印象的同时，活跃了课堂气氛。

（四）构建团队，强化工作室教学模式

随着设计向着服务设计、系统设计的方向发展，设计作为一种综合性、创造性、复杂性很强的学科，越来越难以依靠个人完成整套的系统，以团队合作的模式来解决设计问题将成为常态。将人体工程学课程与工作室结合进行开放式教学，是增加学生实践创作的一个很有效的方式。老师可以根据上课的教学内容来设计需要进行的项目，在课程中穿插设计实践作业，使学生有效地提高自主学习能力和实践创作能力，可以全方面考查学生的综合能力，使学生能更快地把学到的知识融会贯通。

四、课程思政融入人体工程学课程的改革实践

将课程思政建设深入到专业课教学中，并在教学过程中不断挖掘课程中的思政元素（表1），及时地归纳总结，实现知识传授与价值引领的润物细无声。想要达到"潜移默化"的效果，需要在教学中把马克思主义观点教育和精神以及中国特色社会主义理论结合起来，注重强化学生工程理论教育，激发出学生科技报国的担当。

表1 "人体工程学"课程融入思政元素

章节名称	部分课程内容	课程思政融入点
绪论	发现设计中存在的人体工程学问题	树立"以人为本"的设计理念、人与自然和谐发展
人体测量	人体测量的基本原理 人体测量数据及应用	团队协作意识 批判性和创新型思维
人的信息加工	人的感知特征 人的运动与行为特征 心理特征与个性差异	人工智能 中国智造
人体工程学研究方法	设计调研 感性工学 心理生理学实验 数据分析处理 模型实践	勇于探索 实事求是 理论自信
人与环境	人的行为与环境特征 人居环境	可持续发展 生态设计

(续)

章节名称	部分课程内容	课程思政融入点
人体工程学与家具设计	中外家具的历史和背景 优秀的家具设计案例	民族自信、文化自信 工匠精神、创新精神
无障碍设计、用户体验	物质环境、信息和交流的无障碍 用户体验价值	绿色设计 人民获得感、幸福感、安全感的提升

（一）实施思政教学改革的内在需求

目前中国制造产业仍占主流引导作用，而中国创造并未得到更多发展机会，在设计领域，应大力培养提高学生的设计水平、设计意识，将理论与实践相结合。由于学生对设计理论、设计历史沿革的了解较浅，对于设计文化层面理解不够深刻，因而对于时代责任感与民族使命感的认知不足。大国传统工匠精神中的坚持不懈、精益求精、创新发展应当在当下得到更好地传承与发展。

（二）融合"人文精神"和"工匠精神"教育理念

在第一章绪论中，让学生发现设计中存在的人体工程学问题，树立"以人为本"的设计理念。从而培养学生的人文精神，有助于学生了解学习的本质，树立起知识造福人类的思想观念，使学生能够学有所用。在第六章人体工程学与家具设计中，进一步结合授课内容深化理解工匠精神，让学生们懂得要通过设计实践，创造性地提出人体工程解决方案。要理论结合实践，让自己成为技术型、创新型、复合型的技能人才。培养学生的创新精神和良好的品质，引导学生弘扬工匠精神，是从中国制造到中国智造、中国创造的现实需要。

（三）互动体验式课堂教学辅助思政教育

借助多媒体课件在线观看相关教学视频，将繁杂的理论知识转化为多种直观的图表、视频等，使学生可以做到感官并用，从而加深对知识的理解[4]。以信息化载体进行线上线下的互动教学，充分挖掘专业知识点与思政元素相对应的部分，以信息化载体进行线上线下互动体验式教学，形成"知行合一"的教学体系，引导学生激发自己的民族自信和文化自信。例如，可以在"人体工程学与家具设计"这一章节中讲述中外家具的历史和背景，从中去了解设计思想、发掘价值观，引导学生思考。

（四）提高教师自身的育德能力，夯实自身思想政治理论

将思政教育更好地融入课堂，关键在教师，需要发挥教师的积极性、主动性和创造性[5]。因此，教师要认识到自己身上的政治责任，并研究如何结合本专业课程的特点对学生进行正确的价值观引领。只有加强师德师风建设，推进课程思政的第一步才能走得踏实，切实落在点上。老师作为学生成长道路上的指导者和引路人，要不断提高自身的思想政治理论基础，正确引导学生，做好学生的思想品德教育工作。例如，可以在"人与环境"这一章节中结合环境的可持续性设计和生态设计，让学生产生和大自然有更多关联的感觉，多一份社会责任，设计过程中要客观、理性地对待，要秉承取其精华去其糟粕的理念。旨在帮助新一代设计师的成长，使他们具有责任感并能够承担环境可持续产品的设计。

（五）将思政教育融入教学评价

在课程教学评价和学生最后的学习效果检测中，可以加入思政教育方向，不能单一地从学生掌握知识来进行最后的学习效果检测，而是把学生的创新能力、对学习的自主性以及思想政治观加入评价中，全方位对学生的学习成果进行检测。同时，在课程教学评价中，学生也可以针对老师的教师责任感、人文素质等方面进行评价。

五、课程教育方法和载体途径

（一）教育方法

针对"00 后"学习者的性格特质，不强制引导思政话题，而是将"思政内容"与"课程内容"巧妙融合，通过任务驱动法（PBL），使学生零排斥、愿体验、有体会，再有所提升，做到潜移默化、润物无声。基于优秀的传统文化教育和工匠精神理念，结合"人体工程学"课程的专业教育，强调课程互动和学生自我发觉、自我思考、动手实践能力。可以从喜闻乐见的中华优秀传统家具文化、家风家训切入，在讲解中古传统家具以及家居环境、园林等独特文化艺术魅力的同时，让学生思考怎样把"人-物-环境"协调发展，全面提升学生文化自信，注重对学生优秀品格的培养。

（二）载体途径

中国特色社会主义理论、两山理论和专业教育相结合。基于生态文明建设，以教育生态的视角，结合绿色设计并通过揭示自然科学和社会科学的基本规律，深入挖掘人体工学、工艺技术与艺术所蕴含的哲学原理、经济学原理以及科学社会主义理论体系精髓，使学生在获得专业技能同时，牢固树立理论自信、道路自信和制度自信。

六、预期教学成效

通过本课程的学习，能够使学生了解人体工程学应用的领域和前沿进展，掌握分析研究方法、设计原则、性能评价及创新应用。融入课程思政并通过以下 3 个层次来充分实现专业课的育人功能，从而引领学生人生观、价值观和世界观的塑造。

（一）认知层

在认知层次，学生可正确理解人体工程学的由来、发展、定义等基础知识，明确人体工程学的研究对象和主要内容，以及人体工程学与室内环境设计和工业设计的密切关系；使学生初步建立人-机-环境系统协调设计的概念。

（二）技能层

在技能层次，掌握人体工程学的研究方法，能够将人体工程学很好地应用在本专业领域；通过案例分析演示、强化实验教学环节、引入课题训练，提高对事物的综合评价和分析能力，综合全面地训练学生解决实际问题的能力，培养具备科学技术和艺术素养的优秀学生。

（三）情感层

在情感层次，培养学生的创新精神和实践能力，让学生们懂得要通过设计实践，树立"以人为本"的设计观念，创造性地提出人体工程解决方案。要理论结合实践，牢固树立"四个自信"，让学生成长为技术型、创新型、复合型的技能人才。告诫学生弘扬工匠精神，是从中国制造到中国智造、中国创造的现实需要。

学生能够根据普遍联系的中国特色社会主义理论观点，阐述我国人体工效学发展概况以及现在的数字化和人工智能的相关理念和技术。能根据所学知识，完成一个符合人体工学的产品设计或环境空间设计。对工匠精神、主人翁精神、团队协作意识、批判性和创新思维产生认同，下定决心在今后学习中注重以上品格的自我养成。

综上所述，课程思政视域下人体工程学课程的改革实践研究激发了学生对设计理论课程应用研究的兴趣，促进了学生将理论知识应用于实际设计方案中，并在思政背景下，引导学生将专业知识学习与国家发展命脉相联结，培养出符合时代发展的高层次设计人才。

参考文献

[1] 申黎明. 人体工程学[M]. 北京：中国林业出版社，2010：1-5.
[2] 李小龙. 发挥思想政治课堂教学主渠道作用的实践路径[J]. 广西科技师范学院学报，2018, 33(2)：63-65.
[3] 杨玉泉. 关于课程思政建设的几点认识[J]. 北京政法职业学院学报，2019(4)：109-112.
[4] 陈维维. 多元智能视域中的人工智能技术发展及教育应用[J]. 电化教育研究，2018, 39(7)：12-19.
[5] 习近平主持召开学校思想政治理论课教师座谈会强调：用新时代中国特色社会主义思想铸魂育人，贯彻党的教育方针落实立德树人根本任务[N]. 人民日报. 2019-03-19-(1).

Research on thereform practice of *Ergonomics* courses from the perspective of ideological and political education

Song Shasha Ke Qing Zhang Fan Chang Le

(College of Materials Science and Technology, Beijing Forestry University, Beijing 100083)

Abstract It's an important way to strengthen students ideological and political education and cultivate socialist talents for ideological and political courses. It's the foundation of moral education for the introduction of ideological and political education into courses teaching in colleges and universities. As an important part of the scientific and technological knowledge system of the art design major, the course "Ergonomics" should be used as a compulsory course and professional core course for comprehensive professional training. It is not only a main professional theoretical course, but also an important course for students to accumulate professional knowledge, cultivate the ability to connect theory with practice, and improve scientific quality. It aims to realize the coordinated development of students' knowledge, ability and quality. Students put ergonomics-related theoretical knowledge into practical applications through theoretical study, research, design practice and other links. It needs every teacher to think and study deeply that how to integrate ideological and political elements into the whole process of teaching to make this course both moral and technical.

Keywords ideological and political education, *Ergonomics*, course reform

课程思政视域下的大学英语通识必修课建设与实践

——以"大学英语：农林英语"为例

欧 梅 李 芝

（北京林业大学外语学院，北京 100083）

摘要：课程思政要求将思政教育内化于教学建设之中，在教学的全过程中实现"立德树人"目标。"大学英语–农林英语"挖掘语言所承载的生态意识和人文精神，以通用学术英语学习为桥梁，以思想价值引领教学全过程，实现英语教学和生态文明通识教育的双重升级。

关键词：农林英语；生态文明；课程思政

一、引 言

2017 年 2 月中共中央、国务院印发的《关于加强和改进新形势下高校思想政治工作的意见》和 2018 年教育部颁布的《高等学校课程思政建设指导纲要》（以下简称"指导纲要"），要求结合不同课程特点、思维方法和价值理念，深入挖掘课程思政元素，有机融入课程教学，达到润物无声的育人效果。这些重要论述为高校思想政治工作和课程思政教育提供了指南。课程思政已成为当今课程教学改革的重要方向之一。

"大学英语：农林英语"（以下简称"农林英语"）是我校大学英语的校本特色通识必修课，是 2018 级开始的大学英语教学改革的成果之一。我校外语学院按照教育部《大学英语教学指南》的要求，根据我校实际情况，对 2018 级开始实施大学英语课程模式调整。该课 2019 年 9 月首次面向我校本科二、三年级学生开设，迄今累计授课 2 轮，共 1 年时间。

作为农林类通用学术英语课程，这门课程蕴含多个思政要素：首先，该课程包含农林类专业方面的科普知识。教育部《指导纲要》要求，农学类专业课程"要在课程教学中加强生态文明教育"；其次，该课程是面向全校本科生的"英语+内容"的通用学术英语课。《教学指南》指出，这类课程一方面"凸显大学英语工具性特征"，另一方面，"学术英语教学如果定位单一，只学计算机英语、化学英语、工程英语等，就是按'工具人'的培养规格提要求"，不符合国家发展的战略需求[1]。因此，该课程教学必须兼顾工具性和人文性。生态文明教育的目标是培养"人–社会–自然"和谐共生的生态人，人文精神的核心是人的全面发展，以人与自身、自然和社会的协调发展为旨趣，两者异曲同工。

"农林英语"深度挖掘语言所承载的生态意识、所蕴含的科学精神和人文精神，以通用学术英语学习为桥梁，把思想价值引领贯穿教学全过程，将生态文明建设意识渗透到教材编写、教学实践各环节，培育知识树、智慧树、生命树，努力实现英语教学和生态文明通识教育的双重升级，语言学习与立德树人、课程建设与课程思政同向同行。

作者简介：欧 梅，北京市海淀区清华东路 35 号北京林业大学外语学院，讲师，ou_mei@hotmail.com；
　　　　　李 芝，北京市海淀区清华东路 35 号北京林业大学外语学院，教授，bjsulizhi@126.com。

二、培育知识树

(一) 有益生态的话语

习近平生态文明思想是习近平新时代中国特色社会主义思想的重要组成部分，为美丽中国建设指明了方向。将生态文明理念融入各学科、各课程，尤其是面向全校学生的通识课程，是生态文明教育的当务之急。

语言不仅是认知的结果，反映了认知，从各个角度反映现实世界，也反过来影响认知，塑造意识，并通过意识形态来影响实践，并进而影响着现实世界的生态环境。根据意识形态是激励人们保护生态环境还是鼓动人们破坏生态环境，生态语言学家 Stibbe 将语篇分为破坏性话语、中性话语和有益性话语。

课程采用的校本教材是《农林学科英语》（蔡基刚总主编，李芝主编，清华大学出版社，2019年9月）。《农林学科英语》一共8个单元，涉及林业、城市农业、生物多样性、生态系统、城市规划、水土保持、食品安全、农林经济等生态文明建设领域的具体问题。教材编写重视语篇的政治正确性，选择有益性话语[2]。

在教学过程中，教师以英语知识的学习形式为着眼点，带领学生做好学习文本的研读，一方面分析其中的"故事"，即"意识形态"，另一方面也分析这些故事的载体，即具体的语言特征。语言学习的过程使学生不知不觉长期浸润在有益的语篇中，其思维意识和行为会受到潜移默化的影响。心理学研究发现，"越是经常地形成对某种事物的态度，人们就越容易获得这种态度"[3]。让学生接触大量有关生态的积极性话语，通过"润物细无声"的隐形思政，让生态文明意识渗透在语言学习过程中，培养学生公平公正尊重自然的整体性思维方式，培养学生遵循生态理性的价值观、顺应生态规律、追求简约适度的生态责任感[4]。

(二) 开阔的视野

习近平总书记指出："建设美丽家园是人类的共同梦想。面对生态环境挑战，人类是一荣俱荣、一损俱损的命运共同体，没有哪个国家能独善其身。"生态文明意识的培养离不开宽广的国际视野、扎实的本专业国际化知识。另一方面，中华民族几千年来形成了博大精深的优秀传统文化，习近平生态文明思想深深根植于中华文明丰富的生态智慧。据此，"农林英语"在教学过程中，注意围绕教材核心内容，为学生的生态文明知识树构建开阔的视野，既根植于五千年中华优秀文明，又吸纳世界优秀文化成果。

比如，"海绵城市"在中国的应用是课程第五单元景观设计的主要内容之一。通过围绕核心内容进行的文献搜索、扩展阅读，学生们会看到"海绵城市"是"古今中外多种技术的集成"。首先，这个理念是西方现代生态建设的产物，于20世纪中后期由美国人提出。其次，我国推行的"海绵城市"模式适应中国独特的地理气候特征，融合了中国悠久的水文化遗产[5]。再次，从文明发展的宏观视角来看，"海绵城市"既是先进生态文明的产物，也是"对农业文明的一种回归，是螺旋式上升的回归"。中国农业文明能为我们这个时代的生态文明理念的实现提供营养[6]。最后，2013年，在中央城镇化工作会议上，习近平总书记指出："要建设自然积存、自然渗透、自然净化的海绵城市。"从此开启了全国性的"海绵城市"建设热潮，体现了高度的执行力。由此，课程不断开阔学生的视野，增强学生对民族文化的认同和对社会主义文化的认同，培养学生的道路自信、理论自信、制度自信、文化自信。

当代中国共谋全球生态文明建设，已成为全球生态文明建设的重要参与者、贡献者、引领者。作为未来生态文明建设主力军的农林院校学生如果兼具国际视野、家国情怀，既知传统智慧，又懂现代科技，并"能发挥语言的力量去说服人、引领团队"，就有利于创造并传播好当代中国的"绿色故事"，"传播好中国声音"[7]。

三、培育智慧树

（一）批判性思维

高等学校作为培养高层次人才的主要场所，在生态文明意识培养方面理应发挥重要作用。然而，我国高等教育学家潘懋元先生曾经指出："许多严重破坏生态环境的事例，许多破坏社会秩序的事例，主要责任者很多是我们高等学校培养出来的专门人才。"[8]反思的重点是大学的培养目标。

长期以来，在高等教育中，专业教育和专才培养模式受到推崇。作为专业教育产物的专门人才往往片面推崇工具理性和技术理性，"以经济活动为唯一尺度"，欠缺理性节制能力和实践反思能力[9]。这样培养出来的人即使积累了丰富的知识、懂得高新科技，但因缺少反思的智慧，仍会对生态环境造成破坏，其破坏力比未受高等教育的人更为堪忧。

事实上，批判性思维的培养对于个人、机构、民族和国家的发展都至关重要。传统的外语教育，过分强调记忆与模仿，而忽视学生的思辨能力。这难以满足大学生增长知识、增加智慧、推陈出新的要求，自然难以激发学生的学习兴趣和热情[10]。因此，发展学生认知能力、培养思辨能力也是外语教育改革的一个重要方面。

"农林英语"从教材内容到教学过程，不止步于语言知识与技能的传授，而是深入挖掘"潜在内容"，训练学生抓取文本的思维要素，即目的、问题、视角、信息、推理、概念、假设、影响，引导学生评价这些要素的清晰性、准确性、相关性、深刻性、广阔性、完整性、逻辑性、重要性、公正性，围绕认知技能设计相关练习，进行有针对性的系统训练。在文本的研读中，区别事实与观点，理解文本的逻辑结构、隐含意义，挖掘文本字里行间的情感态度、价值判断、文化意识。引导学生批判性地分析话语的立场，对于鼓动破坏生态的话语，对其思想要有意识地抵制，对于中性话语，要能揭示其语言欺骗现象。

比如，通过学习生态系统碳排放、生态足迹等文章，学生会了解到生态文明所倡导的极简生活方式、整体联系思维方式，有助于树立正确的消费观，养成绿色消费习惯。学生处于懵懂阶段，身处新媒体时代，每天都受到信息爆炸的冲击。广告精心包装，密集投放，颇具诱惑力和伪装性。如果缺少充足的知识储备和辨别力，就不能揭露软文背后的真实目的和立场，就容易受到其他社会思潮的影响，削弱生态文明教育效果。

（二）行动的智慧

笔者在"农林英语"首轮教学中发现，学生认为课程阅读材料难度较高。事实上，这也是高校"学术英语"课程实践中共同存在的问题[11]。另一方面，课程涉及的生态问题形势严峻，许多学生对生态问题存在无助感，"对待生态问题的态度趋于冷漠，对自己改变环境现状的能力存在质疑"[12]。面对课程的双重挑战，课堂容易沉默，学习容易懈怠。因此，在第二轮教学中，做了如下尝试，为学生赋权增能，提升学生直面困难的勇气，树立改变生态现状的信心，培养学生行动的智慧：

1. 教学内容

调整翻译练习的内容，通过翻译实践让学生了解国家有关生态文明建设的政策、战略和成就；通过加大成功案例、环保成就在课程中的比重，增加生态修复相关实践和探索的内容，让学生在了解生态问题的严重性的同时，培养解决问题的勇气和科学探索精神；增加普通人环保实践的内容，潜移默化地引导学生克服面对严峻环境问题的无力感、无助感，培养脚踏实地、起而行之的积极态度，有效促进大学生学习积极性的提升和健康心态的养成。

2. 教学方法

摒弃传统的灌输式教学模式，实施合作式、项目式、探究式、讨论式等多种教学方法，师生共同构建积极身份。"农林英语"阅读材料中会有一些较难理解的专业术语,如果班级里有相关专业的学生,教师请他们扮演"小专家"的角色,分享相关的背景知识。较难理解的长难句,大家一起讨论决定其内在含义。其次,教师根据专题内容,设计相关问题,启发学生自主思考。再次,学生结成小组,根据个人兴趣认领一个单元,自主选择相关的研究话题、调研搜集组织信息、作为"小专家"进行小组展示,并相互评价。以教师为主导,以学生为学习主体,以项目任务为驱动,由"教"向"学"转变,强调"做学用合一","旨在既要激发学习者的主观能动性,将知识与技能学习和兴趣、专长实践有效结合,追求个性化发展,挖掘个人潜能,也能激励他们从被动学习转变到主动学习"[13]。教师和学生的身份更加多元化,群体里的成员轮流做核心成员,由此构建积极的身份和心态。学生们的专业认同感和自豪感也得到大幅提升。

3. 教学手段

推动教学形态从单一转向多样,尝试多模态教学。除了课堂讲授,还充分发挥现代教学技术信息化、网络化的优势。比如,采用视频辅助的方式帮助学生理解阅读材料中的难点,在视频动画播放过程中,教师实时讲解有关的知识点。以直观的视频方式展示生态修复的成就、案例、技术、创意,在增加趣味性的同时,帮助学生形成更积极的认知和情感。

四、培育生命树

中国正处于从传统社会向现代社会过渡的社会转型时期,由此不可避免地带来了社会心态的复杂多变和躁动不安,甚至可能导致尖锐冲突的失衡状态,因此,构建和谐社会必须重视和培育人们平衡的心态。而心态与生态都是统一的人类社会发展中所面对问题的两个方面[14]。生态文明教育与心理健康培育相辅相成。

首先,单向度、机械主义是工业文明世界观的重要特征,与之相应的是孤立、冷漠、唯物质的机械思维和生活习惯。而生态文明的重要特征是整体性、联系性和普遍关怀,生态文明教育有助于建立系统性的思维能力,倡导对生命的尊重与热爱、对差异的包容与扬弃,呼唤同理心和慈悲情怀,培养人与人之间、人与自然之间的普遍宽容和广泛关爱[15]。

其次,"农林英语"教师在讲授中引入不同观点,然后学生小组讨论,从多角度探讨问题。学生的思维方式逐渐得到改变,以更全面、更平衡的心态看待问题,学会不绝对化、不片面化、不静止化看待问题,学会接受那些尚不能改变的现状,勇于改变那些可以改变的问题,这样的心理自我调控能力对于学生的人生成长会产生长远的积极意义。

再次,在人类中心主义思想的长期影响下,对于提供"衣、食、住"条件的动物、植物、微生物这些人类以外的其他生命,人类很少存在感恩心。通过"生物多样性""生态系统"等单元的学习,学生们认识到人与万物的关系,认识到生态服务的重要性。这种认识正是感恩心的基础。心理研究表明,感恩可以促使个体更易感受到快乐、满足,从更加积极的视角评价自身的生活可以促进人际关系的形成和维系,较好地处理生活压力[16]。

五、结　语

"大学英语:农林英语"作为一门全新的课程,通过深挖课程思政元素,在课程建设和课堂实践中找到了清晰的前进方向。通过培育知识树,学生对生态文明建设的必要性、紧迫性逐渐有了清晰的认识;通过培育智慧树,提升了学生的认知思辨能力,增加了面对生态问题的勇气和克服学习中挑战的行动能力;通过培育生命树,培养了学生的宽容心、平和心和感恩心。这样的乐观与自信反过来对学习态度产生了积极影响。事实证明,将价值导向引入语言教学,引导学生思考社会现实问题,尤其是农林领域和生态领域的问题,不仅适应教学改革的要求，也有利于提高学生的政治、人文素养，培养学生的使命感、责任感、价值感、荣誉感，能够进一步培养学生的辩证思维，树立正确的世界观、人生观，促进学生综合素质能力的提升。

参考文献

[1] 王守仁.《大学英语教学指南》要点解读[J]. 外语界，2016(3)：7.
[2] Stibbe, Arran. 生态语言学：语言、生态与我们信奉和践行的故事[M]. 北京：外语教学与研究出版社，2019：25-34.
[3] 王利君，王世阳. 提升大学生生态文化素养的心理学策略：以河北省为例[J]. 河北工程大学学报(社会科学版)，2017(1)：82.
[4] 陈红，孙雯. 生态人：人的全面发展的当代阐释[J]. 哈尔滨工业大学学报(社会科学版)，2019(6)：110.
[5] 俞孔坚. 海绵城市：理念与方法[J]. 建设科技，2019(Z1)：10-11.
[6] 俞孔坚. 景观设计必须是"真善美"的[J]. 设计，2019(16)：72.
[7] 王守仁.《大学英语教学指南》要点解读[J]. 外语界，2016(3)：7.
[8] 潘懋元. 可持续发展的高等教育观[J]. 辽宁高等教育研究，1997(4)：10.
[9] 鲍嵘. 大学与理性生态人培养[J]. 西南交通大学学报(社会科学版)，2003(1)：87.
[10] 彭林. 外语教育通识化转向：批判性思维视角[J]. 语文学刊，2015(4)：117-118.
[11] 龙芸. 学术英语课程在大学英语应用提高阶段的定位研究：网络环境下的EAP课程实践[J]. 外语界，2011(5)：54.
[12] 范梦. 思想政治教育视野下大学生生态文明教育研究[D]. 徐州：中国矿业大学，2017.
[13] 张文忠，刘佳. "学术英语"课程的赋权增能设计[J]. 第二语言学习研究，2019(2)：4-5.
[14] 刘玉涛，苏百义. 和谐社会中的生态与心态[J]. 哈尔滨师范大学社会科学学报，2014(1)：33-35.
[15] 范梦. 思想政治教育视野下大学生生态文明教育研究[D]. 徐州：中国矿业大学，2017.
[16] 林婵. 大学生心理健康教育有效途径探索：积极心理学视角下的"感恩教育"[J]. 曲靖师范学院学报，2020(2)：115-119.

The construction andpractice of compulsory general education course in college English from the perspective of ideological and political education in curriculum: with *College English - English for Agriculture and Forestry* as an example

Ou Mei   Li Zhi

(College of Foreign Languages, Beijing Forestry University, Beijing 100083)

Abstract It is required that ideological and political education should be internalized in the course construction to realize the goal of "cultivating people with morality" in the whole process of teaching. *College English-Agriculture and Forestry English* excavates the ecological consciousness and humanistic spirit carried by the language. With the general academic English learning as the bridge, the ideological value has been guiding the whole teaching process, thus upgrading both the English teaching and the general education of ecological civilization.

Keywords *English for Agriculture and Forestry*, ecological civilization, ideological and political education in curriculum

思政课专题研讨式教学实践研究

——以"马克思主义基本原理概论"课程为例

兰俏枝　　杨志华

（北京林业大学马克思主义学院，北京　100083）

摘要：以激发学生思考、促进自主学习见长的研讨式教学，既充分发挥了学生主体作用，由"要我学"转变为"我要学"，又充分发挥了教师主导作用，由单向输出式"满堂灌"转变为双向探讨式答疑解惑。本课程采用了层层递进的主题设计、因时制宜的主题选择、形式多样的情境创设、层层深入的问题引导的设计方案，以及投屏、弹幕式，小组汇报式，辩论式，自由发言式的组织形式，使学生通过自主学习思考和交流研讨水到渠成地得出结论，以化有形为无形的方式取得了潜移默化的思政教学效果，并对思政教学效果起到了积极的强化作用。为实现研讨式教学的思政教育目标，要注重将研讨全过程和思政教育目标相融合，教师要有效地发挥指导和引导作用。

关键词：研讨式教学；研讨式教学设计；研讨组织方式；思政课；马克思主义基本原理概论课程

　　思政课是培养社会主义建设者和接班人，落实立德树人根本任务的关键课程。为更好地完成这一任务，习近平总书记在学校思想政治理论课教师座谈会的讲话中提出了8个相统一的原则[1]。在发挥学生的主体性作用，加强对学生的启发和引导方面，研讨式教学法有着显著优势。本文在1年来原理课专题研讨式教学实践的基础上，总结了研讨式教学在思政课教学中发挥积极作用的经验。

一、原理课研讨式教学的背景

　　2019年，习近平总书记在学校思想政治理论课教师座谈会的讲话中指出，要坚持主导性和主体性相统一，发挥学生主体性作用；注重启发性教育，引导学生发现问题、分析问题、思考问题，在不断启发中让学生水到渠成得出结论[1]。

　　研讨式教学就是这样一种以学生为主体，以解决问题为中心的教学方法。由教师以来自学生的问题为依据创设研讨主题或情境，通过师生共同查找资料、研究、讨论的方式，答疑解惑，使学生更好地掌握知识和技能，形成科学的思想观念，确立正确的价值取向。研讨式教学一般适用于30人以内的小班，教师以"导"为主，发挥学生主体作用，在培养学生独立思考能力，提升学生分析、解决问题的能力方面效果显著，并能潜移默化地完成树立正确的思想价值观念的思政效果。

　　在5门本科生思想政治理论课程中，"马克思主义基本原理概论"课程具有较强的学理

作者简介：兰俏枝，北京市海淀区清华东路35号北京林业大学马克思主义学院，讲师，lanqiaozhi2015@163.com；
　　　　　杨志华，北京市海淀区清华东路35号北京林业大学马克思主义学院，教授，youngzhihua@sina.com。
资助项目：北京林业大学教育教学研究一般项目"'马克思主义基本原理'课程研讨式教学模式研究"
　　　　　（BJFU2019JY111）；
　　　　　北京林业大学教育教学研究一般项目"'马克思主义基本原理概论'课程专题化教学深化研究"
　　　　　（BJFU2018JY119）。

性、思辨性等特点。因其较强的学理性，学生难以将抽象的理论和具象的生活迅速建立起联系，进而体会马克思主义的理论魅力和真理价值；因其较强的思辨性，需要学生通过深度思考才能把握思想精髓，否则不能很好地运用马克思主义基本原理为分析、解决现实问题服务。而研讨式教学以学生为中心、启发式教学的特点，能更好地培养学生的理论品质，锻炼思维能力，从而解决原理课教学的这一难题。

根据2018年教育部发布的《新时代高校思想政治理论课教学工作基本要求》的文件精神，原理课增加了8学时的研讨课时，为开展研讨式教学实践提供了课时保障。为响应习近平总书记思想政治理论课教师座谈会讲话精神，增强思政教学效果和学生获得感，原理教研室在过去专题教学的基础上，配合专题教学开展了研讨式教学，积极推动研讨式教学落地、深化，在近1年的实践中取得了显著的教学效果。

二、研讨式教学在原理课中的实践应用

原理课灵活机动地发挥研讨式教学特点，采用多种教学设计、教学形式，由点带面，将研讨式教学的灵魂深入贯穿课程全过程，充分激发了学生在课堂中的参与感，启发了学生思考，让学生在参与和思考中，水到渠成地收获了知识，明晰了道理，成功实现了思政课的教育教学目的。

（一）研讨式教学设计

研讨式教学设计主要包括主题设计、情境创造及对二者的灵活运用。为了让研讨式教学法更好地服务于思政课，本课程将研讨式教学法贯穿于全过程。从层层递进的主题设计、因时制宜的主题选择、形式多样的情境创设、层层深入的问题引导4个方面展开了研讨式教学设计。

1. *层层递进的主题设计*

研讨式教学主题设计围绕课程内容展开。本课程围绕教学目标，依据教学大纲，采取了"宏观-中观-微观"三层主题设计模式。宏观上，设置了8个研讨主题，分别对应教材8章的核心问题；中观上，围绕专题内容，设置了分研讨主题；微观上，通过现实问题研讨，促进分研讨主题教学目标的实现。

宏观研讨主题见表1。

表1 围绕各章教学目标设置的"马克思主义基本原理概论"研讨主题

章节	主题
导论	马克思主义对我们生活有什么用？
第一章 世界的物质性及发展规律	如何认识唯物辩证法是伟大的认识工具？
第二章 实践与认识及其发展规律	人的正确思想从哪里来？
第三章 人类社会及其发展规律	什么是人类社会发展的根本动力？
第四章 资本主义的本质及规律	剩余价值理论过时了吗？
第五章 资本主义的发展及其趋势	当代资本主义有哪些新变化？
第六章 社会主义的发展及其规律	科学社会主义一般原则的生动实践
第七章 共产主义崇高理想及其最终实现	共产主义崇高理想与中国特色社会主义共同理想的生动诠释

中观层面的分研讨主题，以政治经济学板块为例(表2)。

表 2　政治经济学板块设置的分研讨主题

专题	主题	专题	主题
专题 10：商品的奥秘	1. 什么是商品？ 2. 商品从来就有吗？ 3. 为何交换？ 4. 如何交换？ 5. 钱是什么？ 6. 价值规律的作用？ 7. 商品的本质是什么？	专题 11、12：资本的奥秘	1. 什么是资本？ 2. 资本怎么增殖？ 3. 工资的本质是什么？ 4. 利润的本质是什么？ 5. 贫富差距的原因是什么？ 6. 失业产生的原因是什么？ 7. 经济危机产生的结构性原因是什么？
专题 13：资本主义的发展历程	1. 垄断的形成与发展 2. 经济全球化的影响和对策 3. 金融危机后的矛盾与冲突	专题 14：资本主义的基本矛盾及发展趋势	1. 经济危机的表现和影响 2. 经济危机产生的根本原因 3. 资本主义的历史贡献和问题

在微观层面，以"资本怎么增殖"分研讨主题为例，下设研讨主题"剩余价值的当代体现"，并对学生密切关注的现实话题"996工作制"进行了深入研讨。

通过"宏观-中观-微观"三层研讨主题设计，尽可能覆盖理论知识的重难点及学生关注的现实问题，使学生在研讨中解决自身困惑，教师在研讨中引导学生掌握正确的知识和道理。

2. 因时制宜的主题选择

思政课和国家形势紧密联系，需要及时呼应国家形势的变化，关切现实问题。因此，在研讨主题设置上，会因时制宜地设定新研讨主题。

比如，在2019年中华人民共和国成立70周年之际，将"科学社会主义一般原则的生动实践"研讨主题调整为"参加或观看国庆阅兵游行有感"以及"参观'庆祝中华人民共和国成立70周年大型成就展'有感"的主题，让学生从亲身经历和感受中体会科学社会主义一般原则。而在2020年上半年，全国上下进行了一场气壮山河的全民战疫斗争，因此，在导论中增加了"马克思主义基本原理在战疫中的应用"的主题研讨，让学生从我国战疫取得的成就中直观体会马克思主义基本原理的重要作用。

3. 形式多样的情境创设

研讨主题的导入需要情境创设，本课程采取了多种情境创方式，如直接提问、案例导入、视频导入、投票导入等多种方式。

比如，"什么是资本""知道哪些垄断现象"这类主题可以通过直接提问的方式进行；而在讨论"经济危机的表现""商品的本质"时，则可以通过观看《大空头》微电影、经典动画片《雇佣人生》来创设情境，引发学生深入思考；在讨论"剩余价值生产的当代体现"时以案例导入；在讨论"工资和利润本质"时，则可以通过对"工人获得工资，资本家获得利润，在分配上是否公平"这一观点以投票的方式导入。

形式多样的情境创设，能更好地启发学生思考，为深入研讨创造前提。

4. 环环相扣的问题引导

研讨式教学最为核心的特点是学生为主体，教师为主导，学生参与思考，教师给予启发。研讨式教学贯穿本课程始终，以"提问—回答—讲解"为基本环节，用问题链对内容进行串联。

比如在"资本的奥秘"专题中,为揭示资本的本质,首先以研讨的方式引入"什么是资本"这一问题,对学生进行前测;然后通过问题链的方式层层引导,最后得出"资本是能够带来剩余价值的价值,本质是生产关系"的重要结论,带领学生经历了马克思揭露资本本质的思维过程,如图1所示。

什么是资本?——资本是带来价值增殖的东西——资本为什么能够不断增殖?
资本增殖发生在什么地方?——发生在生产环节
资本增殖由生产环节的哪个部分形成?——劳动力创造
劳动力为什么能够创造新的价值?——劳动力商品的使用价值创造的价值大于它本身的价值
增殖的价值是什么?——剩余价值——资本是能够带来剩余价值的价值?
➡ 资本的本质:生产关系

图 1 研讨式教学的问题链

通过环环相扣的问题链研讨,让学生的思维始终处于活跃的状态,在这个过程中也潜移默化地培养了学生的思维品质,让学生对结论理解得更透彻。

(二)研讨组织方式

原理课以中班授课为主,课堂规模为3个自然班,总人数70~90人,因此需要采取有效的研讨组织形式。针对研讨主题的大小及研讨结果呈现方式的差异,本课程主要采用了投屏、弹幕式,小组汇报式,辩论式,自由发言式4种研讨组织方式。

1. 投屏、弹幕式研讨

投屏、弹幕式研讨,需要学生借助学习辅助工具完成。这类研讨形式适合主题大众化、答案相对简单的讨论。

投屏式研讨以"学习通"为辅助教学工具,学生在教师发起讨论后,在学习通的讨论区进行回答;教师通过学习通的投屏功能,将学生的答案显示到屏幕上;教师还可以使用词云功能呈现学生答案中的高频词。这种投屏式研讨,既能全面呈现学生观点,又能集中反映学生观点的主要内容。像"你眼中的马克思是什么样?"这类答案相对简单的大众化问题,就非常适合以投屏的方式进行,如图2所示。

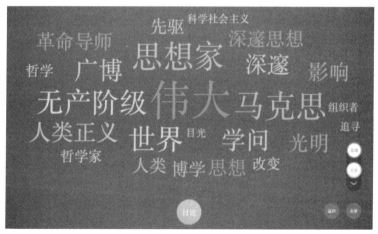

图 2 "你眼中的马克思是什么样?"研讨结果

弹幕式研讨以"雨课堂"为辅助工具,在教师发起讨论后,学生通过弹幕参与到讨论中。比如"你知道哪些垄断现象""请说出10个世纪热词"等主题就非常适合于弹幕式研讨。并且"雨课堂"的弹幕也有高频词抓取功能，对观点分析很有帮助。

投屏、弹幕式研讨能够让大部分学生参与到课堂研讨中，在各种回答中开阔眼界，开拓思路，激发学生的上课参与热情，提高课堂活力。

2. 小组汇报式研讨

小组汇报式研讨比较适合于宏观层面的主题研讨。其准备时间较长，环节较多，学生参与面可大可小，教师花费的精力较大，展示时间也较长。学生的获得感会受准备时的参与程度和展示时的精彩程度的影响，因此教师需要在小组汇报的前中后期做好指导和引导工作。

比如，"马克思主义对我们生活有什么用"这个研讨主题的设置，旨在让学生通过自主研讨得出结论，自觉增强对马克思主义当代价值的认同。因此要求全体参与，以实现思政目的。

此外，教师可以通过与部分研讨小组合作的方式共建课堂。具体办法是：首先由教师提出待研讨主题，学生自愿报名；其次由小组长提交研讨提纲，教师对提纲指导后学生再展开研讨，教师在过程中适时指导；在正式上课前，研讨小组先进行试讲，教师对内容和讲课方式等进行指导；最后由研讨小组在课堂上汇报，教师进行点评。

"马克思主义基本原理在战疫中的应用""资本主义的民主与意识形态的本质"这两个主题都采用了共建课堂的方式，取得了很好的教学效果。一方面，参与汇报的学生通过查阅资料和教师小范围指导，增强了获得感；另一方面，由同龄人传达出的真情实感，更能在听取汇报的学生心中产生共鸣，教师也通过指导和点评确保了课堂质量和提升认识高度。

3. 辩论式研讨

辩论式研讨是研讨式教学的点睛之笔。学生在不同观点的激烈交锋下，能够迅速开阔眼界，激活思维，提高理论辨识力。

原理课适合辩论式研讨的主题很多，比如"马克思主义过时了吗？""经济全球化对中国利大于弊还是弊大于利？""资本主义制度优越还是社会主义制度优越？"等问题，都适合辩论式研讨。辩论式研讨要求教师进行精心组织，学生进行充分准备。

比如，本课程教学中组织的"经济全球化对中国利大于弊还是弊大于利？"的辩论，正反方学生进行了充分准备，在课堂上展开了激烈交锋，使学生对不同观点有了比较系统全面的认识。通过这样一场辩论，学生对时代环境有了更清晰的了解，也更加理解了国家以人类命运共同体理念引领全球化发展方针政策的正确性。

4. 自由发言式研讨

自由发言式研讨是课堂中采用最多的研讨方法，因其机动性、即时性、信息表达的完整性，能够有效地活跃课堂气氛，激发学生思考。

自由发言式研讨也根据问题的难度分为两种，一种是"微小组"研讨后自由发言；另一种是即兴自由发言。"微小组"研讨自由发言，以前后座学生组成临时研讨小组，小组代表自由发言；即兴自由发言，由个人对问题即时发表看法。

比如"996工作制"这一热点话题，非常容易引起课堂上的热烈讨论。这样就需要教师对学生的观点进行提前把握，在讨论结束后进行有效引导，不失时机地实现思政教学目的。

（三）研讨式教学效果

研讨式教学在原理课的教学过程中取得了良好教学效果，有效实现了思政教学目标，提高了学生参与度，增强了学生获得感。原理课的学生教学评价分也逐年攀升。

1. 激发了学生学习兴趣，增强了学生获得感

在"马克思主义对生活有什么用"研讨专题，学生通过自主查阅资料，从个人、社会、国家3个层面认识到马克思主义的当代价值，培养了学生的学习兴趣和自觉性。投屏、弹幕和辩论的讨论形式，极大地调动学生的学习热情，使大部分学生都能参与到课堂中来。

学生的获得感与获得的知识量、知识深度以及学习过程中心理能量的强度有直接关系。研讨式学习通过自主学习、独立思考以及情境体验的方式，强化了以上 3 个方面，因而有效增强了学生获得感。

2. 拓展了学生理论深度和视野广度

"创办工厂是否一定需要钱""什么是资本"等研讨话题，教师通过层层引导，颠覆了学生对生产、资本的一般认识，帮助学生透过现象看本质，跳出资本主义生产关系的认识局限，认识到商品和资本的本质，为理解社会主义生产关系奠定了基础。

而在"996 工作制"的研讨话题中，教师从历史的角度，用发展的眼光驳斥了"996 奋斗论"的观点，使学生能够辨析不同时代及同一时代不同条件下的奋斗环境和奋斗动力的差异，从而坚定树立社会主义理想信念。

3. 提高了学生研究思考能力

调查问卷显示学生能力提升主要体现在以下几个方面，见表 3。

表 3 研讨式教学中学生研究、思考能力提升方面

研究能力	思考能力
初步掌握了调查研究的方法	学会了如何在学习过程提出问题、思考问题
学会了团队合作，如何与小组成员探讨问题	学会了从不同角度、用不同方式客观、辩证地看问题
锻炼了查找资料、甄别整合信息、总结能力	锻炼了理论联系实际思考、反驳质疑能力

与此同时，学生还表示在自主搜集资料的过程中，更好地激发了自己对事件的情感感知力，增强了对观点的信心；在展示或发言过程中培养了胆量，提升了表达能力。

综上所述，研讨式教学以潜移默化的方式在知识、价值、能力 3 个方面有效地实现了思政课的教学目标，而学生通过自主学习、思考得出的结论更对思政教学效果起到积极强化作用。

三、思政课研讨式教学实现思政教育目标的经验总结

对于思政课而言，思政教育目标是研讨式教学的根本目标，研讨式教学主要为实现思政教育目标服务。我们在教学总结中发现，思政课研讨式教学要想有效实现思政教育目标，主要有两条经验可以遵循：一是研讨式教学要和思政教育目标紧密结合，二是教师在研讨过程中要有效发挥指导和引导作用。

（一）研讨式教学与思政教育目标紧密结合

1. 主题设置服务思政教育目标

本课程在研讨主题设置上，直面现实问题，与思政教育目标采取了一一对应的方式(表 4)。

表 4 宏观研讨主题与现实问题、思政教育目标之间的对应关系

章节	研讨主题	现实问题	思政教育目标
导论	马克思主义对我们生活有什么用？	马克思主义过时论、马克思主义无用论等错误言论	深刻认识马克思主义的当代价值
第一章	如何认识唯物辩证法是伟大的认识工具？	1. 形而上学思维方式泛滥 2. 辩证法的庸俗化理解	认识唯物辩证法是伟大的认识工具
第二章	人的正确思想从哪里来？	1. 理论脱离实际 2. 理论脱离实践	坚持以实践为基础的辩证唯物主义认识路线
第三章	什么是人类社会发展的根本动力？	1. 历史虚无主义 2. 唯物史观的庸俗化理解	正确理解唯物史观的内容及价值

(续)

章节	研讨主题	现实问题	思政教育目标
第四章	剩余价值理论过时了吗？	1. 剩余价值错误论 2. 剩余价值过时论	认识资本主义社会的剥削本质
第五章	当代资本主义有哪些新变化？	历史终结论、社会主义崩溃论、资本主义优越论等错误言论	认识资本主义本质及发展趋势
第六章	科学社会主义一般原则的生动实践	中国特色社会主义和科学社会主义无关论等错误言论	认识社会主义制度的优越性
第七章	共产主义崇高理想与中国特色社会主义共同理想的生动诠释	共产主义虚无缥缈论、中国特色化社会主义理想与共产主义理想割裂论等错误言论	树立相互统一的共产主义远大理想和中国特色社会主义共同理想

此外，中观、微观的研讨主题也直面现实问题，为实现思政教育目标服务。

2. 研讨式教学深化思政教育效果

研讨式教学实现了由单向输出式"满堂灌"向双向探讨式答疑解惑的转变。由学生亲自调查得出的结论，或者通过研讨思考得出的结论，可信度和认识强度远远比教师单纯传授要高得多。比如在"马克思主义对我们生活有什么用"的专题研讨式教学中，学生通过自主搜集资料，认识到马克思主义在指导中国革命和建设实践、在解决现实生活问题中的重要作用，自然而然地增强了对马克思主义理论学习和研究的自觉性和主动性。而在"国内外疫情防控对比"专题研讨式教学中，学生自主得出社会主义制度具有优越性的结论。这些由学生自主得出的结论比教师告知的结论对学生的影响更稳定、更深刻。

（二）教师在研讨过程中有效发挥指导和引导作用

在研讨过程中，教师会把更多的时间留给学生思考、探讨，自己作为支持者和协作者[2]。但这并不意味着教师在研讨过程中失去主导作用，教师只有有效发挥指导和引导作用，才能真正保障研讨式教学的思政教育目标实现，其中重点要做好环境创建和学生的思想提升工作。

1. 环境创建

有教师想在课堂上开展研讨，但有时会碰到学生不愿意参与研讨的尴尬局面，其中一种重要原因就是缺乏良好的环境创建。良好的环境创建有利于学生积极参与研讨，激发学生思考，实现良好的研讨效果。环境创建主要通过教师的情感投注和有效组织实现。

在情感投注方面，教师要营造真诚、包容的交流环境，并且形成鼓励、赞许的激励机制。真诚交流是有效研讨的基础。真诚的态度，求真的品质，能使学生受到潜移默化的影响，使师生之间建立起良好的信任关系并使学生建立求真意识，能促进学生在研讨过程中实事求是地观察、分析、探讨、交流，并收获通过自己努力获得真知的幸福感。包容是促进真诚交流和激发学生创新思维的外部环境。包容来自对学生真情实感的理解和尊重，会消除学生不安，使学生更好地融入课堂，激发学生思维的活跃性和创造力。学生自信心的培养离不开教师的鼓励和赞许。教师需要敏锐地抓住学生的闪光点，及时加以肯定，并激发学生对更深和更难问题探讨的勇气，形成良性循环。在鼓励环境下，学生会大胆表达，并且乐于分享，同时还能促进互帮互助氛围的形成。

在组织管理方面，教师要对研讨小组设置、研讨环节设计等方面进行合理安排，并对研讨过程进行准确预测和科学管理，使研讨活动能够有序地按照预定程序展开并且有效地实现研讨目标。

2. 思想提升

教师在研讨过程中，实现的是从主讲者向主导者的角色转化，但不能放弃教师指导和引导研讨的职责。教师对研讨话题要亲身参与研究，并且对研讨进行全程的指导和引导。首先，在前期研究过程中，要提供调研设计思路，对调研方向和方法进行细致指导，对要点进行提示；其次，在学生分享过程中，要从内容上给予补充，从思想上给予引导，对不全面或不深刻的观点，以提问的方式启发学生深度思考，对错误的观点或言论，则以反问的方式启发学生，使之意识到错误；最后，在总结环节，教师要对专题研讨内容进行总结、升华，使学生在思想上有更大的提升。

四、结　语

研讨式教学对思政课教学的积极效果表明，研讨式教学所体现的"以学生为中心"的育人理念与思政课"立德树人"为导向的育人思想不谋而合、相得益彰。思政课可以充分发挥研讨式教学的优势，帮助学生真正理解掌握思政课的核心要义，内化于心，外化于行，实现思政课立德树人的根本目的。

参考文献

[1] 习近平. 思政课是落实立德树人根本任务的关键课程[J]. 求是，2020(17).
[2] 刘海燕. 大学小班研讨课：向"以学为中心"教学范式的转型[J]. 中国大学教学，2017(5).
[3] 习近平总书记在全国高校思想政治工作会议上的重要讲话[N]. 人民日报，2016-12-09(1).

Research on the Practice of Deliberative Teaching of Ideological and Political Course：Taking the Course *Introduction to the Basic Principles of Marxism* as An Example

Lan Qiaozhi　Yang Zhihua

(School of Marxism，Beijing Forestry University，Beijing　100083)

Abstract　Deliberative teaching, which aims to stimulate students'thinking and promote autonomous learning, not only gives full play to the main role of students, but also gives full play to the leading role of teachers, from one-way output to two-way discussion. This course adopts the design method of the progressive theme design, the theme selection according to the time, the creation of various forms of situations, layer by layer in-depth problem guidance, as well as the organizational forms of bullet screen, group report, debate and free speech, so that students can come to a conclusion through self-study, thinking and discussion, and achieve the subtle effect of Ideological and political teaching, and actively strengthen the ideological and political teaching effect. In order to achieve the goal of ideological and political education of deliberative teaching, we should pay attention to the integration of discussion and the goal of Ideological and political education throughout the whole process, and teachers should effectively play a guiding role.

Keywords　deliberative teaching, discussion teaching design, discussion organization, ideological and political course, *Introduction to the Basic Principles of Marxism* course

基于"课程思政"的教学模式改革与实践

——以"湿地保护与管理课程"为例

张明祥　　张振明

（北京林业大学生态与自然保护学院，北京　100083）

摘要：青年学生处于人生观与价值观塑造的关键阶段，生态教育工作者应担任起引导学生深刻思考学科专业的社会责任和历史使命。本研究以"湿地保护与管理"这一湿地生态专业重要的专业基础课为载体，通过将思政内容和课程内容巧妙结合，并结合翻转课堂教学手段，将生态文明等有机融入"湿地保护与管理"课程的教学与实践中，提升学生的专业素质和家国情怀精神。

关键词：课程思政；湿地保护与管理；生态文明；翻转课堂

传统的课程教学由于各种原因而将知识传授、价值塑造和能力培养进行了割裂，不利于学生对知识的深入认识和实践。课程思政则在一定程度上实现了三者的多元统一，展现出一种创新思维[1]。课程思政指将思想政治教育元素，包括思想政治教育的理论知识、价值理念以及精神追求等融入到专业课、通识课中去，潜移默化地对学生的思想意识、行为举止产生影响，实现知识、能力和价值的多元统一。

目前"课程思政"的观念日益深入人心。自2004年以来，关于加强和改善大学生的思政教育文件先后出台，也被纳入重要改革项目，多所高校包括华中科技大学和武汉理工大学等相继推出了"课程思政"项目。在不断探索的过程中我们逐渐认识到，课程思政须从高等教育的"育人"本质要求和国家意识形态战略高度出发，充分发挥课堂教学的育人作用，将思政教育贯穿于教学的全过程，落实教师育人的职责。

在课堂思政的探索过程中可发现、可复制、可推广的建设方案尚未形成，这就需要我们针对具体的专业课程，对"课程思政"进行系统和深入的研究，使"课程思政"得到优化和提升，推动隐形思想教育的发展，进一步探索针对具体课程的"课程思政"教学模式。

一、"湿地保护与管理"课程教学模式现状

"湿地保护与管理"是湿地生态学专业研究生的专业选修课，也可以作为其他相关专业的选修课程。该课程以生态学、水文学等学科的经典理论为基础，结合了湿地保护地、国家湿地公园等方面的相关知识，涵盖了目前湿地保护、修复及合理利用的最新政策、法律与技术。该课程不仅具有前沿性，还具有很强的综合性，实践中涉及林业等多个行业，为

作者简介：张明祥，北京市海淀区清华东路35号北京林业大学生态与自然保护学院，教授，zhangmingxiang@bjfu.edu.cn。

张振明，北京市海淀区清华东路35号北京林业大学生态与自然保护学院，副教授，zhenmingzhang@bjfu.edu.cn。

资助项目：北京林业大学教育教学研究项目"基于课程思政的教学模式改革与实践——以湿地保护与管理课程为例"（BJFU2020JY085）。

后续"湿地工程规划""湿地生态学研究方法""湿地景观设计"等课程的学习奠定了坚实的基础。同时，也是湿地生态专业的专业教育和思政教育的结合。因为实现生态文明和可持续发展需要有相关的科学理论指导和技术系统保障，尤其是我国改革开放以来，经济水平实现了快速增长，但生态环境形势严峻，生态环境状况不容乐观的情况下，更需要社会各阶层广泛参与到生态文明的建设中[2]。生态保护工作者是将可持续发展和生态文明建设从概念付诸行动的积极倡导者、参与者和核心力量，尤其是本专业的学生将是建设生态文明的中流砥柱，更需要加强致力于生态文明建设事业的知识储备和实践能力，并在学习中提升思想政治素养，加深对生态文明的认识。作为生态教育工作者，则需要以课程为载体引导学生深刻思考学科专业的社会责任和历史使命。

因此，本研究以"湿地保护与管理"这一湿地生态专业重要的专业基础课为例，将中国特色社会主义的思想政治理念有机融入"湿地保护与管理"课程的专业理论，加强生态保护的意识传递，合理应用"课程思政"的模式，融合翻转课堂的教学方法，引导同学们参与、讨论、凝练、升华人生观和世界观，充分激发学生学习能动性，提升理论知识的实践能力。探讨一套适合当前"湿地保护与管理"的思政教学模式。

二、基于"课程思政"的"湿地保护与管理"课程教学实践

通过学习研究国内相关文献、书籍和教学案例，挖掘所课程中的思政元素，将生态文明作为课堂教学的重要内容，推动其融合入教材和课堂，将综合素质养成、工匠精神培育、专业能力训练和创新能力培养融入人才培养，寻找思考课程育人的更好方法，引导学生将个人理想与国家社会发展需要紧密结合，将人文软实力融入专业硬功夫中，筑牢"职教梦"，助推"中国梦"。在教学方法上，充分结合翻转课堂的模式。基于上述内容，提出基于"课程思政"的"湿地保护与管理"教学模式的内容设计与实施流程。

（一）"湿地保护与管理"课程思政建设

近些年来生态问题引发民众的讨论度逐年升高，水污染、空气污染、全球气候变暖等都得到了人们极大的关注。人民的需求不仅仅是基本的生活需要，对于生活环境的重视程度也越来越高。2012年，党的十八大报告中强调要加大力度建设生态文明，系统地阐述了我国生态文明建设的理论体系[3]。2017年，在党的十九大报告中提出"建设生态文明是中华民族永续发展的千年大计。必须树立和践行绿水青山就是金山银山的理念，坚持节约资源和保护环境的基本国策，像对待生命一样对待生态环境"[4]。党的十八大以来，党中央高度重视社会主义生态文明建设，坚持把生态文明建设作为统筹推进"五位一体"总体布局和协调推进"四个全面"战略布局的重要内容，把生态文明建设融入经济建设、政治建设、文化建设、社会建设各方面和全过程。生态文明建设是历史发展的潮流趋势，也是当前我们社会主义建设所迫切需要的。习近平生态文明思想是在吸收和继承前人的经验基础上发展而来的，并与我国的生态国情结合起来，是指导我国生态文明建设的伟大理论成果。习近平生态文明思想的主要内容包括绿水青山就是金山银山、"山水林田湖草"是生命共同体、良好生态环境是最普惠的民生福祉、保护生态环境就是保护生产力和全球生态文明建设等内容。习近平生态文明思想的实现路径主要包括解决突出环境问题，推动绿色发展，加快推进生态文明体制改革，完善法律和制度保障，加强生态文明理念传播，坚持生态文明建设依靠人民等。习近平生态文明思想具有极高的理论价值和现实意义，为推动中国的绿色和可持续发展、实现伟大的中国梦起到了重要作用。

湿地作为重要生态系统之一，对其的保护和管理对于生态文明建设十分重要。在"湿地保护与管理"的课程教学中包含了生态学、水文学等学科的经典理论的介绍，同时结合了湿

地保护地、国家湿地公园等方面的相关知识，涵盖了目前湿地保护、修复及合理利用的最新政策、法律与技术。因此，在课程思政改革中，教学团队成员立足于"湿地保护与管理"课程基本内容，着重从"生态文明"出发，提炼"湿地保护与管理"中蕴含的思政教育元素和功能[5]。生态文明和湿地保护的联系十分密切，笔者将生态文明建设和"湿地保护与管理"课程中的湿地生态过程、湿地保护与管理、湿地调查与监测、湿地工程规划设计等内容有机结合，引导学生在学习理论知识的同时参与、讨论、凝练、升华人生观和世界观，使其深刻认识生态文明的重要意义以及其与自身价值的紧密关联。另外，也与湿地相关的最新政策、法律与技术相结合，在课程教学过程中培养学生对时政和法律的关注和深入了解，进一步加强生态保护的意识传递。生态文明的建设离不开人民，更离不开掌握专业学科知识的学生。生态文明的建设依赖人民，而人民也是生态文明成果的最大受益者，当代人以及子孙后代都能够享有生态文明发展的成果。因此生态专业的学生更需要担负起生态环境保护和生态治理的责任。因此，加强对生态文明理念的传播，加强对生态文明建设的教育，提升学生环境保护意识，对于提高学生对生态文明建设的认知十分重要，使得学生在理论继承中发展优良生态作风，坚定生态文明建设重要理念。

综上，在"湿地保护与管理"课程的教学过程中，结合"生态文明"开展思政教育。引导学生强化专业技能，将个人理想与国家社会发展需要紧密结合，使学生认识到推进生态文明是当代青年的历史责任，作为湿地生态学专业的学生将是未来实现生态文明的中流砥柱，在建设过程中实现自身价值，并承担起建设生态文明的历史责任。

（二）"湿地保护与管理"教学模式建设

通过前期的资料收集学习以及已有的教学成果经验，本次实践基于"互联网+"进行课程设计，结合翻转课堂教学方法，将课程思政混合模式设计分为两层：

第一层：一次翻转课堂。主张以互联网+翻转课堂方式，分为"课前+课中+课后设计"，课前教师利用"互联网"平台和优势，对专业课程进行解构与重构，全面挖掘思政元素和资源，系统设计课程思政教学内容，提前将教学的内容发送至课程的公共平台，学生可提前下载讲授内容进行翻转课堂教学内容准备，并将问题反馈在平台中。课堂上，老师可依据网络平台数据针对性讲授并解答学生问题，结合湿地保护与管理特色与专业知识，教师组织学生分享、讨论、辩论延伸搜索内容，通过这两个步骤，从而创设"学习者主动学习型课堂"。课下这个阶段作为一个反思和总结，是再提高的过程，主要由学生通过互联网平台反馈体会，教师审阅评价和教师教学总结、布置后续课程探究方向两个步骤组成。

第二层：二次翻转课堂。通过第一次翻转课堂学习，学生对于理论知识有了初步应用能力后，课后通过选择一块湿地公园进行保护管理计划编写实训，搜集相关资料，在线提交作业，由教师在线评定、评价，由此，达到学生应用能力综合提升的目的。"湿地保护与管理"翻转课堂课程思政混合教学模式设计如图1所示。

实施"线上+线下+线上"闭环反馈式教学，实现学生"课外实践认知+课堂理论教学+课外实践锻炼"，最终实现"理实一体"的目标，从而体现翻转课堂"学生自主导学+教师课堂辅助+学生课下实践巩固"的翻转式教学，体现了学生学习主体，教师为辅的体验–学习–实践的螺旋式教学，构建4层次学习——知识认知、理解、实践、能力提升，从而达到专业理论知识、实践技能过程与方法、情感态度、价值观的课程思政的有效融合。

三、基于"课程思政"的"湿地保护与管理"课程教学的成效

笔者以北京林业大学生态与自然保护学院湿地生态学专业2018级的学生为研究对象，通过编制教学模式问卷对基于"课程思政"的"湿地保护与管理"课程教学的成效实施调查，

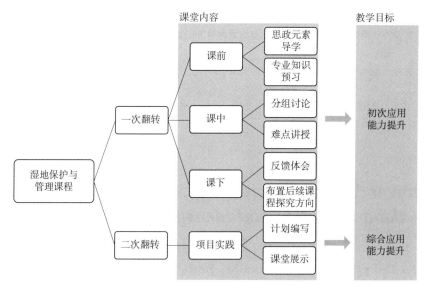

图 1　教学模式设计

内容主要包括对教学系统知识体系和对生态文明相关内容的深刻认识等情况的反馈，对结果进行分析、综合、比较、归纳。课堂总人数为 22 人，有效问卷 20 份，问卷有效率 90.9%。问卷调查内容主要涉及是否在"湿地保护与管理"获得系统知识体系和是否对生态文明等有深刻认识，如图 2 所示。

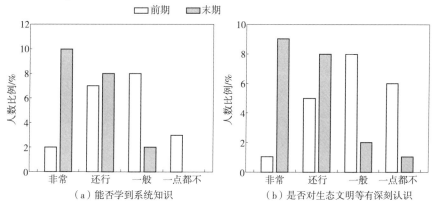

图 2　"湿地保护与管理"课程思政教学实施前后效果对比

调查结果表明，20 名同学认为能够学到系统知识，比开课前期增加了 15%。同样开课前有 6 名同学对生态文明认识不够，而在开课后均提高了对生态文明等内容的认识程度。可见课程思政教学模式十分重要，能够强化对学生正确价值和情感的传递。使学生在主动参与中扎实基础理论知识，并对未来的工作形成有效的预期，同时做好相应的准备。思政教学很好地打破了理论教学与实践教学的界限、拉近专业课程与思政课程的距离，此外，该研究实践成果能提升专业课教学的吸引力和感染力，增强时代感，激发学生爱国意识和创新意识。让学生体验学习的乐趣，获得学习的满足感。不仅将对学生的后续学习产生强大的动力，而且为学生将来从事科学研究工作打下坚实的基础，进而培养出合格的社会主义接班人。

参考文献

[1] 高小宽. 环境生态工程专业有机化学网络课程建设探讨[J]. 现代园艺, 2017(23): 186-187.
[2] 彭自然, 李娟英, 邵留, 等. 环境评价课程思政教学探索[J]. 教育教学论坛, 2018, 375(33): 248

-249.

[3] 胡锦涛. 坚定不移沿着中国特色社会主义道路前进为全面建成小康社会而奋斗[M]. 北京：人民出版社, 2012：9.

[4] 习近平. 决胜全面建成小康社会夺取新时代中国特色社会主义伟大胜利[M]. 北京：人民出版社, 2017：25.

[5] 吴舜泽, 王勇, 刘越, 等. 牢固树立并全面践行"绿水青山就是金山银山"[J]. 环境与可持续发展, 2018, 43(4)：10-11.

Reform and practice of ideological and political teaching: Take *Wetland Protection and Management* course for example

Zhang Mingxiang　Zhang Zhenming

(College of Ecology and Nature Conservation, Beijing Forestry University, Beijing　100083)

Abstract　Young students are in the critical stage of shaping their outlook on life and values, and ecological educators should take on the social responsibility and historical mission of guiding students to think deeply about the discipline and specialty. This study takes *Wetland Protection and Management*, an important professional basic course of wetland ecology, as the carrier. By combining ideological and political content with course content, and combining with flipped teaching methods, this study organically integrates ecological civilization into the teaching and practice of *Wetland Protection and Management*, so as to improve students'professional quality and family spirit.

Keywords　ideological and political teaching, *Wetland Protection and Management*, ecological civilization, flipped course

基于扎根理论课程思政教学改革效果评价

——以"旅游调查方法"课程思政改革为例

王忠君　石　玲

(北京林业大学园林学院，北京　100083)

摘要： 本文基于对旅游管理2017、2018级117名本科生的深度访谈与报告分析，运用扎根理论的方法，构建旅游管理专业本科课程思政教学效果影响因素的理论模型。研究发现影响旅游管理专业本科课程思政教学改革效果的8个初始范畴，并整合构建由"教学组织-教学相长-考核效度"3项主范畴组成的理论模型。研究表明：教学组织、教学相长、考核效度对旅游管理本科课程思政教学改革效果存在显著的正向影响，进而提出相应的课程思政改革建议，为旅游管理专业本科课程思政教学效果的提升提供依据和参考。

关键词： 旅游管理专业；课程思政；教学评价；扎根理论

一、问题提出

（一）研究目的与意义

"课程思政"是在马克思主义基本立场观点方法的指导下，以专业课程为载体，挖掘蕴含在专业知识中的德育元素，自觉地把学生的专业知识、人文和思政素质恰当融合，把"思政元素"渗透于专业课程教育教学活动的全过程，助力学生能力的全面发展[1]。"课程思政"是推动高校课程改革，走内涵式发展道路的一种重要理念，为实现教育强国目标提供了方向指引。旅游管理专业作为应用型专业，以培养应用型人才为主要教学方向，其教学模式很好地实现了理论与实践融合、专业与行业融合、学校与社会融合，构建了"全员育人、全过程育人、全方位育人"的基本框架，这为更好地进行专业课程思政教学改革提供了有利条件。

本研究借鉴社会学质性研究方法中的扎根理论，以北京林业大学旅游管理专业基础课程"旅游调查方法"课程思政教学改革为例，展示通过一门课程从理论教学、实验教学和实践与作业环节的课程设计中融入德育培养内容，通过学生评价和体会来评价课程思政改革效果的案例，总结旅游管理专业课程思政改革的影响因素。通过现象的概念化和范畴化来描述和探究德育内容有效融入专业课程教学的发展过程及教学效果影响因素，以期能够把握旅游管理专业课程思政教学改革的一些基本规律，为旅游学科建设提供理论参考。

（二）国内外相关研究进展

1. 旅游管理专业课程思政教学改革的研究进展

习近平总书记提出了在课堂教学中，不是某一门课程的"单打独斗"，而是各类课程要

作者简介：王忠君，北京市海淀区清华东路35号北京林业大学园林学院，副教授，wangzj814@bjfu.edu.cn；
　　　　　石　玲，北京市海淀区清华东路35号北京林业大学园林学院，副教授，lingshi@bjfu.edu.cn。
资助项目：北京林业大学课程思政教研教改专项课题——旅游调查方法课程思政改革(2019KCSZ006)。

与思政课程同向同行，只有这样才能形成思想政治教育的合力[2]。曾荣总结了在国家大力推进旅游与文化融合的大势背景下提升旅游管理专业教师与学生思想政治素质和职业素养的意义[3]；闫忠林等提出课程思政是高校建设高水平本科教育目标指引下相关教学改革的重要发展方向[4]；崔永红等提出结合课程内容，适时引入爱国主义教育，能培养学生的家国情怀和爱国思想[5]；崔广彬、王阳等教师探讨了"旅游市场营销"等旅游管理专业课程思政教学的教学方法[6-7]；车艳竹等总结了"旅游美学"融入美育教育内容的方法与过程[1]；刘佳等总结了旅游管理专业本科实践教学工作的课程思政教学方法[8]；齐利平还探讨了与思政单位建立实践共同体的教学思路[9]。这些研究主要探讨了教学方法和教学内容方面如何融入思政内容，但课程思政教学效果如何表述较少。崔永红认为课程思政教改中提升教师自身的素质是关键因素[5]；李婉露等认为课程思政教学中要把引导式的软约束和惩戒式的硬约束相结合[10]。目前对课程思政评价指标和评估体系的研究较少，仅有王静等提出课程思政不能单一地用对与错进行判断[11]，梁菁等提出课程思政应全课堂、全过程、网络化评估其教学效果[12]；刘海运认为构建良性课堂师生互动模型对课程思政教学效果尤为重要[13]，李洪波构建了应用型院校教学效果影响因子模型[14]。当前旅游管理专业课程思政教学改革的相关理论比较缺乏，尚不能有效解释其影响机制。

2. 扎根理论研究方法在教学改革效果评估方面的应用

扎根理论（grounded theory）是质性研究方法中的一种，最早由芝加哥大学的巴尼·格拉泽（Barney G. Glaser）和哥伦比亚大学的斯特劳斯（Anselm L. Strauss）在1967年出版的《扎根理论的发现》（*The Discovery of Grounded Theory：Strategies For Qualitative Research*）一书中提出。徐宗国教授在其1996年的文章《扎根理论研究法》中首次将其译为"扎根理论"。扎根理论是指理论研究者在预先没有理论假设的前提下，直接去观察现实生活，对感性生活中的现象进行描述、分析、分类、假设、对比，最后上升为理论[15]。扎根理论的核心是数据资料的收集与分析过程，在操作上主要包括开放性编码、主轴性编码和选择性编码3个步骤[6]。扎根理论不同于传统的实证研究，扎根理论研究强调研究者事先不预设研究问题，是带着某一研究兴趣点进入研究现场，在研究的过程中逐步明晰和界定研究问题[16]。如吕宁等选取扎根理论研究方法建立了旅游中小企业经营者创新行为影响机制模型[17]。李红等学者认为思想政治教育质性研究方法遵循"认识、实践、再认识、再实践"这一认识规律，适用扎根理论的方法从思想资料中生成微观理论和验证资料，提出解决思想问题的对策[18]。

二、研究设计

（一）研究假设

本研究基于对北京林业大学旅游管理专业2017及2018级本科生的访谈资料和调研数据，以"旅游调查方法"这门课程为例，运用扎根理论，深入研究影响旅游管理专业本科课程思政教学改革教学效果的主要因素及其作用机制，并提出提升旅游管理专业实践教学效果的基本路径和政策建议。研究从"旅游调查方法课程思政教学改革效果有效性评估"的最初研究目的出发，运用扎根理论分析方法进行探索式研究，通过探索阶段资料的收集、分析和相关背景文献的回顾，研究者将研究问题从"教学改革效果有效性评估"逐步聚焦于"德育有效融入旅游调查方法教学过程"，主要围绕以下几个问题展开：

（1）德育融入课程教学的方式和教学内容促进价值观形成的互动过程是怎样的？

（2）该过程中涉及哪些策略和方法？

（3）课程思政效果主要受到哪些因素的影响？其机制如何？

（4）如何提供针对性的旅游管理课程思政改革方案满足教师与学生"双赢"发展的需求？

研究通过构建旅游管理专业本科课程思政改革教学效果评价及影响因素的理论框架来评估课程思政教学改革的有效性。为了确保研究的完整性和严谨性，对所构建的理论模型进行饱和度分析，探究旅游管理课程思政改革教学效果的影响因素及作用程度。

（二）资料收集与分析

1. 研究主题

本研究以影响旅游管理专业课程思政教学改革效果的主要因素与作用机制为主要内容，以访谈和学习报告的形式收集所需资料，研究的主题主要包括进一步探讨德育内容如何有效地与旅游管理专业课程的教学过程有效结合，如何提升课程的德育效果，重点分析提升德育与课程教学效果的影响，指出存在于现有的旅游管理课程教学中德育内容不足的问题与改善办法。访谈与报告内容主要涉及以下问题：

（1）本学期"旅游调查方法"这门课程对你的学习能力进步有哪些正效应？

（2）哪些是影响学习"旅游调查方法"课程获得感的因素？

（3）"旅游调查方法"教学效果评价应包含哪些维度？请尽可能全地列出你的维度。

（4）哪些因素影响德育思想在"旅游调查方法"这门课程中的价值体现及其重要程度？

（5）"旅游调查方法"课程教学各环节（理论、实验与实践）衔接情况如何？

（6）你认为本学期"旅游调查方法"这门课程的学习主要解决什么样的问题？

（7）学习这门课程取得的主要收获是什么？请尽可能全地列出你认为提升该课程学习效果的措施和建议。

2. 资料收集

按照"目的性抽样"原则，根据对旅游调查方法课程思政教改革效果影响因素研究的需要，同时确保抽样的信度和效度，本文选择北京林业大学旅游管理专业 2017 级、2018 级本科生作为资料来源的样本。

访谈法和意见收集法是扎根理论研究中非常重要的资料收集方法，为提高资料收集效率，本文在研究中先后召开班级座谈会 4 次，仔细倾听与会学生的发言，并不断提出问题，由参会学生自由讨论，对表现活跃、参与态度积极的样本进行深度座谈，本文整理访谈文字约 3 万字。同时，要求学生在完成的课程作业中提交一份不少于 800 字的学习报告，让学生在报告中重点谈及完成本门课程的学习收获、学习意见、教学建议、学习要求等，收集并分析了两届学生对旅游调查方法课程思政教学改革的评价意见，共收集学习报告 117 份，总计约 10 万字。研究过程中，及时对座谈会和学生意见进行整理，对 3 个行政班 88 份资料进行自下而上地编码，主要包括开放性编码、主轴编码和选择性编码 3 个过程，预留 1 个行政班 29 份资料进行最终编码检验。

三、研究结果

（一）研究的编码过程

1. 开放性编码

将原始资料进行概念化以及范畴化的过程称之为开放性编码，其目的是将资料的内容用概念和范畴全面的反映出来（表1）。这个阶段的主要工作是将原始资料的记录和概念信息进行整理及组合，按照一定的原则加以缩编，其基本程序为定义现象—挖掘范畴—命名范畴[8]。首先针对评估旅游调查方法课程思政教改革效果的事实进行贴标签，合并意义基本相同或类似的标签 120 个，限于篇幅，每个概念仅列出 1 条原始语句，并对上述标签所涉及的现象赋予了 50 个概念和 8 个独立范畴，分别是教学计划完善、课堂教学组织、配套研学材料、教学过程管理、课程与实践（实验）环境氛围、师生情感维系、学习成绩考核、学习效度维度。

表 1　开放式编码分析举例

访谈与报告资料（摘要）	初步概念化	概念化	范畴化
课程的大作业、小作业，阶段目标很明确，有利于教学的开展	作业安排	教学计划	教学计划完善
课程培养目标都很明确，但由于旅游调查涉及面广，希望还有其他类型的调查方法进行补充	完善培养目标	教学目标	
实验教学机时不太足；实验训练不太充分；没有实习或外业调查时间，只能周末进行，不方便	实验课时实践环节	教学环节	
这门课应用性很强，上课案例最好能结合本专业的调查	案例应用	教学内容	
红色旅游景区的游人周末多，需要进行多次调查；外业调研工作量大，小组 300 份问卷完成困难	外业调研	实践教学	课堂教学组织
课程调研环节由于没有专车而且制作问卷、购买调查礼物、外业交通等经费不能报销，很影响学学习的热情	教学经费	教学经费	
授课老师通过自己的亲身经验和丰富的知识储备，贴合课堂内容提供同学学习参考的案例使课堂内容更加充实	教学内容与案例选择	理论教学	
实验课程结合调查实践可以使课堂发挥更大的教学作用，提高学习效率	实验教学改善	实验教学	配套研学材料
教师能够在开学初据前告知本学期授课教学的时间安排和每一阶段的目标，目标落实中能跟踪学生的完成进度	教学安排与落实	教学安排	
教材很系统，实验指导内容很详细	教材与指导书	教材建设	
补充阅读材料有针对性、时效性较强，但对于我们大一学习来说理解有点吃力，希望老师布置的阅读再精练一点	补充阅读	专业阅读	
教材的内容很多，但信息应该更清楚一些	教材内容	教材丰富度	
在每次的外业调查中，我们会提前查一些目的地资料，还会思考一些专业知识	学习准备	预习内容	教学过程管理
教学进度应根据学生掌握和作业完成的情况进行适度调整，尤其是教学期同存在军训、同隔周期长、学生对前期所知识有遗忘的情况	学习进度安排	教学进度	
小组的外业调研与实践相结合，我们互相学习，提高了发现问题、分析问题和解决问题的能力	小组调研	分组学习	
做到了理论与实践相结合，提高了发现问题、分析问题和解决问题的能力	理论结合实践	案例教学	
实验教学讲练结合很好，希望更有针对性地前的专业案例	案例教学	案例教学	
红色景区外业调研最好能有老师帮助提前联系好（经常被工作人员误解为发小广告的），研究目的地伙伴关系尚没有有效建立	外业调研的现实困难	教学协作	

356　潜心课程·卓越育人

（续）

访谈与报告资料（摘要）	初步概念化	概念化	范畴化
上课形式灵活，能够充分调动大家的积极性	教学趣味性	教学形式	课程教学氛围
老师语言表达很幽默，和学生互动多，调查方法讲解深入浅出	互动教学	教学方法	
通过调查实践，发现旅游管理专业学会与他人更好地沟通，对学习帮助很大	学会沟通	沟通能力	
在这门课程学习中，同学们都表现非常积极，我也会很主动去参与小组讨论学习	学习讨论	讨论氛围	
虽然主要由老师决定，但学生可以一起参与教学目标、形式、考核等教学方式的制订	共同完善教学内容	师生合作	师生情感维系
有必要增加和学生的沟通，了解学生在作业完成和实践调查中的实际情况	加强师生沟通	师生沟通	
每一次作业都有相应的评定标准，评定建议对课程有关内容予以调整	完善评定标准	考核标准	学习成绩考核
应根据学生的参与情况，讨论建议对课程有关内容予以调整	后期反馈	反馈改进	
调研小组组员之间的互评也很必要，这样可以更多地发现不同人的贡献程度	同学互评	同学互评	
学习其他课程更得心应手，尤其是完成各种类型的调查作业	学习促进	学习能力	学习效度维度
增强我的专业知识和技能，对也会认知发生改变	技能与认知	技能提升	
有信心做好旅游专项调查工作，增加了自己的专业学习技能	学习自信	学习信心	
建立正向的学习态度，更加喜欢自己的专业、学习课程的兴趣增多	学习兴趣	学习兴趣	
刺激我努力加强专业课程学习和能力提升	促进专业学习	学习促进	
增加了对北京红色文化的理解和认知	红色文化认知	思想进步	

2. 主轴编码

主轴编码是利用开放式编码中获得的初始概念和范畴，通过寻找不同范畴之间的逻辑和内在联系从而建立各个范畴之间的联系，对各独立范畴重新进行整理和归类，形成主要范畴和次级范畴[8]（表2）。本研究对抽象出来的初始概念和范畴进行分析和逻辑演绎，共归纳出3个主范畴。主范畴一为教学组织，该范畴强调教学的规范性对教学效果的影响，包括课堂理论、实验教学与实践环节的规范性，是对含教学目标、教学计划、教学内容、教学环节、经费保障和实践教学等教学计划的完善程度，课堂教学组织和配套研学材料，教学组织对课程的教学改革的实效具有较大的影响，是教学效果的最主要影响因素。主范畴二为教学相长。教师和学生之间良好的互动关系是提升和保证教学效果的最直接因素，也是影响学生学习参与性和积极态度的主要原因，涉及课堂教学氛围、师生情感维系等。主范畴三为考核效度。考核效度强调的是多元的旅游调查方法课程学习，考核方式教学效果的提升有很大促进作用及学生自我感知的学习收获，主要涉及学习成绩考核和学习效度维度两个因素，通过不断完善考核标准与形式，强调学生自我学习意识的觉醒，能在教学反馈中不断对教学体系进一步完善，对教学改革的效果表达具有直观的促进作用。

表2 主范畴和对应范畴

主范畴	对应范畴	范畴内涵
教学组织	教学计划完善	课程思政教改设计是否遵循教学规律、是否有助于教学理念的提升、是否有助于实现教学目标、是否贴合教学内容、实验与实践时间分配和衔接是否合理、教师主导作用的发挥、学生的主体地位的体现、能否实现教与学有机结合、才育与德育结合的主线是否突出
	课堂教学组织	课程思政教改设计层次、脉络是否清晰，课堂教学程序设计是否合理，采用的教学方法和手段是否有效，是否提升了课堂教学效果，是否实现课堂获益的目标，课堂教学程序设计是否合理、是否符合学生实际情况，采用的教学方法和手段是否有效、能否实现教与学有机结合
	配套研学材料	研学材料是否有助于教学模式的转换，是否有助于实现教学目标，是否贴合教学内容，是否有助于丰富学生的知识体系，内容是否具有新颖性和时效性，能否有助于教学手段的更新，能否激发了学生学习的兴趣，能否调动学习积极性，能否有利用于交流、合作、团队学习、组间互动
	教学过程管理	是否有助于培育和提升学生的思想道德意识、能否提升学生的主动与自主学习能力、能否提升学生的动手操作和语言表达能力、课堂效果是否优于传统的讲授课、是否有助于学生掌握和提升解决问题的方法和能力、是否有助于提升学生小组内的协作与合作沟通能力、是否有利于形成积极主动的学习氛围
教学相长	课程教学氛围	能否让学生从思政教改中获得愉悦的学习体验、对理论与实验教学是否感兴趣、对教改后的课程是否满意、是否增添了课堂教学的趣味性、是否活跃了课堂气氛、有无影响课堂秩序、是否有助于教师更好地传授知识、是否有助于学生更好地获取知识、是否实现学生获益的目标、是否实现教师获益的目标
	师生情感维系	是否提升了学生的课堂关注度、是否有助于提升学生的学习能力、是否有助于培育和提升学生的身心素养、是否有助于提升师生沟通的氛围与渠道、是否有助于提升教师的学术修为

（续）

主范畴	对应范畴	范畴内涵
考核效度	学习成绩考核	是否有助于提升学生的综合能力与素养、是否有助于教师主导作用和学生主体性地位辩证统一、是否有助于学生对知识的理解和掌握、是否能够准确衡量学生的学习投入与专注程度
	学习效度维度	课程思政教改是否有助于教学模式的转换、是否有助于教学手段的更新、是否有助于提升学生专业综合素养、是否有助于提升教师的综合教研能力、是否有助于提升课堂教学效果、是否影响学生对其他思政教改后的专业课程选择

3. 选择性编码

选择性编码是指系统分析已经存在的概念、类属，在此基础上选择一个核心范畴的过程。核心范畴对所有的独立范畴都具有较高的概括性，能够囊括所有的范畴。从上文分析得到的主范畴中，挖掘出核心范畴，并将分析结果逐步集聚到与核心范畴相关的编码。经过开放性编码和主轴编码过程后，本研究共提取出 32 个概念、8 个初始范畴、3 个主范畴，基本涵盖影响旅游调查方法课程思政教学改革教学效果的主要因素。通过对主范畴之间的逻辑关系进行分析，挖掘出核心范畴"旅游管理本科课程思政教学改革教学效果"，对 3 个主范畴分析整合后，构建涵盖旅游管理专业课程思政教学改革教学效果影响因素的概念模型，如图 1 所示。

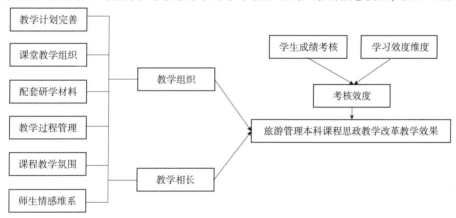

图 1　旅游管理专业本科课程思政教学改革教学效果评价影响因素概念模型

4. 理论饱和度检验

理论饱和度检验是指数据的增加不能再进一步发展出新的范畴时，即可停止采样[8]。通过编码和分析，形成了比较宽泛的模型框架，并将其概括为"旅游管理专业课程思政教学改革效果评价模型"。为了检验理论的饱和度，将预留的 29 份学生报告信息代入理论模型，来验证旅游管理专业课程思政教学改革效果的机制模型[6]。检验过程中，相关内容仍在得到的核心范畴范围内，且主范畴之间也未发现新的范畴，29 份报告信息均涵盖在模型范畴中，因此认为模型是饱和的，范畴发展可以停止。

（二）研究发现

本研究得出的理论框架如下所述。旅游管理专业课程思政教学改革效果影响因素主要体现在：①教学组织层面，构建包含贯通教学计划到教学过程的全程新教学组织体系；②教学相长层面，培养学生自主学习能力与提升教师主导教学水平；③考核效度层面，全面考核与全效检验，激发学生专业热爱和内在学习动机。

学生对旅游调查方法这门课程的教学内容及基本方法的掌握程度以及继续其它专业课

程思政教改意愿统计结果如下：①"课程思政有助于自主学习模式的提升"这个问题的回答统计结果为80.2%的学生认为这门课帮助提高了自主学习能力，17.3%的学生认为有传统的教讲练学习模式有些帮助，仅有2.5%的学生认为体验不明显。②"课程思政有助于提升学生专业综合素养"统计结果为84.4%的学生认为该课程帮助提升了专业学习能力和对专业的认知，激发了专业学习兴趣；13.6%的学生认为有帮助或对专业学习认识不明显。③"课程思政是否有助于提升课堂教学效果""课程思政影响学生对其他思政教改后的专业课程选择"这两个问题的统计结果为，95%的学生认为有帮助、希望继续进行课程思政教学改革，2%的学生不希望继续，3%的学生无所谓。调查结果显示，多数学生对课程思政教学效果持肯定态度。学生在参与了课程思政教学后，最大的感受是提高了各种能力和社会认知水平，比如团队合作能力、自主学习能力、社会调查技能、与人沟通能力和社会普遍现象的深刻认知等，这种学习感受与课程思政教学理念提出的能力培养目标是一致的。

四、研究结论与讨论

（一）研究结论

根据影响因素的理论模型，教学组织、教学相长和考核效度3个方面直接作用于旅游管理专业课程思政教学改革的实施效果。

1. 教学组织对旅游管理本科课程思政教学改革效果的影响

教学组织主要通过教学计划完善、课堂教学组织、配套研学材料和教学过程管理4个方面对旅游管理本科课程思政教学改革效果产生正向影响作用。有研究表明，课程思政教学组织的严密与完善程度直接对学生的学习效果有显著的正向影响[8]。良好的课程设计会促进学生更好地学习专业和认识社会，提高明辨是非的能力和对社会服务能力的预期；逻辑严谨的课堂教学组织能够提升课堂教学效果，实现课堂获益的教学目标，并能促进学生主动学习积极性和个人学习能力的提升；新颖充实的研学材料是教与学良性发展的重要保障，课下的努力能有效提升课堂的教学效度，便于教师引导学生德智美协同发展，取得更好的德育与才育结合效果；教学过程的有序有度是激发学生学习兴趣，调动学习积极性，加强学生间、小组间、团队间互动交流的重要保证。

2. 教学相长对旅游管理本科课程思政教学改革效果的影响

教学相长通常指教学的目标与效果，本研究是指教师与学生从课程思政教学改革中的双赢程度。教学相长的过程、水平与实现途径也是影响旅游管理本科课程思政教学改革效果的重要的因素。教师能力指教师实践教学的综合能力，是旅游管理实践教学效果重要的影响因素之一，具体是通过教师的专业水平、实践经验、教师指导、师生交流及教学安排等对实践教学的最终效果产生作用。教师是课堂教学的主导，而教学过程中一定要让学生从思政教改中获得愉悦的学习体验、激发学生主动学习的兴趣，从而更好地学习领悟知识，进而实现学生与教师均从中获益的目标。严肃且活泼的教学氛围有利于课堂教学组织、有利于提升学生的课堂关注度、有助于教师更好地传授知识，能更好地发挥教师在理论教学方面的主导与指引作用。同时，良好的师生沟通氛围与渠道会促进教师对学生能力和需求的了解，进一步针对学生的实情与实需展开教学内容，既有助于培育和提升学生的专业素养，也有助于提升教师的学术修为。

3. 考核效度对旅游管理本科课程思政教学改革效果的影响

考核效度对旅游管理本科课程思政教学改革效果的影响主要体现在学生成绩考核评定与学生的学习效度认识方面。旅游管理专业是培养宽口径应用型人才为主的专业，其多数专业考核不能以单一考试成绩为衡量标准，其教学考核标准应是多样和多元的，应在主导方向明确的基础上，细化具体目标与分级标准，会使学生的课程学习更具针对性；同时学生的实际学习反馈，尤其是个人成长和社会认知水平对其未来的专业学习与个人发展有直接的影响，因此考核与直观效度对课程思政教学改革效果产生较大影响。没有与学生专业学习收获相适应的教学评价标准，就不可能准确衡量教学质量；没有完善的学习收获反馈机制也不能让学生的实际学习体会与意见得到重视，会失去学生培养的针对性。因此，重视专业课程教学每一阶段的考核标准，跟踪监督学生的学习过程和思想认识变化，进而对理论教学进一步完善内容做出相应的教学计划调整，有利于课程思政教学改革效果的提升。

（二）研究讨论

旅游管理专业的本科课程基本具备开展课程思政教学改革的主观条件。从调查结果看，绝大多数学生增加了对红色文化的了解、增加了对专业学习的兴趣和社会服务的认识，有继续接受课程思政教学的意愿，同时学生也认为课程思政教学，尤其是教学过程中提供充分且新颖的研学材料的做法能提高学生的学习自主性，增加课堂交流讨论能促进教与学收获实效，说明学生在进行课程思政教学后，对学习过程和教学理念有所了解并且主观上非常愿意进行课程思政教学。课程思政教学着力于培养学生的创造和批判性思维能力，提高学生应用知识和解决问题的应用能力，最终提升学生自主学习和终身学习能力[19]。

课程思政教学改革任重道远。三级编码结果显示，教学相长层面中师生情感维系的参考点较少，可能学生认为自己在与教师交流方面存在不足，由于旅游管理专业课程多数是2~3个行政班同时上课，教学过程中难免忽略部分学生的感受，这就需要教师课堂教学充分平衡积极与消极、照顾大多数学生的学习能力，因为保证每名学生参与课堂教学并获得发言或讨论认可，不仅涉及课堂分组交流、教学内容难度设定、研讨内容的合理设计等等，还会影响到学生对学习过程的满意度和学习效果的肯定度。为保证教学效果，教师应注意把握课程思政教学的开设节奏，强调同期课程的教学内容与德育的相关性，审慎选择教学案例与讨论题材，既应覆盖知识点，还要有思想的进步性和学生的宜接受性。

要努力防止"课程思政"内容主体及表达"思政化"。"课程思政"要引入思想政治教育的内容，但其毕竟不是思政课程。因此在"课程思政"的内容设计上要注意主次之分，即课程的主干内容仍是旅游管理学科专业知识，思政内容是依托于学科知识之上的价值引领。要防止"课程思政"的内容上的过度"思政化"[12]，课程思政教学改革不能以伤害专业课程教学规律和教学特点为代价。

参考文献

[1]车艳竹."课程思政"理念在《旅游美学》教学中的探索[J].智库时代，2019(33)：136-137.
[2]喻长志.高校思政课实践教学对策研究[J].学校党建与思想教育，2019(16)：38-39.
[3]曾荣.论课程思政在《旅游市场营销学》课程中的运用[J].知识经济，2019(12)：94-95.
[4]闫忠林，张赟，问鸿滨.普通高校国防教育课堂实践教学效果评价指标体系的建构[J].高教论坛，2019(8)：43-47.
[5]崔永红.关于课程思政的几点思考[J].高校后勤研究，2019(8)：84-86.
[6]王阳，沈忱.大学生网络舆论危机事件的生成演化机理与治理路径[J].当代青年研究，2016(4)：32-39.
[7]崔广彬，郑岩.旅游管理专业课程思政的教学探索：以"旅游资源学"课程为例[J].当代教育实践与教学研究，2019(7)：166-167.
[8]刘佳，贾楠.高校实践教学效果的影响机制研究：以旅游管理专业为例[J].山东高等教育，2019，7(2)：37-47.
[9]齐利平.农业院校开展实践育人的实践与探索[J].中国农业教育，2019，20(4)：24-30.

[10] 李婉露, 王雄伟. 医学生思想政治理论课教学实效性探析: 基于医学院校的实证调查[J]. 高教学刊, 2019(20): 105-107.

[11] 王静. 校企合作背景下课程思政理念在旅游管理专业教学中的应用[J]. 西部素质教育, 2019, 5(2): 27-28.

[12] 梁菁. 高校"课程思政"改革的实质与边界[J]. 新西部, 2019(18): 134-140.

[13] 刘海运, 李越. 基于扎根理论的高校大班课堂学生参与互动式教学效果模型构建[J]. 中外企业家, 2019(32): 168-169.

[14] 李洪波. 应用型院校经管类课程教学效果影响因子模型: 基于对学生的扎根研究[J]. 上海第二工业大学学报, 2017, 34(2): 146-150.

[15] 吴倩, 刘建军. 扎根理论在我国思想政治教育研究中的运用[J]. 学校党建与思想教育, 2017(11): 38-40.

[16] DUNNE C. The place of the literature review in grounded theory research[J]. International Journal of Social Research Methodology, 2011, 14(2): 111-124.

[17] 吕宁, 韩霄, 赵亚茹. 旅游中小企业经营者创新行为的影响机制: 基于计划行为理论的扎根研究[J]. 旅游学刊, 2019: 1-15.

[18] 李红. 浅析思想政治教育质性研究[J]. 探索, 2013(2): 125-130.

[19] 刘春苗, 云长海, 刘富, 等. 学生视角下的医学院校PBL教学实践效果[J]. 齐齐哈尔医学院学报, 2017, 38(6): 699-700.

Effectiveness Evaluation of Ideological and Political Teaching Reform in Courses via Grounded Theory: A casestudy of ideological and political teaching in tourism investigation method course

Wang Zhongjun   Shi Ling

(School of Landscape Architecture, Beijing Forestry University, Beijing   100083)

Abstract   The article took 117 undergraduate students who participation Investigation Methods of tourism management in 2017 and 2018 from BFU as a sample. Based on the in-depth interviews and report analysis, all the data were analyzed by grounded theory following the approaches of Strauss and Corbin. Through open coding, axial coding, and selective coding, the research finds that: (1) the effect of ideological and political teaching reform in the undergraduate course of tourism management is affected by eight initial categories. (2) The initial categories consist of three main dimensions: teaching organization, teaching proficiency and assessment validity, which are sequential steps strictly together and have a significant positive impact on the effect of ideological and political reform. The research puts forward the corresponding curriculum reform suggestions, which provides a basis and reference for improving the effect of ideological and political teaching in tourism management undergraduate courses.

Keywords   Tourism Management, ideological and political education in course, teaching evaluation, grounded theory

基于知网文献的高校"课程思政"研究主题分析

尤薇佳　　王歆妍

(北京林业大学经济管理学院，北京　100083)

摘要："课程思政"将知识的传授和价值的引领相结合，是推进各专业课与思想政治理论课同向同行、协同育人的重要途径。随着这一理念的深入人心，涌现出大量以"课程思政"为研究主题的论文。本文基于中国知网数据库中以"课程思政"为关键词的文献，采用隐含狄利克雷分配(Latent Dirichlet Allocation, LDA)的主题建模方法，用无监督学习的方式对文献的隐含语义结构进行聚类，揭示了"课程思政"现有文献中的主要研究主题，以及研究主题从前期的理论内涵探讨，逐步向学科实践总结和协同育人实践迁移的过程；同时，还发现了"课程思政"在自然科学类课程与人文社科类课程中不同的实施路径。本研究通过展示目前"课程思政"研究的概貌，为各学科实施"课程思政"提供重要的参考。

关键词：课程思政；协同育人；LDA；主题挖掘

一、引　言

"课程思政"是指在高校的所有课程中都要发挥思想政治教育的作用，用好专业课程课堂教学的主渠道，与思政课程同向同行、协同发力。"课程思政"是高校教学理念的创新，进一步明确了"立德树人"的根本任务，促进"全员育人、全程育人、全方位育人"的育人格局的形成，提醒所有的高校教育者从"培养社会主义的建设者和接班人"的战略高度，认识教书和育人之间的关系，更好地担负起"四个引路人"的历史责任[1-2]。

随着"课程思政"理念的日渐深入人心，在全国各地各高校都涌现出了大量的研究成果。深入地分析现有的研究文献，总结"课程思政"的理论和实践成果，有助于更好地领会和推广这一教育创新理念，使其成为更为广泛的共识和高校教育工作的参考。本文基于LDA这一主题建模工具，系统地梳理了2017至2019年间"课程思政"的教学研究论文，揭示了"课程思政"研究论文的主题及其演化，并发现了"课程思政"在不同学科实施中的差异，为进一步深入开展"课程思政"提供重要的参考。

二、数据和方法

(一)数据来源

在中国知网上以"课程思政"为关键词检索期刊论文，共收集到文献1154篇，其中，2017年19篇，2018年247篇，2019年888篇。随着"课程思政"理念的逐渐普及，研究数

作者简介：尤薇佳，北京海淀区清华东路35号北京林业大学经济管理学院，副教授，wjyou@bjfu.edu.cn；
　　　　　王歆妍，北京海淀区清华东路35号北京林业大学经济管理学院，硕士研究生，2273379489@qq.com。
资助项目：北京林业大学教育教学研究项目"课程思政交流平台建设及其数据挖掘"(BJFU2019JY037)；
　　　　　北京林业大学课程思政教研教改专项课题项目"电子商务安全与支付"(2019KCSZ028)。

量呈现快速增长的态势，如图1所示。

（二）研究方法

为了理解当前"课程思政"相关文献的研究主题，本研究采用隐含狄利克雷分配（Latent Dirichlet Allocation，LDA）主题模型对收集到的文献进行主题建模，即用无监督学习的方式对文献的隐含语义结构进行聚类。LDA是由Bleide等提出的包含文档-主题-词的三层贝叶斯文档主题生成模型[3]。Griffiths等在此模型基础上对参数施加先验分布，使之成为完整的概率生成模型[4]。LDA模型假设m篇文档涉及了K个主题，每篇文档m（词总数为N_m）都有对应的主题分布。主题分布参数服从Dirichlet分布（参数为α）的多项分布；每个主题都有对应的词分布，词分布是参数服从Dirichlet分布（参数为β）的多项分布。

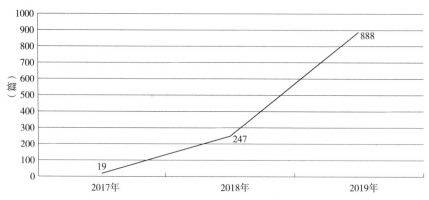

图1 论文数目随年份变化

根据LDA的研究假设，可以写出所有变量的联合分布如下：

$$P(\vec{W}_m, \vec{Z}_m, \vec{\theta}_m, |\vec{\alpha}, \vec{\beta}) = \prod_{m=1}^{N_m} P(W_{mn}|\vec{\Phi}_{Z_{mn}}) P(Z_{mn}|\vec{\theta}_m) \cdot P(\vec{\theta}_m|\vec{\alpha}) \cdot P(|\vec{\beta})$$

其中，W_{mn}表示文档m中第n个词，Z_{mn}表示是文档m中的第n个词的主题，$\vec{\theta}_m$表示文档m的主题分布，$\vec{\varphi}_k$表示主题k的词分布。由$\vec{\alpha}$确定主题分布$\vec{\theta}_m$，$\vec{\beta}$确定词分布$\vec{\varphi}_k$，由主题分布$\vec{\theta}_m$确定文档m的主题，再由词分布$\vec{\varphi}_k$确定观测到的词，通过估计使得目前观测到的词的组合的条件概率最大的参数得到文档的主题组合以及主题对应的词组合。LDA模型的参数估计较为困难，通常采用Gibbs抽样方法。

三、研究发现

（一）研究主题聚类

基于2017—2019年的1154篇文献进行LDA主题建模，排名前5的主题关键词及其权重见表1，即"课程思政"的文献主要围绕以下5个主题展开讨论。主题1是对"课程思政"战略意义的讨论，紧密围绕"三全育人""协同效应"展开，探讨如何构建大思政格局；主题2、3、4，是关于"课程思政"具体内涵的讨论，包括社会主义核心价值观的传递、中国优秀传统文化的传承、职业道德和职业伦理的教育，即如何引导学生进行职业生涯规划和规范执业；主题5揭示了课程思政工作与创业、创新、就业、党建等高校各项学生工作同向同行的实践。

表 1 2017—2019 年文献的研究主题

主题1	权重	主题2	权重	主题3	权重	主题4	权重	主题5	权重
育人	0.251	立德	0.112	文化	0.186	职业	0.157	创业	0.137
协同	0.046	社会主义	0.097	传统	0.084	成长	0.057	创新	0.083
全方位	0.043	核心	0.059	自信	0.036	生涯规划	0.053	挑战	0.044
全员	0.028	中国	0.049	优秀	0.036	转向	0.050	师资队伍	0.040
全程	0.022	特色	0.044	接班人	0.021	尊重	0.013	就业	0.016
大思政	0.018	价值观	0.033	建设者	0.017	职业道德	0.013	党建	0.010
格局	0.017	树人	0.031	社会主义	0.016	成才	0.012	共建	0.010

（二）研究主题的演化

随着"课程思政"理念的逐渐推广，文献数由 2017 年的 19 篇增至 2019 年的 888 篇，增长迅速，其研究主题是否逐渐变化呢？本研究分别对 2017 年、2018 年、2019 年的文献文本数据建立 LDA 主题模型，发现了 2017—2019 年 3 年间研究主题的迁移情况，总体趋势是内涵不断丰富、外延逐渐扩展、实践日益多元。

2017 年的研究主题主要有两个（表2），一是对育人理念和协同育人的战略价值的讨论，二是如何与学科实践相结合。对 2018 年的文献进行主题建模的结果表明，研究论文在"课程思政"理念的探讨中开始出现对"传统文化""职业道德"等更深层次丰富内涵的讨论（表3）。同时，有"课程思政"在不同学科实践的总结，如理工科、英语、微生物学学科等，由于学科较多，在此就不一一列出。

表 2 2017 年"课程思政"文献聚类得到的主题

主题1	权重	主题2	权重
育人	0.055	教育	0.05
理念	0.015	课程思政	0.021
建设	0.014	学科	0.019
价值	0.012	实践	0.016
协同	0.010	统一	0.015

表 3 2018 年"课程思政"文献聚类得到的主题

主题1	权重	主题2	权重
教育	0.054	职业道德	0.021
价值观	0.027	自然科学	0.020
传统	0.021	渗透	0.020
文化	0.020	就业	0.013
融入	0.012	社会	0.011
核心	0.011	价值观	0.009

对 2019 年的文献进行主题建模（表4），发现"课程思政"的研讨进一步细化，如实施对象分为本科生和研究生（主题 1 和 3），又如在"课程思政"内涵方面出现对工匠精神和人文精神的讨论。大量的文献是关于不同学科中"课程思政"的教学实践，如微生物学、化学、

物理、数学、医学、管理学、营销学、食品、体育、规划设计等,逐渐呈现出"课程门门有思政,教师人人讲育人"的全员育人态势。

表4 2019年"课程思政"文献聚类得到的主题

主题1	权重	主题2	权重	主题3	权重
人生观	0.061	工匠	0.098	研究生	0.113
世界观	0.043	精神	0.093	导师	0.049
工程	0.030	行业	0.033	深刻影响	0.014
本科生	0.023	端正	0.001	思想意识	0.003
人文精神	0.012	责任感	0.001	抓手	0.001

(三)两类学科的差异

将2017—2019年的1154篇文献中以学科实践为内容的677篇文献进一步分类,得到自然科学(理、工、农、医)类的文献412篇,人文社科类(文、经、管、法、教)类的文献265篇。2017年未有学科实践的文献,在2018年和2019年,自然科学类的文献均超过人文社科类(图2)。

在对自然科学与人文社科的文献分别建立主题模型后,发现两类学科都强调了"立德树人"的重要性,要求课程思政要与思政课程同向同行,围绕"三全育人",传递社会主义核心价值观,但不同学科的"课程思政"实施路径略有不同。

人文社科类课程思政文献的主题(表5),紧密围绕"文化教育",以介绍传统、培养品德来贯彻"素质教育"的思想,宣传法治思想、人文精神,着力培养德才兼备的人才;结合人文社会科学的知识体系导入思政元素,实现社会主义核心价值观的传递。

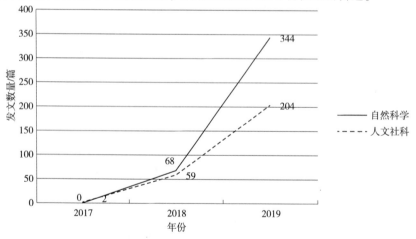

图2 2017—2019自然科学与人文社科"课程思政"的文献数

表5 人文社科类文献聚类得到的主题

主题1	权重	主题2	权重	主题3	权重
文化教育	0.030	法律	0.079	社会主义	0.037
素质教育	0.023	心理	0.043	价值观	0.036
创新型	0.016	法治	0.012	核心	0.033
品德	0.014	人文精神	0.009	导入	0.015
传统	0.012	德才兼备	0.009	政治	0.014

自然科学类文献的主题(表6),强调科学素养、通识教育,秉承"实践中出真知"的思想,在培养学生抽象思维等逻辑能力的同时,引导学生自主发现和认可思政原理;同时,强调学术伦理,强调所学的思政原理要与实际相结合;自然科学类的"课程思政"中还提出了建设案例库等方法来丰富课程思政的教学要素,采用自然科学中常用的模块化思维来逐步构建课程思政的体系。

表6 自然科学类文献聚类得到的主题

主题1	权重	主题2	权重	主题3	权重
通识	0.070	学术	0.012	案例	0.036
实践	0.042	伦理	0.011	案例库	0.036
科学素养	0.025	合格	0.011	机制	0.025
发现	0.024	纲要	0.011	原则	0.023
抽象思维	0.024	联系实际	0.010	模块	0.021

四、结 语

"课程思政"作为一种创新的教育理念,近年来在全国各高校得到了越来越多的关注和发展。为了从研究论文的视角全面了解"课程思政"的理论与实践成果,本文对中国知网上以"课程思政"为关键词的教学研究论文进行了主题挖掘,基于隐含狄利克雷分配主题模型(LDA)分析了这些文献中"课程思政"的主要研究主题,发现从理论内涵、学科实践到如何与高校各项学生工作同向同行,研究主题不断向纵深发展。然后,通过分年度的数据分析,发现研究主题的迁移过程。在这个过程中,认识不断深入,理论和实践成果不断丰富。最后,我们还对自然科学类学科与人文社科类学科在"课程思政"的实践中实施路径进行了研究,发现在"立德树人"为宗旨、"三全育人"为理念的共性特征之外,人文社科类学科的"课程思政"以介绍传统、培养品德为主,通过宣传法治思想、人文精神,实现社会主义核心价值观的传递。而自然科学类学科的"课程思政"以融入"通识教育""素质教育"为主,侧重于学术伦理,注重引导学生自主发现和认可思政原理,并提出了建设案例库、模块化建设"课程思政"体系等思路。综上,本研究的成果展示了"课程思政"教学研究的主题特征,并为各学科进一步深入开展"课程思政"提供实施策略方面的参考。

参考文献

[1] 习近平. 习近平在全国高校思想政治工作会议上强调:把思想政治工作贯穿教育教学全过程 开创我国高等教育事业发展新局面[N]. 人民日报, 2016-12-09(1).

[2] 高德毅, 宗爱东. 从思政课程到课程思政:从战略高度构建高校思想政治教育课程体系[J]. 中国高等教育, 2017(1): 43-46.

[3] Blei D M, Ng A Y, Jordan M I. Latent dirichlet allocation[J]. Journal of Machine Learning Research, 2003, 3(3): 993-1022.

[4] Griffiths T L, Steyvers M. Finding scientific topics[J]. National Academy of Sciences of the United States of America, 2004, 101(1): 5228-5235.

Topic mining on the How Net literatures of ideological and Political Theory Education in Specialized Courses

You Weijia Wang Xinyan

(School of Economics and Management, Beijing Forestry University, Beijing 100083)

Abstract Combining the transfer of knowledge and the guidance of value, "Ideological and Political Theory in Specialized Courses" is an effective way to promote the collaborative education. Based on LDA method, this paper did the topic mining on the literatures about "Ideological and Political Theory in Specialized Courses" from HowNet database, and found that the research themes started from theoretical connotation, and gradually migrated to the practices in different courses and collaborative education practices. And it also reveals the characteristics of implementation of "Ideological and Political Theory in Specialized Courses" in different disciplines.

Keywords ideological and political theory education in specialized courses, collaborative education, LDA, topic mining

基于读写结合的"大学英语"课程思政教学实践

由 华 凌舒亚 朱丽轩 王 玮

(北京林业大学外语学院,北京　100083)

摘要: "育人之本,立德铸魂",立德树人是高校立身之本。"大学英语"作为一门全校公共通识必修课,在课程思政方面有其他课程无法比拟的独特优势。本文以"大学英语"读写结合的教学实践为例,探讨了如何在输入、输出、评价等各个环节融入和强化思政元素,使语言习得与文化习得并驾齐驱,思辨培养与思政教育同向同行,培养具有社会主义核心价值观、能够进行跨文化交际、承担起民族复兴大任的新世纪创新人才。

关键词: 课程思政;产出导向法;读写结合

一、引 言

习近平总书记自 2016 年在全国高校思想政治工作会议上提出"把思想政治工作贯穿教育教学全过程,实现全程育人、全方位育人[1]"之后,在不同场合多次强调思想政治工作的重要性。2020 年 5 月新颁布的《高等学校课程思政建设指导纲要》指出:"全面推进课程思政建设,就是要寓价值观引导于知识传授和能力培养之中,帮助学生塑造正确的世界观、人生观、价值观[2]。"与思政课的显性教育不同,课程思政需要教师在专业课程中积极挖掘思政元素,并将其巧妙地、隐性地融入到课程教学中,达到立德树人的目标,培养既有专业知识又有共产主义信仰、既有国际视野又有家国情怀的有用人才,培养为实现中华民族伟大复兴、为建设中国特色社会主义而奋斗终生的新一代。

二、"大学英语"课程思政的优势和必要性

为了全面贯彻党的教育方针,提高教学质量,近年来我校"大学英语"进行了至少 2 轮大规模的教学改革,构建了全新的"大学英语"课程体系。一年级在原有的"大学综合英语"的基础上增加了西方文化和中国文化的授课内容,二年级基于需求分析开设了 16 门限选课供学生选择。为响应习近平总书记"用好课堂教学这个主渠道,使各类课程与思想政治理论课同向同行,形成协同效应"[1]这一号召,"大学英语"教研室紧跟形势,积极投入新一轮的教学改革,将思政教育有机融入英语课堂,使其成为教学内容不可或缺的一部分。其中一年级的"大学综合英语课"(以下按习惯简称"大学英语")在课程思政方面拥有得天独厚的优势。

作者简介:由　华,北京市海淀区清华东路 35 号北京林业大学外语学院,副教授,youhuafine@126.com;
　　　　　凌舒亚,北京市海淀区清华东路 35 号北京林业大学外语学院,讲师,ling_sy@163.com;
　　　　　朱丽轩,北京市海淀区清华东路 35 号北京林业大学外语学院,副教授,zlx18910098770@126.com;
　　　　　王　玮,北京市海淀区清华东路 35 号北京林业大学外语学院,讲师,wwstlgl@163.com。
资助项目:北京林业大学教育教学研究项目"基于需求分析的通用学术英语课程(EGAP)教学策略探究"(BJFU2020JY070)。

（1）就课程类型而言，"大学英语"是一年级学生的公共必修课，受众面广，教学周期长，是课程思政的优秀载体。进行正确的价值引领，让年轻一代了解自己的历史使命，培养有深度有温度、德才兼备的有用之才，"大学英语"责无旁贷。

（2）就课程性质而言，"大学英语"作为通识教育课，兼有工具性和人文性双重性质。学生学习和掌握英语这一交流工具，除了学习、交流先进的科学技术或专业信息之外，还要了解国外的社会与文化，培养跨文化交际能力。人文性的核心是以人为本，弘扬人的价值，注重人的综合素质培养和全面发展。社会主义核心价值观应成为"大学英语"教学重要内容之一[3]。

（3）就教材内容而言，"大学英语"教材以内容为依托，按主题编排，题材丰富，涉及政治、经济、历史、文化、科技等各种话题，兼具时代特色与人文内涵，寓文化素养的熏陶于语言能力训练之中。教师可以结合实际，选取合适的人文主题和内容，并深度挖掘内涵，找到思政的切入点。

（4）就跨文化交际而言，在经济全球化和信息网络化的今天，带有西方主流价值观和意识形态的文化产品会以不同形式对中国传统文化造成冲击，而青年学子价值观尚不成熟，如果没有正确的价值引领很容易被西方宣传所误导，一叶障目，甚至产生偏激的想法。"大学英语"的任务之一就是通过中西文化的双向导入，引导学生在中外思想的交汇碰撞中理性地、客观地看待各种社会现象和文化现象，提高思辨能力；同时在文化对比中根植社会主义核心价值观，让学生深切体会中国文化所蕴含的民族精神和人文内涵，增强爱国意识。思辨能力的培养与思政教育的目标相辅相成，相得益彰。

三、基于读写结合的"大学英语"课程思政教学实践

在教学设计上，我们按照文秋芳教授构建的"产出导向法"[4]的理论体系组织教学。该体系将教学流程分成"驱动""促成"和"评价"3个阶段。首先，教师要先设计有交际性、有认知挑战性的产出任务，再根据学生完成任务的需要，提供必要的输入材料，最后师生对任务的完成情况协同评价，即通过"输出驱动""输入促成""以评促学"，达到"全人教育"的目标。"全人教育"的教学理念强调外语的工具性和人文性并重，在设计产出任务、挑选输入材料时兼顾语言提高和人文素养的培养。这与课程思政的理念不谋而合。课程思政不是离开专业教学内容孤立说教，而是专业与育人协同发展。

"大学英语"2019—2020第二学期使用的教材是《新标准大学英语》第2版第3册，共涉及4个单元内容。按照"产出导向法"理论体系，笔者采用了读写结合的教学设计。

（一）输出驱动环节——以写促学

教学设计最关键的一步是选择合适的产出任务。本学期笔者为每个单元设定的输出任务为写作。之所以做出这样的安排，一是处于疫情特殊时期，需要网上授课，写作比其他输出任务更能全面高效地检验教学和学习效果。二是文以载道，写作能留给学生更多的时间进行深度思考和学习，完成思政教育目标。写作是一个复杂的、创造性的思维活动，能够全面考查学生的遣词造句、段落组织、思辨能力等综合应用能力，因此更具挑战性。写作任务具体要求是：根据课文内容写文章综述并在此基础上做出评论，可以就事论事，就文章中作者的观点和立场进行批判性分析，也可以发散思维，结合当前的时事热点和文化现象引申论述。

（二）输入促成环节——以读促写

在这一环节，教师充分发挥"脚手架"作用，讲评教材时既要完成语言目标，又要通过启发引导培养学生的思辨能力和核心素养，完成价值引领。

读是写的前提，有了一定量的阅读积累后，才会有有效的输出。英语的工具性决定了教师需要精讲课文中丰富的语言点，以帮助学生学会遣词造句。英语的人文性决定了教师

需要对课文内容进行价值挖掘，通过中外对比、古今对比、热点追踪，使学生树立正确的人生观、价值观、世界观，提高思辨能力。

除教材外，针对每个单元的主题，笔者都会给学生补充相关的时事阅读材料和有价值内涵的深刻美文，通过微信群发送，让学生通过阅读拓展思路，开阔视野，了解一个问题的不同视角和背后的价值观，学会辩证地分析社会现象。下面列举了4个单元的主题内容和思政、思辨的目标。

1. Unit 1. Childhood memories—Cultural childhoods

文章主要内容：在不同社会、不同文化甚至同一文化的不同历史时期，人们对童年的理解不同，对孩童的态度和期待也会有所不同，因此我们不能武断地把自己的价值观强加在他人身上，按自己的理念对他人的育儿方式指手画脚、批评指责。

思辨培养目标：通过"不打不成器""子不教，父之过"等俗语和"虎妈""狼爸"等社会现象，了解中国育儿理念与西方主流育儿理念的异同，学会从历史、文化、种族、民族等不同视角辩证地分析问题。

思政教育目标：通过访谈，对比今昔，了解父辈、祖父辈的童年状况，感受祖国几十年来翻天覆地、沧海桑田的变化。

2. Unit 2. High days and holidays—Chinese or western, it's time to relax

文章主要内容：这是一篇议论文，文章呈现了全球化背景下中国人对于圣诞节这样的西方节日的不同态度。

思辨培养目标：通过正反观点的思考和比较，讨论在全球化、经济一体化、数字化的背景下中国该如何对待外来文化。

思政教育目标：跨文化交际中，要立足本国文化，保护优秀传统文化，增强民族自信。要明白否认本族文化，或对西方文化全盘吸收，中国文化就失去了魂魄和根基。

3. Unit 3. Streets full of heroes—Last man down: the fireman's story

文章主要内容：本文通过一位亲历美国9·11恐怖袭击的消防员的所见、所闻、所感，表现了恐怖背景下平凡人的英勇选择。这些勇敢的消防员们被媒体盛赞为"最美逆行者"。

思辨培养目标：古今中外，英雄辈出，对于英雄二字，人们有不同的理解。要认识到不是只有轰轰烈烈的人生才是英雄的一生，平凡人可以在平凡的岗位上做出不平凡的事迹。此外，对于同一个历史人物，不同的评价体系可能得出不同的结论，因此，要获得客观的认识，需要多查资料，不能人云亦云。

思政教育目标：新冠疫情期间涌现了无数可歌可泣的英勇事迹，有被世人敬仰的钟南山院士，也有无数默默无闻、无私奉献的普通医务人员，他们被中国媒体称为"最美逆行者"。结合现实，谈谈英雄的内涵。

4. Unit 4. Discovering yourself—We are all dying

文章主要内容：本文写作特点鲜明，使用了隐喻、类比、重复、夸张等修辞手段论述了一个简单又深刻的道理：人生短暂，珍惜时光，行动起来，不负光阴。

思辨培养目标：普通人只想到如何度过时间，有才能的人设法利用时间。提出问题，让学生对自己的人生有更清楚的认识和规划。思考以下问题——如果时光可以倒流，你希望做出那些改变？如果不考虑现实条件，你最希望实现什么样的梦想？

思政教育目标：通过学习和讨论，树立清晰的人生目标和奋斗方向。实现中华民族伟大复兴需要年青一代积极有为，志存高远，明德笃行。将自己的人生奋斗目标与祖国发展结合起来，与祖国同命运，共呼吸，立志成为建设中国特色社会主义事业的有用人才。这样的人生目标才有价值、有意义。

（三）输出和评价环节——以评促学

在这一环节，学生展示作品，师生协同评价，教师在了解学习成果的同时，可以根据任务完成情况进行补救性教学，以达到以评促学的教学效果[5]。

通过前面教师在语言、思辨、思政方面的引导，写作可以说是水到渠成。另外，为丰富写作素材和语言表达，要求学生通过双语网站、微信公众号等多种途径去了解时事，主动建构知识，再经过分析筛选归纳，完成作品的最后呈现。在这一过程中学生主动学习，独立思考，理性分析，形成正确的价值观。对于每个单元学生提交的作品，笔者篇篇必读，然后精选出语言地道、内容充实、逻辑缜密、体现家国情怀、弘扬传统文化的优秀范文在课上与学生分享。这些充满正能量的范文往往比教材更能引起学生的共鸣，进而启发和激励更多的学生创作出同样精彩的作品，实现以评促学的目标，使立德树人的思政教育在写作中得到升华。

受篇幅所限，下面仅选取几位同学的写作片段，以展示读与写相互促成、思辨与思政紧密融合的学习成果。

Unit 1

People in different places have different understandings of childhood due to the difference in cultural environment. We should treat this fact with an inclusive mind because in the context of cultural differences, there are no right or wrong answers. As a saying goes, what exists is reasonable. Meanwhile, the discussion about the differences in childhood concepts between regions can give us a deeper insight into cultural diversity. In my opinion, respect and understanding are essential qualities in cross-cultural communications. Thus what we are expected to do is to seek common ground while reserving differences.

在论述童年这个话题时，这位同学谈到不同的文化对童年有不同的理解，没有对错之分；同时，这一话题让我们对文化多样性有了更深的认识，在跨文化交际中我们应该秉承包容、尊重和理解的态度，求同存异。

Unit 2

We have to admit that differences exist between any two cultures. In terms of the crisis of cultural invasion, the most essential and effective way is to build up cultural confidence. President Xi Jinping stresses that the Chinese nation will not be able to rejuvenate itself without powerful cultural confidence and a rich and prosperous culture. He points out four things we should pay attention to: confidence in the path, theory, system, and culture of socialism with Chinese characteristics. Apparently, China has a profound history lasting over five thousand years and a considerable amount of cultural heritage. Thousands of ancient stories and myths, traditional Chinese medical science which cures diseases westerners can't handle, to name just a few, are all crystallizations of wisdom of our nation. Why shouldn't we be confident about these valuable treasures? Building cultural confidence needs contributions from all of us.

针对如何对待以圣诞节为代表的西方文化，这位同学强调，面对文化入侵的危机，重中之重是建立文化自信，中国五千年的历史和文化遗产都是我们引以为傲的宝贵财富。文中还引用了习近平总书记的话：没有高度的文化自信，没有文化的繁荣兴盛，就没有中华民族伟大复兴；全党要坚定道路自信、理论自信、制度自信、文化自信。

Unit 3

During the outbreak of the severe epidemic, there are medical workers saving and protecting lives around the clock. There are several thousand engineers and construction workers building specialized hospitals within 15 days. And there are no lack of volunteers working non-stop to deliver supplies and assistance. From my point of view, what these ordinary people have done is extraordinary. They are true heroes! To sum up, in today's society, if we are determined to stick to our goals with due diligence, or provided that we help others with a humane and selfless nature in the line of duty, we are all heroes!

谈到英雄，这位同学联系实际，歌颂了为抗击新冠疫情做出突出贡献的无名英雄们：医务工作者、工程师、建筑工人、志愿者们。并指出，只要我们恪尽职守、无私奉献，我们每个人都是英雄。

Unit 4

Zhang Zai's four dicta of Hengqu said young learners must aspire "to set up a heart of heaven and earth, to build up a life for the people, to inherit the unique learning for the saints, and to create peace for all ages!" They can produce butterfly effects in history by learning more knowledge, caring more about national affairs and making more contributions to society. When the butterfly effects converge in one place, they can form a turbulent wave and better promote social progress. … Follow our original aspiration and we will succeed. We majoring in soil and water conservation should ring the forest bells like Liang Xi. The bells are ringing, the heroes are standing!

在谈到如何活出精彩人生时，这位同学引用了张载的"横渠四句教"——为天地立心，为生民立命，为往圣继绝学，为万世开太平。如果每个有志青年都有远大理想，不忘初心，为国奋斗，整个社会就会形成蝴蝶效应，国家的强大指日可待。文章最后，该同学表示要学习梁希"打林钟"精神，为国家的水土保持事业而努力奋斗。

写作为学生提供了一个抒发情感、展现自我的平台，他们的创造力和创作热情常常远超教师的预期，令人惊喜不断。每每读到这样一些鞭辟入里、积极向上、爱国爱家的作品时，笔者都会拍案叫绝，并第一时间与学生分享。至此，写作的积极导向功能得到了很好的发挥。

四、结　语

阅读启迪思考，写作抒发情怀。笔者借助读写结合，将思政教育融入到教学实践，成效显著。"大学英语"因为思政教育的融入内容更加丰富，思政教育因为"大学英语"这一载体而更具亲和力。毋庸置疑，课程思政的成功与否教师是关键。教师作为教学活动的组织者、实施者，应做到以下几点：

首先，作为"大学英语"教师，思想上，要与党中央保持高度一致，努力提高自身政治素养，树立正确的人生观和价值观，"为人师者，必先正其身，方能教书育人，此乃师德之本也。"行动上，要把思政教育作为自己的使命担当，不断提升课程思政的实践能力。要紧跟时代步伐，关注社会热点，积累丰富的时事素材，只有这样才能自信地引导学生辩证地、客观地看待文化差异和价值冲突。

其次，要从教材内容入手，根据阅读材料规划思政主题，精心设计教学任务，巧妙地将立德树人的目标融入到教学过程，做到"春风化雨、润物无声"，避免生硬说教，将语言技能、人文素养、思辨能力、思政教育有机结合，培养德才兼备、践行社会主义核心价值观的新一代。

最后，在教学设计上，通过读写结合，实现以写促学、以读促写、以评促学的教学目标。在输入促成环节，教师要重视每个单元主题的深层次挖掘，引导学生透过现象看本质，通过语言去思考语言背后的社会、历史、文化以及观点背后的道德规范和价值取向，在培养学生思辨能力的同时融入思政教育元素，这一点至关重要，因为输入的质量决定了输出的质量，教师课上的引导对学生的写作内容和价值塑造会产生很大的影响。在评价环节教师要精选那些弘扬主旋律、传播正能量、表达家国情怀、传承优秀传统的作品加以展示与分享，要做到及时反馈和鼓励，学生相互学习，相互促进，从而以点带面，形成协同效应。在输出驱动环节，囿于线上教学的局限，笔者本学期只选择了写作作为输出任务，以方便检查教与学的效果。实际上，输出任务可以是辩论、演讲、报告等多种形式。形式多变，但任务的内核不变，那就是语言与文化并驾齐驱，思辨与思政同向同行，"引导学生增强中国特色社会主义道路自信、理论自信、制度自信、文化自信，厚植爱国主义情怀，把爱国情、强国志、报国行自觉融入坚持和发展中国特色社会主义、建设社会主义现代化强国、实现中华民族伟大复兴的奋斗之中。"[6]

参考文献

[1] 习近平. 把思想政治工作贯穿教育教学全过程 开创我国高等教育事业发展新局面[N]. 人民日报，2016-12-09(1).

[2] 教育部. 高等学校课程思政建设指导纲要[EB/OL]. http：//www.moe.gov.cn/srcsite/A08/s7056/202006/t20200603_462437.html，2020-09-28.

[3] 教育部高等学校大学外语教学指导委员会. 大学英语教学指南(2020版)[Z]. 北京：高等教育出版社，2020：4.

[4] 文秋芳. "产出导向法"的中国特色[J]. 现代外语，2017(3)：348-358.

[5] 文秋芳. "师生合作评价"："产出导向法"创设的新评价形式[J]. 外语界，2016(5)：37-43.

[6] 习近平. 思政课是落实立德树人根本任务的关键课程[J]. 求是，2020(17)：1.

Promoting ideological and political education in *College English* through the integration of reading and writing

You Hua　Ling Shuya　Zhu Lixuan　Wang Wei

(School of Foreign Languages, Beijing Forestry University, Beijing　100083)

Abstract　The mission of higher education is to cultivate virtuous talents. As a compulsory course of liberal studies, *College English* has unparalleled advantages over other courses in promoting ideological and political education. This paper aims to explore ways of incorporating and enhancing ideological and political elements in the different stages of English teaching such as language input, language output, and product assessment through the integration of reading and writing so that students will benefit not only in the acquisition of language and culture but also in the fostering of critical thinking and ideological and political awareness. The ultimate goal of such teaching practice is to nurture innovative talents with socialist core values for the new era who are capable of carrying out cross-cultural communications and shouldering the lofty mission of national rejuvenation.

Keywords　ideological and political education, product-oriented approach, integration of reading and writing